babam çatlı GÖKÇEN ÇATLI

BİLGEOĞUZ YAYINLARI İSTANBUL 2008

BABAM ÇATLI

Yazar: Gökçen ÇATLI
Yayın Yönetmeni: Oğuzhan Cengiz
Editör: Mehmet Servet Gümüşçaylı

Kapak Tasarımı - Dizgi Mizanpaj

YENİÇAĞ TANITIM

www.yenicagtanitim.com

Baskı / Cilt:
Kuşak Ofset
Himaye-i Etfal Sok. Yıldırım İş Hanı No: 1-2-3
Cağaloğlu / İSTANBUL
0 212 527 41 03

Gözden geçirilmiş **26. BASKI**
2008

Kitabın Uluslararası Seri Numarası
(ISBN): 978-605-5965-27-3
Kültür Bakanlığı Sertifika Yayın No: 0507-34-008624
www.bilgeoguz.com.tr

BİLGEOĞUZ

İrtibat: Alemdar Mahallesi Mollafenari Sokak 41/A
Cağaloğlu / İSTANBUL
Tel: 0 212 527 33 65 - 66   Faks: 0 212 527 33 64
e-mail : bilgi@bilgeoguz.com.tr

© Bu eserin her hakkı anlaşmalı olarak BİLGEOĞUZ yayınları'na aittir.
İzinsiz yayınlanamaz. Kaynak gösterilerek alıntı yapılabilir.

"Bu akşam soğuk olacak eve girmeyin"
babam
çatlı GÖKÇEN ÇATLI

BİLGEOĞUZ YAYINLARI İSTANBUL 2008

YAZAR HAKKINDA

Nevşehir 22 Mayıs 1975 doğumlu olan genç yazar ilköğretim eğitimini Poitiers ve Paris'te (Fransa), liseyi İstanbul Saint-Benoit Fransız Koleji'nde, lisansını İstanbul Üniversitesi Yabancı Diller bölümünde, yüksek lisansını Yeditepe Üniversitesi Sosyal Antropoloji bilim dalında tamamlamıştır. Tez konusu Alevi-Sünni ilişkileridir. Doktora eğitimine devam eden Gökçen Çatlı, dört dil bilmektedir.

Gökçen Çatlı, üniversitede öğretim üyesi olarak dersler vermiş, özel sektörde öğretmenlik yapmış ve bir holdingin eğitim kuruluşunda çeşitli yöneticilikler ardından, kurum müdürü olarak görevde bulunmuştur.

Yazarın birinci kitabı "BABAM ÇATLI" ve ikinci çalışması ABDULLAH ÇATLI "ÇELİK ÇEKİRDEK" akabinde, benzeri çalışmalarla yayın hayatına devam etmesi düşünülmektedir.

Ayrıca Türk Antropologlarına olan ihtiyaç sebebiyle Gökçen Çatlı kendisini kültür-kimlik alanında yetişme gayretindedir. Sahada tecrübe ederek oluşturulan bilimsel araştırma denemelerini, ileriki zamanlarda ilgilenenlerin bilgisine sunma hazırlığındadır.

Gökçen Çatlı'yla gokcencatli@hotmail.com'dan iletişim kurabilirsiniz.
www.abdullahcatli.com

Ülkemin güzel geleceğine,
bu gelecek için inanarak adanan ömürlere
ve bu gelecek adına yaşayanlara...

İÇİNDEKİLER

BÖLÜM 1
11....Yasak Ev
18....Bir İhbarın "Derin" Öyküsü
26....Kendini Yönetirsen Dünyayı Yönetecek Gücü Bulabilirsin.
33....Yurt Dışından Faks
36....Çekişme
39....Tarık Ümit Olayı...Bir Gözdağı Meselesi
44....Açıklanan MİT Raporuyla Çatlı'ya Yazılan Kader
48....Bir İstihbaratçının Sözleriyle Derin Devlet
53....Yeşil Anlatıyor
58....Bomba
60....İstenmeyen Yolculuk
62....Kara Sonu Sezen Mektup
64....1 Kasım 1996 Abdullah Çatlı: "Beni İzliyorlar"
66....Son Sözler
67....Babam Ölmüş
71....Çatlı Deşifre Olmasın
72...."Kucağımda Öldü! Son Sözü Allah (C.C.) Oldu"
78....Susurluk Komisyonuna Verilen İlginç İfadeler
79....Babamın Vedası
82....Ölüden Parmak İzi Almak 4 Kasım 1996
83....Topal, Labirent Gibi!
87....Cenazemiz Var
90....Arkadaşlarının Yayınladığı Bildiri
91....Ve Ardından...

BÖLÜM 2
95....Susurluk Nedir?
98....Çatlı'nın Ardından
103...Gazeteci Can Dündar'la Susurluk Yargıçları Üzerine
109...Milletvekilinden Borç Para Yıl 1997
115..."Hazır Ol Cenge, Eğer İstersen Sulh ü Salah"
120..."Emrullah mı Abdullah mı?"
130...Arkadaşlarının Dilinden...
133...Ankara Yolundaki Tesadüf
134...Meral Aydoğan Anlatıyor: "Evleniyoruz:"
136...Üniversitedeki Arkadaşının Gözüyle

137...."Kızımız Oldu"
138....Ankara Ülkü Ocakları Başkanı Abdullah Çatlı
140....Başkanın Teşkilatı
142....Protesto
151....Parayı Al Bana Ver
152....Liderin Sekiz Ana Vasfı
155...."Emirde Robot Fikirde Kulis"
159....ÜGD Merkezi Kadrosu
161....Bir Sistem Masalı
164....Ordu Partileri Son Defa Uyardı

BÖLÜM 3
169....Türklük ve Anti-Türklük Mücadeleleri
172....Cömert Olayı
174....Bahçelievler Çıkmazı, Bir Türkiye Çıkmazı
184....Meral Çatlı Anlatıyor "Kocamın Hikayesi Burada Başlıyor"
190....Meral Çatlı Anlatıyor "Peruklu Bey"
192....İpekçi
196....Yapboz
203....İhtilal Çocuğu
206....12 Eylül
212....Saklan Baba
217....Teşkilata (!) Aykırı
220....Bir Mehmet Ali Ağca Hikayesi "Ben Mesih"
226....Çatlı "Ağca Hatları Karıştırmış"
228....Çatlı'nın Hatalı "Tanıdık" (!) İlişkileri
234....Ambargo
235....Reis'e Ölüm Emri
237....Elveda Memleket Merhaba Hüzün
240....Fareli Ev
243....Kıllı Ev
246....Çatlı...Ülkenin Savunma Refleksi
250....Ermeni Terör Örgütleri Dosyası
254....Ermeni Terör Örgütleri
260....Trajik Bir Olayın Canlandırması: Esenboğa Katliamı
264....Çatlı Teşkilatının Farkı
266....Geciken Teklif
269....Milli İstihbarat Teşkilatının Çatlı İle Asala İlişkileri
272....Oral Çelik'in Yorumu: "Bayağı Eylem Yapıldı!"
274....Tesbit
278....Renkli Dünyalar (!)
280....İstihbaratçılar Evimizde
283....Türkiye'ye Dönüyoruz...
285....Doktordan Firar
288....Oyun İçinde Oyun
293....Oral Çelik'le Yollar Ayrılıyor

BÖLÜM 4

295....Gizli Bölme
300....Paris... O'nsuz Ev...
304....Saatler Sonra
311....Köşe Kapmaca
315.... Kırmızı File
317....Club Funny
320....Kod Adı Omar
323....Birinci Sınıf İşkence
325....Ajanlar Geçidi
328....İlk Görüş
336....Bir İhbarın "Derin" Öyküsü
340....Sessiz Olun Tehlikedeyiz
342....İşin İçinde Rahipler de Var
344....Düşman İçimizde
346....İlk Kaçma Teşebbüsü
348....Abdullah Çatlı Antonio Marini Görüşmesi
350....Italyan Usulü Mahkeme
358....Türkiye'den Gelen Para
362....Ünlü Avukat Charles Libman "Çatlı Bütün İddiaları Reddetti"
366....Oral Çelik Yakalandı
367....Dört Sene Sonra Babama Dokundum

BÖLÜM 5

373....Kasım Koçak'ın Hatırasına
377....Yeni Adres Lonof Polis Cezaevi
383....Çatlı'nın Delil Gibi Mektubu
385....Deli Ajan Suçladı Çatlı Suçlandı
389....Kaşıkla Duvar Delmek
392....Başkonsolos Amca Bana Kimlik Ver
395....Abdullah Çatlı Mektubunda Anlatıyor:
397....Annem Ayşe Olunca
399....Dünya'da Kacılamayacak Cezaevi Yoktur
405....Türkiye'deki Kulis
408....Geçmişle Yüzleşmenin Cılız Çığlıkları
412....Bitmeyen Öykü: Ayaksız Leylek
414....Babam Yürümeyi Unutmuş
416....Düğümlenen Ülke Türkiye
421....Oyun Bozanın Adı: Vefa!
423....Cumhurbaşkanı - Lider - Milletvekili
427....Baba Bizim Adımız Ne?
432....İnsanlığa Hitabe
434....Sonsöz
436....Ermeni Terörünün Kronolojik Analizi

Önsöz

Bir devir yaşandı; toz duman içinde... Safların tutulduğu, kan güllerinin yorgun ve acımasız açtığı zamanlardı. Ülkemizin insanları acımasızca karşı karşıya geldi, getirildi. Gün geldi "Hesaplar soruldu acımasızca" hem de ne hesaplar! Gerçek hiç bir zaman "Gerçek" olarak söylenmeden dile getirildi hep. Dört bir yana savrulan ve acılar içinde yaşanan bir devrin hep tek taraflı olarak sorgulaması yapıldı, oysa herkes herkes kadar masumdu.

Eksik olan ne? Eksik olan yüzleşmenin hep tek taraflı yapılması. Kimse bunu sorgulamaya yanaşmadı. Gösterilmek istenen ve gösterilen hep birilerinin masum, diğerlerinin sonuna kadar suçlu olduğu idi.

Bu yaklaşımın ne kadar doğru olduğuna tarih karar verecek fakat elinde tanıklar ve belgeler olursa.

Bu, bütün bir devre adanmış bir çalışmadır ve bu ülke topraklarında herkesin herkes kadar hakkı olduğunu anlatmaya adanmıştır. Yüzleşmenin çok taraflı olması ve çok sesli bir başlangıcın yapılması adınadır. Hiç kimseye ve hiçbir kuruma kırgınlık, kızgınlık için yazılmamıştır. Sadece yaşanan gerçeklerin tek boyutlu olmaması adına yükselen bu sesin bir devrin perde arkasını çok yönlü olarak ele alma isteğidir. Çünkü "Yaşama ve ifade etme hakkı" en kutsal haktır.

İfade edilmemiş bir dönem ve bir kesim adına Abdullah Çatlı ile başlamak en doğru karardı. Onu anlatmanın bin türlü yolu vardı ama bugüne kadar hiç görülmeyen ve düşünülmeyen yönlerini yazıya dökmenin yürekliliği eksikti sadece. Bu kitap "Çatlı" ismini sadece gerçekler ile telaffuz etme cesaretini ifade etmekten korkmayan yüreklere adanmıştır.

Anlatılan binlerce, yüzbinlerce insanın yüreğinin sesidir. "Kendi Gök Kubbemiz" altında yükselecek gerçeğin türküsüdür duymak istediğimiz...

YASAK EV

İstanbul 1996

Huzur içinde geçen saatler yaşanmış sayılırsa, hangi zaman içerisinde olduğunu çok düşünmem gerek... Düşündüm ve hiç yaşayamadığımızı anımsadım.

Yağmakta olan şiddetli yağmura karşı, arabamın silecekleri yetişir mi bilmem ama başım çok ağrıyor. Düşünüyorum da acaba aylardan hangisindeyiz? Bir an için yüzüme çöken acı tebessüm, ne köşe başındaki dilencinin bugünkü kârını saymasına, ne de arabada bulunan annemle yengemin (1) birbirlerine anlattıkları son havadislerden kaynaklanıyor. "Gülme be deli kız" diyorum kendi kendime. Ardından başımdaki ağrı biraz daha artıyor. Doğru ya, bize daima uğursuz gelen o meşhur kış mevsiminde olmamız içimi ürpertiyor. Yüzümdeki o ufak tebessüm gidiyor, vurgun yemişe dönüyorum. Belkide bu sebeple, kış mevsimine karşı hep bir tedirginlik hissi besliyorum. Özellikle de Kasım ayına karşı.

"Düşün ki yüreğin sallansın" diyordu ünlü bir şair. Düşü-

---

1 Yenge diye hitap ettiğim bayan, babamın arkadaşı olan ve 1984'ten bu yana tanıdığım, "ağabey" olarak benimsediğim, aileye son derece yakın olan Omar diyebildiğim kişinin eşidir. Kitabımın bazı bölümlerinde ağabey diye hitap edeceğim diğer kişilerle de akrabalık ilişkilerimiz mevcut değildir.

nüyorum ve umut ediyorum ki, bela geliyorum demese de Allah'ım bizi korur, yüreğimizi de sallandırmaz.

Yağmur daha çok şiddet kazandığında araç telefonum çaldı. Hattaki babamdı ve ses tonu endişe vericiydi;

"Neredesiniz kızım? Her hangi bir tatsızlık var mı?"

"Gayet iyiyiz, sağol babacığım. Bildiğin gibi annem ve yengemle iftar yemeğinden dönüyoruz. Sokağımıza girmek üzereyim..."

O (2) sözümü keserek, muntazam Fransızca'sıyla konuşmaya devam etti:

"Il va faire froid ce soir. Ne rentrez pas à la maison!" **(Bu akşam soğuk olacak. Eve girmeyin!)**

Gözlerimi var gücümle yumup, tüm hırsımı direksiyondan alırcasına sıktım. İçimden "kahretsin" diye geçiriyordum. Babamla aramızda şifrelendirdiğimiz bu cümlenin anlamı, tersliklerin gölgemize yetişmiş olduğunun habercisiydi. Fakat hangi sebeple, şimdilik bunu telefonda sormam sakıncalıydı. Yılların verdiği bir alışkanlıktan olsa gerek, konuların özü ve detayları bana söylenirse dinler, söylenmezse sormazdım ama içimde kopan fırtınanın bir isyanı vardı... Acımasız hayatımızın bitmek tükenmek bilmeyen dertleri, bu kez hangi engele çirkefliğini yüzüne bulaştırıp yolumuza çıkacaktı. Oysa ki kaç kez elveda demiştik acımasızlığına. Biz her defasında bir öncesine nazaran daha kararlı, sen bize nispet edercesine daha inatçıydın. Utanmana gerek yok, çünkü artık bizlere karşı yüzün de yok, bırak artık yakamızı!..

Annemleri telaşa sokmamak için şimdilik bir şey sezdirmeyecektim. Boğazımı temizleyip, babamla konuşmaya devam ettim:

"Babacığım bildiğin sakin bir yer var mı?"

Sakinden kastım, emin bir yer ya da güvenilir kişilerdi.

---

2   Babam Abdullah Çatlı'ya karşı olan saygımdan ötürü, kitapta O'ndan büyük harfle bahsedeceğim.

"Rahat ol ve arabayla tur atmaya devam et kızım. Ben tekrar arayacağım." diyordu.

Doğru ya yine tedbirimizi almalıydık. Fakat bu kez hangi şartlar altında? Bu soruyu kendime sormadan evvel, bize yönelen hareketin kimden olduğu ve sebebi daha önemliydi. Şimdilik aklıma gelen tek kişi, fitilli iğne işkenceleriyle ünlü olan ve Ermeni terör örgütlerinin dağılmasına rağmen, başka terör örgütleriyle bağlarını pekiştiren "doktor" lakaplı kişiydi. Basın kuruluşlarının iddia ettiği gibi, "Çatlı'nın ASALA mücadelesi 1984'te cezaevine girmesiyle bitmiştir..." ibaresi, tamamiyle yanlış bir istihbarat, derinlemesine ve genişlemesine inceleme gerektiren bir manipülasyondur. Gerçek şudur ki Çatlı, cezaevine girdikten sonra bile teşkilatının, söz konusu örgüte karşı vermiş olduğu mücadeleyi hiçbir zaman aksattırmamıştır. Babamdan duyduğum kadarıyla, ASALA'nın ideolojik lideri Agop Agopyan'ın, Çatlı cezaevindeyken Atina'da sokak ortasında öldürülmesi buna örnek teşkil etmektedir. Hatta bu olay akabinde "doktor", Çatlı teşkilatının mücadele verdiği ASALA dışındaki diğer örgütlerle bağlantısını pekiştirerek uzun yıllar sürecek bir çok sorunun tohumlarını da atmıştı. Bunun sıkıntısını çok yaşadık. "Doktor", ASALA'nın maalesef ki, Türkiye'deki uzantısıydı ve faaliyetlerine hiç ara vermeden devam ediyordu. O, bazen av bazen avcıydı. Derinlerdeki dünyanın gayri milli aktörlerinin başında geliyordu. En önemli özelliği ise sürekli hareket halinde olmasıydı.

Zamanı geçirmek için semtimizin daima sakin olan sokaklarında tur atıyorduk. İçim volkan gibiydi. Öfkemin yağmur taneciklerinin içine girerek, asfalta olabildiğince sert çarpmasını ve param parça olmasını istiyordum. Ayrıca kardeşim bizimle birlikte olmadığından, onu da acilen bulmalıydık. Araç ve cep telefonlarımız gerek istihbarat servisleri (her istihbarat servisinin niyeti kötü değildir; bazıları bilgi toplamak, bazıları korumak, bazıları ise art niyetten dinler) gerekse babamın faaliyetlerinden rahatsız olan örgütlerce dinlendiğini bildiğimden, arabayı bir Restorant'ın önüne park edip, yanındaki markete girdim. Dikkat çekmemek için soğukkanlı görünmeye çalışsam da içinde bulunduğum durum izlendiğim hissini yaratmış, kardeşim için yüklendiğim sorumluluk ise giysilerimi terden sırılsıklam etmeye yetmişti. Telefona doğru uzanırken, birinin bana seslendiğini işittim. İrkilmiştim. Dönüp baktığımda karşımdaki tanıdık ve zararsız bir simaydı. Dediğine göre, kardeşim de az evvel buradan geçmişti. Biraz rahatlamıştım. Gergin olan yüz hatlarımı yumuşatarak:

"Öyle mi güzelim onu ne zaman görmüştün?" dedim.

"Az evvel buradan geçti, galiba eve gidecekti. Dersler o kadar yoğunki seninle de görüşemiyoruz..."

Artık bir şey duymuyordum. Babam eve girmeme hususunda bizi uyarmışken...

Belki de yaşımın gereği, var olan sıkıntıyı daha da çok arttırıyordum ama Selcen'in tehlikede olduğu kaçınılmaz bir gerçekti.

"Yanında birileri var mıydı?" diye sorarken, bir yandan da cep telefonunu çeviriyordum. O an bildiğim bütün duaları okumaya çalıştım ama bahsedildiği gibi korku insanı gerçektende şaşırtıyordu. İster adına tesadüfi bir aksilik, ister üzerime çöken kabusun bir parçası denilsin, Selcen'in daima açık olan cep telefonu kapalıydı. İyice endişelenmeye başlamıştım. Bu kez parmaklarım titriyerek, yasak evimizin numarasını çevirdim. Tek umudum Selcen'in evde bulunmamasıydı. Meşgul, meşgul, meşgul... Dizlerimin bağı çözülmüştü. Tansiyon düşüklüğü bahanesiyle konuyu kapattım ve var gücümle arabaya koşup, annemlere durumu kısaca özetledim. Hızımız neydi bilmiyorum ama bizim için her saniye önemliydi. Evin önüne gelir gelmez, annemle arabadan apar topar indik. Müstakil görünümlü apartmanımızın bahçesini aydınlatan ışıklarla, şimdilik kendimizi güven içinde hissediyorduk. Bu güvene gölge düşürebilecek hususlardan biri, daima kapalı tutulmaya özen gösterilen fakat bu kez aralıklı bırakılan apartmanın giriş kapısıydı. Banyonun ışığı da yanıyordu. Buna fazla aldırış etmeden merdivenleri, heyecandan soluk soluğa kalarak çıktık. "Ayrıntılar konunun temelidir" derdi babam. Annemle ben, bu kez ayrıntılara önem vermemiştik. Babam olsa bize öfkelenir, geri dönmemizi isterdi. Fakat annem hiç tereddüt etmeden, anahtarıyla usulca kapıyı açtı. Derin ama sessizce iç çekmişti. Evimizin antresi, bu kez bana daha uzun ve dar geliyordu. Bizim olan bu eve güvenemiyordum. Işığı açmadan koridorda tedirgin ve artık ayrıntılara özen gösteren adımlarla ilerliyordum. Salonun sağ tarafında, duvarı boydan boya kaplayan aynaların önüne geldiğimde, dışarıdan yansıyan ışıkla bakışlarımın aynada kesişip, yüzümdeki o çaresiz ifadeyi görüp bir kat daha korkuya düşmekten ürküyordum. Evdeki tek ses ise şimdilik kalp atışlarımızındı.

Mutfağa doğru attığımız adımlar "ölüme gülerek koşanların" ne denli ender ve cesur olduklarını bir kez daha hatırlatmıştı. Her ne kadar kimsenin bize zarar vermeye cesaret edemeyeceğini düşünsem de, her an birilerinin karşımıza çıkma ihtimali korkumu kamçılıyordu. Kalbimin dayanamayacağı tek şey kardeşimin zarar görmesiydi.

Kardeşimin durumu için korkum meraka, evde olduklarından şüphelendiğim yabancılar için ise merakım korkuya çevrilmişti. Görünüşe ve hissettiklerimize göre Selcen evde yoktu ama ya başkaları...

Evde birilerinin olduğuna, kesin kanaat getirmemiz çok zaman almamıştı. Alt katta bulunan odalardan sesler geliyordu. Annemle göz göze geldik, sessiz olmamı işaret etti. Artık geri dönmek söz konusu olamazdı. Birbirimizin elini sıkıca tuttuk ve bir müddet olduğumuz yerde yarı donmuş şekilde bekledik. Bekliyorduk ama neyi? Bilmiyordum... Resim kadar donuk, bataklık kadar bulanıktı aklımız. Babama ya da ağabeylerime (bu kişilerle her hangi bir akrabalık bağımız yoktur) haber vermeden eve girdiğimiz için artık pişman olmuştuk. Aşağıdaki sesler merdivenlerin ilk basamaklarına ulaştığında tek umudumuz, meçhul şahıslar üst kata çıkmadan evden ayrılmaktı. Diğer odalardan dolanıp, koridora girmeyi hiç ses çıkarmadan başarmıştık. Geriye kapıyı açıp kaçmak kalmıştı ki, kapımızın tokmağına vuruldu. Alnımdan dökülen soğuk ter, göz kapaklarıma çoktan çökmüş, bulanık görmeye başlamıştım. Her şey çok açıktı; bu ev bize yasaktı ve biz edinmiş olduğumuz deneyimleri hiçe sayarak büyük bir hatada bulunmuştuk. İlk kez bu denli çaresiz olduğumuzu hissediyordum. Karşımıza bu meçhul şahıslar dikilince ne demeli, ne yapmalıydık? Hoş geldiniz ya da niye geldiniz! Hangisi daha cesur olurdu? Muhtemelen konuşmamayı seçecektik. Anneme göre tek ihtimal dış kapıyı açıp, aralarından sıyrılarak kaçmayı denemekti. Nefesimi tutup, gözlerimi sımsıkı kapattım. Gözlerimi araladığımda annemi yere çömelmiş dua ederken gördüm. Hem şaşkın, hem anlamsız olmuştum. Düşünmeme vakit olmadığından, başımı hafifçe kapıdan dışarıya çıkarttım. Karşımda duran ve bana bakan ürkek gözlerin sahibi kardeşimdi. Çifte sevinci tatmaya vakit tanımadan, apartmanımızın merdivenlerini apar topar indik ve soluğu arabada aldık. Şimdilik evdekiler umurumuzda değildi.

Babamızın tembih ettiği gibi, semtimizin sokaklarında tekrardan tur atmaya başlayarak, bir yandan da Selcen'in anlattıklarını dinliyorduk. Dediğine göre kendisi alt katta bulunan odasındayken, evin kapısı kurcalanmış. Bizim olduğumuzu düşünüp, seslenmiş fakat cevap verilmeyince şüphelenmeye başlamış. Evimize kimler girdiyse ışığıda açmayınca, Selcen vakit kaybetmeden çıplak ayakla balkondan arka bahçeye atlayıp, koşmaya başlamış. Ardından izleyen olmamış. Yağmurdan ve bilinmeyen tehlikeden korunmak için evimizin yanındaki taksi durağında sakinleşmek amacıyla bir müddet beklemiş. Babamı arayıp, O'na ulaşmayınca da benim araç telefonumu aramış. Yengemle konuşup hemen evin önüne gelmiş. Yengemin hali onu tedirgin edince de tekrar eve çıkmış. Kendi güvenliği olunca kaçmış, bizim ki için geri dönmüştü. Onu sert bir üslupla ikaz ettim. Dönem dönem babam da aynısını bize yapardı. Çünkü O'na göre değer verdiğin birinden tatlı bir sitemle ikaz almak, yanlış olandan darbe almaktan daha onurluydu.

Yağmur dinmişti. Çok geçmeden babam aradı. Şimdilik O'na eve girdiğimizi anlatmayacaktık. "Bahçeye" yani Avcılar semtine gitmemizi istiyordu. Babam izlenmediğimizden emin olmamı tembih ederken, O'na "sanmıyorum" demem o an ki şüpheci duygularımla tezatlık içindeydi. Çünkü dikiz aynasına rastlayan her araba, bana göre bir şüpheliydi. İçimden kahkahayla gülmek, bu oyunun yazarına iki çift laf etmek geliyordu. Bu kez, dikiz aynasına yansıyan öfkeli bakışlarım beni de ürkütüyordu. Cinnet anı cahillikten değil, hayal kırıklığından ibaretti.

"Derinlerde görev alıp, görev veren vatanperverlerin hayat öyküsü olmazdı!" O gece ve bundan önce binlerce kez düşündüğüm gibi babam için yine buna karar vermiştim.

Arabayı E-5'e sürmüş, öyle ya da böyle gitmemiz gereken yere kısa bir zamanda ulaşmıştık. Derin bir iç çekecektik ki, bize ulaşan bir başka haberle, ailenin tanıdığı Haluk Kırcı'nın yakalandığını öğrendik.

BİR İHBARIN "DERİN" ÖYKÜSÜ

Yanlış yapılanmalar, doğru insanları sistemin girdabına mı alıyordu?

Babamın telefonda belirttiği üzere, o gece ilk önce bir aile dostumuzun yanına gittik. Babam, ancak bir kaç gün sonra aramıza katılabilecekti. Bu nedenle O gelene dek, evimize giren şahıslar hakkında şimdilik hiç kimseye hiçbir şey anlatmamaya karar vermiştik.

Kırcı'nın durumu hakkında herkesin yorumu birbirinden ilginçti: "Yakalanması, on sekiz yıl önceki 7 TİP'li davasını tekrar gündeme getirecek, bu da babamın zorlu bir döneme daha girmesine sebep olacak" deniliyordu. Tartışma dönem dönem kızışıyordu. Çünkü bazılarına göre son dönemlerde babamın çevresinde odaklanan bir takım gruplar, O'na sıkıntı vermekten başka bir şey yapmıyorlardı. Keşke "herkes konuşa dursun babam ne yaptığını gayet iyi biliyor" diyebilseydim. Ama ak ile karanın, eğri ile doğrunun, güzel ile çirkinin yer değiştirdiği bu düzende bir ak, doğru yolu seçsede güzelliğini göremeyecek kadar cüce beyinli olanlar dört bir yanını sarmış, veba gibi O'nu yavaş yavaş yok etmeye baş koymuşlardı. Büyük liderlerin kaderleri böyleydi. Onların ölüm fermanları aniden kararlaştırılır, uzun vade de gerçekleştirilirdi. Bu erdemlere erişemeyenler için bin eğrinin yanında bir doğru eşitti binbir eğri. Çünkü bu kara düzen, ak rengine sevdalananın, doğru yoldan şaşmayanın ve güzele hakeden değeri biçenin dağ gibi yüreğini kum etmek istiyorlardı.

Görünüşe göre iki ayrı sıkıntımız vardı. Birincisi evimize giren ve tehdit unsuru oluşturan şahıslar; ikincisi de Haluk Kırcı'nın ihbar edilip tutuklanmasıyla birlikte Çatlı'ya gözdağı vermeye çalışanların politikası. Anlatılanlara göre Haluk Kırcı, eşi ve kızıyla iftarını açtıktan sonra bir arkadaşının kahvehanesine okey oynamaya uğramıştı. Bir ihbar üzerine buraya baskın düzenleyen ekipler, herkesi kimlik kontrolünden geçirirken, Kırcı önce sahte kimliğini vermiş ancak üstü ısrarla aranıp gerçek kimliği ortaya çıkınca polisler onu şubeye götürmüş ve olan olmuştu. Yaklaşık bir yıldır firarda olan Kırcı, 7 TİP'li davasından dolayı 1980-1991 yılları arasında cezaevinde yatmış, 12.04.1988'de yedi kez ölüm cezasına çarptırılmış, mahkumiyetinin onuncu yılında da aftan yararlanıp şartlı tahliye edilmişti. Ancak Mehmet Ağar (bu tarihlerde kendisi Erzurum valisiydi) ve MHP Erzurum il başkanı Cezmi Polat'ın şahitliğinde evlenen Kırcı'nın yeni hayatındaki düzen çok sürmeyecekti. 1978 yılında öldürülen 7 TİP'li gençlerin ailelerinin açtıkları yeni bir davayla, Haluk Kırcı tekrar yargılanmaya alınmıştı. İddialara göre, aftan yararlandırılırken hesaplarda yanlışlık yapılmıştı. 1991 infaz kararına binaen serbest bırakılan Kırcı, 1991 DYP-SHP koalisyon hükümetinden SHP'li bir Bakanın yazılı emriyle aranmaya başlanmıştı. Bakana göre, yedi idam için infazın 70 yıl üzerinden hesap edilmesi gerekiyordu. Bu yüzden 24 Kasım 1995 tarihinde Kırcı hakkında tutuklama kararı çıkarılmış fakat kendisi kaçak yaşamayı tercih etmiş ve teslim olmamıştı. Yargı önünde belli bir karara bağlanan bu davanın, onca yıl sonra yeniden ele alınması bana tuhaf geliyordu. Asıl amaç, bazılarının işine gelmeyen Abdullah Çatlı'nın yolunu kesmekti. Altı yıldır Türkiye'de bulunan Çatlı'ya yeşil pasaport verilmiş, teşkilatını yeniden kurması için imkan sunulmuştu ama O bazılarına adeta ters düşüyordu. Çatlı öyle bir güç elde etmişti ki, devletin en üst makamlarında bulunanları bir sözüyle yerlerinden aldırtabilecek yetkiye sahipti. O, kimilerinin kirli işlerini ortaya çıkarmış, kimilerine çıkarmakla soğuk ter döktürmüş, kimilerinin ensesinde dikilir olmuştu. Erdemlerden taviz verenlere hak ettikleri muameleyi ödetecek kadar da gözü karaydı. Çatlı için kişinin bulunduğu mevki önemli değildi. O sevdiği kişileri ve benimsediği düşünceleri hainlerden sakınırdı. Tıpkı vatan gibi.

Kısacası Çatlı teşkilatı, vatanperverliğinden asla taviz vermeyecekti. Çatlı, bunu devletine karşı bir zorunluluğu olduğundan değil, yirmi yıldır "derinlerde" verilen mücadele adına sürdürecekti. Çünkü; Çatlı vatanperverdi. Sistemperver değil! Ancak bu durumdan hoşnut olmayanlar, yani Çatlı'nın yükselişini kendilerine tehdit unsuru görenler, O'nun için iniş planları hazırlıyorlardı. Bu sebepten geçmişin hala meçhul dosyalarından biri olan 7 TİP'li hadisesi gündeme getirilmişti. Aslında bunlar, 7 TİP'linin Çatlı'ya karşı getirdiği çıkmazı sadece iki yıl daha kullanabileceklerdi. Bunlar kendilerini garantiye almaya mecburdular. Çünkü Çatlı bembeyaz pirinçlerin içindeki sadece siyah taşları değil herkesin göremeyeceği beyaz taşların karanlık yönlerini de belgelemişti. Beyaz taşların kara belgeleri Çatlı'nın elinin altındaydı. Bu onlar için kırmızı alarm demekti. Çatlı'nın sonu sessiz, anonim, sinsi ve peşpeşe olmalıydı. Soluk almasına imkan tanınmadan. Çünkü bu davanın "aranmayan kaçağı" üstelik yasalar önünde 1998 yılı itibariyle yani iki yıl sonra gıyabi tutuklamayla aranmaktan kurtulacaktı. Aranmayan olmakla kalmayacak büyük oluşumlar için büyük adımlar atacaktı. Bu durum, sistemperverlerin işine yaramazdı. Çatlı bunlar hakkında her türlü bilgiye sahip olduğundan ya O'nunla bir noktada buluşmalı ya da karşı koymalıydılar. Benim bildiğim kadarıyla aynı noktada buluşmak istemişler fakat Çatlı'nın desteğine muhtaç olan ve hatta daha açık olmak gerekirse, menfaat güden bir başka grup araya girerek ortalığı kızıştırmıştı. Birinci grup, ikinci gruba çıkışınca da Çatlı'nın ismi bir kalkan gibi ortalığa atılmış ve er meydanındaki bütün erler fos olduklarını bu hareketleriyle ortaya çıkarmışlardı. Bunu söylemeden edemeyeceğim: Çatlı dev yürekliydi. Çevresindeki devler gibi ahkam kesen cüce yüreklileri de çok iyi tanırdı. Aslında bu sadece derinlerde görünen bir gerçek değil, memleketimizin her türlü ortamında kendini hissettiren sosyal kaderdi. Tıpkı şunun gibi: "sen benim kim olduğumu biliyor musun?" Diyelim ki biliniyor, ee sonra! Çatlı ve Kontr-Çatlı taraftarlarını zorlu bir mücadele bekliyordu.

İlişkiler 1995'ten hareketle, özellikle de 1996 yılı itibariyle iyice gerginleşti. Ak olanlar ne Çatlı tarafındaydı ne de karşısında. Her iki oluşumun da durumu ortadaydı. Çatlı ise adeta zorla oluşturulan bu tabloya karşı sessiz kalmayı tercih ediyordu. Ancak zaman zaman tepki de vermiyor değildi. Özellikle istenilen de O'nun tepki vermesi ve hareket halinde hata yapmasıydı. Her şeye rağmen Çatlı, istenilen ve beklenilen hatayı yapmıyordu. Bu yüzden çevresi her ne kadar kalabalık görünsede, Çatlı genelde yalnız bir liderdi. Sadece ve sadece uzun yıllardır birlikte hareket ettiği "çekirdek ekibine" güveniyordu. Fakat çevresindekileri asla güvensizlik ortamına itmeden faaliyetlerini yürütüyordu. Ak olsun, kara olsun ve hatta kızıl olsun "derinlerde" devletin tek olması gerektiğine inanıyordu. Devlet, derinlerde kendi için faaliyet gösterenleri asla karşı karşıya getirmemeliydi.

Bazı Devlet yetkilileri, babamın da isminin geçtiği 7 TİP'li olayında gıyabi tutuklama kararı ile 18 yıldır kasti olarak arandığına hem fikir olduklarından, bundan aklanacağı çalışmalarının sözünü vermelerine rağmen, birileri buna sürekli engel oluyordu. Özal hükümeti devrinde başlayan bu çatışma hala devam etmekteydi. Yanlış yapılanmalar, doğru insanları sistemin girdabına mı alıyordu? Babamdan öğrendiğim kadarıyla, bazı partilerin lider ve mensupları yılan hikayesine dönen bu davanın sonuçlanması için gerekli olan desteği sağlayacaklarını, sağlayamadıkları taktirde ise devletin diğer kurum ve kuruluşları gibi her hangi bir tatsızlıkta önlem alınacağı sözünü veriyorlardı. Ya da söz vermelerinden ziyade, Çatlı bunu talep ediyor, gerçeğin ama sadece gerçeğin ortaya çıkmasını istiyordu.

"Derin devlet" diye tabir edilen oluşumu bir çatı altında toplamak, alınan kararlarda hem fikir olmayı şart kılıyor ve aynı hedefe kilitlenen fertlerin desteğini gerektiriyordu. Ancak Çatlı'ya bağlı olanların yanında, O'ndan rahatsız olanlar da mevcudiyetini sürdürüyordu. Bu grup "derinlerdeki hayalet dost ya da düşmanlar" diye tabir edilebilecek, sessizce kuyu kazanlardı. Söz konusu grupla 1996'nın başlarından itibaren zıtlaşmanın boyutları genişlemişti. Bu grup O'na karşıydı, çünkü 7 TİP'ten arınan Çatlı'nın tamamiyle şeffaf bir lider olması, menfaat avcılarının işine yaramayacaktı. Çatlı yürütülen oluşumlar için öncelikle disiplin isterken, kişisel perverlikten ziyade vatanperverdi. Bir liderde olmassa olmaz vasıfların üstünde hem operasyonel kabiliyeti, hem de başında bulunduğu teşkilatı idare etmekteki yetkinliğe sahipti. Çatlı'nın özelliklerinden tedirginlik duyan zihniyete göre, O'nun şeffaflaşmaması en uygun olanıydı.

Yanlış anlaşılıp bazı kesimleri incitmemek için bir açıklama yapmak zorunda hissediyorum kendimi: devletimizin varlığı için gerekli olan ve son derece başarılı icraatlarda bulunan ekiplerin tümünün, Çatlı karşıtı olarak algılanmasının büyük bir hata olacağı kanısındayım. Aksine, asıl vurgulamak istediğim mevzu, kurumlardan ziyade içerisinde bulunan bazı kişilerin Çatlı ile anlaşmazlığıdır. Çünkü bilindiği üzere beş parmağın beşi bir değildir ve kurumlar içerisinde, bir kaç parazitin türemesi olağan bir gerçektir. Ayrıca babamdan örnek alarak oluşturduğum karakterim der ki: "Devlet toplumu millet yapar. Millette onu devlet. Birinin varlığı diğerinin varlığı için şart iken, devletin manevi kutsallığı üzerine yıpratıcı ithaflarda bulunmak var olan sistem aksaklığını daha da çok kaosa sokacaktır. Kurumlar nice fedakarlıklarla kurulmuştur. Bu nedenle eleştiri okları, belli bir çatı altında devlet adına ülkeye hizmet verenlerden ziyade, bu oluşum içerisinde yanlış yapılanmalar oluşturup, sistem ve dolarperver olanlara çevrilmelidir. Bu nedenle manevi değer taşıyan ve ülkemiz adına kahramanca hizmetlerini esirgemeyen şahsiyetlerle diğerleri aynı kefeye konulmamalıdırlar."

Kırcı, bizim evden uzak durmamız gerektiği, 25 Ocak 1996 tarihinde İstanbul Asayiş Şube İnfaz Masası Ekiplerince göz altına alınıp, Gayrettepe'deki şubeye götürülmüştü. Belli ki babam, yine bir yerlerin kirli işlerini belgelemiş ve restini çekmişti. O gece evimize giren şahıslar ve bir başka koldan babamı tutuklamaya cesaret edemeyen ancak O'na gözdağı vermek için Kırcı'yı bir ihbarla alıkoyanlar, ortalığı germek istemişlerdi. Bu gibi durumlarla dönem dönem karşılaşıyorduk. Neticede bir şey olmuyor ve kısa bir müddet sonra tekrar normal hayatımıza dönüyorduk. Tabi ki bir sonraki gerginliğe kadar. Yani Çatlı'nın restini çektiği ana kadar!

Asayiş Şubesi, Haluk Kırcı'yı tutukladıklarını İstanbul Küçükçekmece Cumhuriyet Savcılığına bildirmiş, aynı gün savcılık Kırcı'nın ilamını Ankara'dan istemiş ve buna ek olarak yanıt gelene dek onun nezarethanede tutulmasını öngörmüşlerdi. Tutulup tutulmadığını bilmiyorum fakat Ankara'dan beklenen bilgi yirmi beş gün sonra Küçükçekmece Savcılığına ulaşmıştı. Savcılık emniyetten Kırcı'nın iadesini istiyordu. Beklenmedik bir durum söz konusuydu: Asayiş Şube Müdürlüğü Kırcı'nın 1 Şubat 1996 tarihinde saat 17:15 sularında ellerinden kaçtığını bildirdi. Bunun üzerine savcılık, polis müdürü Sedat Demir ve üç polis hakkında görev ihmali sebebiyle dava açtı. Süregelen davanın neticesinde polis müdürüne takipsizlik, diğer şahıslara da beraat kararı verildi.

Spekülasyonları seven ya da her olaya kılıf uydurup, şüpheci yaklaşımlara açık olduğumuzdan, bu konu üzerine çok şey yazıldı, kişiler ve kurumlar töhmet altına sokuldu. Benim bildiğim ve Haluk Kırcı'dan duyduğum kadarıyla polislerin bir anki dalgınlığından faydalanan Kırcı firar etmişti. Yani ortada ne bir kaçış senaryosu ne de polislerin yardımı söz konusuydu. Zaten bu olayın yankı toplamasının esas sebebi, Kırcı'nın üzerinden Mehmet Ağar (1) imzalı kişiye özel bir kartvizitin çıkmasıydı: "Şahsın Emniyet camiasına yardımcı olduğu ve her hangi bir olayda kendisine yardımcı olunması" isteniyordu. Ancak Kırcı, böyle bir yazının kendisine verilmediğini söylüyordu. Kırcı: "Böyle birşey yok. Eğer olsaydı neden tutuklandım!" diyordu. Çatlı'nın arkadaşı olduğu için, üzerinden böyle bir yazının çıkması doğal karşılanırken, Kırcı buna karşı gelerek: "Çatlı, ben gibi birçok kişiyi kendi özel işleri ve ilişkileri dışında tutmuştur." Bu konu

1 REİS, Gladyonun Türk tetikçisi, Soner Yalçın-Doğan Yurdakul, Birinci Basım, Öteki Yayınevi s.342

bana sorulacak olursa şayet, vereceğim yanıt kesin ve katidir. Kişiye özel olarak tanzim edilmiş bir yazı çıkmış olabilir. Ancak bundan ötesi yoktur ve söylendiği gibi Çatlı hassas işlerinden sadece teşkilatını haberdar etmiştir. Arkadaş düzeyindeki diğer kişilere "derinlerde" yürüttüğü faaliyetler konusunda asla bilgi vermemiştir.

Aslında bu ihbar her ne kadar Kırcı ailesini etkilese de, babamı da bundan bir kaç yıl önce ihbar eden olmuştu. 9 Nisan 1993 tarihinde İstanbul Emniyet Müdürü Necdet Menzir'e el yazısıyla ve amatörce yazılmış bir ihbar mektubu gönderilmişti: "Sayın Necdet Bey, mektubumda İstanbul'daki başarılı çalışmalarınızdan dolayı sizi kutlamak isterim..." diye başlayan ihbarcının mektubu bir hayli ilginçti. Çatlı'nın deşifre olmasına rağmen, O'na göz yumulduğunu belirtiyordu. Bu mektup, İstanbul Şube Müdürlüğü'ne gönderilmiş, 12 Nisan 1993'de İstihbarat Dairesi'nde 3949 sayı numarasıyla kayda geçirilmişti. Ardından ihbar konusu mektubun içeriğindeki yere (babamın bulunduğu iddia edilen adrese) İstanbul polisi otuz sekiz gün sonra baskın düzenleyip, büroda bulunan iki kişinin ifadesine başvurmuştu. Elbette ki bu şahıslar babamı tanımıyorlardı ve kendisi orada değildi.

Babamın, söz konusu ihbar mektubunu düzenleyen kişiyi deşifre etmesi zor olmadı. Bu kişi yakın çevremizdendi. Şahsın ismi Nevzat mıydı, yoksa Naci mi tam olarak hatırlayamıyorum.

Kırcı'nın kaçak hayatı başladıktan sonra eşi, İstanbul Emniyet Müdürlüğünden gelen polisleri günlerce Avcılar'daki evinde ağırlamak zorunda kalmıştı. Polislere göre firarda olan Kırcı er ya da geç evine, eşini görmeye gelecek, onlarda onu tutuklayacaklardı. Haluk Kırcı bunu yapmayacak, Ege bölgesine gidecek ve uygun bir zamanda ailesini yanına alacaktı. Bizde onları bir ara İzmir'e ziyarete gittik. Kırcı'nın henüz üç yaşlarındaki kızı ile oynarken, Selcen ile benim küçüklüğüm aklıma gelmişti. Bizim durumumuz ve babamın konumu daha farklı olsa da bizde çocukluğumuzu seyyar yaşamıştık. Büyüklerin dünyasındaki bu masum çocuğu sıkıca kucakladım ve "daha görecek çok acın olacak küçük kız" diye içimden geçirdim. Salona geçtiğimde babamla Haluk Kırcı tavla oynuyorlardı. Annemde Vesile Kırcı'yı bir kenara çekmiş "metanetini kaybetmeyecek, kocana destek olacaksın. Öyle bir an gelecektir ki etrafınızda bir tek dost göremeyeceksiniz" diye ikaz ediyordu.

KENDİNİ YÖNETİRSEN DÜNYAYI YÖNETECEK GÜCÜ BULABİLİRSİN

Ülkedeki sistem özellikle son elli yıldır şahsi kazanım üzerine kurulmuştur.

Haftalar sonra...

Evimizin önünde bekleyen araba annemi, Selcen'i ve beni belki de uzun bir dönem buralardan alıp uzaklara götürecekti. Bu kez kimin yanına ve nereye gittiğimizi bilmediğimden, valizime her mevsime ve her ortama uygun giysiler alıyordum. Hayat ne değişkendi! Daha bir kaç yıl önce, yurt dışındaki o en zor dönemlerimizde geçici olarak konakladığımız evlerden apar topar çıkmalar, bu kez daha medeni olarak karşımıza çıkıyordu. En azından artık valizimi toparlamaya hakkım ve değer verdiğim eşyalarımı yanıma almaya fırsatım vardı.

Aynı zamanda dosttuk...

Benim anladığım kadarıyla, babamın arası, O'nun deyimiyle "sistemperverlerle" daha çok açılmış ve telafisi mümkün olmayan safhalara dayanmıştı. Babam zıtlaştıkça karşı taraf boyun eğiyor gibi görüntü veriyor, ancak O'nun arkasından ağlarını örüyorlardı. Görüntüde Çatlı sever olan bu kişiler aslında düşmanıydı.

Evden ayrılırken görünmemeye itina göstermiştik. Babamın bizi uyardığı kadarıyla, ailemiz takip altındaydı. Evimize yakın olan bir apartman dairesi, babama karşı yürütülen gözlemler için kiralanmıştı. Çatlı ne yapar, kimlerle görüşür, bir açığı bulunabilir mi, kimlerle düşman edilebilir?... Ya da karmaşık emellerimize ortak edilebilir mi?

Çatlı'yı yakından tanıyan kişilere seslenmek istiyorum. "Reis"i kötü emellerine bulaştırmaya, O'nu doğru yoldan çıkarıp kara olana sürüklemeye baş koyanlar, aslında sizin de vakıf olduğunuz gibi liderinizin esas suikastini 1995 yılında başlatmışlardı. Renkli bir dünyanın, dolarlarla bezenmiş sahte dostlukların girdabına sokulmaya çalışılan Çatlı, 1996 sonunda vaziyete hakim olunca, paranın ve bilmem neyin rant kavgasının dünyasında defterden silinmişti.

Ve siz; Çatlı'nın etrafındaki menfaat avcıları, kötü emellere sahip olan sizler, Reis'in tertemiz hayatına ajan gibi girip, O'na düşman kazandırıp, bir takım kurumlarla karşı karşıya getirmek isteyenler, gün gelecek sizden daha çirkef olanla yerleriniz doldurulacak. Gönül kötünün kötüyle kovulmasını istemez ama unutmayın ki sistemin bir kuralı vardır: sistemin tahterevallisine biri iner, biri biner.

Artık arabaya binmiştik. Annem, babamın şoförüne sorular soruyordu.

"Nereye gittiğimizi öğrenebilir miyim?"

"Bana sadece Atrium'a park etmem söylendi."

"Birini mi alacağız?"

"Sanırım başka biriyle yolunuza devam edeceksiniz."

Annemlere sezdirmiyorum ama konumumuzdan ötürü kimseye güven olmuyordu. Yol boyunca her şeyi inceliyor, şüphelenmem gereken noktaları arıyordum. On dokuz yaşındaydım ama babamın yüklenmiş olduğu sorumluluğu anlayışla karşılamayı biliyordum. Hayatımızda çok fazla bilinmeyenler ve aksiyon olması bazen hoşuma gidiyordu. Fakat bu tarz yaşamaktan genelde tedirgindim.

Nitekim babamın şoförü Habip Aslantürk'ün dediği gibi Atrium'un arka kapısına varmıştık fakat çevrede tanıdık kimse yoktu. Burada kısa bir müddet bekledikten sonra şoför, arabanın kontağını çevirdi ve bize "iyi tatiller" dileyip gitti. İyi de bu tatil meselesi de nereden çıkmıştı! Bundan bir şey mi çıkarmalıydık? Hepimiz şaşırmıştık. Habip beye her hangi bir şey soramazdık. Kendisi babamın konumu hakkında bilgiye sahip değildi. Kimi, neden burada bekliyorduk, daha ne kadar bekleyecektik, bir saat sonra nelerden geçmiş olacaktık? Sıkıntı basmıştı. Çünkü babamın liderliğini sürdürdüğü Çatlı teşkilatı, ülke aleyhine yıkıcı faaliyetlerde bulunan terör örgütlerine de karşı hareket ediyordu. Bu da yıkıcı grupların, babama zarar vermek istemeleri yüzünden bizi belli bir tehlikeyle karşı karşıya bırakıyordu.

Dikkatli olmamız gereken yerde hepimiz bir yerlere dalmıştık ki, şoför kapısının hızla açılmasıyla irkilmemiz bir oldu ve

Aynı zamanda dosttuk...

"Hayırdır bayanlar kimi bekliyorsunuz?" denildi. Kardeşimle ben şaşkınlığımızı nasıl belirtelim derken, boğazımızda düğümlenen sevinç çığlıkları "baba" der gibiydi. Artık hiçbir şeyden korkmuyordum. Dördümüz bir aradaydık, bu güzeldi. Babam ufak bir tebessüm ettikten sonra direksiyon başına geçip:

"Sizleri iyi gördüm. Muhabbet etmeye bol bol vaktimiz olacağına göre önce buradan uzaklaşalım." dedi.

O'nu görmediğimizden bu yana kendisi de çok iyi görünüyordu. Babam O'na çok yakıştığını düşündüğüm buz mavisi kotunu, üstüne boğazlı siyah kazağını ve geniş omuzlarını dolduran montunu giymişti. Hatta bu son zamanlarda saçlarına düşen zamansız aklar bile, O'na ayrı bir hava katmıştı. Gerçekten çok yakışıklıydı. İçinde bulunduğu durum her ne olursa olsun, gözlerindeki o ifade yılların gaddarlığına rağmen hiç değişmemişti. Daima sevecen ve anlamlıydı. İnsana adeta güven veriyordu. Hem de o en zor dönemlerde bile. Fazla konuşmaktan hoşlanmazdı ama aramızdaki telapatiyle neler düşündüğünü anlardım. O da bizi çok özlemişti ve bir arada olmaktan zevk alıyordu. Anlıyordum, anlatmadan anlatıyordu. Ailemiz diğerlerinden farklı bir hayat sürsede, bunun acısını her fırsatta çıkartıyorduk. Bu nedenle aile bağımızdan rahatsız olanlar oldukça fazlaydı. Bizim duygularımız öyle yoğundu ki sevdiklerimiz uğruna zor günleri değil, yaşanması güç yılları dahi göze almayı şeref bilirdik. Manevi rahatlık insanın en büyük serveti değil midir? Ne de olsa parayla satın alınamaz. Belkide bunca yıl ayakta kalmamızın sırrı da, aile dayanışmasından kaynaklanıyordu.

Babama öyle hasret kalmıştım ki, uzayınca saçının hafif kıvırcıklaşmasını, arabayı ustaca kullanışını, sigara yakışını ve dikiz aynasından arada bir bana bakmasını doya doya izliyordum. Ben, bu anın şerefine içten içe mutlu oluyordum. Radyoda çalan parçaya babam eşlik ediyordu. Bu O'nun en sevdiği parçalardan birisiydi: Çırpınırdı Karadeniz.

Henüz nereye gidileceğine karar vermemiştik. Annemle babam bizim tam tersimize doğa içinde sakin bir yerleri düşünüyorlardı. Hem sıcak bir şeyler içmek, hem de sohbet etmek maksadıyla Etiler'de, bir kafeye girdik. Babam her zamanki gibi şekersiz nescafe istedi. Nitekim sonunda Yalova'ya gitme kararı alındı. Babam sağlığına titiz davranırdı. Yalova'nın termal tesisleri, bu yoğun koşuşturmadan doğan stresi atması için ideal bir ortam olacaktı.

Arabaya benzin alırken, ailece Uğur Dündar'la kısa bir müddet göz göze geldik. Babamı tanıyıp tanıyamadığını bilemem ancak dikkatle bakmıştı. Hatta ne ilginçtir ki O'nun Türkiye'de olduğunu hatta ofisine telefon açıp görüşmek istediklerini söyleyen bazı gazeteciler, babamın vefatıyla birlikte koparılan Susurluk fırtınasıyla sözde şoke olmuş ve devletimizi kınayıp, karşı cephe almışlardı. Ama aynı gazeteciler değil miydi, O'nun sağlığında konumunu bilenler!

Çok geçmeden araç telefonundan arayan şahıs, ailemizi Pera Palas'a davet etti. Açıkcası hayatımızın en belirgin özelliği, tasarlanan günlük programların genelde uygulanamamasıydı. Aslında ben bundan şikayetçiydim. Davet geri çevrilmedi ve otelin girişinde karşılandık. Yalova faslı burada kaldıktan birkaç gün sonrasına ertelenmişti.

Babamın tanıştırdığı beyler mevki olarak hem ciddi, hem de etkili konumlardaydılar. Şimdi düşünüyorum da, hiçbir şahsiyetle olan münasebetimiz olağan dışı gelmiyor hatta önemsemiyordum. Neticede mevkii değil, niyet önemliydi. Benim gördüğüm kadarıyla babam kah politikada bulunan bir şahsiyet, kah teşkilatıyla operasyon planları yürüten bir lider, kah kurum mensuplarıyla bir arada bulunan biriydi. Ya da her zaman benim babam. Aslında babamın da dediği gibi, bu tür oluşumların sağlanabilmesi için geçmiş yılların emeği olduğu kadar, gündemi belirler olmuş teşkilatın rolü de büyüktü. Yoksa kimse boşuna benimsenmezdi. Bu, kollayan ve korunanların hikayesiydi! Yani uzun bir hikaye. Yani babamın hikayesi.

Bu benim Pera Palas'a ilk gelişimdi. Tarihi otelin bazı odaları -mazisinden ötürü- görülmeye değerdi. Kimler kalmamıştı ki burada: Cumhuriyetimizin kurucusu Mustafa Kemal Atatürk, ünlü polisiye yazarı Agatha Christie...

Bayanlara ayrılan masalarda yer kalmadığından, babamın yanına gittim. Masada tanımadığım beyler de oturuyordu ve sohbetleri dostane olduğu kadar dikkat de çekiciydi. Herkes babamı dinliyordu. O kaşlarını çatmış, gözlerini kısmış, alçak bir ses tonuyla:

"Ülkedeki sistem özellikle son elli yıldır şahsi kazanım üzerine kurulmuştur. Ülke yararına projelere atılmak isteyenler, çok acıdır ki engellenmeye çalışılıyor. Hatta bunlardan bazıları, bana yakın olduklarını sandığım kişilerde olabiliyor!"

Şanlıurfa DYP Milletvekili Sedat Bucak: "Ha, insan hangi birine akıl vereceğine şaşıyor vallahi. Reis, anlamayan varsa ha, anlatmak lazım."

"Herkesin anlayacağı bir dil var elbette gardaş. Uygun zamanı beklemek gerek."

Sohbet derinleşeceğe benziyordu. Babam beni uyarmadan, müsaade isteyip masadan kalktım. Eve dönünce hatıra defterime, edindiğim izlenimler hakkında, Platon'un ünlü bir sözünü yazacaktım: Kendini yönetirsen dünyayı yönetecek gücü bulabilirsin.

Pera Palas'ta kaldığımız toplam iki gecenin ilkinde, apar topar alınan bir kararla Sedat Bucak'la eşi, bizim aile ve tanımadığım diğer beylerle ilk önce Türk müziği dinlemeye nezih bir yere gittik. Burada sahne alan sanatçı aile dostumuz olduğundan, kardeşimle babama süpriz olması amacıyla gizlice bir türkü istedik. "Kah çıkarım gök yüzüne seyrederim alemi. Kah inerim yer yüzüne seyreder alem beni. Haydar Haydar..." Parçayı seslendirecek kişi güzel bir giriş yapar yapmaz, babam hiç tereddüt etmeden ikimize baktı. Yanına çağırıyordu. Babam için böyle küçük süprizler, ya da manevi değer taşıyan hediyeler çok daha anlamlıydı. Bu O'nun gözlerinin içini parlatıyor ve biliyorum ki o güzel yüreğini ısıtıyordu. Kardeşimle babamızın dizlerine oturup, belli belirsiz parçayı mırıldandık. Bir ara babamla etrafımıza baktık. Herkes bizi izliyordu. Hatta masamızda oturan bir bey, babamızın ailesiyle olan diyaloglarına sevinmiş olacak ki gözleri dolmuştu. Abdullah Çatlı'nın son derece kalabalık nü fuslu ama dost, saygın, güçlü ve hassas olan arkadaşları işin en güzel tarafıydı. Gerektiğinde dost için ağlayan, dost için gülen, gerektiğinde dost için kendini tehlikeye atıp, O'nu kollayanlar babamın hayatında kazandığı en büyük servetiydi. O'nun bize bıraktığı en kıymetli miras bu yiğit yürekli mert insanlardır.

Gecenin ilerleyen saatlerinde, Etiler'de bir gece kulübüne gidilmeye karar verildi. Babamla bu tarz yerlere bundan önce, iki kereliğe mahsus kardeşimin doğum günü için gelmiştik. Aslında O'nun bu fikre sıcak bakmadığı ama yoğun ısrarlarımızı da kıramadığından katlanması, dönem dönem iki kızının nazıyla oynadığının göstergesiydi. Selcen'le benim merakım, mekanları görmekten ziyade babamla Sedat Bucak'ın, böyle hareketli bir yerde nasıl davranacaklarını görmekti. Ne de olsa babam fırtınalar estiren yiğit yürekli bir lider; Sedat Bucak'ta milletvekili kimliği dışında bir aşiretin lideriydi. Babam her zaman ki gibi ağırlığını korumuştu...

YURT DIŞINDAN FAKS
"Kimseye güven olmaz değil mi güzel kızım?"

Babam, her yurt dışı dönüşünde hem rapor şeklindeki dosyalarla hem de yorgun bir şekilde eve gelirdi. Özel işlerine duyduğu titizlikten ötürü ne ben sormuş, ne de O bana bu dosyalarda neler olduğunu anlatmıştı. Yine böyle bir dönemdeydik ve babam yurt dışından döneli bir kaç saat olmuştu ki, kendisiyle şirkete gelmemden mutlu olacağını söyledi. Cevap bile vermeden babamın giyeceği kıyafetleri hazırladım ve beklemekten hoşlanmadığını bildiğim için hemen hazırlandım ve kapıya dikildim. Yanından hiç ayırmadığı evrak çantasını elinden kaptığım gibi garajdan arabayı çıkarıp, evin önüne getirdim. Belki bazılarına tuhaf gelecek ama babam için ufak da olsa bir şeyler yapmak beni mutlu ediyordu.

Babam, evimizin bahçesinden geçerken, arabamızın sağ kapısını açtım ve şımarık bir tutumla

"Buyurun beyefendi." dedim.

"Bugün torpil büyük yerden anladım da, bu durumda arabayı sen kullanacaksın gibi bir senaryo hazırlamışsın!"

"Baba lütfen müsade et. Çok dikkatli kullanıyorum biliyorsun. Lütfen lütfen..."

derken direksiyon başına geçmiştim bile. Göz ucuyla babamın vereceği tepkiyi izliyordum. Babam beni kolay kolay kırmazdı. Tepkisi olumluydu.

GSC (1) adlı şirketimiz tekstil üzerineydi. Şirkete geldiğimizde kapıda bekleyen şoförün müdahale etmesine fırsat vermeden, babamın evrak çantasını aldım ve koluna girerek odasına çıktık. Masasına bıraktığım çantasından titizlikle düzenlenmiş bir dosya çıkardı ve

"Kızım birazdan burası kalabalıklaşır. Elimdeki evrakları saat 10'da Ankara'ya fakslamam gerekiyor. Yoğun olursam hatırlatmayı sakın unutma!" diyordu.

Dediği gibi şirkete bir çok kişi ziyarete geliyordu. İş adamları, sivil polisler, müdürler ya da şimdiye dek hiç görmediğim ağabeyler. Bu ağabeyler bazen dosya teslim alıp ya da dosya teslim ediyorlardı.

Babamın bildirdiği saat geldiğinde benim hatırlatmama fırsat tanımadan, O faksın başına geçmişti bile. Sorumluluklarını aksattığına hiçbir zaman şahit olmadığım babam, işlerinde en çok düzen ve disipline önem verirdi.

"Babacığım bende yardım edeyim mi?"

"Başka bir işte olur, ama bunda hayır." dedikten sonra odasının kapısını kilitlememi istedi. Faksını çektiği sayfaların hepsini bir tasın içine bıraktı ve teker teker hepsini yakmaya başladı.

"Kimseye güven olmaz değil mi güzel kızım?" derken bir yanda da külleri bir poşetin içine boşalttı ve bunları çantasının iç cebine koydu.

Çocukluğumdan bu yana alışık olduğum esrarengiz hayatımızın bu küçük örneğini, hiçbir şekilde garipsememiştim. Babamın her yurt dışı gezisi sonrasında beraberinde getirdiği bu dosyalar, orada bulunduğu süre içerisinde yürüttüğü işler ve tespitlerle ilgili tutulan raporları içeriyordu. Ülkeye karşı planlanan yıkıcı faaliyetler eğer ciddi boyutlarda ise, temeli yurt dışında atılır ve buradan idare edilirdi. Çatlı liderliğindeki teşkilat ise, iki koldan yani hem planlanan yıkıcı faaliyetleri saptayıp, müdahaleler etmek için istihbarat toplanmasını sağlar, hem de

---

1 GSC'nin açılımı Gökçen-Selcen Çatlı'dır. Bu ismi babam kararlaştırmıştı. Şirketimiz Merter semtinde bulunuyordu. Burası ne çok fazla büyük ne de maddi açıdan tatminkar bir yerdi. Zaten vefatından önce şirketin faaliyetleri duraklatılmıştı.

harekete geçmek için operasyonları bizzat idare etmek amacıyla yurt dışına çıkarlardı.

Aslında ailemizin babama duyduğu bu güven, yararlı işler yaptığını bilmemizden kaynaklanıyordu. Ailede herkesin konuşmaya ve fikirlerini savunmaya hakkı olduğundan şayet babamın bu konuda yanlış işler yürüttüğünü sezseydik, hiç tereddüt etmeden bunu O'na belli ederdik. Tıpkı arkadaşlarına gösterdiği aşırı kollamadan rahatsız olduğumuzu belirttiğimiz gibi. Aslında çevresindekilerden bazıları babamın bunları kollamasına değer kişiler olsalardı, bunda tavır almazdık ama devir kötüydü. O'nun yapabileceği bir yanlış, tüm doğrularını götürebilirdi.

ÇEKİŞME

Zaten kararlı olmak değil miydi, insanı korkudan kurtaran. Ya da doğru yolda olduğunu bilip, kararlı olmak.

Mehmet Özbay (Abdullah Çatlı'nın kullandığı isim), Meral, Gökçen, Selcen Çatlı adı altındaki, Kıbrıs'daki Ömer Lütfi Topal'ın bağlantıları olduğu Emperyal's Jasmine Court Hotel tatilinden döneli bir hafta olmuştu. Güzel Sanatlar dönem ödevimi Kıbrıs üzerine seçtiğimden babamla o gece, harabeye dönmüş köylerin ve hâlâ savaşın izlerinden kurtulamamış bölgelerin resimlerini ve hazırladığımız metni incelediğimizden ancak sabaha karşı yatabilmiştik. Uyumadan evvel kendisine bu Kıbrıs tatilinin nereden çıktığını sormuştum. "Elbet bir bildiğimiz var Gökçen'im sen kafanı bunlarla karıştırma. Her İstanbul'dan uzaklaşmamız gerektiğinde aynı yerlere gitmemiz sakıncalı olur." demişti. Babamın bana "Gökçen'im" demesine bayılıyordum. Bu O'na has bir hitap şekliydi. Sami Hoştan dolayısıyla tanıdığı Topal ile babamın bir samimiyeti yoktu ama, o da tanıdıklardan biriydi. Daha evvelden de dediğim gibi hassas konular bana söylenme ihtiyacı duyulmadığı taktirde beni ilgilendirmezdi. Bu durumda herkes yerinden memnundu. O anlatınca dinler, anlatmayınca bilmezdim.

Sabahın erken saatleriydi. Kardeşim:

"Abla uyan, bir adam telefon açtı babamızla görüşmek istiyor."

"Geç yattı. Sakın uyandırma. Sonra aramasını rica et."

"İyi de ablacığım bu adam Abdullah Çatlı'yla görüşmek istiyor. Burada böyle birinin olmadığını ve babamın Mehmet Özbay olduğunu söyledim ama..."

Kardeşimin anlattıkları bana elbette ki tuhaf gelmişti. Bilmesi gereken sağır sultanlar, babamın asıl hüviyetini biliyordu fakat O'na bu şekilde hitap edilmiyordu. Arayan şahısla konuşmak için yatağımdan kalktım. Doğrusu kim olduğunu merak etmiştim. Aranmayan kaçağı kim arayabilirdi ki!

"Buyurun ne istemiştiniz?"

"Ben babanızla görüşmek istiyordum."

"Kardeşim söylemiştir, babam henüz kalkmadı. İsminizi ve notunuzu alayım."

"Fakat Abdullah Beyle konuşsam daha memnun olurdum."

"Kim dediniz?"

"Abdullah Çatlı."

"Yalnış numara olacak ama ben gene de isminizi rica ediyorum."

"O halde daha sonra ararım." dedi ve bana konuşma fırsatı bırakmadan telefonu kapattı. Oysa ki ben tekrar aramasına lüzum kalmayacağını, bu konuda onu aydınlatabileceklerin olduğunu söyleyecektim.

Kahvaltı masasındayken babama, arayan kişiden bahsettim fakat O bunu fazla önemsememişti. Okumakta olduğu gazeteyi birkaç saniyeliğine bırakıp, gözlerini kıstı, düşünür gibiydi ve yüzünde oluşan ufak bir tebessümün ardından başını belli belirsiz salladı. O'nun bu soğukkanlığı beni her zamanki gibi rahatlatmıştı. Zaten kararlı olmak değil miydi, insanı korkudan kurtaran. Ya da doğru yolda olduğunu bilip, kararlı olmak.

Az evvel arayan şahsa göre Abdullah Çatlı kimdi? Daha doğrusu ona nasıl sufle edilmişti ve suflörler kimlerdi? Babamın bulunduğu konumun makamı, rütbesi, rozeti, yıldızı yoktu. O, korur, kollar, benimser ve korunur, kollanır, benimsenirdi. Sadakatından şüphe etmedikleri hala sadık, fakat ihanetinden şüphe ettikleri 3 Kasım 1996'ya kadar bekledi...

Babamdan öğrendiğim kadarıyla telefonlarımız bir istihbarat servisi tarafından dinleniyordu. Yani bu kurumun da yardımıyla şüpheli şahsı tespit edebilirdik. Ama aynı servis, ister iyi ister kötü niyetlerle babamı da izlediğine göre... Türkiye'de herkes birini koruyor, diğerinin ipini çekiyordu. Mantık şuydu; bana güvenebilirsin ama ne kadar garantisi olduğunu bilemezsin.

Tarık Ümit'in ortadan esrarengiz şekilde kaybolması, derin güçlerdeki farklı grupların arasını açmıştı. Suflörlerin kol gezdiği o dönemde iddialara göre, bize yakın sanılan kişilerce Ümit kaçırılmıştı. Babamın ismi de bu olayda geçiyordu. Zaten bu iddia, Ümit'in bağlı olduğu MİT'in belli bir grubuyla Çatlı'nın arasını açmak için ortaya atılmıştı. Bu da uzun bir hikaye.

Diğerleri için konuşmam doğru olmaz ama babam için bu kadar küçük düşürücü bir iftirayı kabul görmek olanaksız. Babamın, başka bir kuruluştaki tanıdığına belki de yanlış olan desteği vermesi bazılarını rahatsız etmişti anlaşılan. MİT Başkanı Mehmet Eymür'ün bir ifadesinde "Çatlı beni bile yerimden aldıracak güce sahipti" açıklamasını yaptığı gibi, ben de bazılarının yerinde olsam, Çatlı ismine başlangıçta gizliden gizliye büyük bir antipati duyardım.

TARIK ÜMİT OLAYI... BİR GÖZDAĞI MESELESİ

Her sabah olduğu gibi gazetelerimi alıp ders vaktine kadar okul kantinine arkadaşlarımla oturmak üzere çıkmıştım. Bir yanda sohbete katılıyor, diğer yanda ise gazetedeki başlıklara göz atıyordum. Okumakta olduğum satırlardaki bir haberde, 70'lerde ün yapan ülkücü lider Abdullah Çatlı'nın, Tarık Ümit isminde bir iş adamını geçtiğimiz haftalarda kaçırtıp, sorguya çektiği ve yüklü miktarda para talep ettiği yazıyordu. Kaçırıldığı iddia edilen şahıs bulunamamış fakat birilerinden gelen bir istihbarat üzerine Çatlı ismi lanse ettirilmişti. Soğukkanlılığımı korumak zorunda olduğumdan gazeteleri klasörüme koyup, durumundan habersiz olan arkadaşlarımın mezuniyet balosu üzerine yapılan sohbetlerine katıldım. Ümit konusu benim açımdan okul kantininde başlamış ve bitmişti. Ta ki babamın vefatından beş ay sonrasına kadar....

Babamın bir arkadaşı ziyaretimize gelmeyi arzu ettiğini yardımcısı vasıtasıyla ilettikten hemen sonra evimize gelmişti. Sohbet genel hatlarıyla babamın vefatı ardından yapılan haksızlıklar ve sorumluların tavırları üzerineydi. Bu kişi, Tarık Ümit konusuna değindi:

"Ümit konusu bundan 1.5 yıl evvel başlamıştı. Tarık Ümit'in kaybolması üzerine, kurumlar arası kavga patlak vermiş, Reis'in ismi Ümit'i kaçıranlar tarafından ortaya lanse edilerek ondan çekinenlere "bu mesele kapansın, Reis'in desteği üzerimizde" diyerek karşı tarafa eşkiya usulu gözdağı verilmek istenilmişti. Hem Ümit'i kaçıranlarla hem de Ümit'in kaçırılmasından rahatsız olanlarla Reis'in diyalogları vardı ancak isminin bu olaya karıştırılması onu kızdırmıştı. Bir yanda Reis'in ismini kalkan gibi önlerine alan grup, diğer yanda bu grubun manipülasyonuyla Reis'e karşı tavır alan, bu konu hakkında bilgisine başvuran grup vardı. Tarık Ümit olayının perde arkası hem para yüzünden hem de Türkiye'deki güçlerin çekişmelerinden kaynaklanıyordu. Rant yüzünden başımıza iş açanlardan dolayı, Reis yakasını silkiyordu. Ümit'in kaybolmasından rahatsızlık duyan gruba göre, Ümit bize yakın çevrelerce kaçırılmış ve Reis bundan haberdardı. Zaten bundan sonra ipler koptu. Ümit'i kaçıranlar Reisi kalkan gibi önlerine almış, onu bu grupla karşı karşıya getirmişti.

Zaten geriye gidilecek olunursa Reis, 1984'teki ASALA olayları sebebiyle deşifre edilip, MİT tarafından kollanmaması üzerine öfkeye kapılmıştı. 1990'da Türkiye'ye döndükten kısa bir zaman sonra eski MİT'çilerin barış yemeği davetine rica minnet (devreye hatırı sayılır kişiler girmişti) katılmıştı. Masada ASALA operasyonlarında ona destek vermiş ve kod adı Mete olan kişi, rahmetli Hiram Abas ve Eymür vardı. Reis'in eski defterleri açması üzerine yemek büyük bir hesaplaşmaya dönüştü. Gergin bir hava vardı. Hatta Reis, Eymür'e hakarete dayanan ithaflarda bulundu. Aynı yıl içerisinde MİT, Eymür'le bağlarını kopardıklarını söyleyerek Reis'le bozuk olan aralarını düzeltmek için bir çok kez bağlantı kurmaya çalıştı. Hatta eğer Reis yurt dışındaki projelerin başına geçmeyi kabul ederse, bundan memnun kalacaklarını ilettiler. Reis'in gözünde güvenirliğini yitiren bu kuruma karşı yanıtı katı olmuştu. Reis'in bu haklı tutumu, ona cephe alanları git gide daha çok tedirgin etmeye başladı. Çok geçmeden dönemin Emniyet Müdürü Necdet Menzir'e yazılan bir ihbar mektubuyla ortalık biraz daha karıştı. Buna benzer bir başka olayda, Emniyet Müdürü Yazıcıoğlu döneminde oldu. Reis'ten duyduğum kadarıyla Yazıcıoğlu, Eymür'ün yalnış bilgilendirmelerini doğru kabul ederek arama emri çıkartmıştı. Sonrası malum ama ilişkiler onarılamayacak safhalara dayanmıştı."

Abaza asıllı ve 22 Nisan 1947 doğumlu olan Tarık Ümit'in yaşamı, şayet öldürüldüyse kaçırıldığı Mart 1995'de bitmiş sayılabilir. Ümit'in gerisinde bulunan ilk şey Silivri yakınlarında,

Jandarma bölgesine giren Büyükkılıçlı beldesi'nde, 34 ZU 478 sahte plakalı Chevrolet Camaro marka arabasıdır. Bu plaka güvenlik gerekçesiyle, dönemin Emniyet Genel Müdürü Mehmet Ağar tarafından verilmiştir.

Sami Hoştan'ın Silivri yakınlarında yazlığı bulunmaktadır. Hatta 1991-1992 yıllarında bizde aynı sitede iki kereliğe mahsus yazlık kiralamıştık. Ümit'in arabası da bu civarda bulunmuştu. Bunun üzerine Sami Hoştan'ın yazlığının bahçesi, Ümit'in cesedi oraya gömülmüştür gerekçesiyle kazılmıştı. Sami Hoştan'ın eşi Nuriye Hoştan'ın bana söylediği kadarıyla, komşularının önünde yapılan bu kazı çalışması onu rencide etmişti.

Tarık Ümit, bir süre Dündar Kılıç'la ortak olduğu ünlü bir kumarhanenin müdürlüğünü yaptıktan sonra 1965 yılında tahsil için Almanya'ya gitmiş ve 1969 yılında ekonomi öğrenimini yarım bırakarak Türkiye'ye geri dönmüş, İzmit ve İznik bölgelerinden ucuz bir şekilde toplattığı kereviti Avrupa ülkelerine ihraç ederek, bundan iyi para kazanmaya başlamıştı. 1973 yılında Hamdi Fevzibeyoğlu isimli bir şahsı yaralamak suçundan 15 yıl mahkumiyet alınca yurtdışına kaçmış, 1974 Eylül ayında aftan istifade ederek Türkiye'ye geri dönmüştü. Ayrıca Ümit, 1976'da Alman polisi tarafından uyuşturucu madde konusundan gözlem altına da alınmıştı. 1979 yılıyla birlikte Gentaş İnşaat ve Sanayii A.Ş., Ümtaş İnşaat A.Ş., Çelik Sanayii A.Ş., Intensif Limited gibi isimlerdeki şirketleri kurmuş ve Kıbrıs Türk Cumhuriyeti'ndeki First Merchant Bank Limited adlı bankanın da ortağı olmuştu. İstanbul ili vergi sıralamasında ilk 20 arasına girecek kadar iyi para kazanıyordu. Ümit, İstanbul'un vergi rekortmenlerindendi. Gösterişli yaşamdan hoşlanan, titiz, dik başlı biriydi. Ancak bu dik başlılığı ve olayların kendi insiyatifleri doğrultusuna göre akıbet almasını isteyen Ümit, ileride yapacağı muhbirlik kariyerini, huylarından ötürü olumsuz yönde etkileyecekti. Çünkü hiçbir kurum fazla bilen, başına buyruk olan ve bir gün konuşur telaşı ya da bir daha kullanılmaz düşüncesiyle işten çıkarmayı düşündükleri elemanları tasvip etmezler. Genelde bir muhbirin görev süresi 20 yıl civarında seyreder. Eğer olumsuz izlenimler yok ise görev bitiminde işten çıkarılırlar. Bazıları da gözden.

Ümit henüz bu safhaya gelmemişti ancak birlikte çalıştığı Dündar Kılıç'la, yasadışı işler nedeniyle İstanbul eski Emniyet Müdürü Şükrü Balcı'nın adı geçenlerden rüşvet almak suçundan yargılandığı davanın önemli isimlerindendi. Ümit beraber iş yaptıkları Dündar Kılıç ve diğer kaçakçılarla ilgili, ifadeler verince dikkatleri üzerine toplamıştı. Belkide bu onun muhbirlik dünyasına, emekleyerek de olsa adım attığı ilk işti. İfadeleri Dündar Kılıç'ı rahatsız edince, Bebek Park Gazinosu çıkışında silahlı bir saldırı sonucu kurşunlanarak ağır yaralandı.

Ümit'in MİT muhbiri olması 1987 yılına rastlamaktadır deniliyor. Ancak bazılarına göre bu tarih biraz daha öne alınmalı. Söylenenlere göre evvelden tanıdığı ve uyuşturucu pazarı hakkında bilgilendirdiği Emniyet Müdürlüğü Kaçakçıklık Daire Başkanı Attila Aytek bağlantısıyla Ümit, Mehmet Eymür'le tanıştırılıp, MİT muhbiri olarak işe başlıyor. Kendisine yeşil pasaport ve ikinci sınıf uzman sıfatı veriliyor.

Mart 1995'in başlarında ise esrarengiz bir şekilde ortadan kayboluyor. Öldürülmek üzere kaçırıldığı düşünülmektedir. Araştırmalar yapılıyor fakat arabası dışında hiçbir bilgi veya ize ulaşılamıyor. Ne de cesedine. Bundan hareket ederek, cesedin gömülmüş olabileceği düşünülüyor. Fakat bir netice alınamıyor.

MİT eski müşteşarı Sönmez Köksal'ın sözlerine bakılırsa Ümit:

"Bir eleman. Haber toplayıcı dediğimiz, haber veren, sadece bize değil, başka kuruluşlara da haber veren birisi. Öldürülme veya yok edilme olayını bilemiyoruz. Olay Jandarma bölgesinde vukuu bulmuş. Jandarmanın daha fazla bilgisi vardır. Meslektaşımız değil, haber kaynağımızdır. Benim mensubum, benim kadromdan maaş alan kişilerdir. Tarık Ümit'in hiçbir zaman böyle bir sıfatı olmadı. Kadromda yer almadı. Binlerce haber kaynağımızdan biriydi."

Sönmez Köksal'ın aksine Mehmet Eymür, Ümit ismine daha sıcak bakmaktadır. Belki de bu yüzden Ümit'in kaybolması, MİT içinde anlaşmazlıklara ve bazı Emniyet mensuplarıyla olan diyaloglarında pürüz çıkarmasına sebep olmuştu. Ya da daha önceden var olan anlaşmazlık, işleri daha çok kızıştırmıştı. Çünkü bazı duyumlara göre Ümit, MİT'e gözdağı vermek üzere kaçırılmıştı! Eymür, belki de kurumlar içi ve arası anlaşmazlığın ilk sinyalini, ikinci MİT raporunu yazmaya karar vererek açığa çıkarmıştı: devletimizin bir kurumu, bir başka kurumun ve hatta Başbakanı kapsayan bir oluşumun terörle mücadelede bulunduğunu ve Çatlı'nın da bu grupla beraber hareket ettiğini kapsayan raporla, devlet sırrı açığa vurulmuş ve çiğnenmemesi gereken unsurlar göz ardı edilip resmen deklare edilmişti.

MİT raporu çıkmaya yakın Eymür, Ağar'ı arayıp "Ümit'i bırakmalarını" ister. Ancak Ümit'in kaybolması ile Ağar'dan şüphelenmesi için elle tutulur geçerli sebepleri mevcut değildir. Bunun üzerine Ağar, bilgisinin olmadığını, İbrahim Şahin'e olayı aktarıp, konuyla ilgileneceğini söyler. Eymür, Şahin'le irtibat kurar ve yemeğe çıkarlar. Ama onun da Ümit'ten bilgisi yoktur.

Mehmet Eymür'ün bu raporunu MİT kabul etmemektedir
AÇIKLANAN MİT RAPORUYLA ÇATLI'YA YAZILAN KADER

Adalet ister işlesin, ister keyfini sürsün... Yapılan icraatlar büyük olunca, aleyhte söylenen sözler kamu vicdanında küçük kalmaya mahkumdur.

Güz başıydı, okuldan eve döndüğümde annemi gazete okurken buldum. Söylediği kadarıyla, babamın ismi MİT raporuyla medyaya lanse edilmişti. Bizler tedbiri elden bırakmamak için O'na ismiyle bile hitap edemezken, dışarının ihaneti cirit atıyordu. Aslında annem, ben ve kardeşim, özellikle 1987 yılıyla birlikte, Çatlı olduğumuzu gizlemeye gerek görmemiştik ama formalite gereği tedbirli olmak zorunda olduğumuzu da unutmuyorduk. Buna hem babam, hem de henüz tanıştırılmadığımız beyler karar vermişti. Faturalar, kimlikler, okuldaki kaydımız... Biz nihayet Çatlı'ydık. Üstelik Türkiye Cumhuriyeti sınırları içerisinde.

Afallamış durumdaydım. Babam bir yanda desteklenen bir liderdi fakat diğer tarafta lekelenmeye çalışılan bir güçtü.

Büyük zorluklarla kurulmuş olan MİT, öyle bir kaç kişinin kasti olarak saptırılmış analiziyle güvensizlik ortamı yaratmamalıydı. Kendime sorduğum soru, cevapsız kalmalıydı: MİT raporunu yazanlar neye hizmet ediyorlardı? Bildiğim kadarıyla MİT raporu kendini duyurmak için birçok medya kuruluşuna gitmiş, fakat ciddi bulunmadığından geri çevrilmişti. Sadece Aydınlık dergisi (1) raporu yayımlamayı kabul etmişti. Sözcü durumunda ki adı geçen dergide yayımlanan bu MİT raporu, Mart 1995 öncesi olayları ele almıştı. Başbakan Tansu Çiller'e bağlı bir özel

---

1 1- MİT raporu, haftalık yorum dergisi Aydınlık'ta 22 Eylül 1996 tarihinde sayfa 4-5 de yayınlanmıştır. Bir gün öncesinde İşçi Partisi'nin Genel Başkanı Doğu Perinçek düzenlediği basın toplantısıyla raporu kamuoyuna deklare etmiştir. Söz konusu rapor Çatlı'ya önceden ulaşmış, büyük bir kitlenin karşı çıkmasına rağmen engellenememiştir.

birimin Azerbeycan darbesini ve çeşitli olayları organize ettiklerini ele almaktaydı. Yazılanlara göre, grup doğrudan Emniyet Genel Müdürü Mehmet Ağar'a bağlı olup, Emniyet Genel Müdür Müşaviri Korkut Eken tarafından sevk ve idare edilmekteydi. Grup üyelerine de Emniyet Genel Müdürlüğü'nce polis hüviyeti ve yeşil pasaport sağlanmıştı. Bu grup PKK ve Dev-Sol'a karşı yıkıcı faaliyetler içindeydi. Raporda ismi geçenlerin çeşitli yasa dışı işleri de yürüttükleri iddia ediliyordu.

Özel ekibin koordinatörü olarak ise babam görünüyordu. Tansu Çiller'in özel istihbarat örgütünün emniyetteki kolu olduğu iddia ediliyordu. 18 yıl önce işlemediği bir suçun azmettiricisi olarak aranan ve oluşturulan bu tabloda Devlet birimlerinin önde gelenleriyle terör faaliyetlerine karşı, birlikte hareket eden Çatlı hakkındaki bazı bilgiler şunlardan ibarettir:

"...Abdullah Çatlı: Ahmet, Remziye oğlu, 1956 Nevşehir doğumlu. 1977 Ülkü Ocakları Derneği Ankara Şube Başkanı, 1978 Ülkü Ocakları ikinci Başkanı, Mehmet Ali Ağca'nın cezaevinden kaçmasında, 7 TİP'linin olayında, Papa davasında ismi geçmektedir ve hakkında kaçakçılık suçlamaları da vardır.

İş telefonu: 0212 59* 3* 4*, Ev telefonu: 0212 57* 2* 0*, Yeni Ev numarası: 0212 66* 7* 4*, Cep telefonu: 0532 31* 7* *6, İş Adresi: Sultan Tekstil Küçükçekmece Kanarya yolu. Mehmet Özmen (veya Özbey) adına kimlik taşıdığı ve polis kimliği, yeşil pasaport gibi hüviyetlerinin bulunduğu bilinmektedir. Bordo Audi marka bir otomobil kullanmaktadır..."

Babam 1996 başıyla birlikte başka bir araba kullanmaya başlamıştı. Bu araba rapora geçirilememiş ancak yeni ev telefonumuz saptanmıştı. Bizi tanıyanlar iyi bilirler, çok kısa aralıklarla numaralarımız değişirdi.

Her ne kadar herkesçe bilinse de raporda ismi geçen bazı kişileri kitabıma iliştirmeyi uygun görmedim fakat raporun içeriğinde bir çok emniyet yetkililerin, iş adamlarının ve yeraltı dünyası mensuplarının isimleri geçiriyordu.

* Yazarın notu: işaretleri yeni numara sahiplerinin rahatsız edilmemeleri bakımından uygun gördüm.

Babamın ardından gelişen olaylardan ötürü raporda ismi geçenlerin bazılarını kalemimle ve yüreğimle yerli yersiz müdafaa etmeyi kendime lüzum ve onlara hak görmediğimden sadece babam adına diyebilirim ki; Abdullah Çatlı belli bir kadroyu organize etmiştir. Asla kimsenin adamı olmamıştır. O doğrudan doğruya sevdiği vatan topraklarının milli savunma refleksidir. Bu nedenle O'nun şahsiyeti öyle ne herkesle yanyana getirilmeli, ne de her tanıdığın isminin geçtiği olayda, bunlarla birlikte Çatlı öne sürülmemeli. Tanıdıkların adı tanıdıktır ve bunun ötesi boştur.

MİT'e hizmet vermiş olan Hiram Abas'ta (2) öldürüldüğünde çok fazla alakası olmasa da buna benzer bir tablo mevcuttu. Abas son dönemlerine ve şahsına ait bir kaç hatayla örtbas edilmemelidir. Çünkü vatan için bir çivi çakan, hatta buna teşebbüs eden, bizler için saygın ve değerlidir. Fakat ne acıdır ki, insanoğlunun vicdanı sınırlıdır. Göz kırpmadan verilen hizmetlerin karşılığı ahde vefadır. İnsanoğlu kendi yaptığı hataları görmezlikten gelir hatta bu hataları önüne gelene yapıştırmayı sever. Bir çok başarıya karşın eğer telafi edilebilir bir kaç hata, kişiyi yalnış adam yapabiliyorsa, hatasız kul olmaz söyleminden hareket ederek hepimizin bu durumda olduğunu hatırlatmam sanırım gerekmemektedir. Bir politikacı icraatlarından dolayı alkışlanmaz, daima bir açığı aranır, yani bir ayağı uçurum kenarındadır. Büyük çoğunluğunun açığı olunca da, gerçek demokrasi ortamından uzaklaşılır, bir devletin ön şartı olan sosyal adalet kavramı yok edilir. Bunu gizlemek için de hepimizin bildiği geleneksel törenle biri seçilir ve günah çıkarmak için kurban verilir...

Susurluk olayı altında, memleketin gelmiş geçmiş bütün kirli işleri sadece bir ekip üzerine atılmaya çalışıldı. Söz konusu ekibin faaliyetleri bu denli çarptırılınca; gönülden bağlı olunan değerlerle birlikte, uzun çabalarla oluşturulan aksiyoner güç yara almıştır. Devlet-i ebet müddet ülküsü için yetiştirilmiş olan

---

2 Hiram Abas MİT'ten ayrıldıktan sonra Cumhurbaşkanı Turgut Özal'a rapor niteliğinde belgeler hazırlıyordu. Özellikle de Körfez Kiriziyle ilgili. Kendisi 58 yaşındayken arabasının içinde silahlı saldırıya uğradı. 1990 yılı içerisinde MİT'ten suikaste uğrayan ikinci kişiydi. MİT Ermeni Masası'nda çalışan Albay Rıfat Uğurlutan 24 Ocak'ta öldürülmüştü.

bu güç, bir takım yanıltıcı ve yönlendirilmiş analizlerle yok edilmeye çalışılmıştır. Milletlerin kaderinde "dinamik güçlerin" ne kadar önemli olduğunu bilenler bilirler. "Dinamik güçlerin" analizini sadece ve sadece milli vicdan yapar. Konuşulanlar, söylenenler ve yazılanlar tarihe dip not olarak bile geçmeyecektir. Oysa "dinamik güçlerin" yaptıkları daha şimdiden tarih olmuştur. Tekrar ifade etmek gerekirse bu konunun tek karar mercii Türk milletinin vicdanıdır. Kurum ve kuruluşlar, teşkilatlar milli vicdanın sesini duymak zorundadır. Oyunun kuralını er ya da geç milli vicdan koyar. Sonunda herkes bu kurala göre oynamak zorunda kalacaktır. Reis ve teşkilatı milli savunma refleksi ve milli vicdanın tezahüründen başka bir şey değildir. Samanlıkta iğne aranmaz...

BİR İSTİHBARATÇININ SÖZLERİYLE DERİN DEVLET

Aydoğan Vatandaş'ın "Armagedon: Türkiye-İsrail Gizli Savaşı" kitabında (Timaş Yayınları) Susurluk öncesi ve sonrasını genel hatlarıyla ele alınırken, adı gizli tutulan bir istihbaratçının gerçekte böyle birinin ifadelerde bulunup bulunmadığını bilmiyorum- sözlerinede şu biçimde yer verilmiştir:

"Körfez Savaşı sonrasında, Türkiye oldukça rahatsızlık duyduğu bir Kuzey Irak olgusuyla karşılaştı..." "...Ardından, Türk Genelkurmayı, Çekiç Güç'ün bölgede bir Kürt devletinin temellerini atmaya çalıştığını saptadı. Bunu, PKK'nın finans kaynaklarının artması, büyümesi, ordulaşması izledi. Birçok MGK toplantısında bu konu gündeme geliyor ve PKK'ya karşı yeni bir mücadele tarzı belirlenmeye çalışılıyordu. PKK ile asıl mücadeleyi üstlenmesi için özel bir güç oluşturuldu. Bu güç içinde her birimden isim bulunuyordu. MİT'ten, Jandarma'dan, Özel Harekat Timleri'nden, kısacası en başarılı personelden korkunç bir güç oluşturuldu. Başlarında da Korkut Eken bulunuyordu. Bu fikrin savunucusu, aslında Alparslan Türkeş'ti. Bu güç kısa bir süre sonra kendi yöntemleriyle PKK ile mücadele etmeye başladı. PKK'nın finans kaynakları, bakanlara kadar uzanan bağlantıları bir bir tespit ediliyordu.

Bildiğim kadarıyla: bu konuda Abdullah Çatlı ve Yeşil gibi -ki kendisi çok saygın bir insandı. Kendisiyle Tunceli'de beraber çalıştım- son derece profesyonel insanlar kullanıldı.

Abdullah Çatlı Emniyet'le de, MİT'le de, Jandarma ile de bağlantılıdır. MİT'ten Mehmet Eymür ile Jandarma'dan Veli Küçük

Paşa ile Emniyet'ten de Mehmet Ağar ile bağlantılıydı. Bu doğal koordinasyonun gereği idi. Ama Susurluk'la birlikte herkes kaçacak delik aradı..." "... Susurluktan aylar önce bu ekibin başı gösterilmeye başlandı..." (Basına yansıtılan MİT raporunu kast ediyor olmalı.)

PKK'ya karşılık onun yöntemleriyle savaşıldığını ekleyen istihbaratçı, ABD'nin bu özel güçten rahatsız olduğu kadar devlet içerisinde güçlenen bir başka gücün de ideolojik sebeplerle aynı rahatsızlığı taşıdığını ekliyordu.

Bu konuyla bağlantılı olan, Haluk Kırcı'nın Bırak Eşkiya Bellesinler adlı kitabında Yeşil ile ilgili yazılan bölümleri aktarıyorum:

"Çatlı, 1994 yılının ortalarında bir gün, müdürlüğünü yaptığım Sultan Tekstil'de otururken, Yeşil isminde birini tanıyıp tanımadığımı sordu. Kod adı Yeşil olan birini tanıyordum. 1991 yılında, yani cezaevinden çıktıktan kısa bir süre sonra, 12 Eylül öncesinde Ülkü Ocakları Başkanlığı yapmış olan bir ağabeyimizle birlikte yemeğe gitmiştik. O ağabey, beni, yemekte yanımıza gelen bir polisle tanıştırmıştı. Siyasi Şube'de çalıştığını söyleyen polisin kod ismi Yeşil'di. Çatlı Yeşil isimli birini sorunca aklıma o geldi ve tanıdığımı söyledim. Kim olduğunu, nasıl tanıdığımı, ne iş yaptığını anlatınca, Çatlı, "Yok, hayır. O değil. Benim dediğim Yeşil, Jandarmada çalışıyormuş. Güneydoğu'da bulunmuş. Şimdi Ankara'daymış. Eski bir ülkücü olduğunu söylüyormuş. Elazığlı imiş," dedi. Çatlı'ya anlattığı kişiyi tanımadığımı, böyle birinin ismini de daha önce duymadığımı söyledim. Morali bozuk gibiydi. Meraklanmıştım. "Hayırdır abi, kimmiş bu Yeşil? Niçin araştırıyorsun?" diye sordum.

Çatlı: "Eski dostlarımdan biri ile Ankara'da yemek yemişler. Yemek esnasında benim hakkımda ileri geri konuşmuş. Arkadaşım, beni tanımadan hakkımda konuşmamasını söylemiş. O ise "Ben, bana anlatılanları aktarıyorum. Onunla hesabım olacak" gibi laflar etmeye devam etmiş.

O sırada alkollü (1) olduğu için arkadaşım üzerine fazla gitmemiş," dedi. Ben de "Elazığlı arkadaşlardan sorayım, bakalım kimmiş bu adam. Tanıyanlar varsa bilgi edinir sana anlatırım." dedim ve mesele böylece kapanıp gitti.

"...Yeşil'i konuşmamızdan birkaç gün sonra, bir akşam evimde olduğum bir saatte telefonum çaldı. Açtığımda, daha önce hiç duymadığım ve oldukça karakteristik ses özelliğine sahip birisi "Abdullah Çatlı ile görüşmek istiyorum." dedi. Şaşırmıştım. Çatlı'yı tanıyan biri ismiyle hitap etmez, hemen herkes ona "Mehmet" derdi. Bozuntuya vermedim ve aramızda şu konuşmalar geçti:

"Çatlı yok, kim aramıştı?"

"Ben Ahmet Demir, kiminle görüştüm?"

"Haluk Kırcı... Ben sizi tanıyamadım."

"Gardaş, ben seni tanıyorum. Yatıp çıkmışsın. Önce geçmiş olsun."

Derinden gelen garip bir ses tonu vardı. Yavaş yavaş konuşuyor, kesik cümleler kuruyordu. Konuşmasına müdahale etmedim, anlatmaya devam etti:

"Gardaş, Reis'e bir mesaj iletmek istiyorum. Ona söyle, beni yanlış tanıtmışlar. Biz, Sen Nehri'nde (La Seinne Nehri) abdest alanlara el kaldırmayız (Paris'te yapılan ASALA operasyonlarına atıfta bulunuyordu). Onu seviyoruz. Yakında emekli olacağım ve gelip emrine gireceğim. Benim hakkımda ona anlatılanların hepsi yalan ve yanlış şeyler. Çok selamımı söyle."

Herhangi bir yorumda bulunmadım. Başka soru da sormadım. Ses tonu ve konuşmaları garip gelse de, fazla konuşmak istemedim. Karşılıklı iyi geceler dileğinde bulunduk ve telefonlarımızı kapattık. Çatlı o sıralar Ankara'ya gidip gelmeye, yurtdışına seyahatler yapmaya başlamıştı. O işleri ile ilgili olacağı kanaatine vardım ve Ahmet Demir isimli vatandaşı, ertesi gün Çatlı'ya aktardım. Çatlı, anlattıklarımı dinledikten sonra hafifçe güldü:

1 Ancak duyumlarımıza göre Mahmut Yıldırım alkol kullanmamaktadır.

"O gün sana sorduğum Yeşil isimli vatandaş vardı ya, işte buydu: Yeşil, yani Ahmet Demir."

Şaşırmıştım:

"Yani seninle hesaplaşacağını söyleyen Elazığlı kabadayı mı?" diye sordum.

"Evet, ta kendisi. Gerçek ismi Ahmet Demir değil. Jandarma ile çalışıyormuş ve karışık işleri varmış. Demek ki kulağına kar suyu kaçıranlar oldu, terbiyesizlik etmekten vazgeçti." dedi."

Haluk Kırcı'nın kitabına bu ölçülerde konu olan Yeşil'i ben iki kereliğe mahsus, babamın ölümünden önce ve sonra dolaylı yollardan duymuştum. Kırcı'nın kast ettiği tarihlere yakın bir dönemde ailece evde oturuyorduk. Cebinin çalması üzerine salonda dosya inceleyen babama telefonunu götürdüm.

"Efendim... Alo buyrun!"

Arayan kişinin cevap vermediği, babamın duraklamasından anlaşıyordu.

"Gardaş sesin derinden geliyor. Kimi aradın?"

Babama nasıl bir cevap verildiğini duymam imkansızdı ama hatırımda kalan:

"Son zamanlarda belliki fazlaca aranıyorum Ahmet. Buyur benim Abdullah Çatlı!" dedi.

Babama ismiyle hitap eden bu şahsa öfkelenmemek elde değildi. Babam nescafesinden bir yudum alıp oldukca rahat fakat sert bir tonlamayla:

"Birinci kabahatin Ankara'da yaptığın konuşmaydı. Bu da senin ikinci kabahatin. Hakkımda sana kimlerin yanlış referans verdiğini biliyorum. Senin hakkında edindiğim bilgiler, ikinci ağızdan değil birincisinden. Uzun lafa gerek yok. Benimle hesabın varmış." dedi.

Telefonu kapadıktan sonra, annemin yaptığı böreği bana uzatarak:

"Lezzetli olmuş tadına baksana."

"Baba, az evvel olanları önemsemedin, mutlaka da bir bildiğin vardır ama..."

"Bunlar birşey mi Gökçen'im. Sana şu beynimi bir saniyeliğine verebilseydim, inan çıldırırdın. Bunları boşver şimdide, şu börekten bir parça daha getir kızım." dedi ve bu konu babamın ölümüne kadar bir daha hiç açılmadı.

Babamın vefatı üzerine (tam olarak hatırlayamasam da sanırım yedi sekiz ay geçmişti) biri bizi ziyarete geldi. Dostane bir sohbet sonrasında kendisi, anneme Ahmet Demir olarak tanınan ya da kod adı Yeşil olan birini tanıyıp tanımadığını sordu. Annemle uzun bir sohbete dalan bu kişi, medyada lanse edilen Yeşil karakterinin aslına uymadığını belirtiyordu. Bu nedenle tanımadığımız bu kişi hakkında (şayet her neye katkısı ya da zararı olduysa) her hangi bir fikir beyan etmemiz doğru değil. Ancak bize gelen bu kişi:

"Reis'le Yeşil'i karşı karşıya getirmek isteyenler vardı. Reis bunu fazla önemsemese de, ben olayların gidişatından memnun değildim..." dedikten hemen sonra annemden müsade isteyip, üzgün bir vaziyette evden çıkması, gerisi koca bir sır olan bir hikayeyi andırıyordu.

YEŞİL ANLATIYOR

Mehmet Eymür'ün internetteki adresinde, Yeşil diye bilinen Mahmut Yıldırım ile ilgili açıklanan bölümleri, yorum yapmaksızın aktarıyorum.

"...Yemekten sonra misafirlerimi aldığım yerlere bıraktım. En son .....'nı otele bırakıp dışarı çıktığımda, polise ait olduğunu tahmin ettiğim 3 arabanın otelin alt tarafında beklediğini gördüm. Beni beklediklerini anladım ve otelin hemen yanında bulunan Canberk Gazinosuna girdim. Gazinonun içinden aynı isimli otele çıkış olduğunu bildiğim için o tarafa yöneldim ve otele çıktım. Yanımda bulunan çantada bir sürü evrak vardı. Polis şimdi bunları görürse bir sürü sual sorar diye düşündüm ve çantayı oteldeki tanıdığım görevliye emanet ettim. Bilahare otelden çıkmayı denedim. Ancak otelin kapısı çoktan tutulmuştu. Beni aldılar ve Emniyete götürdüler. Üzerimde ne varsa hepsini alıp tek tek incelemeye başladılar. Yanımdaki 16'lı Cz tabanca ruhsatsızdı, onu da aldılar. Benim kimliğimde 14'lü bir tabancanın numarası olduğundan dolayı bu silahı nereden, kimden ve ne amaçla aldığımı sordular. Üzerimde unuttuğum ve bir süre önce bir örgüt üyesinden aldığım eski Amed eyalet şemasıdan dolayı beni PKK masasına götürdüler, ifademi aldılar ve bir örgüt üyesi gibi fişlediler. Arkasından sorgu başladı.

İstihbarat'dan bir amir geldi ve odadakilere üzerimden çıkan telefon rehberindeki tüm isimleri ve telefon numaralarını liste halinde çıkarmalarını, kim var, kim yoksa hepsini kendisine bildirmelerini istedi. Sorgulamayı iki ayrı ekip yürütüyordu. Birinci ekip 2 kişiydi. Onlar beni Yeşil olarak sorguluyorlar, kesinlikle işkence yapmıyorlardı. İkinci ekip ise Hasan Tanrıkulu olarak sorguluyor ve her türlü işkenceyi de yapıyorlardı. Su içmem ve yemek yemem yasaklanmıştı. Sorgulamaya Orhan Taşanlar da giriyordu. Benden devamlı olarak bir isim istediler, herhangi bir isim, ilişkide olduğum, bilgi verdiğim veya görüştüğüm birinin ismi. Bu isim, K.K.K.'den, Jandarma'dan, Özel Kuvvetlerden, Jitem'den veya MİT'ten olabilirdi. Çünkü onlar için önemli olan polis teşkilatının üstünlüğünü kanıtlamak veya benim onları gözümde büyütmemi sağlamaktı. Bunu kendileri de devamlı olarak ifade ediyorlardı. Sorguya giren her memur, polisin üstünlüğünden bahsediyor ve Türkiye'de hiçbir şeyin polisten gizli tutulamayacağını övünerek söylüyordu. Bana MİT'le ilişkimi bildiklerini, MİT'e bilgi verdiğimden haberdar olduklarını söylediler ve ilişki kurduğum, bilgi verdiğim kişileri sordular. Ben de bir tarihte Ankara'ya gelişimde MİT'e gittiğimi, görüştüğümü, ancak bunun sadece bir ziyaret olduğunu, bilgi vermek veya devamlı ilişkide olmak gibi varsayımların doğru olmadığını anlatmaya çalıştım. Fakat bu onlara yetmedi. Sordukları sorular karşısında ne düşündüğümü daha iyi anlatabilmek için "ben neredeyim" diye sordum. Gayet sakin bir şekilde "Emniyet'te" olduğumu söylediler. Ben "yani burası Türk Emniyet Teşkilatı mı?" diye sorumu yineledim. Sorduğum soruda ki inceliği anlamadan "doğru" diye cevapladılar. Bunun üzerine, "imkanı yok, çünkü siz PKK ile ilişkimi soracağınıza, diğer devlet kuruluşları ile ilişkimi soruyorsunuz, kendimi KGB'de sorgulanıyorum gibi hissettim" dedim.

Bir keresinde Orhan Taşanlar'la beraber gelen bir şahıs, telefon rehberimde bir sürü isim olduğunu, kendilerine mutlaka bir isim vermem gerektiğini, aksi taktirde benim için iyi olmayacağını söyledi. Ben de rehberimdeki isimlerin çoğunun polis teşkilatından olduğunu söyledim. Orhan Taşanlar rehberde Mehmet Çağlar'ın ismini görünce nereden tanıdığımı sordu, televizyondan tanıdığımı, kendisini takdir ettiğimi ve beğendiğimi, bu yüzden telefon numarasını aldığımı söyledim.

Polislerden biri, "seni basına vereceğiz, rezil olacaksın" dedi. Elinde fotoğraf makinesiyle bir başka şahıs geldi. Konuşmalarından onun da polis olduğunu anladım. Bana basın mensubu gibi sorular sormaya başladı. Ona "yapacağın habere -Kral Polis- diye başlık atarsın" dedim. Nedenini sordu, "şimdiye kadar beni örgüt dahi bu hale sokamadı ama polis bunu başardı, bunun için de bu başlığı haketti" dedim.

Asayiş Şube Müdürü Deniz Bey, tabancamı yanındakilere vererek, "2 şarjör boşaltın, boş kovanlarıyla birlikte getirin" dedi. Boş kovanlar geldikten sonra bana "bundan sonra elimizdesin, bize yardım etmezsen bundan sonra ki bütün faili meçhul cinayetlerde bu boş kovanları kullanır, seni zan altında bırakırız, herkese rezil ederiz" dedi. Silahımı da geri vermediler. Bir seferinde 15-20 kişi getirdiler ve beni onlara gösterdiler. Hepsi adi olaylarla ilgili zannediyorum. Yalnız bir tanesinden korktum. Çünkü o kişiye 3 defa gösterdiler. Herhalde birkaç adi olayı benim üzerime atmak istiyorlardı.

Beni PKK'lı olmakla da suçladılar. PKK ile nasıl ilişki kurduğumu sordular. Ben "bundan sonra PKK ile işim bitmiştir" dedim...

"Psikolojikman hastayım. Bazen ben hasta olduğumu kabul ediyorum, psikolojikman hasta, çünkü "yahu biz falan yere gidip yemek yemedik mi?" diye sorulunca "bilmiyorum" dersem inanmıyorlar. Ama ben hatırlamıyorum, zira kitlenince kafamda sadece o olay var, nereye gitmişim, nerede yemişim, nerede yatmışım, vallahi billahi hiç onları hatırlamam. O durum dışında ne varsa hepsi hafızada kayıtlıdır, detaylı böyle, en ince detayına kadar..."

"...Arnavut Sami şeytandır. Yani, Çatlı'yla bizim ipleri koparan Arnavut Sami oldu. Beni emniyete aldıran, bunların hepsini peşime takan Arnavut Sami yani. Adam çok güçlü, çok büyük bir adam. Ben kendisini görmedim ama hakkında çok bilgiye sahibim. Dev-Sol ile PKK ile mazisi olan bir adam, ne Allahı var, ne peygamberi, hiçbir şey tanımaz, bir başkadır yani, şeytandır

o. Kiminle menfaati varsa onunla olur, şimdi istihbarat kimliği var, yanında ruhsatlı tabanca taşıyor, biz iki senedir bir kimlik alamadık, adamın herşeyi var, vesikalı silahı, şuyu, buyu, çok büyük işleri var, çok büyük işleri sevk ve idare ediyor. Evveliyatı Dev-Sol'cudur ama bu, PKK ile irtibata mani değildir..."

"...Bir keresinde, İbo, İstanbul'da Arnavut Sami ile beraberken, Korkut nereden biliyorsa, Ankara'dan telefonla arıyor. "İbrahim, Arnavut'la berabermişsiniz, Yeşil, Arnavut'un peşindeymiş, indirdi, indirecek, sen kendine dikkat et" diyor. İbrahim, "Ağabey, ben İstanbul'da değilim" diyor ama esasında İstanbul'da ve Arnavut Sami'nin yanında. Bunlarda bir panik başlamış, tabii orada tertibat-mertibat alıyor bunlar. Bana bunu, İbrahim anlattı. Dedim ki "bak ben, Arnavut Sami'yi indirmek istiyorum da, geldim senin yanında oturuyor, ben orada o faaliyeti keser, bitiririm. Arnavut Sami ölmesi gerektiği an ölür, yaşıyorsa yaşaması gerekiyordur..."

"...İbo da bana, "Allahsız, senin sağın solun belli mi olur, dersin şunun yanında bir tane de buna çakayım dersin. Bizde (özel timciler), rakip tanımayız, şaka yapar, öldürürüz, sen de böyle yaparsın bu işi, ben senin için Ağar'la da görüştüm. Belli olmaz, yarın ben emekli olurum, bakarsın benim infaz görevim sana verilir" dedi.

Bende "Ne biçim konuşuyorsun, olur mu öyle şey." dedim.

Şimdi orada yapılmak istenilen olay, beni İbrahim'le karşı karşıya getirmekti..."

"...Çatlı'nın yanında hem Korkut var, hem İbo var. İkisi de var. İkisi de birbirini şey yapmıyor, sevmiyor. Yalnız Çatlı bana telefonda, ben Korkut'la görüştüm dedi.

Bunlarla Arnavut'un diyaloğunu kuran Çatlı'dır..."

"Çatlı'nın davaya hizmeti oldu. Çatlı'nın davaya hizmetleri olmuştur, bir şeyler yapmıştır..." "...Enver yurtdışında bulunuyordu. Yurtdışından geldi, gelince telefon açtı görüşelim dedi, ben atladım gittim İstanbul'a. Enver, "bunlar Avrupa'da eylem yapacaklar, ancak ortalığı o kadar bulandırmışlar ki, şu anda oradaki bütün polis ve istihbarat alarmda..." dedi.

"Biz bu sohbeti yaparken, tabi Çatlı'nın ismi geçti. Bir de bizim bir çocuk var, benimle irtibatı kalmadı, ben de Enver'e "ona göz kulak ol, emanettir" dedim. Konu Arnavut'a gelince Enver, "o Dev-Sol'cu, o biçim şeyi vardı, o adi çok gevezelik yapıyor" dedi.

BOMBA

Belkide rastlantı dediğimiz şey, belirli bir şeyin bilinmeyen nedenidir.
Bir liderin sonu hazırlanıyordu.

Babam eve geç ve seyrek saatlerde gelmeye başlamıştı. Çelik yelek kullanıp, kalabalık kişilerce de koruma altında tutuluyordu. Babam her ne kadar bu olumsuz gelişmeleri bizlere hissettirmemek için büyük çaba harcasa da mevcut tehlike kapımızda bekliyordu.

22 Ekim 1996 sabahıydı. O gece de babamın eve geç geldiği günlerden biriydi. Zile ne zamandır basılıyordu bilmiyordum ama homurdanarak yatağımdan kalktım. Apartmanda bir telaş vardı. Kapıcımız korkudan kekeleyerek, babamla benim arabamın arasında bir bomba olduğunu anlatmaya çalışıyordu. Babamı uyandırmadan, kardeşimle sokağa indik. Polis memurları, MKE yapımı olduğu söylenen bombayı inceliyorlardı. Bu el bombası babamın arabasının arka lastik civarına bırakılmıştı. Aklımdaki sorular çoğalıyordu. Sokak sakinleri, PKK'nın semtimize sıçramış olmasından şüpheleniyorlardı. Hiç yorum yapmadan herkesi dinliyordum. Nitekim iki araç, polisler tarafından itina ile bombadan uzaklaştırılıp, etkisiz hale getirildi. Polis memurları, sokak sakinlerinin ifadesine başvurup, araştırma yapsa da bombanın sorumluları meçhuldü. Babam uyandığında sabah olanları anlattım. Önce kendine kızar bir ifadeyle dişlerini sıktı, sonra yüzümü iki elleri arasına alarak korkmamamı, sakin olmam gerektiğini söyledi. Babamın söyledikleri kulağa hoş geliyordu ama, bende günden güne artan telaş, gerilimin yükseleceğinin habercisi olacaktı. O günden itibaren günlüğüme, kalın ve siyah keçeli kalemle isyanlarımı dile getirmeye başladım...

Memleket sen can derdinde bir yerlere koşarken, ülkenin dinamiklerini de peşinde sürüklüyordun. Konuşmaya dilin yetse, kollamaya gücün olsa seni bu denli koruyup, yarınını düşünenleri kanatlarının altına alırdın ama... Memleket, kovalayanların kimdi? Neydi bu kargaşa, neydi bunca gerilim, neydi bu kapanmayan hesaplar? Dünya tezatlıklar üzerine kurulu diyor büyüklerim. Bunca tezatlık nasıl bir arada hareket eder, nasıl aynı çatı altında birbirine ihanet eder? Sende şahitsin ki, Çatlı ekibi ne harama alet oldu ne de kötüye. Aksine, olanları da kovaladı. Doğru yolda olduğu için de daima yanlış senaryoların aktörü olarak anılması istendi. Hem de kaç kere, kaç kere canım memleket.

Neredeyse her gün gördüğüm, sırdaşı olduğum babam nereye sürükleniyordu? Bazılarına göre, bu el bombasının MİT raporunun yayımlanmasından tam bir ay sonra bırakılması, pek hoş bir durum değildi. MİT raporu 22 Eylül 1996'da yayımlanmış, bomba 22 Ekim 1996'da bırakılmıştı. Mesaj alınmıştı. Babamın ömrü kısaltılacaktı.

Bir liderin sonu hazırlanıyordu.

İSTENMEYEN YOLCULUK

Hayat buzdan mutluluklardan ibarettir. Fazla gülümsemeye gelmez; mutluluk aavuçlarımızın içinden kayıp gider.

İçim yine kasvet dolu. Sabahtan bu yana kaçıncı söyleyişim; bismillahirrahmanirrahim, Allah'ım canımızı zalimlerden koru. Yüzümün asık oluşundan, boğazımda düğümlenen hıçkırıklardan dolayı babam da farkına varmış durumda, O'nun bu yolculuğa çıkmasına bir anlam veremediğimi. Babamın valizini almak için dolabını açarken tüylerimin diken diken olup, gözlerimin dolmasına engel olamıyorum. İçimden sadece "gitme baba" diye geçiriyorum. Yaşamış olduğumuz hayat beni aşırı şüpheci etmiş olabilir fakat hislerimde şimdiye dek yanılmamış oluşum beni ürkütüyor. Doğruları sezip, gidilmemesi gereken o yolun önünü kesemiyorum. Elle tutulur bir kanıtım yok, bu yüzden susuyorum ve ilk defa özen göstermeden babamın bir haftalık giysilerini valize yerleştiriyorum. Babam tıraşını oluyor, duşunu alıyor, nescafesini her zamanki gibi şekersiz içiyor ve gazeteleri inceliyor. İçimden, dizine oturup omuzuna yaslanmak, bazı Pazar günleri O'na torpil geçtiğim gibi sauna seansı sonrası, bol limonlu ve tuzlu maden suyunu hazırlamak, saçlarına bakımını yapmak ve saatlerce susmak bilmeyen çenemle O'nu tatlı tatlı kızdırmayı istiyorum.

Artık babam evden çıkıyordu...

"Meral hakkını helal et. Seni sık sık arayacağım. Selcen hanım, telefon muhabbetlerini azalt ve derslerinle ilgilen. Gökçen, kardeşin sana emanet. Dualarınızı eksik etmeyin. Gelecek hafta buradayım." diyordu.

Babamın gözlerinin içine bakamıyordum.

Hakkını helal et babacığım. Bizimki zaten helal...

KARA SONU SEZEN MEKTUP

Kızı Selcen Çatlı'nın, babasına veremediği mektup:

Canım Babacığım,
Sana niye mektup yazdığımı bilmiyorum, belki seni çok sevmemden, yada özlememden dolayı. Sana cennetler feda, sen mutluluğa, cennete layık birisin. Bunları çok içten yazıyorum! Belki geçmişte bizlere karşı haksızlık yaptın, arkadaşlarının uğruna babasız büyüdük. Fakat bunların benim için önemi yok çünkü bedelini çok ağır ödemişsin. Canla ttiklarına göre) inan ki babacığım seni suçlu bulmuyorum. Geçen yıllar için. Bence sen kimsenin yapamadığını, yapamayacağını yaptın ve sonunda bizlere kavuştun. Sen babam olmaktan sonra, dostum/arkadaşımsın. Bunlardan sonrada tapılacak bir insansın. Yaşadıkların, gördüklerin, acı hayatın seni şu anda mükemmel, harika bir baba, dost yapmış. Şu anda benim de moralim çok bozuk ama ben kesinlikle seni suçlu bulmuyorum. Hayatın dengesini suçlu görüyorum. Her kötü insana bir iyi insan düşüyor. Fakat sen iyi insansın ve senin peşinde o kadar çok kötü insan var ki..! İyi olmanın bedeli de budur. O kadar iyisin ki, sana bütün Türkiye kötüleri düştü. Tekrarlıyorum sen bunlardan dolayı kesinlikle kendini suçlu görme. Çünkü hep kötüler kazanır. İyilerin de birgün zamanı gelecektir. Son gülen iyi gülermiş.

Belki burda, belki orda!

17 Ekim 96

Sana 2 hafta önce yazmaya başladığım mektubu bitireceğim. Şu anda ingilizce dersindeyiz. Millet ders dinlerken, ben sana mektup yazıyorum. Arkadaşlarım görse dalga geçerler. "Niye konuşmuyorsun babanlada, mektup yazıyorsun"
Ben babamı görüyormuyumki, onunla birde konuşayım. Hatta şu anda yazdığım mektubu, olduğun yeremi göndereyim, yoksa ölene del veremiyecekmiyim? Seni gerçekten
anlayışla karşılardım, karşılamak isterdim ama sen olayı abarttın ve 2 aydır yoksun. Son birşey yazayım. Belki saçma ama bu örnek en iyi şekilde anlatır yaşadıklarımı, babasızlığı! Küçük Emrah (sanatçı) yeni kasetinde "Baba" diye bir şarkı söylemiş. Babası ölmüş. Ve o şarkıyı sanki ben sana söylermişim gibi oldum. Çünkü adın var, fakat sen yoksun!

Dönüşsüz gidişin böylemi olacaktı,
baba!

1 Kasım 1996 ABDULLAH ÇATLI: "BENİ İZLİYORLAR"

*"Ölmek kaderde var, bize ürküntü vermiyor.
Lakin vatandan ayrılışın ızdırabı zor."*
Yahya Kemal

Meral Çatlı anlatıyor:

"Abdullah 27 Ekimde, Siverek milletvekili Sedat Bucak'la önemli bir mevzu nedeniyle bir haftalığına Güney'e gitmişti. Her şey 1 Kasıma kadar normaldi. En azından Perşembe akşamı saat 22:30 civarında eşim beni cep telefonundan arayana kadar. Tedirgin bir sesi vardı. Kendisinin nasıl olduğunu sorduğumda, iyi olduğunu söylemesi bana kâfi gelmemişti. Bir şeylerin onu huzursuz ettiğini hissediyordum. Bana evin önüne konulan bomba hakkında, soruşturmaya gelen polislerin sadece bizden mi ifade alıp almadıklarını sordu. Emin olmamı istiyordu. Bu normal değildi. Eşim her ne kadar meraklanacak bir şey olmadığını yinelese de okun yaydan çıktığını anlamıştım. Sebebini sordum, cevabı kısa oldu; takip edildiklerini söyledi. Yanındakilere de güveni azalmış gözüküyordu. Kocamın yıllardır izlendiğini biliyordum. Ama bu seferki, eşimi bir hayli kızdırmışa benziyordu. Merakımdan kimin bundan sorumlu olduğunu sordum. Bir arabadan izleniyorlarmış. Yabancılarmış. Anlamamıştım. Yani arabanın plakası mı, içindekiler mi, yoksa tanımadığımız insanlar mı... Kocam bu konuyu telefonda değinmeye sıcak bakmadığından, Pazar akşamı eve geldiğinde anlatacağını belirtti.

Daha sonra öğrendiğim kadarıyla eşimle Mustafa arasında ilginç bir diyalog geçmiş. Eşim Mustafa beye Türkiye'ye gelmesini ve acilen birilerini yanına göndermesini söylemiş. Mustafa beyin dediğine göre bunları ancak can güvenliğinden endişe edince istermiş. Ben de aynı kanıdaydım. Abdullah telefonu kapatmadan evvel çok dikkatli olmamızı da tembih etmişti. Belli ki güvendiği dağlara kar yağmıştı. Can dediğin can evinden vuruyordu."

Annemle babamın görüşmesi bittikten sonra telefonu ben aldım:

"Baba, çok kötü bir rüya gördüm. Arabayla kaza yapıyordun. Etraf zifiri karanlıktı. Detaylarını umarım geldiğinde anlatabilirim. İçim hiç bu kadar sıkılmamıştı. Senden bir ricam var, lütfen ama lütfen dikkatli ol ve arabayı sen kullan. Rüyamda arabada bulunan bir kişiyle tartışıyordun. Bir de çabuk gel ve bir daha gitme baba."

Babamla aramızda konuştuğumuz diğer konuları kitaba iliştiremem ancak kendisi de tedirgindi. Telefonu kapatmadan evvel, belki de istem dışı helalleştik. Bu O'nunla son konuşmamız olmuştu.

..SON SÖZLER

"Çevrem çok kalabalık ama ben bu insanların içinde yalnızım."
Abdullah Çatlı - 11 Ekim 1996

"Son dönemlerde yaşananlardan dolayı yüreğim daralıyordu. Bana aktarılan mesajda, Sami Hoştan benimle görüşmek istediğini söylüyordu. Kendisiyle uzun zamandır hiç hoşuma gitmeyen mevzulardan dolayı ikili bir görüşme yapmayı istediğimden, kabul ettim. Uzun ve derin bir konuya değinmiştim:

"Düşmanı var ama ben esas olarak, bazı dostlarının samimiyetinden şüpheliyim! Bana kanlı gömleğini getirmeyin. Bu sözümü unutmayın Sami bey, çünkü o zaman yakanıza ben yapışırım," dedim. Sami Hoştan ne demek istediğimi gayet net bir şekilde anlamıştı."

Meral Çatlı - 23 Ekim 1996

Mustafa: "Ağabey tedbiri elden bırakmasak diyorum."
Abdullah Çatlı: "Gardaş, kelle koltuk altında gezmiyor muyuz zaten!"
Mustafa: "Ben yine de yanına birilerini almanda fayda görüyorum."

Telefon konuşması - 28 Ekim 1996

"Artık çok oldu. İşini bitirelim. Zaten her şey çoktan hazır."
"Bilmem ki... ya beceremezsek, ya daha büyük belaya girersek."
"Gelecek bela ondan büyük değil ya."

Meçhul kişiler - 3 Kasım 1996

BABAM ÖLMÜŞ

"Ayakta ölmek diz üstü yaşamaktan daha evladır."
Roosevelt

3 Kasım 1996 Saat 20:00

Birkaç dakika önce yüreğime saplanan derin bir sancıyla gözlerim dolmuştu. Bir haftadır bu sancılar beni yokluyor, içimi bunaltıyordu.

Akşam yemeğini yedikten sonra Selcen'le ders çalışmaya koyulduk. Kardeşim Bedrettin Dalan'ın vakıf okullarından birinde lise iki öğrencisi idi. Ben de İstanbul Üniversitesinde okumaktaydım. Aklımın karışık olması dolayısıyla, kardeşimin sorularının bir çoğuna cevap veremeyişim beni sinirlendirmişti. Aslında canım ders çalışmak istemese de, içimdeki o tuhaf sıkıntıyı atmak için kendimi derse vermemin fena olmayacağını düşünüyordum ama dediğim gibi içim bunalıyordu. Derken zilin çaldığını işitir gibi oldum. Sanırım misafir gelmişti fakat önümde duran Fransız Edebiyatı ödevimi bitirip, yanlarına gitmeye karar vermiştim. Ancak oturma odasından git gide yükselen konuşmalar beni rahatsız etmeye başlamıştı. Son satırı tamamlayıp kalkmayı düşünürken, annemin "Allah'ım" diye haykırdığını işittim. Aylardan Kasımdı ve bu ay bizim için hayra alamet değildi. O an bir şeylerin benden kopup gittiğini hissettim. İçine gömülü kaldığım o bir kaç saniye de sanki bin yıl yaşadım, yerimden kalkamadım. Korkumun beni olduğum yere çivilediğini anlayınca haberi beklemeye koyuldum.

"Abla, abla! Babamız kaza geçirmiş!"

"Ağır mı?" diyebildim.

"Yoğun bakımdaymış!"

"Selcen dalga geçme! Yalan konuşma!"

Kardeşimin titrek sesi, sararmış yüzü ve ürkek gözlerinde kaybolmuşken, ciddi bir şeylerin olduğunu anlamıştım. Hemen annemlerin yanına gittim.

Uçurumun kenarında sallanan kurban misali, ölüm kalım meselesinde yeni bir derdin çıkmaz sokağındayız ve saniyelerin asır olduğu bir zaman içerisindeyiz. Geçmişin sayfaları birer birer aralanırken, yoksa talihsiz kaderimizin kokusu tekrar mı üzerimize sinecekti?

Başımın inanılmaz hızla dönmesi, son durağı annemin kemirmekte olduğu dudaklarında buldu. Selcen ise dua ediyor. Yüce Rabbimize yalvarıyordu.

"Meral abla, Allah aşkına söylediğime pişman etme... Şükürler olsun ki Mehmet ağabey yoğun bakımda."

Haberi getiren İkbal abla sürekli soluyor, yüzünün almış olduğu emanet sarılık, babamın bizlere söylendiğinden daha ağır durumda olduğunun kara habercisi oluyordu.

İkbal ablanın söylediği son cümle hala kulaklarımda çınlar; "Ağabeyimiz yoğun bakımda..."

Saat 20:30

Ölme... Ölme... diyen Selcen'in dudaklarının arasından çıkan her kelimeyi hecelere bölüp, her birini teker teker duvara fırlatıp, aklımdan "lanet olası kelimeler, defolun evimizden, babamın yakasını artık rahat bırakın" düşüncesi geçiyordu. Zil çaldı. Kötü haberin tez duyulduğunu bildiğimizden, birbirimize baktık, çok korkuyorduk. Annem, yarı koşar şekilde kapıyı açtı. Gelen Ali Yasak'ın eşi Sema Yasak'tı. Korkum daha da artmış, eğer babam basit bir kaza geçirseydi, herkes evimizde toplanmazdı diye düşünmeye başlamıştım. Sema Yasak bizlere konuşma fırsatı bırakmadan;

"Korkmayın canım bir şey yok. Sadece bir kaç sıyrığı varmış." dedi. Annemi kucaklayıp "Allah beterinden saklasın" derken gözlerini bizden kaçırıyordu.

"Nereden biliyorsun Sema, yoksa Mehmet'le konuştun mu?"

"Yoo hayır, Ali söyledi."

Oturma odasına geçmiştik. Sürdürülen sessizliği sorularla değiş tokuş etmek istemediğimiz için herkes birbirine yabancı kesilmişti. Belki de hepimiz düşünmekten korktuğumuz için susuyorduk. Oysa evdeki sessizlik bana acı veriyordu. Hiç anlam veremediğim bir hadise vardı, bu da beni çıldırtıyordu. Babamın tüm yaşantısı boyunca geçirmiş olduğu hareketli hayattan olsa gerek, annem;

"Kocamı öldürdüler değil mi? Söyleyin. Susmayın. Kim yaptı, kim?" dedi.

O sırada kardeşim kendinden geçti. Gözlerimin yuvalarından fırladığını sanıp, ellerimle yüzümü kapattım. Hiç kimseyi görmek, hiçbir şey duymak istemiyordum. İstem dışı aklımdan senaryolar kurdum peş peşe. Babamı kahpe kurşuna giderken görmek mi? Hayır diye haykırdığımı hatırlıyorum.

Artık dayanamıyordum. Sema Yasak'a dönerek;

"Neyi bekliyoruz... Yeter artık kimse aramıyor işte!" dedim.

O da mahcup bir sesle, "Ali haber verecekti." diyebildi.

Bu kez annem metanetini toplayıp; "Sen ara" dedi.

Sema Yasak, geldiğinden bu yana elinden hiç bırakmadığı cep telefonuna bakıp: "Doğru ya benim de aklım başımda değil ki" diyerek, korkunun mirası olan terden parmakları kayarak, Ali Yasak'ı aradı. Telefonu kapalıydı. O an korkumun ecele faydası yok demekten tekerlemeler yaptım ve ekledim;

Ama sen yine de ölme baba.

Saat 22:00

Haberi alışımızdan bu yana yaklaşık iki saat geçmesine rağmen telefonumuz hala çalmıyordu. Sessizliğin kulağımı deleceği vakit, beklenen ya da beklenmesi ızdırap veren an gelmişti. Telefonun ikinci çalışında Sema Yasak "Hadi hayırlısı, Allah onu sevdiklerine bağışlasın" dedi ve ahizeyi kaldırdı. Annemle Selcen oturdukları koltuğa gömüldüler, ben de kulaklarımı var gücümle tıkayıp balkona kaçtım. Bu kez balkondan babamın eve dönüşünü değil, kötü haberinin ciddiyetini bekliyordum. "Ya babam öldüyse" düşüncesi aklımdan geçince, hemen odaya geri döndüm. Sema Yasak'ın konuşma şekline, ses tonunun ciddiyetine, yüz ifadesinin değişip değişmediğine hepimiz pür dikkat kesilmiştik. Sürekli olarak "peki, oldu, tamam Ali Bey" diyordu. Sema Yasak, genelde kötü ya da tatsız bir durum söz konusu olunca Ali Yasak'a, Ali bey derdi.

Nefesimin tükeneceği vakit; "Bir şeyi yokmuş" dedi. Yerine oturmak isterken, kendini koltuğa attı. Gözlerinde acıyı okumuştum. Yüzünü buruşturup; "Meral... Nasıl söyleyeyim..." diyordu.

Yüreğimizdeki kıyamet, bir daha hiç dinmemek üzere kopmuştu.

"ÇATLI DEŞİFRE OLMASIN"

Kaza olup biteli yarım saat geçmişti. Özel timciler Mustafa Altınok'la Enver Ulu, Sedat Bucak ve Hüseyin Kocadağ'ı, diğer özel timci Ercan Ersoy'da Abdullah Çatlı'yı önce sağlık ocağına ardından da Susurluk Devlet Hastanesine götürdüklerini söylüyorlardı. Meclis, yeraltı dünyası, derin devlet ya da devletin önde gelenleri, Emniyet teşkilatı, gizli servisler, askeriye ve basın organları bu kazayla çalkalanıyordu.

Susurluğun bağlı olduğu Balıkesir'de ise ilginç bir telefon görüşmesi gerçekleşiyordu.

Balıkesir Emniyet Müdürü Nihat Camadan'ın telefonu çaldı. Karşı hattaki, Kocaeli İl Jandarma Alay Komutanı Albay Veli Küçük'tü. Emniyet Müdürüyle görüşmek istiyordu. Camadan, sekreterinden hemen telefonu bağlamasını istedi.

Albay Veli Küçük: "Susurluk'taki kazada ölen Mehmet Özbay, bizim çalışanımız. Tutanaklarda ismi geçmezse iyi olur."

Emniyet Müdür Nihat Camadan: "Kaza polis bölgesinde değil, jandarma bölgesinde. Jandarmaya söylemek lazım."

Albay Veli Küçük: "Jandarma komutanını aradım yerinde yoktu."

"KUCAĞIMDA ÖLDÜ! SON SÖZÜ ALLAH (C.C.) OLDU"

Özel Harekat Dairesi - Milletvekili Sedat Bucak'ın koruması
ERCAN ERSOY:

"...Kazadan birkaç gün önce biz özel timciler Mustafa Altınok, Enver Ulu, ve şoför Abdulgani Kızılkaya, DYP Siverek milletvekili Sedat Bucak'ı Mercedes markalı arabasıyla Ankara'dan İstanbul'a getirdik. Hilton Oteli'ne yerleştik. O gün Sedat Bey, Fevzi isimli biriyle görüştü (Ersoy, Ali Fevzi Bir'i kastetmiyor. Bu Fevzi emlakcıdır.) Burhaniye'deki arsalarla ilgili imar planlarını gösterdi. İkinci gecenin sabahı Mehmet Özbay olarak bildiğim bey geldi, hep beraber yola çıktık. Biz üç koruma, sonradan gelen ikinci Mercedes'e bindik. Aracı feribota kadar ben kullandım. Diğer S600 Mercedes'i Gani kullandı, içinde Bucak ve Çatlı beyler vardı. Beşiktaş maçını seyretmek için Yalova Termal Tesislerinde mola verdik ve orada geceledik. Ertesi gün Fevzi Bey Burhaniye'de bulunduğu için tekrar yola çıktık. Gani bizim arabaya geldi, diğer arabayı Mehmet Özbay kullandı. Sonra arazi gezildi. Cep telefonum çaldı, arayan Hacı Seydo idi. Sedat Bey'in babasının dostu olan Ali Aydınlık'ın oğlu Cemil'in intihar ettiğini, Ege Üniversitesi Hastanesi'nde olduğunu söyledi. Bunun üzerine İzmir'e uğradık. Princess Otel'e yerleştik ve başsağlığı için Aydınlık ailesinin evlerine gittik. Yaklaşık yarım saat oturduktan sonra, tekrar Princes Otel'e döndük. Burada, Bakan Mehmet Ağar'ın kızı Yasemin rahatsız olduğu için kalıyordu. Odasına çıkıldı, geçmiş olsun denildi. Ertesi gün Sedat Bey'e meşhur Zapçıoğlu Mağazasından, özel ayakkabı getirildi.

Sedat Bey'in ayaklarından birisi 37, birisi 38 numaradır. Kendisi orada telefonla görüştü, Hüseyin beyin geleceğini söyledi. Ben de Sedat Bucak'ı Deniz Restoran da bulunan Mehmet Özbay ve diğerlerinin yanına bıraktım, havaalanına Hüseyin Kocadağ'ı almaya gittim.

Daha sonra aramıza eski Emniyet Müdürü Tamer Kırklar katıldı. Princes Otelinden apar topar çıkma meselesi bir şeylerden şüphelenmemizden kaynaklanıyordu. Çünkü Aydınlık ailesinin evinden dönerken yolda, Bucak'ları polis çevirmiş, üzerlerinden bir tane ruhsatsız silah çıkmış ama polisler hiçbir işlem yapmadan yol vermişler bizimkilere. Ben o sırada orada olmadığım için öğrenince şüphelendim. Çünkü İzmir'de kim tanırdı Bucak'ları. İstanbul veya Urfa olsa neyse çünkü milletvekili olmasından dolayı geçirirlerdi ama İzmir'de bu işler sıkıdır. Ben hemen o akşam Emniyet Müdürlüğünü ve Asayişi aradım. O saatte yapılan bir uygulama yoktu. İşte o zaman tedirgin oldum. Diğerlerinin yanına gidip, dedim ki "Burada fazla kalmayalım, gidelim. Bir de şey nereye gidelim?" Sedat Bey hemen Kuşadası'ndaki yazlığına gitmeyi teklif etti. Yeni almış, görmemişte. Sonra hep beraber hareket ettik ve Kuşadası Onura Otel'e yerleştik.

İki gece burada kaldıktan sonra 3 Kasım saat 16.00 ya da 16.30 civarı İstanbul için yola çıktık. Sedat Bey'in S 600 Mercedesini Hüseyin Kocadağ kullanıyordu. Biz korumaların arabası işaretim üzerine öne geçti. Zaten Susurluk'a 20 kilometre kalıncaya kadar ben hep önde geldim. Çok yavaş gidiyordum çünkü hava biraz sisliydi ve kararmak üzereydi. Hatta ben bazen 120-130-140 falan yapınca, Hüseyin Bey sellektör yapıyordu yavaş git anlamında. Susurluk'ta bir kamyon konvoyu vardı. Sonra Hüseyin Bey virajda beni geçti çünkü altında "S600" vardı. Bizim araba toparlayamıyordu. Biz 5-6 kamyon arasına takılıp kalınca epeyce bir zaman kaybettik. Birbirimizden kopmuştuk. Haberleşemiyorduk çünkü telefon çekmiyordu. Belki ayran içmek için Susurluk'ta durmuşlardır diye etrafa baktık. Yoklardı. Ben o zaman süratlendim. Saat 19.30 gibiydi. Artık hava iyice kararmıştı. Yolun sonunda bir arabanın dörtlülerinin yandığını

gördüm. O yolda kaza olacağına ihtimal vermiyordum çünkü
orası uçak pisti kadar genişti, ama yine de yavaşladım. Bir kaç
araba durmuştu, hepsini sollayarak geçtim. Araba Mercedesdi,
bagaj kapağı açıktı. Bizim araba olduğunu, bagajda asılı duran
Sedat Bucak'ın elbise naylonundan anladım. Hemen durduk.
Arabadan toz çıkıyordu. Birkaç kişi arabanın etrafındaydı, yana-
cağını söylüyorlardı. Bizim yangın söndürme tüplerimiz küçük
olduğundan, benzinci koşarak tüp getirdi. Arabanın yarısı yok-
tu, kapıları da açılmıyordu. Bir tek sağ kapı açıldı (Kasdedilen
yer Mehmet Özbay'ın oturduğu yerdir) Mehmet Bey'in yaşadı-
ğını görünce hemen onu çıkardık, durumunu anlamak için yere
uzattık. Yüzü, kolu, birde göğüs kısmı kırıktı. "ALLAH" diyor-
du. Ağzından kan geliyordu. Mehmet Bey'i hemen diğer Merce-
des'e koyduk. Sedat Bucak'ı bulamıyorduk. Arabadan fırlamış
olamazdı çünkü camlar kırık değildi. Elini görünce torpidonun
altına girdiğini fark ettik. Mercedes'e halat takıp kamyondan
ayırdık, Gonca Us'ta yaşıyordu, onu Sedat Bucak'la beraber
station bir arabanın arkasına bıraktık. En son Hüseyin Bey'i çı-
kardık. Onun vücudunda hiç sağlam yer kalmamıştı. Bütününü
tutamıyorduk. Bismillah, elimizde böyle kalıyordu. Ben Mehmet
Bey'i alıp onlardan yaklaşık beş dakika evvel çıkmıştım. Hangi
hastaneye gideceğimizi, hangisinin yakın olduğunu bilmediğim-
den, yolda giderken soruyordum. En sonunda Susurluk Sağlık
Ocağına vardık. Ben yol boyunca Mehmet Bey'in nabzını tutu-
yordum. Bir ara baktım ki nabzı atmıyor, durmuş... ölmüş! Ama
son sözü, gülen bir yüz ifadesiyle "ALLAH" (C.C) oldu."

Kazadan haftalar sonra Ercan Ersoy evimize başsağlığı için
geldi. Bu bir kaza değil de acaba bir suikast miydi?
Çeşitli duyumlara göre kaza günü şöyle olabilirdi... Susurluk
yoluna yaklaşık 20 km kala, Emniyet Müdürü Hüseyin Kocadağ
idaresindeki 06 AC 600 plakalı S600 Mercedes, önde giden tim-
ci koruma Ercan Ersoy'un kullandığı diğer Mercedesi (koruma
arabasının içinde özel timciler Mustafa Altınok, Enver Ulu ve
Bucak'ın şoförü Abdulgani Kızılkaya bulunuyordu.) tehlikeli bir

<sub>Yazarın notu: Kazada vefat eden Emniyet Müdürü Hüseyin Kocadağ, 31 Ekim 1996'da bağlı ol-
duğu kurumdan İzmir'e gitmek için izin almaksızın çıkmıştır.</sub>

şekilde sollayıp geçmişti. Kocadağ usta bir sürücüydü. Bir tehlike arz etmiş olacak ki hızlanmaya karar vermişti. Saat 19:20 idi. Kocadağ ibreye baktığında 220'yi çoktan aşmıştı. Onları arkalarından izleyen ve belli ki tehdit unsuru oluşturan beyaz renkli aracı geride bırakmak için Kocadağ daha çok hızlanmıştı. Çatlı ise dakikalar öncesinden Baretta tabancasına davranmıştı ve yolu kontrol etmekteydi. Kendilerini korumak için üzerlerinde -kendi silahları dışında- olası bir çatışmada karşılık verecek silah ve mermileri yoktu. İlerlemekte oldukları yolda ne benzin istasyonunda durma ne de cep telefonlarını kullanabilme imkanları vardı. Zira telefon çekmiyordu! Burası acil durumlarda askeri uçakların iniş pisti olarak kullanıldığından istisnai bir yoldu. Ya da arabanın uzaktan manipüle edilebilmesi için en elverişli yer!

Çatlı, Kocadağ'a "Çok hızlandın gardaş. Yeterince geride kaldılar. Ya direksiyona hakim ol, ya da yavaşla" demişti. Kocadağ frene basmıştı fakat frenler tutmuyordu. Araba ABS'li olduğundan uzaktan kumandayla devre dışı bırakılmaya müsaitti. Özellikle de bu yolda. Kocadağ, Çatlı'ya dönüp "Ne yapacağız" dercesine baktı. Bu ona son bakışı olacaktı. 300 metre ileride ki BP istasyonundan çıkan Hasan Gökçe'nin kamyonu, (iddialara göre yanında biri daha vardı fakat bu kişi açıklanmadı) altı şeritli yol üzerindeydi. Kamyon yolu ortalamış, bekliyordu. Çatlı, Kocadağ'a tekrar direksiyonu kırmayı denemesini söyledi. Direksiyon da devreden çıkarılmıştı. Gonca Us ağlamaya başladığında, Bucak koltuğuna gömüldü. Çatlı, silahını sağ baldırının altına sıkıştırdı, bacaklarını kendine doğru çekti ve kollarıyla başını korumaya aldı. Bu arada kelimeyi şehadeti getirmeyi ihmal etmemişti. Bütün hayatı gözünün önünden geçiriyordu. Koskoca otuz dokuz yılı birkaç saniye içine sığdırmıştı.

Saat 19:30'da Hasan Gökçe'nin bir kesim tarafından kahraman ilan edildiği kaza oldu. Büyük bir ses kopmuştu. Kamyonun kasası Hüseyin Kocadağ'ı ezmişti. Kendisi o an can verdi. Ancak gözleri açık gitmişti. Çatlı ağır yaralıydı. Beyaz Mercedes'in içindekiler ise kamyonun altındaki Mercedes'in resmini çekiyorlardı. Çatlı'nın yaşadığını görünce önce kafasına sert darbeler indirdiler, ardından da boğazına bastılar. Çatlı bunlara karşılık veriyordu fakat bu uzun sürmedi. İçlerinden biri kırık olan kolunu daha çok bükmüştü.

Bu kişiler karanlığa ve kayıplara karışırken içlerinden biri: "Yol üzerinde fren izi yok!" dedi. Diğeri de
"Eee... dalgındırlar diye düşünürler olur biter."

Kazayı görenler yardıma koştu. Dakikalar sonra korumalar geldi ve sağ arka kapıyı açıp içindekileri çıkarttılar. Araçta açılabilen tek kapı Çatlı'nınkiydi. Bu da daha evvelden bir zorlama olduğunun işaretiydi. Arabanın önündekileri çıkarabilmek için kamyona halat takıp bir arabayla üstünden çektiler. Kocadağ hariç diğerleri yaşıyordu. Vakit kaybetmeden hastaneye gittiler.

Ağır yaralı olan Mehmet Özbay kimlikli Abdullah Çatlı, ilk önce Emniyet Müdürü olarak lanse edilmiş, ardından gerçek kimliği inanılmaz bir hızla medyaya aksettirilmişti. Çok ilgi çekicidir ki Çatlı'nın esas hüviyeti bir ANAP'lı tarafından açıklanmıştı.

Yaralıları acele bir şekilde hastaneye yetiştirmeye çalışan korumalar, bir ara arabanın başını boş bırakmışlardı. Beyaz Mercedes tekrar olay yerine geldi ve biri gözcülük yaparken diğer üç kişide kaza yapan Mercedese bir kaç silah bırakmışlardı. Ancak hem zamanları kısıtlı olduğundan hem de arabanın bagajı, valizlerden dolayı bütün yeri kapladığından, bazılarını arka koltuğa bırakmak zorunda kalmışlar ve telaştan olsa gerek silahlarda karışıklık yaşanmıştı. Ne silahlar, ne mermiler, ne susturucular, ne de şarjörler birbirine uymuyordu. Bir de arka koltukta oturanların seyahat boyunca silahlardan rahatsız olabilecekleri ihtimalini gözden kaçırmışlardı. Arkalarında bıraktıkları en büyük delil ise... arabaya bıraktıkları silahlarda ne Çatlı'nın ne de diğerlerinin parmak izlerini koymamışlardı. Ne ilginçtir ki ilerleyen aşamalarda, silahlar üzerinde her hangi bir baristik inceleme yapılmadı (!)

Olay yerine ancak bir buçuk saat sonra gelen gazeteciler ilk resmi çekmek için birbirleriyle yarışıyorlardı. Oysa resim çok önceden çekilmişti.

Abdullah Çatlı'nın söz konusu Susurluk kazasından sonra kaba kuvvete tabi tutulduğunu gösteren bir kaç nokta var: Trafik kazalarında ani ve sert bir çarpmayla özellikle de yüz bölümünün bir cisme çarpması neticesinde bu bölgede ne girintili çıkıntılı ne de şişmiş bir yüz şekli olur. Oysa Çatlı'yı ilk görenler ve resimler incelendiğinde O'nun yüz kısmında bunlara rastlanmaktadır. Yani kendisinin yüzünde derin girintiler ve cesedin ilk saatlerinde bile gözle görülür şişlikler oluşmuştur. Bunlar ancak birbiri ardına gelen sert darbelerle oluşur.

SUSURLUK KOMİSYONUNA VERİLEN İLGİNÇ İFADELER

Durmuş Fikri Sağlar (CHP İçel Milletvekili) : "Siz oradayken fotoğraf çeken oldu mu?"

Ercan Ersoy (Özel Timci) : "Hayır o şimdi benim dikkatimi çekti, biz arabayı kamyonun altından çekmiştik... Adam koltuğun üzerinden MP5 buldum diyor. Ben koltuğun üzerinden adamı sürükleyerek çıkarıyorum, iki kişi arabanın içine giriyoruz. Nasıl görmeyeceğim onu? Yani bu MP5 dediğin silah şu kadar değil ki, bu kadar bir silah. Yani ya ayağımız takılacak, ya elimize çarpacak, alırız, öbür arabaya koyarız veya deriz ki yahu, bu silahlar nereden geldi, nedir?"

Abdülgani Kızılkaya (Sedat Bucak'ın şoförü): "Koltukta görünüyorsa (silahlar) o basit bir yer, biz sekiz kişiyiz, fazla değiliz; çıkarın parmak izlerimizi, sekiz kişiden birisinindir. Tespit edin onun üstüne vurun. İddia ediyoruz bizim değil diyoruz. Zaten ortada bir resim var, bizden önce hatta gazeteciler gelmeden önce çekilmiş."

Hayrettin Dilekcen: "Sedat Bey arabadan çıkarılırken "Tabanca silah verin" diye seslendi mi?"

A.Kızılkaya: "Onu hastanede söyledi... Şimdi bu silahlar bizim olsaydı diyecektim bize ait. Yatacağım on yıldır; on yılda dört yıl yatıp çıkacaktım... Efendim şimdi susturucu çıkıyor, tabancası çıkmıyor. M-16 mermi var, M-16 silah yok, Kanas mermisi var, Kanas yok..."

BABAMIN VEDASI

Saat 22:30

Eve alelacele çağrılan doktor anneme sakinleştirici iğne yapıyordu. Öyle çaresiz, öyle yıkılmıştı ki benim annem. Odadaki herkes matemin ilk saniyelerini yaşıyor, bana hayatın esas acısının henüz yeni başladığını fısıldıyorlardı. Ne olmuştu, bu insanlar neden ağlıyorlardı? Konuşmak istiyordum fakat çenem tutulmuş, hafızam sanki uçup gitmişti. Ben kimim, onlar kim, burası neresiydi... Kimliğimi kaybetmiştim. Acıyı en yoğun biçimde yaşıyor, nefes alışım dahi bedenime batıyordu. O an ne ben kendime, ne de akıl mantığa sığıyordu. Yüreğim delik deşik, sözlerim bulanık. Anlamı yok ağlamalarımın, çaresi yok çünkü O geri dönmeyecekti.

Bir ara kendimden geçmiş olacağım ki gözlerimi açtığımda arabaya binmek üzereydik. Gözüme çarptığı kadarıyla Sami Hoştan'ın ailesi ve tanımadığım kişiler gelmişti. Evin önündeki kalabalıkla, Nevşehir'e doğru yola çıkacaktık. Araba hareket ettiğinde, geriye dönüp baktım. Biri babamın ayakkabılarını apartmanımızın önüne bırakıyordu. Gözlerimi her açtığımda cehennemdeyim sanıp onları sımsıkı kapatıyordum. Acımız o kadar büyüktü ki etraftaki dağlara bir of çeksem yıkarım sanıyordum. Annem bana kabus gördüğünde canını acıt o zaman uyanırsın derdi. Yol boyunca ne zaman kendimi tokatlasam, kabusumdan uyanıp kendimi tekrar tokatlıyordum.

Gideceğimiz yere nihayet varmıştık. Her şey çok bulanık, insanlar çok ağır hareket ediyorlardı. Bir an herkesten öyle bunaldım ki aralarından sıyrılıp bir köşeye çekildim. Önümde ise yeşilliğin tam ortasında bir araba duruyordu. Ve koyu rengi bana ölümü anımsatıyordu. O an kendimi öyle hafif hissettim ki, yerden yükselerek arabanın yanına gittim. Arka koltukta oturan sarı gömlekli bey ise bana işaret ederek, yanına daha çok yaklaşmamı istiyordu. Tanıdık gelen simasını, yoğunlaşan sisten dolayı seçemiyordum. Sonra O kapısını açtı, bir müddet bekledikten sonra elleriyle kendi vücudunu yokladı. Gözlerimi ovuşturdukça O bana biraz daha güleç, biraz daha tanıdık; adımlarımı attıkça O bana biraz daha uzak, biraz daha imkansız geliyordu. Sis perdeleri birbiri ardına açıldıkça gördüm ki O benim babamdı. Babam gülümsüyordu. Arabanın etrafında dolandı, konuşmaksızın iyi olduğunu anlatırken inanılmaz bir ses koptu. İrkilerek uyandığımda hayatım yer değiştirdi, rüyamdan uyanmıştım. Arabadakilerde telaşlanmışlardı. Ne ilginçtir ki onlarda benim rüyamda duyduğum o sesin aynısı duymuşlardı. Dediklerine göre arka cama büyük bir şey çarpmıştı. Yani babamın arabadayken kazada oturduğu yere! Arabadan inip baktıklarında ne lastik patlamış, ne de arabada en ufak bir çizik vardı. Arkadan bizi izliyen araba konvoylarında ki kişilerde patlamayı andıran bir ses işittiklerinden bahsediyorlardı. Rüyamı anlattım. Gördüğüm rüyayla bu büyük sesin bağlantılı olabileceğini düşünüyorlardı. Herkes şaşkın ve son derece hüzünlenmişlerdi. İbrahim S.'ye göre bu hadisenin ilahi yönü vardı. Zaten ben ve ailem yaşayacağımız dört yıl içerisinde son derece ilginç hatta ilahi yönleri olan rüyalar görme şansına sahip olacaktık.

 hiçbir yorum yapmadan yola devam ettik. Amaç, dağları taşları keşfetmek değil, alışagelmiş ağıtları gizlemekti. O an hepimiz birer usta oyuncuyduk. Araba tiyatro salonu, konu ise ağıt gizleme sendromu idi. Babam yanımızdan ve aklımızdan hiç ayrılmayacak, hiç çıkmayacaktı. O daima yanımızdaydı.

 Artık Nevşehir'deydik. Bana babanın defni yapılacak denildiğinde bunun kötü bir şaka olduğunu sanıyordum. Bazen O'nun ölmediğine, yapılıcak onca iş arasında O'na gönül verenleri yalnız bıraktığına inanmak istemiyordum.

 İlk gün babamın kardeşi olan Zeki Çatlı'nın evine götürüldük. Diğer günler dayımlarda kalacaktık. Ev o kadar kalabalıktı ki gelen giden beni kucaklıyor, kulağıma lüzumsuz şeyler fısıldıyorlardı. Teselli vermeye gelen ziyaretçilerden bazıları beni çok şaşırtmışlardı. Onlar bizi teselli etmekten ziyade, birbirlerine güç gösterisinde bulunup, kim daha çevre sahibi, kimin nesi daha fazla muhabbetini yapıyorlardı. Ben bu insanların gerçek yüzüyle karşılaşmak istemiyordum. Bu yüzden balkona doğru yürüdüm. Aslında kendimi suçlu buluyordum. Babam 1 Kasım günü aradığında O'na dikkat etmesi için daha çok ısrar etmeliydim. Her şeye son verme isteği balkona doğru her adım atışımda artmaktaydı. Hiçbir şey düşünmemeli, mantığımı benden evvel öldürmeliydim. Bu son bana dost geliyordu. Bu son, sevdiklerimin acısını duymama engel olacaktı. İçeriki odalardan kardeşimin sesi geliyordu. Beni arıyordu. Bir kaç damla aktı gözlerimden. Belkide koruma iç güdüsünden olsa gerek, kardeşimi acı çekerken görmek ve ona mani olacak hiçbir şey yapamıyorken buna seyirci kalmak bana ağır geliyordu. Demir parmaklıklardan tutunup, hiçbir şeyi düşünmemeye büyük çaba harcıyordum. Rüzgar yüzüme çarpıyordu, son iki parmağımı bırakınca beton beni kucağına alacaktı. Gözlerimi yumdum, demek ki herşey buraya kadardı. Babamın "İnsan ölürken dahi onurlu ölmeli" demesi aklıma geldi. İrkildim ve kendimden çok ama çok utandım.

Akşama doğru, firarda olmasına rağmen Haluk Kırcı ziyaretimize geldi. Annemle konuşacak mevzularının olduğunu belirtti ve mutfağa geçtiler. Haluk Kırcı'nın yanına oturmuştum.

Haluk Kırcı: "Yenge ben yıkıldım. Tutunacak dalım kalmadı. Böyle bir adamın arkasından daha şimdiden iftira atmaya başlandı. Gidişatını hiç beğenmedim."

Meral Çatlı: "Daha çekecek derdimiz varmış Haluk. Abdullah'ın yanında mıydın kaza sırasında?"

H.Kırcı: "Yok yenge. Haberi Habip'den aldım ve hemen Susurluğa gittim. Benim de kulağıma böyle bir duyum geldi ama aslı yok." dedikten sonra cebinden babama ait olan kırmızı küçük bir çakıyı çıkardı.

Anneme, bunu babamdan bir hatıra olarak kendisine vermesini istiyordu. İstek geri çevrilmedi.

ÖLÜDEN PARMAK İZİ ALMAK 4 Kasım 1996

Herkes benim düşünceme katılırsa, yanılmış olmaktan korkarım.

Rüyamda okunan ezanla gözlerimi açtığımda, acım çok tazeydi. Allah'ıma bu acıya dayanmam için derman dilenirken, içerdeki odadan annemle, kardeşimin çığlıkları yükseliyordu. O sabah sadece dün geceden konuşuldu. Kardeşimle ben odamızın camına vurulmasıyla uyanıp, babamızı annemizin ayak ucunda otururken görmüştük. Kalkıp kucaklamak istediğimizi, gitmemesi için yalvarmayı düşündüğümüzü hatırlıyorum. Bir kaç saniye babam orada oturdu, gülümsedi ve görüntüsü gitti.

İlerleyen saatlerde babamızı morgda görmeye gittik. Babamın örtüsünden çıkmış uzun ince parmakları geride kalanlara son sözünü; "Ben bu dünyadan alacaklı göçüyorum." der gibiydi. Son yolculukta ki son görevde, babamın vedası görkemli olmuştu. Babamın yüzündeki o son ifade sessiz bir emir verir gibiydi; Haklı olduğun mücadelende fevri davranma!

Morg dönüşü tekrar dayımlara geçtik. Ağabeyimler, anneme zorla da olsa sakinleştirici veriyorlardı.

"Abdullah'ın yüzünü zor tanıdık. Parmaklarında ise siyah birşeyler vardı."

"Yenge, şüphelendiğine göre… Reis'ten parmak izi alınmış."

"Nasıl olur? Ölüden parmak izi alınır mı hiç!"

"Dün gece polis üniformalı tipler morga girip, bizimkilere senin onları çağırttığını söylemişler. O sırada parmak izi alınmış."

"Kısacası eşimin ruhunu daha çok rahatsız edecekler desene…"

Sanki annem, ileride Susurluk davalarıyla babamın ardından üstüne atılmaya gayret edilen faili meçhul cinayetleri sezmiş görünüyordu.

TOPAL: LABİRENT GİBİ!

Ömer Lütfü Topal yani namı diğer Fındıkzadeli Ömer 1942 Malatya doğumludur. Gençliği tombala ve barbut oynatmakla geçmiştir. Fakat o 1970 yılında Emperyal adlı bilardo salonunu açarak, izleyen yıllarda namını kumarhaneler kralına yükseltecektir. (Yirmiden fazla kumarhanesi bulunuyordu.) Topal'ın Turizm Bakanlığına sadece bir kumarhanesi için yıllık ödemesi gereken teminat 7 milyon 800 bin dolardan, 2 milyon 600 bin dolara sürpriz bir şekilde inivermişti. 1977 yılında uyuşturucu madde kaçakçılığından Belçika'da beş yıla ve daha sonra yine aynı suçtan Amerika'da bir beş yıla daha mahkum edilen Topal ismi, Bülent Fırat, Hikmet Babataş gibi kişilerin öldürülmesinde de azmettirici olarak geçmekteydi. Oysa talih oyunları yönetmeliğine göre, mal sahibinin sabıkasının temiz olması gerekmekteydi. Topal'ın sabıkası buna uygun değildi ama kimlik bilgileriyle oynayarak, Mevlüt olan baba adını Mevlut yapmış bu engeli ortadan kaldırmış bulunuyordu. Topal'ın çevresine yaka silkildiği söyleniyordu. Topal hem sert, hem de diktatör olarak biliniyordu. 28 Temmuz 1996'da saat 23.30 sularında Topal İstanbul Sarıyer ilçesinde 34 BTG 96 plakalı BMW'si içinde ölü bulundu. Ne ilginçtir ki bu haber medyada ne günlerce manşet oldu, ne de faili bulunması için birtakım kişilerce büyük bir çaba harcandı. Kimse çıkıp ne onun hakkını aradı, ne de cinayeti birilerinin üstüne atmayı düşündü. Çünkü Topal'da unutulacaktı.

Tıpkı diğerleri gibi. Ancak cinayetin işlendiği olay mahalinde, Uzi markalı silaha ait bir şarjör bulundu. Silah ise ortalıkta yoktu.

1993-1995 tarihleri arasında faili meçhul cinayetler doruktaydı. Aslında bu cinayetlerin failleri belki de belliydi ama her nedense adı faili meçhul konmuştu bir kere! Dönem Susurluk olayının her gün evire çevire tartışıldığı dönemdi. Bazılarına göre en iyisi Susurluk'u sanık göstermek olacaktı. Çatlı vefat ettiğine göre, politik güçlerini kaybetmek gibi bir korku beslemeyen timciler bu konuda sorun çıkarmaz diye düşünülüyordu. Kısacası Topal cinayetinin emrini Çatlı vermiş, timcilerde onu öldürmüş denilmek isteniyordu. Özel timci Ayhan Çarkın'ın ifadesine bakılırsa eğer bu cinayeti kabul ederlerse, milletvekilleri Okuyan ve Güner aracılığı ile Mesut Yılmaz'ın kardeşinin yanına Almanya'ya kaçırılacakları yönündeydi. Böylece kaçanlar bir nevi cinayeti üstlenmiş, çete suçlamasını da kabul etmiş olacaklardı. Fakat evdeki hesap çarşıya uymadı. Timciler düşünüleni yapmamaya kararlıydılar.

Cinayet mahallinden kaçmak için kullanılan 34 KN 288 plakalı araç İstinye Karakolu'nun önünde terk edilmiş olarak bulundu. Aracın bir yıl önce Ankara'dan çalınmış olduğu ve asıl plakasının 06 V 7550 olduğu ortaya çıktı. İçinde ise bir cephanelik vardı.

Topal cinayetiyle suçlanan timcilerden Çarkın'ın, TBMM Susurluk Araştırma Komisyonuna verdiği ifadeye bakılacak olunursa "infaz kafadan kesilmişti."

Durmuş Fikri Sağlar: "Neredeydiniz o akşam siz; yani Ömer Lütfü Topal cinayetinde?"

Ayhan Çarkın : "Ben görevliydim, efendim."

D.F. Sağlar: "Nerede?"

Çarkın: "Kadıköy bölgesinde. Ondan sonra, karşıda İstanbul'da görevliydim ben, ekip amiriydim. Bir de telsiz araçlarım var benim, mesela öbür arkadaşım suçlanıyor, o da görevli, bir arkadaşımız var yemekte, yalan söylemek gerekirse, derim ki şuradayım, buradayım. O da yok herkes olduğu yeri söylüyor, yani bu Ömer Lütfü Topal olayıyla bizim bir ilgimiz yok... Bize katil diyenler Topal'a baksınlar. Bodrum'da müdürünü, Azerbeycan'da Afyon Valisinin kızıyla damadını öldürtmüş bu adam. (1) Bir numaralı uyuşturucu kaçakcısı. Öldürüldüğü günün sabahı gazeteleri açıp bakın Bodrum'daki müdürlerinin aşireti başsağlığı ilanı vermiş. Oğlu ile babası birbirine kindar. İki karısı öldü diye düğün bayram yapmış. Öldürülmesi için o kadar çok sebep var ki? Ama katil biz olduk.

...28 Ağustos 1996 gecesi "Topal cinayeti sanıkları olarak üç özel timci yakalandı" biçiminde televizyonlarda alt yazı geçti. Bu sürati anlayamadım. İsmen bizim göz altına alındığımız televizyonlardan açıklandı. Aynı Mehmet Özbay'ın gerçek kimliğinin kazadan yarım saat sonra ortaya çıkması gibi. İnfaz kafadan kesilmiş bize kafadan.

...Bana on beş gün yetki verin Topal cinayetini çözeyim." diyordu.

Topal'ın ölümünün üstünden tam beş ay geçmişti. Abdullah Çatlı vefat edeli de kırk gün olmuştu. Manşetlerde yine Susurluk vardı. Topal cinayetine Çatlı'nın emri veren ve silahları hazırlayan; timci polislerin ise Topal'ı öldürenler sıfatına sokulmasını, bir polis memuru çözdü deniliyordu. Olayın kahramanı İstanbul Emniyet Müdürlüğü'nde görevli bir polis. Kahramanın adı, cismi yok ama! Söz konusu polis bir gün gazete almaya başlamış. Gazeteyi oğlunun bisiklet istemesinden dolayı, kupon biriktirmek için alıyormuş ki, gözüne Çatlı ismi çarpmış. Gazetelerde yazılanları okurken, aklına bir şey takılmış. Acaba Çatlı Topal'ın ölüm emrini veren kişi olabilir miymiş! Polis, Ankara Kriminal Dairesi'nden Abdullah Çatlı'nın parmak izinin bir kopyasını almayı düşünmüş. İsteği geri çevrilince ne yapıp etmiş ve Çatlı'nın parmak izini bulmuş. Nasıl, niye, kimden bu da açıklık getirilmeyen ayrı bir konu. Bu arada polis memuru fark etmiş ki, olay yerinde bırakılan şarjörde parmak izi var. Yahu Topal öleli beş ay olmuş, o zaman neredeydi bu parmak izi!

1   Bakü'deki Hyatt Recency Otelinin kumarhane müdürü İsmail Kahraman ve eşi Özlem Kahraman (Afyon valisi Ahmet Özyurt'un kızı) 22 Mart 1996 tarihinde Bakü'deki evlerinde öldürülmüşlerdir.

Çatlı'nın parmak iziyle karşılaştırılınca, uyduğunu görmüş. Güya şarjörde, yani bantlanmış çift şarjörde, tam bandın üzerinde Çatlı'nın sağ orta parmağının izi varmış. Ama gözden kaçan ve bunu çürüten bir sürü nokta bulunmaktadır. Parmak izi banda ters bırakılmıştı! Bu medyada hiç yer almadı. Zaten Çatlı'nın parmak izi gizlice alınmıştı. Yani ölüden, aileden habersiz bir şekilde. Annemin gözleri ağlamaktan kapandığı için babamın parmaklarındaki mürekkep izine bir anlam verememişti. O şahıslar neden bu mürekkep boyasını babamın parmaklarından silmediler diye akla gelecek olursa, bu boya hem kolay çıkmaz hem de muhtemelen ya zamanları yoktu ya da odaya başkaları girmişti. Zaten o adamlar orada çok az kalabilmişlerdi, çünkü evimizle hastane arası bir kaç dakika vardı. Neden sol değil de sağ el diye düşünebilirsiniz. Babamın sağ kolu kırılmıştı. Cenazeyi yıkayanlar bile kolunu kefenin içine sokamamışlardı. Babamın bu kolu üstüne örtülen örtünün dışında kalıyordu. O iki şahıs da ihtiyaçları olan parmak izini kolayca alabilmişlerdi. Ancak unuttukları bir şey daha vardı. Şarjör tek parmakla bantlanmaz. Bu hem teorik, hem de mantıksal açıdan imkansız. Parmak izi nasıl olmuştu da Topal'ın ölümünde tutanaklara geçmemişti? Çok basit. Çünkü öyle bir şey yoktu. Dediler ki gözden kaçmıştır vs... Olacak iş mi! Türkiye'deki sistemi artık herkes biliyor: **Çamur at izi kalsın.**

CENAZEMİZ VAR

Yıllardır doya doya baba diyemediğim ise mezara doğru ilerliyordu.
5 Kasım 1996

Cenazeye katılmak üzere hazırlık yapmak, bizim için en zor olanıydı. Kalabalık bir grupla yola çıktığımızda, babamı bu son yolculuğuna uğurlamak için binlerce kişi sokakları doldurmuştu. Okullar neredeyse boşaltılmış, dükkanlara kepenk çekilmiş, hanımlar ise balkonlara akın etmiş dualar okuyorlardı.

Cenaze namazının kılınacağı camiye, polislerin yolu açmasına rağmen, büyük zorluklarla ulaşabilmiştik. Arabadan iner inmez, nereden çıktığı anlaşılamayan bir medya ordusuyla karşılaştık. Hepsi en azından o gün için, bize karşı anlayışlı davranıyorlardı.

Abdullah Çatlı olarak doğduğu yere döndü... Nevşehir

Demir parmaklıklardan tutunup cami avlusundaki bayrağa sarılmış babamın tabutunu izliyorduk. O an benden bir şeylerin kopup gittiğini hissettim. Bunun adı hayata küsmekti, bunun adı toprağa diri diri gömülmekti, can çekişmekti. Arabaya binmek üzereyken gazeteci görünümlü biri -gazeteci olduğuna inanmıyorum- anneme mikrofonu uzatıp, "18 yıldır cinayetlerden dolayı aranan eşinizin bayrağa sarılmasına ne diyeceksiniz?" dedi. Bitkin olan annemin tepki vermesine fırsat tanınmadan, yanımızdakiler bunu uzaklaştırmışlardı. Ben ise buna içimden "Sen ne anlarsın ki manevi değerlerden. Bu vatan için bir tek çivi bile çakmaya teşşebbüs edenler nasıl bayrağa sarılıyorsa, Çatlı'nın buna dünden hakkı vardır" diye cevap veriyordum. Bakışlarımı tekrar babama doğru çevirdiğimde, gördüm ki O binlerce kişinin omuzunda tekbir sesleriyle camiden çıkarılıyordu. Kalabalık "Kahraman Reis" ve "Çatlı'lar ölmez" diyordu. Çekilen onca çilenin mükafatı da bugünkü Çatlı coşkusuydu. Yoksa dediğim gibi vatana hizmetin bedeli yoktu. Zirvedekiler, yani sadece isim olarak zirvedekiler, Çatlı'nın reisliğini unutmuş olabilirlerdi. Bu onun verdiği hizmete toz konduramazdı.

Konvoyun ilerlediği meydanın bir kenarında cenaze arabasının geçmesini bekliyorduk. Ağabeylerimizin yardımıyla, konvoyun önüne geçtiğimizde, yitirdiğim canın bana dönmek istediğini fark ettim. Elime verilen babamın resmi, bana bir hayat hikayesini mırıldanıyordu. Yıllardır doya doya baba diyemediğim ise mezara doğru ilerliyordu. Toprağa ait olduğunu kabul etmek, bana bir daha öğüt veremeyeceğini bilmek... Artık babamın tabutunu açıyorlardı. Beyaz kefene sarılmış bedeni... İçimden binlerce kez "Allah" diye haykırdığımı hatırlıyorum. Gözlerim kararmak üzereyken, bir el sıkıca omuzumu kavradı. Reis diye ağlıyordu. Birbirimize baktık. O bana, ben de ona acımıştım. Omuzumu kavrayan ağabeyim, yaklaşık 12 yıl boyunca bize kader dostluğu etmişti. Hem de ölümüne kadar! Onu bu en acı anımızda yanımızda görmek, bize güç veriyordu. En zor yıllarımızda olduğu gibi üstümüze titrer miydi bilemiyordum. Ağabeyim yere çömelmiş, elleriyle yüzünü kapatmış ağlıyordu.

Dayanamadım. Gözyaşlarımı silip yanına çömeldim. Ağabeyim bana bakamıyordu. Bir şeyler eksilmişti, bir şeyler kopup gitmişti. Bunu anladığım an beynimden vuruldum. O andan itibaren, benim için cenazemizin sayısı ikiye yükseldi. Gözlerini benden kaçırarak; "Bana bir şey sorma... Kaldıramam." dedi ve kameralardan kaçarcasına kuytu bir köşeye çekildi. Ağabeyimin adını ne koymalıydım? Ne? O artık sadece Omar ağabeydi. Bir zamanlar başı ağrıyınca ağladığım, ekmek alacak paramız yokken ekmeğimi onun için sakladığım ve şimdi sıradan olmak isteyen bir Omar ağabey. Babamın mezarı başındaydım ve hayat her yönüyle çok kalleşti. Ben henüz çocukken tanıyıp adını "kurtarıcı" koyduğum ağabeyim, bu kez kendinden bile kaçıyordu. Tıpkı cenazeye katılmaktan korkan diğerleri gibi. İki günlük propaganda mıydı, yirmi yıllık bir lideri gözlerinde bu kadar korkutan! Hani reis her şeydi!

    Hayat bizim için esas bundan sonra acı olacaktı. Dostluklar yalandı, ahde vefa çalınmıştı, verilen şeref sözleri… Olayların gidişatını kontrol etmeye dermanımın kalmadığını biliyordum. Öfkeyi, acıyı, yıkılmayı, hayata küskünlüğü, ağır sorumluluğu... Reis'in kızları esas bunları yaşardı. İddia edildiği gibi lüks hayatı değil. Yıkılmayacaktım. Dünyaları salsalar da üstüme yıkılmak nedir bilmeyecektim. Yere çömelip babamın toprağını O'nu kucaklarcasına göğsüme bastım. O'nunla tokalaşmak için toprağı tüm gücümle avuçladım. Biz anlaşmıştık. Babam benimle neler paylaştıysa esas bunlar benim kılavuzum olacaktı. Varsın tabutuna sarılan bayrağı çok görsünler, varsın pırlanta kalbine taş desinler. Kaç yazar Reisim! Elbet vakit gelir ki utanmaları şart koşulur. Sabrında, sırlarında, emanetinde emin ellerde. Yalnız değiliz baba, gerçek dostların, kendilerini deşifre etmeyenler burada.

ARKADAŞLARININ YAYINLADIĞI BİLDİRİ

Gerçek arkadaşlık sağlık gibidir. Değeri yokluğunda anlaşılır.

Abdullah Çatlı O'ndan gelen ve O'na dönen her fani gibi ölüme yürüdü. Ardından çok şey söylendi. Ruhunu muazzep, ailesi ve dostlarını müteessir kılacak çok şeyler yazıldı.

Bilmeye çalıştı, herkes O'nu... Öğrenmeye çalıştı... Lakin kimse anlamaya gayret etmedi.

Abdullah Çatlı kırk yaşındaydı. Turan ülkesi kadar büyük bir akrep ısırmıştı beynini. Ümmet coğrafyası kadar geniş bir kor düşmüştü yüreğine.

Ülküleri için yaşadı. Ülkesi için öldü. O sadece Gökçenimizin ve Selcenimizin babasıydı.

"Mafya" dedikleri çirkefe ne tenezzül gösterdi, ne de bu meş'um unvan kavramı bir lahza olsun telaffuz etti. Yıllar var ki, ülkemiz örtülü bir savaş içinde. Abdullah Çatlı bu savaşta yan tuttu. Yan tutmakla kalmadı, risk aldı, bedel verdi.

"Kimileri deniz gibi köpürür,
Kimileri dalga dalga secdede,
Kimileri kılıç gibi savaşıyor,

Kimileri kanımız içmede." diyordu ya, hani şair. Abdullah Çatlı kılıç gibi savaştı, onurlu bir ömür sürdü. Hakk'a yürüdü. Mevla rahmet eylesin.

Arkadaşları.

* Yazarın notu: Abdullah Çatlı'nın eşi ve yakın arkadaşları Nevşehir'de, anıt kabir hazırlığı içerisindedirler. Buna ek olarak şehitler mezarlığı projesi de başlamıştır. Ayrıca, Çatlı'nın mezarını ziyarette bulunanlara ve her yıl 3 Kasım'da anma törenine katılanlara buradan şükranlarımızı iletiyoruz.

VE ARDINDAN...
"İyilerle dost olursan kötülere karşı emniyette olursun."
Hz. Ömer

"Kahraman nedir, kime kahraman unvanı yakışır, nasıl kahraman olunur? Kimine göre kahraman, kimine göre kahraman olunmayabilir mi? Yukarıdaki soruları daha da çoğaltmamız mümkün. Onun için kahraman nedir ve kimdir sorusundan yola çıkmamız, kavram kargaşasından kurtulmamızı ve gerçek cevabımızı elde etmemizi sağlayacaktır. Kahraman sözcüğü, her ne kadar lugatlarımızda yeterince kelime anlamı bazında açıklanmışsa bile, biz bu kitabın içeriğine uygun bir tanımlama yapmak istiyoruz.

Bize göre kahraman ile lider arasında paralellik vardır. Bir başka deyişle, kahramanlar ve liderler hemen hemen aynı özellikleri taşırlar. Biz burada kahramanların liderlerden daha ayrıcalıklı ve farklı olan özelliklerine değinmeyi arzu ediyoruz. Lider, kelime anlamı olarak; önde gelen, öncü anlamına tekabül eder. Önderdir. Bir liderde olması gereken bazı önemli özellikleri şöyle sıralayabiliriz; peşinden sürüklediği, önderlik yaptığı gruba, teşkilata veya millete hedef veya hedefler gösterme. Cesaret, karizma sahibi olması, bilgi birikimi, zeka, teşkilatçılık hitabet, güven verici olma, fizyonomik görünüm, ailevi durum. Bu özellikler bir liderde aranan, olmazsa olmaz diye nitelendireceğimiz özelliklerdir. Kahramanlar genelde bu temel özelliklere aynen haizdirler. Ayrıca bizim Türk kahramanlarımızı liderlerden farklı kılan diğer iki önemli özellik de; şefkatli ve samimi olmalarıdır. Kahramanlarımız samimidirler, ahde vefaya özen gösterirler, sadıktırlar. İhanet kelimesi Türk kahramanlarının lugatında

---

* Yazarın notu: Posta yolu ile bana bu metni ulaştıranlarla her hangi bir tanışıklığım yoktur. Üzerinde hiç bir değişiklik yapılmadan, orijinal şekilde kitaba iliştirilmiştir. Bunlar, Abdullah Çatlı ile Türkiye Cumhuriyeti menfaatleri ve bölünmezliği için hareket eden ülkenin savunma reflekslerine adanmışların sesidir.

yer almaz.

Genelde lider korunan ve kollanandır. Liderlerin, lider olmasında yakın çevresi çok büyük önem taşır. Kahramanlar ise korur ve kollarlar. Bütün bu mukayeseleri daha da çoğaltmamız mümkün.

Bu kitapta ve bundan sonraki kitaplarda anlatılacağı gibi ABDULLAH ÇATLI HEM KAHRAMAN HEM LİDERDİR, HEM DE BİZİM REİSİMİZDİR. Bizi hem korumuş hem korunmuş, hem kollamış hem de kollanmıştır. Türk tarihimizde bu konumda olan çok az kahraman vardır. Her lider kahraman değildir. Her kahraman da lider olmayabilir. Abdullah Çatlı bu bakımdan yani hem kahraman, hem lider olması bakımından şanlı Türk tarihindeki müstesna şahsiyetler arasında yerini almıştır.

Tabii ki bütün insanlar gibi kahramanların ve liderlerin de hataları olur. Abdullah Çatlı'nın da olmuş olabilir. Fakat insanların yapmış olabilecekleri hatalar, niyetleri göz önünde bulundurularak değerlendirilmelidir. Yukarıda belirttiğimiz gibi Türk kahramanları "samimiyet" ilkesine bağlıdırlar. Samimiyetle, iyi niyetle hata yapmış olmaları, yanlış strateji uygulamaları mümkündür ki bunların çoğu telafi edilebilir. Bu gibi durumlarda onların samimiyetlerinden şüphe etmeksizin, iyi niyetle hata yapmış olduklarını kabul etmek gerekir.

Kahramanlar ülkeye hizmeti vazife telakki ederler, hatta bütün dünyayı ilgilendiren insanlık yararına olan projelerde insanlığa hizmeti hedeflerler. Abdullah Çatlı'nın teşkilatında bu gözlemlenir. Ülkeye hizmetin bedelinin olmayacağı ilkesi, Türk kahramanları için unutulmaması gereken ilkelerin başında gelir. Merhum Abdullah Çatlı ile üzerinde önemle durduğumuz ilkeler arasında, "gizlilik" ilkesi de çok önemli bir yer tutmaktadır. Daha önce de belirttiğimiz gibi kahramanlarımız samimidirler. İnandıkları değerler uğruna mücadele ederler. Ölüme gülerek ve koşarak giderler. Hepimizin malumu olduğu gibi insanların hayatlarının bedeli olmaz. Ülkeye hizmetin bedelini her an canlarıyla ödemeye hazır olanların, gönüllü olanların herhangi bir kimseden, kurumdan veya devletten karşılık beklemeleri mümkün müdür! Bu arada bu konu ile direkt olarak alakası olan diğer bir hususa da dikkat çekmek istiyoruz. Ülkeye hizmet adı altında samimi olmayan bir sürü menfaat şebekesi gerek şahsi kazanımları, gerekse siyasi emelleri bu ulvi gayeyi kullanmayı, kendilerine kalkan yapmayı denemişler hala da denemektedirler. Fakat şurası unutulmamalıdır ki ülke sahipsiz değildir. Binlerce yıllık Türk yurdu asli kahramanları sayesinde dimdik ayaktadır. Ve Allah'ın izni ile ayakta kalmaya devam edecektir. Abdullah Çatlı ve biz arkadaşları binlerce senelik tarihi olan bu yüce milletin savunma refleksleriyiz. Ülkenin dinamikleriyiz. Devletlerin savunma refleksleri binlerce yılda şanlı bir tarihle oluşur veya çok güzel sistemlerle büyük devlet olma özelliğini kazanmış ülkelerde ortaya çıkar. Bu savunma refleksleri ülke zor bir dönemden geçerken, Atatürk'ün Türk gençliğine hitabesinde belirttiği gibi; "damarlarınızdaki asil kandan" hareketle iktidardakilerin gaflet, dalalet ve hatta ihanet içerisinde bulunduklarını görerek söylenildiği gibi; "durumdan vazife çıkarırlar" ve harekete geçerler. Abdullah Çatlı ve grubu Türkiye'mizin içinde bulunduğu bu zor durumu görerek ve aleyhimizde hazırlanmış olan senaryoları bozmak gayesiyle, Türk vatanının yılmaz dinamikleri olarak harekete geçmişlerdir. Yıllarca Yüce Türk Toplumundan habersiz ve gizlilik ilkesine sıkı sıkıya riayet ederek son derece samimiyetle faaliyetlerini her türlü platformda dünyanın her yerinde başarı ile yürütmüşlerdir.

Bu arada hemen belirtmeliyiz ki, Büyük Türk devletimizin bünyesindeki hayati önem taşıyan kurumlarımız olan; MİT, Emniyet ve Türk Silahlı Kuvvetlerimiz bünyesinde oluşturulan Özel Kuvvetler de görev yapan son derece vatansever, kahraman insanlar binlerce yıllık Türk devletinin devam etmesi için cansiperane, kelimelerle ifade edemeyeceğimiz fedakar faaliyetler yapmaktadırlar. Kendilerine şükranlarımızı buradan iletmeyi de bir vazife telakki ediyoruz.

Yüce Türk Milletinin bağrına basmakla büyük kıvanç duyduğu bu kurumlarımızda çalışan kahraman insanlara ve bizlere malum Türk ve Türklük düşmanları tarafından yapılan acımasız ve haince saldırılara maalesef meseleleri derinden (derinlemesine) incelemeden alet olanlara da buradan uyarı da bulunmak istiyoruz. Bu son Türk devletini yaşatmak için samimi olarak, hiçbir menfaat gözetmeksizin, gece gündüz demeden çalışan, görev yapan vatanseverleri incitmeyiniz. Unutmayınız ki, başlattığınız iftira ve karalama kampanyası büyük bir fiyasko ile sonuçlanmış, Büyük Türk Milleti Abdullah Çatlı'yı bağrına basmış, sahip çıkmıştır. Bizce Türk milletinin gerçek kahramanı olan Abdullah Çatlı şanlı Türk tarihimizdeki müstesna ve hak ettiği yeri almıştır.

Bazıları tarafından bir çok kişiye atfedilen gerçek de, büyük vatan şairi merhum Mehmet Akif Ersoy'a ait olan "ALLAH BU ÜLKEYİ (VATANI) KURTARACAĞIZ DİYENLERDEN KURTARSIN" sözü günümüzde üzülerek görüyoruz ki hala geçerlidir.

Kahraman Ağabey ruhun şad olsun.
Arkadaşları

BÖLÜM 2

SUSURLUK NEDİR?

3 Kasım 1996'da Susurluk'ta vuku bulan kazanın ardından kimbilir belki başka tarihte Ankara kazası, Çanakkale kazası vs... de olacaktır. Gelişmekte olan Türkiye'nin bu tür olaylardan geçmesi hangi pencereden bakarsanız farklı gözükecektir. Bu nedenle Abdullah Çatlı'nın vefatıyla birlikte bir çok tartışma meydana gelmiştir.

Derin devlet kavramı felsefidir. Bu yüzden derin devletin ilk tohumları toplum içinden sivrilmiş kişilerin bir araya gelerek, münazara yapmaları sonucunda başlar. Bunlar ya var olan bir devletin gidişatından memnun olmadıkları ve yeni bir oluşumla bunu biçimlendirmek için felsefi anlamda fikirde kulis yaparlar, ya da var olan devleti DEVLET yapmak gibi bir düşünce beslerler ve milli atılımlarla bunu uygulamaya başlarlar.

Derin devlet kavramından Türk halkı yeni haberdar olmuş ve ilk etapta bundan endişe etmiş olabilir fakat bu "olmazsa olmaz" diye nitelendirdiğim bir oluşumdur. Görünürde ki devletin arkasında derin devlet olmaz ise, bu o ülkenin kapasitesini düşürür. Ama önemli olan bir kıstas var: derin devletin ne niyette olduğu? Bu karmaşayı düzenlemek amacıyla birden fazla derin devlet grupları meydana getirilir. Sanki her biri birbirinin kontrol mekanizması işlevini görürler. Tabi burada derin devletlerin birbirleriyle olan mücadeleleri, kavgaları... meydana gelecektir. Türkiye gelişmekte olan bir ülke olduğu için bu kargaşanın önüne ancak gelişme kaydettiği vakit geçebilir.

Susurluk'a hangi pencereden bakıldığı önemlidir. Eğer devlet gerçeğini kavrayamamış bir zihniyet Susurluk'u anlatmaya kalkışırsa -ki bunları çok dinledik- bunun içinden çıkılamaz ve medyada sıkca dinlediğimiz gibi "Susurluk üçgeni" "Susurluk çıkmazı" "Kamyon devlete çarptı" gibi son derece dar ufuklu ve yanlış düşüncelerle vaktimizi kaybederiz. Bu da tarihe karşı bir hakaret olur. Susurluk'ta kamyon devlete çarpmamıştır. Bir başka derin devlet, Susurluk teorisini yaratmıştır. O kazada Türkiye, Türklük mücadeleri adına liderliği sürdüren bir şahsiyeti kaybetmiştir. Olayın suikast olduğunu düşünürsek, şöyle bir tablo görünebilir: yabancı ülkelerin derin devletleri, Türkiye için mücadele eden Abdullah Çatlı'nın şimdiye dek halka açıklanmamış faaliyetlerinden rahatsız olmuş ve ülkemizde ki bir başka yerli derin devlet -ki bunların Çatlı ile husumetleri vardır- işbirliği yapıp memleketi kaosa sürüklemişlerdir. Söz konusu yerli derin devletin vatan hainliği besledikleri de düşünülmemelidir. Vatanperver bir uslupla bakılacak olunursa onlar milliyetçi bir lidere suikast düzenlemişlerdir. Medyanın gözüyle bakılacak olunursa rant kavgası, çetelerle hareket eden devleti sarsmıştır. Derin devletler açısından bakılacak olunursa bu olaylar ülkelerin kaderidir.

Susurluk, Türkiye için bir dönemeçtir. Tıpkı Menderes devri ve ihtilallerde olduğu gibi yabancı güçler yurda kavram kargaşasını sokmuşlardır. Menderes ve ihtilallerde, yurdumuz sağ-sol olaylarıyla resmen hipnotize edilmişti. Susurluk'la devlet-derin devlet kavram kargaşaları gündeme ite kalka sokulmuştur.

Memlekette Susurluk vardır. Ama daha doğrusu memlekette Susurluk'ların olduğudur. Tıpkı her ülkede olduğu gibi.

SUSURLUK NEDİR?

Kitabın bazı konularında derin devlet gerçeği hesap soran ifadelerle işlenmiştir. Bir çok yerli derin devlet olduğunu düşünürsek, kullandığım ibarelerin her derin devlet için geçerli olamayacağının da altını çizerek vurgulamak istiyorum. Yurdumuza kahramanca hizmet veren oluşumlar vardır. Bunları sert ibarelerimin dışında tutuyor ve şayet ucunda milli bir görev varsa başarılarının devamını temenni ediyorum.

ÇATLI'NIN ARDINDAN

Babamın vefatının ardından ailemizi ve dostlarımızı, zorlu bir mücadele bekliyordu. Hayatımızın bu kesiti, son derece hassas konular içerdiği için buna mümkün mertebe değinmemeye itina göstereceğim. Bizim evimizdeki "Susurluk" ile evimizin dışındaki "Susurluk olayı" son derece farklıydı. Neredeyse her gün, her kanalda babamla ilgili haberlere rastlıyorduk. Bazılarına göre kamyon şoförü masumdu, bazılarına göre ise 3 Kasım suikasti için eğitilmiş biriydi. Öyle ki Susurluk olayını ortaya çıkardığı iddiasıyla, onu kahraman ilan eden bile olmuştu. Şarkılar yazıldı, reklamlar yapıldı, alkışlar tutuldu... Birileri adeta düğmeye basmıştı.

Günümüzün malum medyasını, ilk etapta suçlayamam ancak hatalarla dolu yanlış ödev sundukları gerekçesiyle eleştirebilirim. Benim gördüğüm kadarıyla, medya üç kesime ayrılmıştı:

Birinci grup; Çatlı'nın methini 70'lerde "efsaneleşen Başkan" diye bilen, O'nun vatanperverliğine inanan, fırsat buldukça savunan, doğruları bilgilerinin yettiği, dillerinin döndüğü kadarıyla aktaran ve manevi değerlere önem vermekte direnen gruptu. Ancak bunun içinde de bölünmeler mevcuttu. Bazılarına göre ülkücülük bir ahde vefa hareketiydi ve Çatlı, ahde vefası ile tanınan bir başkandı. Bu nedenle Çatlı'nın itibarını korumak adeta bir misyon haline gelmişti.

Bazılarına göre ise ülkücülük iktidara yürüyordu, bu nedenle geçmiş geçmişte kalmıştı. Bundan sonra önemli olan politik kulvarda alınacak mesafe, sahip olunacak makamlar, mevkiler, statüler, yetkiler ve daha da acısı "ihaleler" çok daha önemli bir hale gelmişti. Zira bunları, yeni oluşumun zedeleyebileceği korkusu sarmış ve Çatlı'yı tanımaz olmuşlardı. Oysa ki Çatlı, ülkücü hareketin tartışmasız efsane şahsiyetlerinden biriydi.

Kahramanmaraş olaylarında bulunmuş biri ile internette ilginç bir yazışma yaptık. Konu, 80'leri unutan, bu günün dava prensleri üzerineydi. Bu beye göre, Çatlı'nın davaya hizmetlerinin dokunmuş olması, az sayıda olsa da bazı eski ülkücülerin hoşuna gitmeyen bir gerçekti. Zira bunlar, daima aynı çevre içerisinde olup, gelişen değerleri hep aynı çizgide gördükleri için başarılı olanı çekememiş ve kıskançlık dürtülerini bastıramamış kişiler olarak, Çatlı gerçeğini saklamak amacıyla basın organlarına yanlış haberler vermekteydiler. Bu kişiye göre verilen zararları uzakta değil, içimizde aramalıydık. Bu da olayın başka bir boyutu.

Söz ülkücülükten açılmışken, Çatlı'nın ülkücü mü milliyetçi mi olduğuna dair bir kaç tespit yapmak gerekiyor. Günümüzde bazı ülkücü grupların aldığı deformasyonla Çatlı'nın uzaktan yakından bir alakası bulunamaz. Söylendiği gibi ülkücü hareket eski kabilelerde olduğu gibi törelere değil, anayasa düzenine göre hareket eder. Ülkücü hareket, son derece önemli bir misyona baş koyduğu için varlığını ancak doğru bir çizgide ilerlediği sürece koruyabilir. Yoksa mensuplarına sahip çıkmaz ise, o da sahip çıkılmaktan hicap duyulan bir hal alır. Şayet çok iyi gözlenecek olunursa, Çatlı'nın belli normlara sıkışmış bir ülkücü değil, milli duygularını her şeyin üstünde tutan ve bir hareketten ziyade bir ülkenin geleceği için hayatını ortaya koyan bir "vatanperver" olarak anılması daha doğru olacaktır. Bu, hem maziyi unutan bazı ülkücüleri (!) rahatsız etmeyecektir, hem de O'nun gerçek kimliğini bulmamızda yardımcı olacaktır. Çatlı, kızlarına hem sağ yazar İlhan Darendelioğlu'nun hem solcu yazar Uğur Mumcu'nun kitaplarını okumalarını tavsiye edecek kadar da çağdaş düşünce yapısına sahip bir şahsiyetti. Hatta sağlığında, törelerle hareket eden ve bulundukları mevkilerin kıymetini bilmeyenlerle de birlikte anılmaktan rahatsız olan hatta kızan ve "siz ülkücü müsünüz" diye sorulduğunda, acı bir tebbessümle yanıt vermeyen ancak uzun bir hikayeyi anlatan biriydi. Özetle Çatlı, sağı-solu aşmıştı.

İkinci grup; Çatlı hakkında hiçbir bilgiye sahip olmadan ve provakatörlerin de desteğiyle her söyleneni manşet yapan gruptu. Bu grup zaman içerisinde O'nun esas konumunu az da olsa çözebilmiş ancak şimdiye dek uyguladıkları politika gereği, geri dönüş yapamayacakları için her gün yeni bir manşet yapmayı, reyting açısından karlı bulmuş ve bu çizgide devam etmişlerdi.

Üçüncü grup; Çatlı ile 70'lerde karşıt cephede fikir tartışması olan ve bu nedenle O'nun ülkücü kimliğinden aşırı derecede rahatsızlık duyan bu son fanatik grup, efsaneleşmiş Ülkü Ocakları ikinci başkanı Çatlı'dan o dönemdeki hırslarını, O'nun vefatı ardından almaya kalkışıyorlardı.

Medyada "**sus**-urluk" yaratılmıştı. Medya konuşuyor ve susturuyordu. Çatlı'nın ardından birbirleriyle yarışan söz konusu bu son medya kuruluşu ilginç bir portre yaratmıştı; Çatlı'yı Gladio'nun Türk tetikçisi yapanlar, 80 ihtilalinde O'nu olay adama çevirenler, Çatlı'nın devletten üstlendiği görevi sadece ASALA ile sınırlı tutmaya çaba sarf edenler hatta bunu bile deforme edenler... Bunlar aslı olmayan Çatlı'yı yazdı, çizdi, karaladı ve en sonunda işin içinden yarattıkları Çatlı'yla çıkamayacaklarını anladılar. Çünkü bir yanda "vatanperver Çatlı" diğer yanda ise hayal ürünü "Sicilya Babası" vardı.

Abdullah Çatlı'nın vefatı ardından her kafadan ses çıkar olmuştu. Kimileri O'nu kahraman ilan ediyor, kimileri aksini iddia ediyordu. Benim en tuhafıma giden ise asıl konuşması gerekenlerin suskunluklarıydı. Bunlar "Devlet sırrı" açıklanamaz diyerek, O'nun kasti olarak farklı bir alana sokulmaya çalışılmasını izler olmuşlardı. Çoğu kulağıma fısıldayarak: "Mühim olan bizim, onun kahramanlıklarını bilmemiz ve mezara kadar bu sırrı götürmemiz. Küçük bir kitle kargaşa yaratsa da, tarih onu şimdiden kahraman tayin etti. Bunda bir sıkıntın olmasın. Gizlilik ilkesi adı altında gerçekleşmiş olayları açıklamamak ve şimdilik susmak isabetli bir karar." diye söylüyorlardı. Aslında bu tutumlarında haklı sayılabilirlerdi ancak tamamlanmış ve ortaya çıkmış olan en azından ASALA'yı tüm açıklığıyla anlatmaları daha isabetli bir karar olmaz mıydı? Bunun üzerine ise "Bu konuya değinmeniz izlenilen stratejileri ortaya çıkar ve teşkilatların hareket alanını kısıtlar. Operasyonları tüm detaylarıyla açıklayıp açıklamamak babanın mevkisini değiştirmez." diyorlardı.

3 Kasım'la birlikte "Kahraman" kelimesinin manevi anlamı çok yıpratıldı. Bu nedenle Çatlı'nın "Vatanperver" olarak anılmasından yanayım.

Bazı devlet büyükleri susmayı tercih ettiğinden ya da ne acıdır ki O'nu karalamaya başladığından, bir kesimin öfkesi, başlangıçta Çatlı'dan dolayı devlete karşı olsa da, işin gerçek yüzü yavaş yavaş su yüzeyine çıkmaya başlamış, tepkilerin yerini milli vicdandan yükselen ses almıştı. 18 yıldır gıyabi tutuklanma kararı ile aranan ancak ilginç bir kaza sonucu, devlet yetkilileriyle yakından ilişkisi ortaya çıkan, derin devlet denilen oluşumun içinde bulunduğu iddia edilen, yeşil pasaportlu Emniyet Müdürü olarak lanse edilen... Çatlı meğerse bütün bunları "çete" kurarak yapmıştı! Milli vicdan neyin ne olduğunu çok iyi biliyordu ve bize gelen binlerce mektupta bunu ifade ediyorlardı.

Özellikle de İç Anadolu'da, yeni doğan çocuklara Çatlı ismi konmaya başlanmış, maskotlarda ve cüzdanlarda Çatlı resimleri taşınır, Çatlı'nın vatanperverliği dilden dile dolaşır olmuştu.

Susurluk entrikası, ülkücü başkana karşı yürütülen bir karalama kampanyası olarak başlamış fakat çoğu zaman tanık olduğumuz gibi bir süre sonra hedef doğrudan devlet ve devletin kurumları haline getirilmişti. Sorun, sarsılan sosyal adaletin protesto edilmesi maskesi altında yine devletin bizzat varlığına yöneltilmişti. Aslında, sloganlar atan kitlenin içinde, öfkesi inançlarını kaybettikleri sisteme karşı olanlar çoğunluktaydı. Bütün bu tatsız oluşumlar, sistemin "şeffaf" olmamasından ve en önemlisi milli gelirin bölüşümündeki adaletsizlikten kaynaklanıyordu. Çatlı'nın sansasyonel vedası, domino taşlarını harekete geçirmişti. Sistem çalkalanıyordu.

GAZETECİ CAN DÜNDAR'LA SUSURLUK YARGIÇLARI ÜZERİNE
Bir polis dergisinde...

Soru: "Susurluk suskunluğa gömülmesin diyorsunuz. Basında, medyada Susurluk konusu tartışılsın, bu işin içyüzü ortaya çıkarılsın deniyor. Bu herkesin paylaştığı bir görüş. Fakat bazı kesimlerin Susurluk'u kullanarak kendi menfaatleri için, toplumu yanlış bilgilendirmesi söz konusu değil mi?"

Can Dündar: "Evet, böyle bir eğilim var. Biliyorsunuz; Osmanlı zamanında mahallede bir hırsız yakalanınca bütün suçları onun üzerine yıkıp, onu da sen soydun, bunu da sen soydun, iki dayaktan sonra adamı bütün mahalleyi soyan adam durumuna getirirlermiş. Biraz öyle bir tablo oluştu. O kaçınılmaz. İşte orada zaten hukuka önemli rol düşüyor. Yani burada gerçek suçluyu masum olandan ayırmak kıstası önemli. Burada medya belki hak etmediği bir pozisyonda kendini buluyordu. Birden olayın hem savcısı, hem yargıcı pozisyonuna girdi. Medyanın böyle bir misyonu yok. Medya, olayı sadece doğrularıyla yansıtmakla ve yazmakla görevlidir. Suçluyu suçsuzdan ayıracak olan yargıçlardır. Ama maalesef bizzat savcıların, yargıçların söylediği; ülkede yargı bağımsız değil. Onun için insanların yargıya güveni kaybolmuş durumda, buna karşın medyada bir güven payı var. Dolayısıyla böyle çarpık bir tablo çıkıyor ortaya. Hepimizin zaten ortak isteği taşların yerli yerine oturması. Basının basınlığını, yargıcın yargıçlığını bilmesi."

Bir kesim, Çatlı gerçeğini bir kenara atıp, aslı olmayanla uğraşarak, taklit ve tapon bilgi üretti. Bu nedenle, Çatlı hakkındaki olumsuz karalama kampanyaları adeta bir yalan rüzgarına dönüştü.

ZE adlı bir araştırma kuruluşunun yaptığı bir ankete göre, Çatlı'nın halkın değerlendirmesiyle yeri, şimdilik tatminkardı:

Tanımlama	%
Çatlı vatanseverdir	%20.2
Çatlı devlet adına çalışmıştır	%51.2
Çatlı Milli İstihbarat Teşkilatına çalışmıştır	%16.3
Çatlı Devlet içindeki çetenin ileri gelenidir	%17.2

Mecliste ise başka bir fırtına esiyordu. Çatlı'nın hayaleti meclis mensuplarını tedirgin etmişti. Bir şeylerin ortaya çıkmasından çekinenler çoğunluktaydı. Merkez sağda eski hesaplaşmalar, vefa borcu ödenmeden kapanan dosyalar ülkücü camiayı karıştırmıştı:

Çatlı, ANAP ve Mesut Yılmaz;

"El yumruğunu yemeyen kendi yumruğunu değirmen taşı sanır."

Susurluk'tan sonra Çatlı gerçeği ile Çatlı yanıltması arasında mekik dokuyan ANAP'lılar, partinin kurucusu olan merhum Turgut Özal'la farklı bir politika izler olmuşlardı. ANAP'ta bulunan eski ülkücü milletvekillerine göre Yılmaz'ın, Çatlı hakkında dikkatli bir politika izlemesi, ülkücülerle olan diyalogların zedelenmemesi bakımından uygundu. Diğer milletvekilleri ise Çatlı üzerinde "çete" imajı yaratıp, bunu slogan haline getirmenin, oy kazandırabileceğini iddia ediyorlardı. Neticede Yılmaz: "Eğer çeteleri bitirmezsem bu koltuk bana haram olsun" şıkkını seçmiş, büyüteç altında çetelere karşı (!) savaş açtığını beyan etmişti. Ancak halk çok şey vaad edip unutanları, sandıkta unutmaya karar vermişti. Nitekim Yılmaz, 99 seçimlerinden sonra zorla da olsa koltuğun kenarında kendine küçücük bir yer bulabildi.

Aslında meclis içindeki Çatlı'yı mevzuu etmem, O'nun politikadaki diyaloglarını vurgulamak ve altını çizmek için kasti olarak ele aldığım bir konu değil. Kanımca Çatlı'nın bu yönü artık ne tanık kişilerin ifadesine, ne de söz konusu muhataplarının onaylanmasına bakan bir olgudur. Zaten bizim uzun zamandır izlediğimiz bir politikada bunu onaylıyor: Esas olarak Çatlı'yı tanımayanları artık biz de tanımıyoruz.

Oral Çelik, Çatlı-Yılmaz ilişkisine değiniyordu: "Mesut Yılmaz 1984'ten beri hükümetteydi. Dışişleri Bakanı'yken İsviçre'ye geldi. Abdullah Çatlı ile görüştü. Isviçre'ye nota bile verdi. Çatlı bu görüşme sırasında Ankara'daki bir kumarhaneye telefon etti. Yılmaz'ın tüm borçlarını sildirtti. Mesut Yılmaz nasıl tanımazmış Çatlı'yı? Biz çok iyi biliyoruz neler olduğunu."

Kurulan Susurluk komisyonuna bilgi veren ANAP Trabzon milletvekili Eyüp Aşık ise "ABD, 1950'li yıllarda kömünizme karşı Türkiye'de dahil olmak üzere bir çok ülkede örgüt kurmuştur. Bu örgüt önce gerçekten komünizme karşı mücadele verdi. 1980 sonrasında bu mücadele PKK ve şeriatçı kesime yönelik olarak yapıldı. Bu işlerde sadece ülkücüler değil, solcularda kullanılmıştır." deyince Aşık'a tavır alıp, kulağına sus-urluk diyen oldu.

Ardından Haluk Kırcı, ANAP konusuna değindi: "Mesut Yılmaz'ın ekibinin içerisinde birçok milletvekili Çatlı'yı tanır, sever ve önünde düğmesini iliklerdi. Çatlı hayatını kaybettiği kazadan bir süre önce Kemal Yazıcıoğlu tarafından düzenlenen bir operasyonla yakalanmak istendi. Ancak son dakikada bu operasyon gerçekleşmedi. Neden? Niçin? Zaten biliniyordu. Bakın Abdullah Çatlı hep susmuştur. Hiç kimseden bir tek menfaat beklemeden susmuştur. Bütün her şeyi bilmesine rağmen, bugün zirvede olan tüm liderlerle bu konuların ilişkileri üzerine bilgi sahibi olmasına rağmen susmuştur. Söylenenin aksine lüksten uzak normal bir yaşam sürdürüyordu. Çatlı şahsi menfaatler için hiçbir şey yapmamıştır. Bir keresinde ona biz kendimizi riske attığımız kadar bu işleri para pul için yapsaydık, şimdi trilyoner olurduk dedim. Bana döndü aç mısın çıplak mısın neyin peşindesin dedi. Elli tane Haluk Kırcı olsa Abdullah Çatlı'nın yerine geçmez. Geçmişte bize silah sıkan insanlar bile onun bizim hareketimiz içerisinde efsane olduğunu bilirler." diyordu.

Eski ülkücülerden Abdullah Kederoğlu'da, Çatlı'nın ANAP kongresinde Yıldırım Akbulut'tan desteğini çekerek Mesut Yılmaz'ı desteklemesiyle onun kazandığını açıklıyordu.

Özel timci Ayhan Çarkın'ın komisyonda verdiği ifadede ise; "Bizim çok iyi ilişkimiz vardı. Ben seviyordum bu insanı, bir dost ilişkisi. Vatanı, milletini severdi. Adam gibi adamdı yani. Kariyer sahibi, düzgün, tertemiz bir insan... Bu insanı ben seviyordum, bunu inkar etmiyordum. Abdullah Çatlı olduğunu öğrendim yine seviyorum. Bu insan 18 sene toplum içinde rahat rahat gezen bir insan... Şimdi ben yorumlarımı yapabiliyorum, Susurluk'a kadar ben Türkiye'de ne olduğunu anlayamadım. Ben onun Abdullah Çatlı olduğunu bilseydim, Abdullah Çatlı olarak bu insanla görüşürdüm. O dostluğu kurardım ben onunla. Kaldı ki bu insan üç tane polise mi Abdullah Çatlı olduğunu söyleyecek lütfen... Ankara'da, Türkiye Büyük Millet Meclisi'ne benim gözümün önünde bu insan girdi. Daha açıkcasını söyleyeyim ki, bu insan Anavatan Partisinin Balgat'ta ki binasına iki defa girdi... Ben Özbay'ın, Çatlı olduğunu öğrenseydim bile ona elimden ne geliyorsa yapardım. Gereken kolaylığı da gösterirdim. Olay bu!" diyordu.

Çarkın, ANAP milletvekilleri Agah Oktay Güner ve Susurluk kazasında Abdullah Çatlı adını ilk telaffuz edenlerden Yaşar Okuyan'ın, kendilerini (timcileri) Almanya'ya Mesut Yılmaz'ın kardeşinin yanına gönderme teklifini, dolaylı yollardan ilettiklerini de ekliyordu. Çünkü Çarkın'a göre; "İfademizden rahatsız olmadılar efendim. Onların rahatsız olduğu konu gayet basittir, Abdullah Çatlı!"

Çarkın, Çatlı'nın Necdet Menzir'le görüştüğünü, Ankara ve İstanbul Emniyet binalarıyla, TBMM'ye girip çıktığına da değiniyor ve ekliyordu; "Meclise arkadaşlarını ziyarete giderdi. Benim yeğenimin bir işi oldu, devlet dairesine girmesi için. Özbay en azından yirmi adamı aradı. Bunun içinde paşası da var, milletvekili de var, bakanı da var, suşu da var, busu da var. Ben bunları söylemeyeyim, o adamlar çıkıp söylesin. Allah aşkına Abdullah Çatlı ölmüş bir insan, ölmüş. Onun arkasından bile... ben seviyorum, Abdullah Çatlı olduğunu bilseydim, eğer ben onun için bedel ödeyeceğimi bilseydim, ölümüne kadar da bedel... O benim dostumdu, ama bu insanın arkasından alkış tutabilecek kadar küçüldüler... Türkiye'de oyunlar oynanıyor, birileri düğmeye bastı Allah'ınızı severseniz."

Çatlı, DYP ve Tansu Çiller;

"Zulmün topu var, güllesi var, kal'ası varsa, Hakkında bükülmez kolu, dönmez yüzü vardır."

Tevfik Fikret

"Bu vatan için kurşun atan da kurşun yiyende bizim için kahramandır" diye konuya giren DYP lideri Tansu Çiller'in üç amacı vardı. Özellikle İç Anadolu kentlerinde, çoğunluğu oluşturan ülkücülere sahip çıkıp, güven verecek ve oy toplayacaktı. Abdullah Çatlı'da, bir İç Anadolu kenti olan Nevşehir'de doğmuştu. Gerçek bir Türkmen Beyi idi. Bu sahiplenmede onu dürüst bulan da oldu, bulmayan da.

Bir gruba göre ise Tansu Çiller, yani bir başka değişle Susurluk'ta kaza yapan araçta bulunan DYP milletvekili Sedat Bucak'ın parti lideri, Çatlı'ya sahip çıkmak zorundaydı. Bu konu hakkında daha fazla bilgisi ve belgesi olanlar "ya sahip çıkarsın ya da ha" mı demişlerdi?

Tansu Çiller'in aynı zamanda, MHP ve ANAP içindeki ülkücüleri de karşı karşıya getirmek istediği söyleniyordu. Tansu Çiller, bu tutumuyla diğerlerine nazaran daha şeffaf bir politika izleyerek cesur çıkışlar yapmıştı.

Söz siyasetten açılmışken, babamın gerisinde bıraktığı politikacı dostları, yani bir dönemler Çatlı için ölümüne kadar hazır olanlar, vatanın kutsallığından bahsedenler ve bu uğurda -onların deyimiyle- kahraman Reis'e saygıda kusur etmeyenlerden birinin gerçek yüzünü, isim vermeden başımızdan geçen bir olayı anlatmak istiyorum:

MİLLETVEKİLİNDEN BORÇ PARA YIL 1997

Ekmeğimizi yiyip, sırt çevirenler... Siz dünsünüz, bende yarın.

İlerideki bölümlerde de değineceğim üzere, babam ülkesi için her türlü zorluğa göğüs germiş biriydi. Celadet, cesaret ve basiret sahibi bu şahsiyet, toplumun menfaatlerini, şahsi menfaatleri üstünde tutuyordu. O'nunla birlikte yıllarca biz de her türlü zorluğa karşı direnmiştik ancak, vefatıyla birlikte zora düşmüştük. Gerçek liderlerin ailesi, genelde böyle bir kadere mahkumdurlar. Kısacası babam bize miras olarak, dev bir isim ve dev bir yalnızlık dışında, bir de cüce yürekli tanıdıklar bırakmıştı. Bütün samimiyetimle söylüyorum ki, babamızın ölüm haberini aldığımız ilk andan itibaren, mücadelenin başını çekmek annemle bana kalmıştı. Selcen'i bu olaydan olabildiğince uzak tutmaya çalışıyorduk ancak bu mümkün değildi. Bütün bunlara rağmen, sırtımızda ağır fakat taşımaktan onur duyduğumuz bir yük vardı. Babamın yeni vefat ettiği dönemlerde bize destek olanlar, televizyonda boy gösterip ailemizi sahiplenenler gün geçtikçe teker teker köşelerine saklanmak için çekilmişlerdi. Nedendir, niçindir bilinmez ama her geçen gün sesleri kısılıyordu. Kim bilir belki bir yerlerden düğmelerine basılmıştı; nasıl olsa artık "Reis" ölmüştü...

Babam, medyada iddia edinilenin tersine yüklü bir servete sahip değildi. Bize de, bu nedenle ardından geçinebilmemiz için nakit para bırakamamıştı. Ölümünden bu yana medyada yer alan Çatlı'nın mirası tartışmaları, Susurluk olayı gibi yalnış analizler içeriyordu. Bu tür haberler babamın vefatından tam üç ay sonra beni daha çok yıpratmaya başladı.

97'nin Nisan ayının bir akşam vaktiydi. Devletimizin, bana verdiği korumayla bir günü daha geride bırakmıştım. Eve gelir gelmez televizyonun karşısına oturdum. Gündemi örtülü ödenekten Çatlı'ya aktarılan paralar ve biz mirasçılarına kalan "servet" belirlemişti. Aslında halkın bir bölümünün, bu tür haberlerden etkilenmelerini doğal karşılıyordum. Çünkü babamın ailesinden bazıları da, servet konusunda bize tavır almışlardı. Onlara göre, biz babamın -affınıza sığınarak bu kelimeyi kullanacağım- servetini yiyorduk! Ama iş babamı savunmaya gelince kimse konuşamıyor, sadece annemle ben O'nu savunduğumuz için bütün gözleri üzerimizde topluyorduk. O zamanda "kadın kısmı konuşmaz, biz gerekirse onu savunuruz" diyorlardı ama nafile. Zaten savunmaları için O'nu tanımaları ve olayları bilmeleri gerekiyordu. Belkide bu gibi nedenlerle, yani O'nunla bu samimiyeti kuramamanın ezikliği ve bazı kurumlardan korkmaları yüzünden, bizim bu kararlılığımız bunları tedirgin etmişti. Televizyonlarda ise, Çatlı'nın mirası konuşuluyordu… Sinirim bozuldu acı acı gülmeye başladım. Daha birkaç gün önce bir milletvekiliyle yaptığım telefon görüşmesi gelmişti aklıma. Bu kişiyi aramamın aslında birçok sebebi olabilirdi ancak benim derdim iki mevzuu üzerineydi; idareli harcamamıza rağmen paramız kalmamıştı ve ikincisi ben bu kişiyi en azından o güne kadar dost bildiğim, babam için kameralar önünde O'nu savunduğu ve daha neler neler için aramıştım. Kardeşimin bu konuşmaya şahit olmasını istemediğimden salona geçmiş, kapıları da kapatmıştım. Az sonra onurum zedeleneceği için yanaklarımdan süzülen bir kaç damla yaşı engelleyememiştim. Çünkü şimdiye kadar kimseyle böyle bir konu üzerine hiçbir şey talepte bulunmamıştım. Milletvekilinin ev numarasını çevirdim;

"Ağabey ben Gökçen, sağlığın nasıl oldu?"
"Oo Gökçen kızım iyiyim iyiyim. Yengem nasıl? Bir derdi, sıkıntısı var mı?"

"Aslında sana bir konuda açılmak istiyorum. Ben senden..." dedim ve cümlemin devamını getiremedim. Sesim kısılmıştı. Aslında bu şahsın, kendiliğinden bu teklifi aylar öncesinden getirmesini beklemiştim. Ama nafile.

"Söyle kızım. Ne derdin varsa elbette ki önce ben bileceğim ha."

"Üç dört ay sonra iade etmek üzere, bize borç para gönderebilir misin?"

Gözlerimden dökülen yaşlara artık hakim olamıyordum. Onurlu insanlardık. Bu duruma düşmek, kabustan da öteydi.

"Ha şöyle, yeter ki derdin bu olsun. Ben hemen yarın bizimkilerle gönderiyorum. Borç kelimesi de yakışmaz ha! Ne kadar istiyorsun?"

"Ben borç istiyorum, miktarı mühim değil. Dediğim gibi bir kaç ay için sıkıntıdayız."

"Hemen gönderiyorum ha, hemen sen merak etme."

Milletvekilini aradıktan kısa bir zaman sonra, maddi durumumuzu düzeltmiş ve babamın bize bıraktığı çizgiden, bu kez gerçek dostlarla ilermeye devam etmiştik. Borç para istediğim milletvekilini, aradan altı ay sonra tekrar aradım:

"Merak etme ağabey! Bir şey istemeyeceğim. Artık ihtiyacım kalmadı. Bu arada göndermeye şeref sözü verdiğin halde, paran hala bana ulaşmadı. Haberin olsun diye düşündüm. Yolun açık olsun."

Çatlı, MHP ve Başbuğu Alpaslan Türkeş;

"En iyi hayat kuralları, insanın kendi tecrübeleridir."

Abdullah Çatlı, Alpaslan Türkeş'e gönülden inanan ve Türkiye'ye döndükten sonra da bağlarını koparmayan biriydi. Bir dönemler aynı çatı altında, aynı ideolojiye inanan bu ikili, yıllar sonra kutsal davanın vazgeçemediği vefayla karşı karşıya gelmişti. Baş lider basın toplantısı yapmaya karar verdiğinde nefesler tutuldu... MHP lideri konuştu;

"Türkiye'ye karşı sinsi bir savaş açılmış. Bu savaşlardan biri yurtdışındaki askeri kamplarda Türkiye'ye düşman devletlerin desteğiyle yetiştirilen silahlı terör örgütleri ile yaşanıyor. Bu silahlı çeteler öğretmenleri katlediyor, insanları birbirine kışkırtarak huzursuzluk, kargaşa yaratmak, ülkeyi istikrarsızlığa sürüklemek istiyorlar. Susurluk'taki kaza öyle bir kaza ki kazanın olduğunda başka kimlik taşıyan insanın Abdullah Çatlı olduğunu bilenler, takip edenler var. Bu bir planla karşı karşıya olduklarını düşündürüyor."

Gazeteci: "Peki bu üç kişinin bir arada olmaları normal mi?"

Alparslan Türkeş: "Neden bir arada olmayacaklar? Polis, Emniyet Müdürlüğü'nde değerli bir memur. Sedat Bucak PKK'ya karşı olan bir aşiretin lideri. Arabadaki diğer kişi hakkında bazı çevrelerin iddiaları var ama iftiradan öte bir anlam taşımıyor. Çünkü iddialarını kanıtlayan bir belge yok. Bir ideolojik zıtlaşma ortamında gençler çok sert bir ideolojik kamplaşmaya sürüklendiler. Bu husumet içinde, yer alan bir takım kişilerin iddialarıyla o kişi suçlanmış. Durum bundan ibaret. Devletin kendi mekanizması içinde gizli servislerin çalışmaları var. Bu üç kişi onun için bir araya gelmişler."

Merhum MHP lideri, Çatlı'nın vatansever olup olmadığı sorusuna sert çıkışarak;

"Aksini kanıtlayan belge nerede. Mahkemeye bile çıkmamış. Çatlı'nın vatanseverliği konusunda aksini söylemek için bir sebep ve belge yok. Devlet hizmetindeki tecrübelerimden yararlanarak, Abdullah Çatlı'nın devlet adına görev aldığını kabul ediyorum." diyordu.

Merhum lider Alpaslan Türkeş, Türk'lüğün gelmiş geçmiş en büyük sembollerden biriydi.

Şanlıurfa MHP İl başkanı Feridun Öncel ise: "Bizler ne prensler olarak Amerika veya Avrupa'dan gelip de siyasete atıldık, ne de arkamızda bizleri koruyan veya kollayan belli çıkar grupları vardı. Türkiye'de yaşamakta olan her insanın ülkesini sevip sahiplenmesi kadar normal bir şey yoktur. Abdullah Çatlı kim? diye sorduğunuz an cevabı oldukça kolay: Abdullah Çatlı'yla aynı yıllarda aynı okulda okudum, ülküdaşımız olan Çatlı pırıl pırıl bir insan, memleket sevgisiyle yoğrulmuş, herkesin yardımına koşan birisiydi. Kim ne derse desin, onu bizim yüreğimizden söküp atamazlar. Çatlı'ya belli kesimler, Bahçelievler katliamını yıkmak istiyor. Ellerinden gelse şu son İstanbul'daki sel baskınını da Abdullah Çatlı yaptı diyecekler... Bütün bunları söyleyenlerin hiç Allah korkusu, utanma duygusu yok mudur?" diyerek tabandan yükselen sese kulak verilmesi gerektiğine dikkat çekiyordu.

Çünkü taban, Çatlı'ya sahip çıkan ve eskiden olduğu gibi cesur çıkışlarıyla alkış toplayan bir parti istiyordu. Merhum Alpaslan Türkeş liderliğinde MHP, onun sağlığında Çatlı olgusuna titiz yaklaşıyordu. Merhumun vefatı üzerine yerine gelen yeni kadro, seçimlere kadar Çatlı olgusu üzerinde dikkat ederken, sandık yarışı bittikten sonra tabandan gelen sese kulağını tıkar olmuştu. Oysa ki partiler şahsi düşünceler ve şahsi çıkarlar üzerine değil, düşünceleri ve idealleri üzerine yollarına yürürler. Ülkücülüğün temel prensibi olan "ahde vefa" başka prensiplerle değiştiriliyor muydu?...

Çatlı, BBP ve Yazıcıoğlu;

"Ne kadar geriye bakarsan, o kadar ileriyi görebilirsin."

78'li yıllarda aynı ideoloji için ülkücü kitleye başkanlık eden Yazıcıoğlu-Çatlı ikilisi 5 Kasım 1996'da mezar başında yüz yüze gelmişti. Yazıcıoğlu, Çatlı'nın cenaze törenine geldiğinde mikrofonlara konuştu: "25-30 yıl öncesinin hatırına buradayım."

Çatlı, CHP ve Baykal;

"Çürük merdivenle dama çıkılmaz."

En büyük hayal kırıklığını CHP yaşamıştı. Zira bu parti, "Susurluk entrikasını" yaratanın ülkücü olma sebebiyle ekmeğine bal sürdüğünü sanmış, vermiş veriştirmiş ancak 99 seçimlerinde barajı aşamadan sessizliğe gömülmüştü.

Mecliste oluşan "Susurluk politikanı kur oy topla" sendromu uzun bir dönem, hatta günümüzde bile işlendi durdu. Hatta siyasette mesafe almak isteyenler, Çatlı'nın vatanperliğini ya da Susurluk üçgenini politika haline getirerek, milletvekili ve makam sahibi oldular!

Fakat gündür gelir geçer, bir çoğu tarihte dip not bile olamazlar ama Türkmen Beyi Abdullah Çatlı yaşarken bile tarihti. Er meydanında galip çıkan Çatlı olmuştu.

"HAZIR OL CENGE, EĞER İSTERSEN SULH Ü SALAH"
Namık Kemal

Memleket sorunu, her vatan evladının baş davasıdır. Memleketi sevmek, savunmak için politikacı, savcı, polis olma şartı olmayacağını herkes bilir. Bu davaya gönül vermenin birinci şartı vicdan sahibi olmaktır. Bu nedenle aslında her birimiz öyle ya da böyle, memleket davasının içinde yer alırız.

İster sağ ister sol eğilimli olsun bu dava adına ortaya canını koyabilecek olanlarla, Türkiye bütünlüğünde her türlü art niyeti besleyenlerin bir öyküsü vardır: Elini veren kolunu kaptırır. O kolun sağı solu fazla önemsenmez.

Abdullah Çatlı henüz doğmamıştı ancak niceleri, Millet Meclisine kadar uzanmış Türklük kavramlarının tartışıldığı yılları yaşıyordu:

"Biz Türk'üz, Türkçü'yüz ve daima Türkçü kalacağız. Bizim için Türkçülük bir kan meselesi olduğu kadar, bir vicdan ve kültür meselesidir." diyen Başbakan Şükrü Saraçoğlu, Büyük Millet Meclisi'nde yapmış olduğu konuşmada, Atatürk zamanında mahkum edilen aşırı sol görüşlü kişilerin, İsmet İnönü devrinde tekrar vazifeye alınıp mühim mevzularda itibar görmelerini ve bu durumdan Türk halkının derinden yaralandığını vurgulamak üzere mevzu ettiğini belirtiyordu. Bunun üzerine Orhun Mecmuası'nın sahibi Nihal Atsız, "Başvekil Saraçoğlu Şükrü'ye açık mektuplar" dizisini, Türkiye'nin içinde bulunduğu durumu, halka duyurmak amacıyla kaleme aldığını söylüyordu. Kendisi aşırı solun ayak seslerinden rahatsız olmuştu. Atsız, başlatmış olduğu bu fikir mücadelesi sonucunda, söz konusu akıma sempati duyan Sabahattin Ali'nin şahsına açmış olduğu davadan dolayı da yargıya intikal ettirilmişti. Milliyetçilerin mahkemeye akın ettiği günde (26 Nisan 1944) heyet, salona ancak camlardan girebilmişti...

Sabahattin Ali (davacı): "Bana vatan haini dedi."

Nihal Atsız (davalı): "Bir vatansever olarak Türkiye'nin uçuruma sürüklendiğini görüyorum. Komünistler ve memleketi batırmak isteyenler birbirine destek vererek en yüksek mevkilere çıkarılırken memleket severler, her türlü darbe ile saf dışı ediliyor. Ben Saraçoğlu'na gazetemde yayımladığım mektubumda, bu hususun önemini hatırlatmak istedim."

Davanın neticesi Atsız'ı suçsuz bulurken, Sabahattin Ali'yi on dört aya mahkum etmişti. Sonra çark döndü ve gizli cemiyet kurmaktan, nizam düşmanlığı yapmaktan, hükümeti devirmek gibi isnatlarından Atsız başta olmak üzere onunla hasbel kader, alakası bulunanlar Irkçılık-Turancılık suçlamasıyla yargılanmaya alındılar.

Mahkeme zabıtlarında sanıklardan unutulamayan sözler de vardı:

Nihal Atsız: "Milletim için düşündüğüm haklardan dolayı kimse bana vatan haini diyemez. Kimin hain, kimin vatanperver olduğunu tarih tayin edecektir. Hatta etmiştir bile."

Alparslan Türkeş: "Ben yeryüzünde her şeyden çok milletimi ve vatanımı severim. İsnat edilen suçları şiddetle reddederim."

Orhan Şaik Gökyay: "Gerçi tarih böyle bir hareketin müdafaasına lüzum hasıl olduğuna hayret edecektir fakat ne yapalım? 20 yıla sığdırdığımız 20 asırlık inkılaplardan dolayı hayrette kalan tarih, varsın biraz daha şaşırsın."

Tarih 3 Eylül 1946'ya geldiğinde, Türk tarihine ithafen ilk defa Ergenekon adı verilen bir bayram kutlandı. Bir yıl sonra ise Irkçılık-Turancılık davasından hüküm giyenler beraat etti. Sanıkların da belirttiği üzere tarih hayrette kalmıştı.

Yine aynı yıllarda, Millet Meclisinde farklı kıpırdanmalar yaşanıyordu. 29 Ekim 1923'de ilan edilen Cumhuriyet, uzun müddet siyasetini tek parti olarak devam ettirmişti. Bu durum CHP'de bulunan Celal Bayar, Adnan Menderes, Refik Koraltan ve Fuat Köprülü'nün, parti tüzüğünde değişiklik yapılmasını, rejimin demokratikleştirilmesini isteyince parti içinde karışıklık çıkmasına ve "dörtlü takrir" adını alan, Bayar ve arkadaşlarının partisinden ayrılarak, 7 Ocak 1946'da Demokrat Parti'yi kurmalarıyla değişti. Ardından, ilk kez uygulamaya getirilen tek dereceli seçimlerle (doğrudan halk tarafından) CHP 395, DP 66 ve Bağımsızlar 4 milletvekili alarak seçimler sonuçlanmıştı. 1950 seçimlerinde ise, henüz dört yaşında ki DP 408 milletvekili ile CHP'yi 69 milletvekili sayısında bırakarak iktidarı ele geçirdi. Hükümet başa geçtikten iki hafta sonra aşırı sola karşı tedbir alınacağını açıkladı.

Başbakan Adnan Menderes kürsüde: "Millete mal olmuş inkilaplarımızın korunması, memleketi içinden yıkıcı aşırı sol cereyanları kökünden temizlemek için icap eden kanuni tedbirler alınacaktır. Fikir ve vicdan hürriyeti perdesi altında bütün hürriyetleri Kin ve Ateşle yok etmekten başka bir maksat gütmeyen bu ajanları adalet pençesine çarptırmak için icap eden kıstasları vuzuh ve katiyetle tespit etmek zaruretine inanıyoruz. Komünizm evvelce de söylediğim gibi iktisadi, içtiami ve siyasi bir mezhep olmaktan çıkmış, her memlekette dış kuvvetlerin bir aleti, istila öncüsü ve imkan bulduğu nispette yer yer dış kuvvetlerin casusları haline gelmiştir. Bu vatan hıyanetinden başka bir şey değildir. Bizde komünist partisi kurulamaz. Çünkü topun ağzındayız. Çünkü şimalden gelen ve en sükunetli zamanlarda dahi mevcut olan tehlikeye karşı korunmak için her Türk ailesinden can vermiş olanlar vardır. Biz hükümet programımızda bildirmiş olduğumuz gibi komünistlikle memleket hayrına yaptığımız ciddi mücadeleler neticeler vermiştir. İktidara geldiğimiz zaman da bir sürü komünist gazeteler çıkıyordu. Yeni iktidarın vaziyete hakim olamayacağını düşünerek işi azıtmışlardı. Kanunlara yeni hükümler koyduk, hakimlerimize yeni kıstaslar verdik.

O günden bugüne hepsi avucumuzun içindedir."

Memlekette ihtilal kıpırdanmaları, kendini hissettirir olmuştu. İddialara göre CHP ihtilal öncesi halkın nabzını yükselterek DP'nin görevini yerine getirmediği kanaatiyle bursunu temin ettikleri bin öğrenciye okullar tatil olmasına rağmen "Gitmeyin, Ankara'da kalın" ya da "Gitmeyin, gösterileri sürdürün" diyordu. Aslında Adnan Menderes yanılmıştı. O dönemlerde topun ağzındaki önce DP idi. Öğrenci eylemleri şiddetli geçiyor, büyülü değneği olmayan DP bu hususta başarı sağlayamıyordu. İhtilal hızla geliyordu.

Abdullah Çatlı, henüz dört yaşındayken ihtilal koptu. Cumhurbaşkanımız Celal Bayar devreden çıkarılmış, yerine Orgeneral Cemal Gürsel getirilmişti. DP'ye kayıtlı olan Cemal Özbey partisine dava açınca memleket iyiden iyiye karanlığa gömüldü. 14 Ekim 1960'da başlayan Yassıada Davaları, tüm DP milletvekillerini göz altına almıştı. İktidarda olduğu dönemlerde (1950-1960) enflasyonu gelişmiş ülkelerdeki gibi %5'lerde sabitleştiren DP, "Köpek Davası" "Barbara Davası" gibi isnatlardan dolayı, başta Başbakan Adnan Menderes olmak üzere, vekilleri idam cezaları kapıda bekliyordu. Her şey hızla değişiyordu. Mustafa Kemal Atatürk'ün öngördüğü "Türkiye Cumhuriyeti, demokratik, laik, inkılapçı, halkçı ve devletçidir" şeklindeki anayasanın ikinci Maddesi yeni anayasa ile "Türkiye Cumhuriyeti; demokratik, laik, hürriyetçi ve sosyal bir devlettir" şeklini almıştı. Üstelik ihtilali gerçekleştiren, 38 kişilik Milli Birlik Komitesi mensuplarından 14 kişi, demokrasi ve hukuk ortamının sağlanmasını istedikleri ve DP'lilerin asılmalarına karşı oldukları için önce kurşuna dizilmek istenmiş, daha sonra her biri farklı yerlere sürgüne gönderilerek gözdağı verilmek istenmişti. Ne acıdır ki Yassıada Davalarının sonucunda, dönemin DP kadrosunda Başbakanımız Adnan Menderes, Dışişleri Bakanımız Fatih Rüştü Zorlu ve Maliye Bakanımız Hasan Polatkan göz göre göre asıldılar.

Dönemin Dışişleri Bakanı Selim Sarper'in sözlerine bakılırsa; "İsmet Paşa oturduğu yerde hiçbir şey yapmıyormuş gibi görünür ama hani halk arasında bir deyim vardır; kafasında kırk tilki gezer, kırkının da kuyruğu birbirine değmez. İşte İsmet Paşa da böyledir. Dikkatli olun" şeklindeydi.

Dikkat ederseniz, hangi ülke düzeltemeyeceği iç ve dış sorunlarla karşılaşırsa, bu düzensizliği örtbas edip ya anlaşmazlığı olan ülkelerle savaş rüzgarları estirecektir, ya da anlam kargaşası oluşturup halkı oyalayacaktır. Hipnotize edilen halk hükümetlerin iktidarsızlığı yerine muhtemelen başka düşünceler besleyecektir. Ancak bu vakalar yangın söndürmeye benzemez! Canlanılması istenildiğinde tekrar hortlar. Bu nedenle sadece tarihin değil, dünün de sentezini çıkartmak lazım.

Çünkü Mustafa Kemal Atatürk'ün dediği gibi *"fikirler cebir ve şiddetle, top ve tüfekle asla öldürülemez."*

"EMRULLAH MI ABDULLAH MI?"
16 Nisan 1956

Dünya üzerinde büyük bir alana yayılmış olan Türk kavimlerinin bugünkü nüfusu 250 milyonu aşar. Bu nedenle, Türkler yaşadıkları bölgelere göre isim almışlardır. Çatlı'ların soyu, Türk boyları arasında en kalabalık nüfusa sahip olan, Oğuz yani Türkmen grubuna dayanmaktadır.

Abdullah Çatlı'nın dedesi Hacı Mehmet, Trablusgarp savaşında, Mustafa Kemal Atatürk'ün yanında bulunmuş ve beş yıl boyunca topçuluğunu yapmıştı. Savaş bitiminde gazi olan Hacı Mehmet'e, yiğitliğini simgeleyen gümüş kaplı bir kılıç verilmiş ve lakabı "Kılıç Mehmet" olmuştu. Kendisi, ailesini de yanına alarak 1925'de azınlıkların göç ettiği Nevşehir'in (1) Çat köyüne yerleşmiş ve bakır kalaycılığı yapmaya başlamıştı. Çatlı soyadı buradan gelmektedir. Hacı Mehmet Çatlı'nın üç oğlu, baba mesleğini bir süre devam ettirmiş daha sonra yurt dışına kamyonlarla yük taşıma, araba lastiği, ve beyaz eşya işlerine girerek Nevşehir'in başarılı esnaflarından olmuşlardı. Ancak Anadolu insanları olmaları sebebiyle, mütevazi bir yaşam şeklini benimsemişlerdi. Öyle ki, bu kalabalık aile aynı evin çatısı altında yaşıyordu.

Ahmet ve Remziye Çatlı'nın ilk üç çocukları (2) kız olmuştu. Dördüncü çocuk yoldaydı. Ailenin devamı için bir erkek evlat şart diye düşünülürken, ebe "müjdesini" istedi.

"Gözün aydın Kılıçlı ağa! Tosun gibi bir erkek doğdu. Hay-

---

1 Nevşehir, Anadolu'dan geçen bir çok kavime ev sahipliği yapmış, (Frigyalılar, Persler, Hititler) Selçukluların egemenliği altına girmiş ve Haçlı seferlerine karşı direnmişti. Nevşehir'in yıldızının parlaması, Lale Devrini ilan eden Damat İbrahim Paşa dönemidir. O, doğduğu kenti yeniden imar etmiş ve 1726'da Nyssa'yı, Nevşehir (yeni şehir anlamına gelir) ismiyle değiştirmişti.

2 Ahmet ve Remziye Çatlı'nın ilk evlatları Zehra, henüz dokuz aylıkken ölmüştü. Aileye sonradan katılan çocuklar ise Mediha, Hadiye, Abdullah, Zeki ve Hülya'dır.

rını görürsün inşallah." diyordu.

Hacı Mehmet'in yüzü gülmeye başlamış, efkarlandığı için tütünü de alelacele sarmıştı. Sonra ebe hatunun eline sarı lira yani reşat altını sıkıştırarak, evin diğer gelinlerine:

"Oğlanı kundakladıktan sonra bana getirin." dedi.

Cepkeninin içi cebinden bu kez bir anahtar çıkarıp, ebe hatunu da yanına alarak, tahtalıya yani kışlık erzaklarının konulduğu kilere geçtiler. Tahtalı, kıymetliydi. Tıpkı erkek evladı gibi. Dede, büyük bir çuvala pestil, köftür, keçi boynuzu, akide şekeri ve kuru üzüm doldurdu. Ebe hatunun yüzü de gülmeye başlamıştı.

Beyaz bir kundakta gelen bebeğin saçları gür, teni buğday ve ebenin de dediği gibi tosun gibi bir erkek evladıydı. Dede bebeği kucağına alıp, sevdi. Oğluna göz ucuyla bakabilen baba Ahmet Çatlı, onu ancak saatler sonra sevebilecekti. Çünkü o dönemin anlayışına göre, bu büyüklere karşı saygısızlık olarak görülüyordu. Aynı günün akşamı, dede Hacı Mehmet bebeğin isminin kurayla seçileceğini söyledi. Kendisi sert mizaçlı ama demokrat bir adamdı. Aday isimler yazıldı ve bir fötr şapkanın içine konuldu. Kura çekilmiş ancak dedenin eline iki kağıt ilişmişti! Birinde Emrullah, diğerinde Abdullah yazıyordu.

Annesi Remziye Çatlı anlatıyor:

"Kış mevsimiydi. Bütün aile sobanın etrafında toplanmıştı. Ben de, elle dokunamasam da, göz ucuyla çocuklarımı izliyordum. Abdullah hariç hepsi, dedelerinin korkusundan neredeyse nefes almaksızın bir kenara

Abdullah ailenin sevinciydi

kıvrılmışlardı. Bizim afacan da yeni emeklemeyi öğrendiği için, odada deli gibi dönüyordu. Bir de baktım, Abdullah sobaya doğru emekliyor. Babasına işaret ettim, o da yerinde duramıyordu ama... Daha fazla dayanamadım "Bey sobaya odun getireyim, Abdullah da acıktı" gibi bir şeyler geveledim. Ahmet hemen yerinden kalktı, neredeyse sobaya yapışacak olan Abdullah'ı kaptığı gibi bana verdi. Kayınpederim ciddiyetini hiç bozmadan; "Çocuğuna mukayyet ol gelin. Ben senin babanım, burası da senin evin. Rahat ol" demişti demesine ama ben de cevap verecek hal kalmamıştı.

Evin diğer gelinleriyle birlikte bağ-bahçeye gittiğimizden, diğer çocuklarım gibi Abdullah'ı da buralarda büyüttüm. Ona karşı ayrı bir düşkünlüğümün olduğunu bildiğinden hiçbir sorun çıkarmaz, işim bitene dek kendi kendine oyalanırdı. Mazlum bir çocuktu.

Kavgacı değildi ama oyunda hile yapanları, tartışma çıkaranları, o gün aralarına almazdı. Hatta bir keresinde büyük şehirden bize misafir gelenlerin oğlunun topunu saklamış, her yerde aramamıza rağmen yerini söylememişti. Bahanesi de hazırdı; "Mahalledeki arkadaşların top alacak paraları yok. Topuyla oynamalarına izin vermedi. Hatta karşılarına geçip, kıskandırmaya başladı." demişti. Topu ancak misafirlerin gidecekleri son gün ortaya çıkardı.

İlk okula başladığı günü sanki dün gibi hatırlıyorum. Sabah ezanı okunmadan siyah beyaz önlüğünü giymiş, bir haftadır yastığının kenarından ayırmadığı lastik ayakkabılarını eline almış ve beni erkenden kaldırmıştı. Abdullah'ın okula karşı bu merakı, daha üç yaşlarındayken başlamış ve okuma yazmayı erkenden sökmüştü. Zaten ilk okul dönemi, ele avuca sığmamazlığı dışında sorunsuz geçti. Dediğim gibi Abdullah mazlum bir çocuktu ama o yaşlarda bile haksızlığa tahammülü yoktu. Arkadaşlarıyla bile oyun oynarken eğer biri bir diğerini haksız yere döver ya da fesatlık yapmaya kalkışırsa onu cezalandırarak bir kaç gün aralarına almazdı.

Yaşıtlarından olgun olmasına rağmen cana yakın, sevecen

ve büyükleriyle diyalog kurabilen bir çocuktu. Soru sorup, öğrenmeye bayılır ancak her söylenene de inanmazdı. Belki de bu yüzden okumayı erkenden öğrenmişti. Bu yönü kendiliğinden ortaya çıkmıştı. Yani bizim zorlamamız olmadan. Zaten araştırmaya olan merakı, o dönemlerde başlamıştı. Evde ki radyoların içini açıp, kurcalardı oğlum." diye anlatıyordu.

Genç Çatlı, ortaokul sonlarındayken ailesi Kapucubaşı Bozkurt sokağındaki yeni evlerine taşınmışlardı. Baba Ahmet Çatlı, o dönemlerde beyazeşya dükkanı açmış ve maddi durumları oldukça iyi olan aileler arasındaydı. Abdullah yeni mahallelerine inir inmez daha birinci günden, komşunun kızıyla tartışmayı ihmal etmemişti. Meral Aydoğan, ileride kaderine ortak olacağı Abdullah Çatlı'yı babasına şikayet etmeyi düşünürken, O'ndan aşkını itiraf eden bir mektup almıştı. Abdullah kara sevdaya kapılmıştı. Aslında kendisi, ne şiir ne de aşk mektubu yazmak konusunda becerikliydi. Hatta bir mektubuna iliştirdiği şiirin altına kendi ismini yazınca, bu Meral Aydoğan'ın gözünden kaçmamış ve bu olay genç kızın espri konusu olmuştu. Bu hadiseden sonra, Abdullah Çatlı her şiir sonuna muziplik olsun diye kendi ismini yazmaya devam etti.

Babası Ahmet Çatlı anlatıyor:

"Çok işle meşgul oldum zamanında. Abdullah en büyük erkek evladı olduğundan, iş seyahatine çıktığımda evin ve dükkanın sorumluluğu ona kalırdı. Geri döndüğümde Abdullah yeni siparişler almış, işlerin yoğun olmasına rağmen hepsinin altından zor da olsa kalkmaya çalışırdı. Efendi, art niyetsiz ama karşısındaki kim olursa olsun sözünü esirgemeyen bir gençti.

Nevşehir Merkez Lisesinde birinci sınıf öğrencisiyken, biyoloji öğretmeni Ayşe Nuran Ararat hanım, evrim teorisini işlerken, insanoğlunun maymundan türediğini sınıfa anlatmaktaymış. Hocasının konuya yaklaşım şeklini abartılı ve yanıltıcı bulan Abdullah, sınıftakilerden tepki çıkmayınca, "hiçbirimiz maymunun torunları değiliz. İnsanoğlu toprak ve suyun birleşiminden, yani pişmiş çamur balçığından meydana gelmiştir. Biz burada doğruluk payı ispatlanmamış, Darwin Teorisinden, yani bir varsayımdan söz ediyoruz. Siz bunu bu denli inanarak söylerseniz arkadaşlardan bazıları, bunu bir varsayımdan çok, gerçek olarak algılıyacaktır. Teori gerçeğini biraz daha öne çıkarmalıyız hocam" deyince Ayşe hanımdan azar işitmiş. Gerektiğinde susması için onu ikaz ettiysem de, bu onun doğrusuydu, vazgeçmeyecekti. Özellikle de kibirli insanlara karşı." diye anlatıyordu.

Türkiye genelinde olduğu gibi, sağ-sol düşünce sisteminin yankıları Nevşehir'e de sıçramıştı. Çatlı, başlangıçta ne sağcıydı, ne de solcu. Normal bir öğrenci gibi okuluna giden ve en büyük kabahati bir kaç sigara içmekten ibaret olan bir gençti. Babasından ilk tokadını da, sıgara içerken yakalandığında yemişti. Babasıyla aralarında ki tek sorun buydu. Büyüklerine hiçbir zaman karşı çıkmayan Abdullah'ın bu ilk asiliği olacaktı. Arkadaşlarının önünde yediği bu tokat, babasının yasak ettiği sıgarayı daha cezbedici yapmıştı.

Akranları sokaklarda sağ-sol kavgası yaparken, O öğrenmeye çalışıyordu. Çünkü bir arkadaşının söylendiği kadarıyla "Dayak cennet çıktığı için solcu dövmek sevaptı." Bu Çatlı'ya saçma gelmişti: "dayak ve sevap mı?... Olacak şey değil" diye geçiriyordu içinden. O, yıllar sonra da olacağı gibi sadece bunu benimseyecekti: kutsal olan vatan ve millettir, saptırılmış töreler değil.

Bundan sonra, sağ ve solun var olma mantığını kendi öğrenmeye çalışacaktı. Bir çok kitap karıştırdı, kendini sınadı ama radyodan dinlediği politikacıların ateşli hitabeleri, Türk ulusunun kudretinin ve al ak renkli bayrağın komünistler tarafından yok edilmeye çalışılmasına rağmen ülkücülerin bunlara karşı direndiğini duyunca irkildi. Çatlı kararını vermişti: en doğru olan ülkücü hareketin zihniyetiydi.

Çatlı, Nevşehir Ülkü Ocağı'nın yolunu tutmaya başladı. Kendisinden büyük ağabeylerinden duyduğu kadarıyla bu düşünceyi benimseyenler, aynı zamanda kardeşti. Çatlı, çevresinde olup bitenlerden ziyade memleketin güncesiyle yakından ilgilenen bir gençti. O'nun için vatan, artık can demekti. Tıpkı yüzbinlerce kardeşleri gibi. Çatlı, temiz duygularla benimsemişti bu zihniyeti. Şimdilik kendisine göre, her şey yolundaydı. Ama ileride ipler kopacaktı...

Genç Çatlı'nın karakterine milliyetçi kimliği eklenince, bu durum, O'nu lise birlerin başkanlığına getirdi. Nevşehir'e sıçrayan sağ-sol tartışmaları buraya yakın olan ilçelerinden gelen aşırı solcuların esnafın huzurunu kaçırmasıyla, sağ görüşlü gençleri tartışmaya itiyordu. Bir gün, oğlunun okuldan erken döndüğünü gören babası, O'na sebebini sormuştu. Abdullah da yaşlı gözlerle: "Baba bugün okula da gitmedim. Gönlüm el vermedi. Aşırı solcular Ankara'dan bir ülkücü ağabeyimizin ciğerlerine hava basarak, beşinci kattan aşağı atmışlar." dedi.

Babasının deyimiyle bu çirkin ve gaddar katliam genç Çatlı'yı derinden yaralamıştı. Hatta O, bu olayın okul çevresinde ciddi kıpırdamalara gebe olacağını fark edip: "Gözler üzerimizde. Kalabalık halde gezerseniz, kavgaya girmeyi göze alamazlar. Bazılarınızın köşelerde solcu dövdüğünü söyleyen var. Arkadaşlar bu bir fikir tartışması, kardeş kavgası değil. Bunu sakın aklınızdan çıkarmayın." diye ikazda bulunmuştu.

Ancak Nevşehir gençlerinin kavgaya girmemeye itina göstermeleri, aşırı sol görüşlü gençlerin hoşuna gitmemiş ve sağ kanadın sessizliğini bozmak için camide abdest alan masum bir esnafı bıçaklamışlardı. Bunun üzerine bir kaç sağcı gençte, Nevşehir'e yakın olan Avanos'tan solcu bir esnafın iş yerinin camlarını kırmış ve iki genci hastanelik edene dek dövmüşlerdi. Yaşanan bu son olaylar, O'nu da düşündürmeye başlamıştı. Gençti, hayatın gerçek yüzünü görebilmek için henüz cahildi ama bildiği bir gerçek vardı: fikir tartışmaları artık kin ve kanla bezeniyordu. Bu gidişin sonu hayırlı olmayacaktı.

O günlerde, Çatlı'lara Ankara'dan misafirleri geldi. İçlerinden biri, Ülkü Ocaklarında hizmet veren, oldukca deneyim sahibi bir büyüktü:

"Abdullah, Ocağa gidiyormuşsun."

"Evet ağabey. Ankara'da öldürülen büyüğümüz için de çok üzüldüm. Başımız sağ olsun."

"Kim?"

"Beşinci kattan aşağı atılan..."

"Yok oğlum, öyle bir şey yok! Biz de aynısını duyduk ama aslı yok. Ortalığı karıştırmak isteyenler, bizlerin ve solcuların arasına girip, bu gibi dedikodular yayıyorlar. Sakın inanmayın. Kavgalar oluyor ama asan kesen yok!"

Genç Çatlı şaşırmıştı. Daha geçen gün, Nevşehir Ocağında bu haberden konuşulmuştu. Dayanamadı ve herkese bu aslı olmayan haberi söylemek üzere koşarak Ocağa girdi. Çünkü Nevşehir'in karşıt cephelerde olan gençlerin arası bu olaydan sonra iyice bozulmuş, bundan bir kaç ay önce samimi olan arkadaşlar fikir ayrılığına düşmüş ve birbirlerine karşı düşman kesilmişlerdi.

Bir büyüğüne seslenerek:

"Ankara haberi asılsızmış!" dedi. Karşısında ki, O'nu duymamazlıktan gelmişti. Üstüne basa basa: "Ağabey, ne işkence gören sağcılar, ne de kesilenler var. Hepsi yalan!" dedi.

Karşısında ki, tesbihini sallayarak: "Ankara'da kan dökülüyor, kan! Sen de kalkmışsın yalan diyorsun. Daha öğrenecek çok şeyin var anlaşılan. Ayrıca diyelim ki şimdilik bir şey yok, ya aylar sonrasını hiç düşündün mü? Duyduklarn sende kalsın Abdullah. Başkalarına da sakın söyleme!"

"Günden güne olaylar artıyor. Yakında iç savaş çıkacak. Bizler, buralardan sorumlu olduğumuza göre, arkadaşları daha çok tembihleyip, kimsenin tesirinde kalmamalarını ve solculara karşılık vermemelerini söylemeliyiz..."

"Kendine gel, bu bir kardeş kavgası değil. Onlar Rusya'nın evlatları, biz de ise asil Türk kanı var. Arkadaşlara haber sal. Yarından itibaren nerede solcu görülürse, duman edilecektir."

"Ya sonra ne olacak! Onlar bize, biz onlara saldıracağız değil mi? Sen değil miydin bana; bu bir fikir tartışması diyen."

"Savaşta mantık aranmaz. Şimdi git ve herkese haberi sal. Bu bir emirdir Abdullah!"

"Emir almaktan hoşlanmam. Emir verenleri de hiç sevmem. Ocakların kuruluş sebebini saptırıyorsun. Savaşınız kutlu olsun, ben bunda yokum ağabey."

Yüzü asılmıştı. Aylar öncesinden gönül verdiği bu ideoloji, Nevşehir'li bir büyüğü tarafından, "emir almak ve mantığı köreltmekle" kaosa sürükleniyordu. Çatlı'ya göre, ülkücü vatana ve milletine karşı vefalı, düşünebilen, temiz ruhlu, efendi görünümlü ve yerine göre karşılık veren biri olmalıydı. Emir alan değil. Genç Çatlı, "itaat" etmekten hoşlanmazdı. Çünkü an gelir ve emir verenlerin de düşünceleri yanlış olabilirdi... Hayal kırıklığına uğratılmıştı. Hani Ocak yalnış yapmazdı. O kollar, korur, doğru olanı gösterirdi.

Çatlı, eskisi gibi her gün Ocağa gitmemeye ve bir kaç arkadaşıyla kendi çaplarında ufak müdahalelerde bulunmaya karar verdiler. Çatlı'nın bu seçimi, ileride O'nu Ankara'da bekleyen kaderin ilk adımıydı. Belli bir hareketin içinde görünen Çatlı, çekirdek kadrosunu kuracak ve atılması gereken en doğru adım hangisi ise bunu yapacaktı. Fakat her adımında bataklığa daha çok gömülecekti.

Babası Ahmet Çatlı anlatmaya devam ediyor:

"Bir gece vakti, sanırım yaz mevsimiydi, sokak kapısından gelen sesle uyandım. Elime geçirdiğim sopayla kapının kenarına geçip, beklemeye koyuldum. Biri kapı altındaki aralıktan gazete kağıdını uzatmış, anahtar deliğindeki kilidi gazetenin üstüne düşürmeye çalışıyordu. Nitekim başardı da. Sonra gazeteyi kendine doğru çekip, anahtarla usulca kapıyı açtı. Hırsız beklerken karşıma Abdullah çıktı.

Son dönemlerde eve geç gelmeye başlamıştı. Sebebini sordum, o da üzgün bir vaziyetle:

"Solcular duvarlara yakışıksız yazılar yazmışlar. Hepsini silmek uzun sürdü. Sonra yerine biz bir şeyler yazdık." dedi. Ne yazdıklarını sordum, oğlum da

"Şehitler ölmez." yanıtını verdi.

Oğlumun yalnış bir şey yapmayacağını biliyordum. Bana göre, o milletini seven normal bir gençti. İleride bu duygusunu milli bir misyon haline getireceğini elbette ki tahmin edemezdim. Okulda başarılıydı. Bu benim içimi rahatlatıyordu. Hatta sınıf hocası Fatma Gülay Ulutürk'ün "Gelecekte en çok Abdullah'tan ümitliyim" demesi, bir diğer hocası Servet Göncü'nün(1) ondan son derece memnun olması, oğlumun doğru yolda olduğunu gösteriyordu. Hocalarından duyduğum kadarıyla, tarih derslerinde Kurtuluş Savaşı'nı yaşıyormuşçasına heyecanla anlatır, Mehmet Akif Ersoy gibi yazım kahramanlarını da en güzel kelimelerle tanıtırmış. Özellikle de Namık Kemal'in Vatan Yahut Silistre'sini okul sahnesinde başarı ve keyifle sunması, Abdullah'ın temiz duygularla milli görüşü benimsediğinin bir göstergesiydi. Faal bir çocuktu. Lisedeyken, bando ve güreşle de ilgilenmişti."

Ancak genç Çatlı lise sona geldiğinde, hocası Ayşe Nuran Ararat tarafından bütünlemeye bırakılmıştı. Çatlı'yı seven diğer

---

1 Çatlı'nın hocası Servet Göncü şu an 65 yaşında. Kendisini 2 Kasım 2000'de ailece ziyarete gittik. Ameliyat olmasına rağmen, öğrencisi Abdullah için son derece coşkulu destanlar yazmaya devam etmekteydi. Evinin duvarlarını öğrencisinin resimleri ile süslemişti. Hatta yağlı boya ile Çatlı'nın bir tablosunu yapmıştı. Servet Göncü: "Eskiden ben onun öğretmeniydim, şimdi o benim. İçim hiç rahat değil. Uykularım kaçıyor. Evladımın hakkını yediler." diyordu gözleri dolu bir şekilde.

hocalar -ki aralarında aydın kişiliğe sahip sol eğilimli hocalar da bulunuyordu- "Çocuğu haksız yere bütünlemeye bırakacaksınız Ayşe hanım" diye ikaz etmelerine rağmen, hocasının bu tavrından kaçış yoktu. Genç Çatlı, 1974 yazını ders çalışmakla geçirmiş ve neticede bütünleme sınavını başarıyla vermişti. Lise son 6 Edebiyat sınıfının 211 numaralı öğrencisi Abdullah Çatlı mezun olmuştu.

ARKADAŞLARININ DİLİNDEN...

Aşağıdaki yazının sahibi Hasan Dağaslan, Abdullah Çatlı'nın Nevşehir'deki arkadaşlarındandı. Çatlı'nın kaçak yılları başladığında, kendisi Çatlı'nın bir kimliğe ihtiyacı olduğunu anlayınca kendi kimliğini vermişti. Ancak bu, ileride onun aleyhine işleyecekti. Dağaslan, ihtilal zamanında tutuklu kaldığı müddet boyunca, ağır sorgulamalar ve kötü muamelelerden geçecekti.

"Abdullah ağabey, Nevşehir'deki sağ-sol tartışmalarına karşı çıkan bir ağabeydi. Fevri davranan arkadaşlara, ülkümüzü kavgasız kurtaracağız isteklerinde bulunurdu. Millet, vatan gibi değerlerin alın teri göz nuru ve maalesef canlar kurban edilerek günümüze kadar ulaştığını, bizlerin de bunları bir namus, bir dava, bir miras olarak benimsememiz gerektiğini söylerdi. Kendisi okuyup, araştırmayı seven, aydın bir kişiydi. Ona karşı hepimizin büyük saygısı vardı. Arkadaşların sorunlarının üzerine sanki kendisininmiş gibi titrerdi. Kollayan, koruyan, sahip çıkan biriydi. Arkadaş ortamında onu Türkmen Beylerine benzetirdik. Milli duyguları son derece hassastı."

Hasan Dağaslan

"Yıl 1974. Gündem, Kıbrıs çıkartmasıyla çalkalanıyordu. Abdullah eniştemin yüreği içine sığmadığından, "Keşke ben de asker olsaydım" sözüyle sanki kendini buna mecbur hissediyordu. O hiçbir zaman diğerleri gibi çevresindekilere fikirlerini bir baskı unsuru olarak empoze etmedi. Bu nedenle, Ocakla arasında bazen tartışmalar çıkardı. Çünkü bazılarına göre, hareketimiz adına kavga şarttı. Abdullah Çatlı'ya göre ise güzel-çirkin, iyi-kötü, doğru-eğri mantıkla ayırt edilirdi. Bunu başarabilmek içinde geniş bir birikime gereksinim var diye düşünürdü. Dünya her ne kadar tezatlıklar üzerine inşaa edilmiş olsa da, fikirler kavgayla değiştirilemez ama tartışılabilir derdi.

Abdullah Çatlı'yı tanımadığını söyleyen, fakat o dönemlerde tanıyan ANAP Genel Başkan Yardımcısı Abdulkadir Baş, 70'li yıllarda bizlerin davasını ücretsiz savunan iyi bir avukat, aynı zamanda MHP ilçe başkanlığını yürüten güçlü biriydi. Abdullah eniştemin telefonu üzerine yardımıma koşmuş, sol görüşlü bir polisin şahsıma açmış olduğu davayı avukatım olarak savunacaktı. Polisin oğlu sağcı oluşuma kin gütmüş, okul çıkışında beni ağır biçimde bıçaklamıştı. Beni bıçaklayan kişinin babası polis olduğundan çekinmiş ve onu kimseye şikayet etmemiştim. Ancak daha sonra babası bu olayın zanlısı olarak ismimi ihbar etmiş, oğlunada bir kaç haftalık düzmece rapor hazırlatmıştı. İşin komiği de zaten buradaydı. Davalı olmam gereken yerde ben sanık sandalyesindeydim. Oysa ki bıçaklanan bendim. Sorgu esnasında, solcu polis Adana'dan Antep'ten adamlar getirtip beni temizleyeceği doğrultusunda tehditler savuruyordu. Tam o sırada Abdullah eniştem ivedi bir şekilde yardımıma yetişmiş, kendinden emin bir sesle bana dönerek;

"Senin kabahatin yok, nasıl geldilerse öyle gitmesini de bilirler" demişti. Ardından yumruğunu polisin masasına sertçe vurup: "Bu ülkenin senin gibilere tahammülü yok! Haddini bil." diyerek, beni de yanına alıp oradan çıkmıştık.

Atılmış olduğum okula beni tekrar aldırtmış, yetimliğimi hissettirmemişti. Zaten benim gibi nicelerine emeği geçmişti ama ne acıdır ki bazıları onu tanımaz oldu. O dönemlerin sahte ahde vefacıları, büründükleri maskeyi bugün çıkardılar. Ölümüzün üstüne siyaset yaparak, halkın temiz duygularını kullanıp oy alma gayesindeler. Ancak aydın kitlenin desteğini kaybetmiş durumdalar. Abdullah Çatlı, geride bırakılmış olduğu nice güzelliklerle hepimizin gönlünde taht kuran 21. Yüzyılın Kürşat'ıdır.

Onun tabiriyle; "Artık herkes haddini bilsin."

Nihat Aydoğan

---

* Yazarın notu: Gönderilen mektuplar ve iliştirilmesi istenen anılara rastlayamayanlardan yüksek anlayış bekliyor, dostane desteklerinden ötürü sonsuz şükranlarımı bir borç biliyorum.

ANKARA YOLUNDAKİ TESADÜF

"Alimin mürekkebi, şehidin kanından daha kutsaldır"
Hz. Muhammed (SAV)

Okul hayatına devam etmekte kararlı olan Çatlı, Ankara Üniversitesi İktisadi İdari Bilimleri Fakültesi'ne bağlı Mali Bilimler ve Muhasebe Yüksek Okulunu kazanmıştı. Kaydını yaptırmak üzere yola çıktığı Ankara otobüsünde hamile bir bayana yerini verdiği için yolculuğu ayakta geçiriyordu. Muavinin bakışlarından rahatsız olan hamile bayanın düştüğü mağdur durum, Çatlı'nın ahlaki anlayışıyla bağdaşmadığından şoföre tepkisini gösterince tatsız olaylar meydana gelmiş ve böylece bayanı da yanına alarak başka bir araca binmişlerdi. Oysa ki o hamile bayan, genç Çatlı'nın hocası Ayşe Nuran Ararat hanımdı.

O her zaman farklıydı...

Meral Aydoğan Anlatıyor: "EVLENİYORUZ..."

Henüz 13 yaşlarındayken mahallemize yeni taşınanların oğlu Abdullah ile aramda ufak bir sürtüşme geçmişti. Çok geçmeden Abdullah, kardeşim Nihat'la arkadaş oldu. Onu ne zaman görsem bizim eve, özellikle de bana bakıyordu. Babama şikayet etmeyi düşünürken Abdullah beni okul yolunda yakaladı ve elime bir mektup tutuşturdu. Üç yıl sonra da nişanlandık. Abdullah son derece asil, kültürlü ve milliyetçi bir gençti. 16 Ağustos 1974 tarihinde dünya evine girdik. İmza atma merasiminde önce Abdullah imzaladı ardından ben imzalayacaktım ki durakladım ve "ama burası imzalanmış" diyebildim. Nikah memuru da gülerek; "Niye burayı imzaladın delikanlı" deyince, Abdullah önce biraz utanmış ama heyecanın yarattığı mahcubiyetle; "Na-

Nevşehir, Sinema Salonu 1974

sıl olacağını Meral'e göstermek istemiştim" diyerek hepimizi güldürmüştü. diye anlatıyor.

Genç çift, Çatlı ailesinin oturmakta olduğu apartman katına yerleşmişlerdi. Yeni damat, gündüzleri babasıyla birlikte yeni açtıkları lastik dükkanında ki işlerin başında duruyor, arta kalan zamanlarda eşi Meral ile gezmek maksadıyla Peri Bacaları civarında ki turistik bölgelere ve memleketlerine nazaran daha gelişmiş olan Kayseri'ye gidiyorlardı.

Son zamanlarda ki durgunluğunu fark eden eşi sebebini sorunca, O da üzgün bir tavırla:

"Babama belki de üniversitede başarılı olamayacağımı, ticarete daha yatkın olduğumu söyledim. Ama o okumamı istiyormuş, kabul etmedi. Meral, seni burada bırakmak istemiyorum. Ayrıca Ankara gündemi son zamanlarda yine karıştı. Oraya gitmem, dönmeme engel teşkil olabilir" diyerek başına gelecek olanları önceden sezmişe benziyordu. Meğerse, Abdullah Çatlı okumaya değil, Ankara'ya kavganın tam ortasına gidiyordu. Ya da Ankara'nın karmaşasını düzen sokmak iddiasıyla, büyük bir mücadeleye sürükleniyordu. Bunu kim bilebilirdi ki? Çatlı, bunun farkındaydı. Ankara'ya gittiğinde kendine hakim olamayacak ve kuracağı yeni bir kadroyla, ülkücü zihniyete farklı bir imaj kazandırmaya çalışacaktı.

ÜNİVERSİTEDEKİ ARKADAŞININ GÖZÜYLE

Üç yıldır öğrencisi olduğum Ankara Üniversitesi'ni çok sevdiğim, hemşehrim Abdullah'ın da kazandığını öğrenince, fazlasıyla mutlu olmuştum. Abdullah memleketimizde akranları ve büyükleri tarafından gerek dürüstlüğü, gerekse vatanına ve milletine karşı beslemiş olduğu milliyetçi duyguları, zekası ve yiğitliği ile tanınmış, sevilen, sayılan bir arkadaşımızdı.

Okulun ilk günü birlikte yapmış olduğumuz minibüs yolculuğunda muhabbetimiz memleket sorunları üzerineydi. Sohbet konusu üniversite arkadaşlarımla hemen hemen her gün tartıştığımız sıradan bir konuydu. Ancak Abdullah'ın memleket konularını ele alışı, bu mevcut sorunlara alışılmışın dışında çözümler üretmesi beni oldukça şaşırtmıştı. Sarf ettiği her kelime düşünmemi sağlıyor, kurduğu bağlantılar genelde cevabını bulamadığım sorulara çözüm oluyordu. Aslında ona imrenmiştim. Karşımda bir arkadaştan ziyade bir eğitmen vardı. Abdullah her yönüyle kendini çok iyi eğitmişti. Okulun koridorlarında benim de kendisine uymamla, yavaş adımlarla gezinmeye başladık. Abdullah gerek şık giyimi gerekse etrafında gördüklerini analiz edercesine süzen derin bakışlarıyla tüm dikkatleri üzerimize toplamıştı. Daha sonra Devlet Bahçeli'nin odasında sohbeti devam ettirirken, milli davamızda engin başarılara ulaşacağını, bizleride uyandıracağını işaret ediyordu. Nitekim öyle de oldu. Çünkü Abdullah kardeşim bizlerin önderi olmakla yetinmeyip, milli davaların takipçisi oldu. Böyle ender bir dosta sahip olduğum için kendimi de ender sayıyorum."

Kadim dost Mustafa

"KIZIMIZ OLDU"

Annem bana anlatıyor:

"O anki hislerimizi kelimelerle ifade etmem mümkün değil. Baban seni incitmeden kucağına aldı, öptü, kokladı:

"Senin adın Gökçen Anşa Çatlı. İnşaallah adın gibi ömründe güzel olur yavrum." dedi."

Gökçen aileye katılıyor

ANKARA ÜLKÜ OCAKLARI BAŞKANI
ABDULLAH ÇATLI

Çatlı'nın Nevşehir'deki günleri artık geride kalmıştı. Nevşehir Lisesi'nde ki ufak heyecanlarla, Başkent Ankara'nın kargaşası arasında dağlar kadar fark vardı. Abdullah Çatlı mühim kararların alındığı kentin tezatlıklarına bazıları gibi ayak uydurmak zorunda mıydı, yoksa burası için her nedense geciktirilmiş olan soluğu, saf kalmayı başaran ülküdaşları için aldırmayı başaracak mıydı? Çatlı belli bir "araç" mıydı, yoksa O bunları "gizlilik ilkesi" adı altında "emanete ihanet" edenleri ağır bir sorguya mı çekecekti? Çatlı, "sürüden ayrılmazlar" gibi bir görüntü adamı mı, yoksa liderlik vasıflarını taşıyan biri mi olacaktı?

Abdullah Çatlı'nın kişisel özellikleri üniversite içinde ün toplamıştı. Hatta bu ünü okul dışına sıçramış, boynundan aşağı sarkıttığı kaşkolu ve düzgün fiziğiyle "beklenen" bu yakışıklı adamı herkes tanır, imrenir olmuştu. İstem dışı olsa da buralarda göze çarpalı henüz birkaç ay olmuştu ki Çatlı, Ülkü Ocakları Genel Merkezi'nde Yönetim Kurulu Üyesi seçildi. Gerisinde hızla çoğalan kitle ise O'nu daha mühim mevkilerde hizmet verirken görmek istiyorlardı.

Çok geçmeden O, Maraşlı Şahin Yıldırım'dan meşaleyi devir alıp, Kasım 1977 tarihinde Ankara Ülkü Ocakları Başkanlığına geldi. Ankara Ülkü Ocakları İkinci Başkanı Hüseyin Demirel, Yozgat Yurdu'nda kaldığından Başkan Çatlı Site Yurdu'nu tercih etmişti.

Ankara sokaklarında ise kan gövdeyi götürüyordu...

Başkan daha görevinin ilk günlerinde Latif ismindeki arkadaşına:

"Gündem yine karıştı. Bizimkilerle toplantı yapalım gardaş." dedi.

Başkanın toplantıda unutulmayan sözleri ise aynen şöyleydi:

"Biz buraya ne can aldırmaya, almaya; ne de can verip verdirmeye geldik. Bu ilkel ve dar zihniyetle hiçbir yere varılmadığını umarım herkes anlamıştır artık. Emir verip, emri uygulatanların oyununa gelinmemesi ve davamıza leke sürülmemesi gereken mühim bir süreçten geçmekteyiz. Bunun için her ne pahasına olursa olsun şahsi mücadelemizde yılmayacağınıza dair şeref sözü verelim. Ben, yemin ediyorum. Ant içiyorum."

Nevşehir'de henüz çocuk yaştayken gönül verdiği ancak "Ankara'daki" bir kişinin asılsız ölüm haberiyle" art niyetli zihniyetleri çözüp, sistemin O'nda hayal kırıklığı uğratmasıyla gönlünü dargın ettiği fanatik ülkücü harekete inat, genç Çatlı kendince bir arkadaş grubu kuracaktı. Yıllar öncesinden düzeltmeye söz verdiği çarpıklığa artık kendisi bir yön verebilecekti. Başkan harekete geçti ve özel bir teşkilat kurdu. Teşkilat sayesinde asılsız haberlerin önüne geçilecek, Türkiye'nin dört bir köşesinden Ankara'ya okumak amacıyla gelen ülkücüler bir çatı altında toplanacak, şahsi sorunları Ankara Ülkü Ocağının büyüteci altında tutulacak, yapılması gereken yenilikler ve uygulamaya geçirilemeyen projeler Çatlı teşkilatıyla artık hayata geçirilebilecekti. Çünkü bu yapılanmaya acilen ihtiyaç vardı. Kitle bunun farkındaydı.

BAŞKANIN TEŞKİLATI

R. ve Üzeyir - Abidin Paşa bölge sorumluları
M. ve Latif - Kurtuluş bölge şefleri
N. ve E. - İçaydınlık bölge şefleri
Mahmut - Emek bölgesi sorumlusu
G. D. Zeki Yurt bölgesi şefi. Ayrıca bu bölge Başkan Çatlı'nın sorumluluğu da altındaydı.

Başkan, yapmış olduğu bu etkin ve yenilikçi teşkilatlanmayla yurt çapında ismini duyuruyor, ülküdaşlarınca takdirle karşılanıyordu. Ancak Başkan'ın edinmiş olduğu bu saygınlık "bazılarını" iyice rahatsız etmişti: "Ya bugünün Abdullah Çatlı'sı, yarın daha yüksek yerlere gelirse..." diye hasetçe düşünenler vardı. Bizim oralarda ne yazık ki arsız olanlar da vardı. Başkan sırayla lekelenip, saf dışı edilmeliydi. Artık O, listedeki durdurulması gereken bir numaralı adamdı! Çatlı kıskanılmıştı. Çünkü daha önce ki yapılanmalar bu kadar ses ve başarı getirmemişti. Çatlı'yı kıskanan büyük başlar, O'nun kadar mütevazi ve içten olamadıklarından peşlerinde sürüklediklerı insan potansiyeli hem düşük hem de Çatlı'nın elde ettikleri kadar bağlı değillerdi. Artık Çatlı'nın ünü, Ankara'da olduğu gibi yavaş yavaş bütün yurda yayılmaktaydı. Çoğu ülkücü bu cesur, atik ve içten genç adamdan övgüyle bahseder olmuştu.

MHP Genel Başkanı Başbuğ Alpaslan Türkeş'in, bu kargaşaya çekilmesi, Çatlı'ya göre yanlış olacağı için O, bu sıkıntısının üstesinden kendi imkanlarıyla gelmeye çalışacaktı. Bu da genç Başkan'ın, Başbuğ Alpaslan Türkeş'e karşı beslediği saygı ve sevginin bir göstergesiydi.

Abdullah Çatlı'ların ülkücülüğü günümüzde isimleri hasbel kader "ülkücü baba" diye anılan bazı kişilerin aldıkları yola tenezzül etmez. Çatlı'nın vatan anlayışını, 1933'ün Nisan ayındaki Türk'ü derinden üzen Razgrad olayı gibi hadiselerle örnekleyebiliriz; Bulgaristan'daki Türk mezarlığı Bulgarlar tarafından ateşe verilip ölülerimizin kemiklerini etrafa dağıtmışlardı. Bunun üzerine MTTB (Milli Türk Talebe Birliği) Maçka'daki Bulgar Konsolosluğu'na giderek anlamlı bir hitabe okumuşlardı: "Bulgarlara yıllarca insanlık ve medeniyet dersi öğretemediysek kabahat bizim değil, kendi kafasızlıkları ve kabiliyetsizlikleri yüzündendir. Biz ölülere hakaret değil hürmet ederiz" diyerek İstanbul'daki Bulgar mezarlığına, onlara asla unutamayacakları bir insanlık dersi vermek üzere çıkmışlardı. Milliyetçiliğin gerçek yüzü orada da kendini göstermiş, bizim eski büyüklerimiz Bulgar mezarlığına çiçekler bırakarak, çok üzgün vaziyette sessizce dağılmışlardı.

PROTESTO

Geciken adalet, adaletsizlik getirir.

Sağ ve solun birbirleriyle olan anlaşmazlıklarının diğer yüzünde ki sorun, bu anlam kargaşasını ve kardeş kavgasını yaratanların sinsi düşünceleriydi. Olay kopmasa dahi bazı yabancı kirli güçlere bilmeden yol açan kişiler ortalığı karıştırmak için gençleri birbirlerine karşı düşman ediyordu. Türkiye'yi bu duruma itmek yabancı provakatörler için bulunmaz bir fırsattı. Böylece memleket kendi içsel sorunlarıyla uğraşırken gerileyecekti. Bir ülkeyi karıştırmanın en büyük taktiği anlam kargaşasıdır. Zaten dikkat edileceği üzere, Türkiye'nin başına açılan üç büyük anlam kargaşası sağ-sol, irticai faaliyetler ve ermeni-kürt kardeşlerimizin haksızlığa uğradıkları iddialarıdır. Her dönem bunlardan biri (ya da buna benzer sorunlar) mutlaka karşımıza çıkarılır. Amaç var olduğu iddia edilen sorunları çözmek değil daha çok karıştırmaktır. 80 olayları da, yabancı güçlerin art niyetle yurdumuza soktukları bir provakasyon örneğidir. Bazıları buna Gladyo diyor ve ekliyor: "komünistler ve ülkücüler buna alet olmuşlardır..."

Gençler o dönemlerde kendilerini "vatan kurtarıcısı" görüyorlardı.

Bayrağıyla mutluydu...

Gladyo gibi ciddi bir oluşumun içine bilerek girdiklerini ve isteyerek hizmet verip, vatan hainliği yaptıklarını hiç sanmıyorum. Ancak beş parmağın beşi bir değildir.

Gençler bir yanda inandıkları davanın mücadelesini veriyor, diğer yanda da yasalarla karşı karşıya getiriliyorlardı. Vatanı sağın veya solun elinden kurtarmak üzere baş koydukları bu yolda esasında hepsi bir çuvala sokulmuş ve ne kadar çok ilerleme kaydetmek isteseler dahi yerlerinden kıpırdatılmaz olmuşlardı. Çuvala sıkıca bir düğüm atılmıştı. Çuval çelikten yapılmıştı. Bu nedenle gelecekte onları neler bekliyor bunu göremeyecek kadar kör edilmişlerdi.

Yeni seçimlerin galibi CHP olmuştu. Sürgün edilen, istifaya zorlanan memurların yerine, kendi kadrolarının yerleştirildiği bir dönemden geçiyordu, memleket. Sol baskı yoğundu, yeni Emniyet teşkilatı katıydı. Gün olmuyordu ki işkence görenlerin, öldürülenlerin haberi gelmesin:

"Askıya alınmış duydun mu?"

"Ahmet'e elektrik vermişler, çocuk sahibi olamayacakmış."

"Bir işçi arkadaş ayağından vurulmuş, bu işin sonu kötü."

Devamını, Haluk Kırcı'nın (1) kitabından aktarıyorum:

"Başkanım, bu böyle gitmez! Adamlar okullarda hem saldırıyor, hem de şikayetçi olup milleti tutuklatıyorlar. Kısa bir zaman içinde elliden fazla arkadaşımız tutuklanarak cezaevine kondu."

Başkan bir yandan çayını yudumluyor, bir yandan da arkadaşı dinliyor ve hafifçe başını sallayarak onu tasdik ettiğini gösteriyordu.

Olaylar, işkenceler, haksızlıklar anlatılıyor, isimleri tespit edilen bazı polislerin yaptığı zulüm gündeme getiriliyordu. Anlatılanları sabırla dinleyen Başkan, sinirlendiği zamanlarda yaptığı gibi dişlerini sıkıyor ve ara sıra dudaklarından sinirli ifadeler içeren kelimeler dökülüyordu. Dikkat ettim hiç küfür etmiyor, me-

1 Zamanı süzerken, Haluk Kırcı, Burak Yayınları

tanetle ve ciddiyetini hiç bozmadan dinlemeye devam ediyordu. Sohbetin bir yerinde dayanamadım ve Başkana sordum:

"Başkanım bu işin sonu nereye varacak? Bu adamlar bizi yavaş yavaş imha edecekler. Siz ne düşünüyorsunuz, ne yapmalıyız?"

"Ne olacağını sana anlatayım. Önce kırk kişilik bir gönüllü ekip kurarız. Ardından Ankara'daki arkadaşlarımızın hepsini memleketlerine ve başka illere göndeririz. Sonra Ankara'yı başlarına yıkarız. Belki kırkımız da ölürüz ama yaptıklarını yanlarına bırakmayız!"

Bu sözleri öylesine inanarak ve içten söylemişti ki, inancına ve kararlılığına alkış tutmamak elde değildi. Hiçbir şekilde blöf yapar hali yoktu. Her söylediğini yapan bir insanın kararlılığıyla konuşuyordu.

Ses tonunu biraz daha yumuşattı:

"Kafanızı fazla karıştırmayın! Biz yere sağlam bastıkça öyle üç beş kişiye boyun eğmeyiz. Hadi yatalım. Sabah yapacak işlerim var. Sabah nöbetçisine söyleyin beni yedi buçukta uyandırsın."

Odama çıktığımda, başkanla aramızda geçen konuşmayı odada bulunan arkadaşıma naklettim. Arkadaşın gözleri gülmeye başladı.

"Canını yerim Çatlı başkanın. O bir başka, vallahi söylediğini mutlaka yapar." dedi.

Doğru! Çatlı başkan dediğini yapan, gözünü budaktan esirgemeyen, sözünün eri, militan psikoloji uzmanı, insanları sevk ve idare etmekte yaşının üzerinde bir kabiliyete sahip bu genç adam, bir hafta sonra yaptığı eylem planı uygulamaya koyacaktı. Ankara'yı yakıp yıkmayacak ama Türkiye'nin gündemine girerek hükümeti sarsacaktı. Hatta eylemin büyüklüğünden ve gidişatından bir anlamda rahatsız olan MHP genel merkezi, eylem sona ermeden müdaheledo bulunacak ve durdurulması sağlanacaktı. Başkan söylediklerini yapmaya başlamıştı...

Bir hafta sonra... (Baskıları protesto etmek amacıyla toplantı yapılıyordu)

Akşam kararlaştırılan saatte Yüksek Öğretmen Yurdu'na gittim. Toplantı etüd salonunda yapılacaktı. Salona geldiğimde Ankara'da görevli arkadaşların hemen hepsinin geldiğini gördüm. Çok geçmeden yönetim kurulu üyeleriyle beraber, Çatlı Başkan da geldi. Başkan salona girer girmez kendine ayrılan masaya yürüdü ve yüzünü salondakilere döndü. Salonda bulunan yüze yakın arkadaş ayağa kalkmış, başkanın hareketini bekliyorduk. Önce salona göz gezdiren başkan, bizleri selamladıktan sonra "oturun" dedi. Toplantıyı açarak konuşmaya başladı. Her zamankinden yüksek bir ses tonuyla ve vurgular yaparak konuşuyordu:

"Hepinizin bildiği gibi, Eğitim Enstitüleri, keyfi sebeplerle kapatıldı ve binlerce ülküdaşımız mağdur edildi. Yapılan diğer uygulamalarla da sürekli olarak baskı altında tutulmak isteniyoruz. Biz sessiz kaldıkça baskılarını arttırarak üzerimize gelmeye devam ediyorlar. Bu sebeple bizler, yönetim olarak, bazı eylem kararları aldık. Bunları uygulamaya koyacağız. Sizi buraya bunun için topladım."

Salonda çıt çıkmıyordu. Hepimiz büyük bir merak içinde güvenimizi tam olarak kazanmış olan başkanın açıklamalarını dinliyorduk.

"Anlatacaklarımı çok iyi dinleyin ve hata yapmamaya azami derecede gayret edin. Şu andan itibaren, hata yapan kim olursa olsun, mazeretini kabul etmeyeceğim. Unutmayın bu kararları uygularken yapılacak her hata başarısızlığı kaçınılmaz hale getirecektir!"

Başkan ayakta ve yarı emir verir, yarı sohbet eder bir ses tonu ile konuşuyordu. Zaman zaman bazı arkadaşları ayağa kaldırıyor ve onlarla karşılıklı konuşarak fikirlerini alıyordu. Bu şekilde planı baştan sona açıkladı ve izahlarda bulundu. Başkan bütün ayrıntıları ve kimin nerede ne yapacağını izah ettikten sonra toplantıya son noktayı koydu:

"Polisle çatışmamaya dikkat edin! Hassas noktalarda görev alan arkadaşlar dolu olsunlar, noktaları kontrol edecek arkadaşlar, eylemde görev alanlardan başkasına bir şey anlatmasınlar. Belirlenen saatten erken veya geç hareket istemiyorum. Ben saat yediden itibaren Beşevler'de olacağım. Önemli gelişmeleri ve eksiklikleri bana bildirin. Kimse fevri bir harekette bulunmasın! Kavşaklarda görevli arkadaşlar, zamanından önce yerlerinde olsunlar. Gerekirse bu gece uyumayın. Hazırlanan bildiriler, geç saatte de olsa bu gece size ulaşacak. Allah hepinizi korusun..."

Kızılay meydanı saat 08.00...
Dört ana yönden akmakta olan trafiği kestik ve yol ağızlarına yerleştirdiğimiz poşet içindeki bezleri üzerlerine benzin dökerek tutuşturduk. Bir iki dakika içinde Kızılay Meydanından duman ve ateş yükselmeye başlamıştı bile. Trafik kilitlenmiş, arabalardan inerek ne olduğunu anlamaya çalışanlar, atkılar ile yüzlerimizi kapatarak meydanda dolaşan bizleri görünce arabalarında beklemeyi tercih etmişlerdi. Yolların kapatılması, polisin bize ulaşmasını ve müdahele etmesini imkansız denecek kadar zorlaştırmaktaydı.

Yarım saat süren eylemimizi başarıyla bitirirken, Kurtuluş Meydanına doğru çekilmeye başladık. Kurtuluş Meydanına vardığımızda, karşılaştığımız manzara Kızılay'dakinden farklı değildi. Burada eylem yapan arkadaşlar yerlerinden henüz ayrılmışlardı ve yaktıkları ateşler hala söndürülmemişti. Kelimenin tam manası ile Ankara trafiği kilitlenmiş, bütün yollarda trafik felç olduğundan, polis yolları açmakta çaresiz kalmıştı. Ankara o gün eylemlerin anasıyla tanışmak fırsatını böylece yakalamıştı. Dağınık bir şekilde ve yürüyerek Beşevler'e geldiğimizde, binlerce ülkücünün Gazi Eğitim Enstitüsü'nün önünden Beşevler Meydanına kadar olan alanı doldurduklarını gördük. Kalabalığın içinde başkanı bularak, gelişmeleri rapor ettik. Üzerinde siyah bir palto, boynunda beyaz bir kaşkol bulunan başkan gelen arkadaşlardan rapor aldıkça artan memnuniyetini açıkça belli ediyordu. Trafikle ağır bir yenilgi alan polis, Beşevler'de toplandığımızı haber alınca, bütün gücüyle buraya gelmiş ve bazı tedbirler almaya başlamıştı. Meydana açılan caddelerin girişi kesilmişti. Bu tedbirler alınırken, Abdullah başkan bir duvara çıktı ve elindeki megafonla arkadaşlara hitap etmeye başladı.

"...Okumak hakkımızı elimizden almaya yeltenen ve sair haklarımızı gasp etmeye kalkışanlara vereceğimiz cevap, bundan böyle onların anlayacağı dilden olacaktır. Bu hükümet ve onun kuklalarının bilmedikleri biz ülkücüler, onların baskılarına boyun eğmeyeceğiz..."

Alanı dolduran binlerce arkadaşımız büyük bir sessizlik içinde başkanı dinliyorlardı.

"Arkadaşlar! Şimdi yürüyerek Milli Eğitim Bakanlığına gideceğiz ve doğrudan bakanla görüşüp, kendisinden, bu zulmü durdurmasını isteyeceğiz..."

Konuşmasını bitiren başkan aşağı indiğinde, kitlede yürüyüş için bir dalgalanma oldu. Fakat barikat kuran polis, buna izin vermemekte direniyordu. Polis şefleri, megafonla bağırarak, dağılmamız için uyarıda bulunuyordu. Bütün gözler başkana çevrilmişti. O kararlıydı ve emrini verdi:

"Yarıp geçin!"

Başkanın bu emri, kısa zamanda kitleye yayıldı. Kol kola giren arkadaşlar, büyük bir baskı ile polis barikatını aşmaya çalışıyordu. Durumu gören ve kitleyi durdurmakta zorlanan polis cop kullanmaya başladı ve ne olduysa ondan sonra oldu. Polisin copuna karşı koyan arkadaşlar, taş atarak ve polislerle bire bir kavgaya girişerek çatışma başlattılar. Çatışma giderek büyümeye başladı. Hatta bir ara polis panzerlerinden biri kalabalık tarafından devrilerek ters çevrildi. Atılan taşlardan ve vurulan coplardan dolayı her iki taraftan da yaralananlar oldu. Çatışmanın boyutundan ve doğabilecek sonuçlardan tedirgin olan polis şefleri başkana haber göndererek pazarlık teklif ettiler. Başkanın polis şefleriyle yaptığı uzun görüşmelerden sonra, kaldırımlardan ve sessiz olmak şartıyla Milli Eğitim Bakanlığı binasının önüne kadar yürümemize müsaade ettiler.

Bakanlığa ulaşılmıştı fakat söylenenlere göre bakan yoktu. Beklemekten sıkılan kitle sloganlar atmaya başlamıştı. Ortalık yeniden kızışıyordu. O sırada bakanlıktan yeni bir haber geldi. Yüksek okullar Genel Müdürü, temsilci arkadaşları kabul edeceğini bildirmişti. Ben bu haber geldiğinde başkanın yanında bulunuyordum. Başkan kurmaylarını çağırdı ve bir durum değerlendirmesi yaptılar. Alınan karara göre: iki arkadaş Genel müdürün yanına çıkacak ve bakanla görüşme isteğimizi tekrarlayacaktı. Bakan bu sefer görüşmek istemezse bakanlık binasını işgal edecektik.

Temsilci arkadaşlar bakanlıktan içeriye girdiler ve dışarıda sessiz bir bekleyiş başladı. Bu gelişme yaşanırken, MHP Gençlik Kolu başkanı bozuk bir yüz ifadesiyle bulunduğumuz yere geldi. Doğrudan Çatlı başkanın yanına gitti. Tokalaştılar ve bir kenara çekilerek hararetli konuşmaya başladılar. Onları seyrediyordum; Çatlı başkan, anlatılanları dinliyor ve gergin bir yüz ifadesiyle yorumlar yapıyordu. Görüşmeleri bittiğinde yanımıza gelen başkan, moralinin bozulduğunu belli etmemeye çalışarak, şu emri verdi:

"Arkadaşların arasına girin ve içeridekiler çıkar çıkmaz sessizce dağılacağımızı söyleyin. Taşkınlık yapmak yok. Herkes yurduna dönecek."

Çatlı'nın hızına ve eylem ufkuna yetişemeyenler, nihai hedeflerimizin, yani bakanla görüşme isteğimizin önüne geçmişlerdi. Emre uyduk ve dağıldık.

Aynı akşam dönemin İçişleri Bakanı televizyonda konuşuyor ve "Bugün Ankara'da ihtilal provası yapılmıştır." diyordu.

Ertesi günde gazetelerin manşetlerini eylemlerimizin haberleri süslüyordu. Eylemimiz başarıya ulaşmış ve gündemi belirlemeyi başarmıştık." diye anlatıyordu.

İleriki safhalarda...

Ankara Ülkü Ocağı, Abdullah Çatlı başkanlığında ki toplantıya hazırlanmaktaydı. Başkan dönemin gençleri için yeni bir lider, sorunların üstüne giden güçlü bir şahsiyet ortaya koymuştu. Çatlı'nın ülkücü harekete getirdiği yeni soluk, takdir toplaması sebebiyle O efsaneleşiyordu. Çatlı'nın bu kararlılığı ve tabandaki yükselişi bir buz dağı kadar güçlü gözüküyordu.

Salondakiler onu dikkatle dinlemekteydi:

"Nene Hatun yurduna yerleşeceğiz. Bölgenin hassasiyetine binaen, sistemli ve koordineli bir çalışma yürüteceğiz. Bu bölgede komünistlerin çok sayıda hücre evi var; onları etkisiz hale getirmeliyiz. Şimdi herkes neler yapmamız gerektiği konusundaki fikrini söylesin..."

Başkan, ülküdaşları konuşurken müdahele etmiyor, önündeki bloknota kısa notlar alıyordu. Toplantının sonuna doğru sözü aldı, maddelere döktüğü uygun fikirleri sıraladı ve gerekli talimatları verdi. Yirmi bir yaşında olan Abdullah Çatlı, tecrübeli bir komutan gibi, Ankara'daki binlerce ülkücüyü yönetiyor ve aldığı kararları uygulamakta zorlanmıyordu.

Başkan tekrar sözü almıştı:

"Bir: Vakit geçirmeden, bölgede bir psikolojik savaş başlatılacak. Duvarlara sloganlar yazılacak ve afişleme yapılacak.

İki: Solcuların devamlı gittikleri kahvehane, kafeterya gibi yerler belirlenerek bu yerler enterne edilecek.

Üç: Yurda yerleşeceğimiz gün, üç dört bin kişiyle bölgede çalışma yapılacak. Bölgede toplanan arkadaşlar, aynı günün akşamına kadar orada kalacaklar ve solcuların baskı altına girmesi sağlanacak.

Dört: Yurda ilk önce otuz kırk kişiden oluşan gönüllü bir

grup yerleştirilecek. Bölge iyice tanıdıktan sonra diğer arkadaşların yerleşmesi sağlanacak.

Beş: Başkan, uygulamaları ve yapılanmaları bizzat takip edecek. Bölgeden ve yurttan bizzat Kemal sorumlu olacak."

Toplantıda alınan tüm kararlar teker teker uygulanmaya başlamıştı. Yurt etrafına yerleştirilen nöbetçiler sayesinde, beklenmedik saldırılar önlenmiş oluyordu. Çatlı başkanın geçici olarak yurt başkanını seçtiği günün akşamı, yurda çocuk parkının karşısından çıkan bir otomobilden otomatik silahla ateş açılmıştı."

Abdullah Çatlı, Nevşehir'den Ankara'ya gelmeden önce, eşiyle arasında geçen sohbette, "Ankara'ya gitmem dönmeme engel olabilir" derken ne yazık ki doğru bir tesbitte bulunmuştu. Çatlı'nın ülkücü hareket içerisinde mertebesi yükseldikçe, felakete doğru giden yol kısalıyordu. Çatlı başkanın, memleketin içinde bulunduğu durumu anlaması çok zaman almamıştı. Memleket fikir tartışmasından ziyade, sistemin çarkından geçiyordu. Sistem, gençleri amansız bir kavgaya sürüklemiş ve merhamet tanımıyordu.

"PARAYI AL BANA VER"

Her üçü de rahmetli olan, Abdullah Çatlı, dedem İhsan Aydoğan ve Kasım Koçak'ın ortak tanıdıkları anlatıyor:

"Çatlı Başkan ve Kasım ağabeyle Yozgat yurdundan yeni çıkmıştık. Yolda Abdullah başkanın kayınpederi İhsan amcayla karşılaştık. Kendisi Nevşehir'den Ankara'ya damadını görmeye gelmişti. Bir ara başkanımın kayınpederinden, çekinerek bir zarfı reddettiğini fark ettim. Kasım ağabey de İhsan amcanın arkasına geçmiş başkanıma "alsana" der gibi imada bulunup el kol hareketleri yapıyordu. Başkan, İhsan amcadan zarfı ne kadar geri çevirse de Kasım ağabey daha çok hiddetlenerek "parayı al sonra bana verirsin" diye fısıldıyordu. Başkan'ın bu durum karşısında kayınpederine saygısızlık etmek istemediğinden ciddiyetini takınıp, gülmemek için kendini zor tuttuğu her halinden belli oluyordu. Nitekim İhsan amca, damadının bu alışık olmadığı tavırları karşısında zorla zarfı cebine koydu ve şaşırmış şekilde söylenerek yanımızdan ayrıldı. Başkanımızın yolda yürürken söyledikleri hoş bir anı olduğundan sizlerle de paylaşmak istedim:

"Kasım gardaş, gülmemek için kendimi zor tuttum. İyi tamam istediğin oldu da, ya babam parayı görüp sevindiğimi sandıysa..."

LİDERİN SEKİZ ANA VASFI

Hiç bir başarı rastlantı değil, yoğun bir çalışmanın eseridir.

Çocukluk döneminden ortaokul talebeliğine kadar geçen süreç içinde genç Çatlı dikkatleri üzerinde toplarken, Lise döneminde Nevşehir gençleri tarafından benimsenen biri olmuştu. Ankara'ya geldiğinde ise, O kısa zaman içinde başkanlığa yükselmişti. Arkadaşları ve ideoloji adına yüklendiği ağır sorumluluk neticesinde Abdullah Çatlı'ya Reislik unvanı layık görüldü.

Sözü Mustafa beye bırakıyorum:

"Üstünlüğün bize geçmesinde Çatlı başkanın payı ve emeği tartışılmazdı. Başkan, yönetim kuruluna ve diğer birimlere seçkin kadrolar yerleştirmiş, stratejileri uyum içinde yönetiyor, tedbirleri yerinde alıyordu. Aralarına girdiğimde çok gençtim. Başkan benim gibi, bir çok ülküdaşımıza her türlü manevi desteği veriyordu. Gururumuzu incitmeden bizim yanlış yollara sapmamıza engel olduğuna bir çok defa şahit oldum. Bu iki özelliklerinden ötürü, hepimizin gönlünde yatan aslan olmuştu. Başkan görevini eksiksiz yaptığından dolayı, temiz duygularını yitirmiş olanlar, onun bu büyük kitle hareketindeki başarısını hazmedemedikleri için, bunu doğrudan ifade edemeseler de Reis'den rahatsız olduklarını biliyorduk. Çatlı başkanın efsaneleşmesini hazmedemeyenler vardı.

Bir kişinin lider olması için sekiz ana vasıf şarttır. Hatta bu "olmazsa olmaz" denecek kadar mühimdir. Abdullah Çatlı'nın kabiliyetleri ise, bu sekiz ana vasıftan üstündü.

Liderin vasıfları:

1. Cesaret
2. Bilgi Birikimi
3. Pratik zeka
4. Teşkilatçlık
5. Fizyonomik Görünüm
6. Hitabet
7. Güven verici olma
8. Ailevi durum

Abdullah Çatlı samimi bir liderdi. İhanet kelimesinden hoşlanmayan, düşmanlarını dahi sırtından vurmayan biriydi. Koyduğu ilkelere, öncelikle kendisi itibar eder ve bu surette yanında saf alan kişilerden de aynısını beklerdi. Hata kabul görmezdi. Çünkü ona göre böyle önemli bir misyonda hata yapmanın geri dönüşü yoktu. Bu konuda oldukça katıydı. Taviz verilmesinden hoşlanmazdı.

Abdullah Çatlı'nın bir de insancıl yönü ağır basardı. Haksızlığı tahammül edemeyen, yardımsever, yufka yürekli ve duygusal bir insandı. Ama gerektiğinde duygularını bastırmakta korkunç bir kabiliyeti vardı. Atlatılması güç evrelerden dahi geçerken bizlere örnek olmak amacıyla, yaşadığı sorunları belli etmesi gerektiği kadar hissettirirdi." diye anlatıyor.

Bir insan, kişisel hayatıyla ilgili karşılaştığı sorunların üstesinden gelmesiyle, önce kendi kahramanı olur. Sonra bu küçük potansiyel genişler ve bu kişi yakın çevresinin sorunlarına çare bulmak için eğilince, bunların kahramanı olur. Artık engelleri kaldırmakta zorlanmadığını gören ve var olan potansiyelini ortaya çıkaran bu kişi, büyük bir kitlenin önünü tıkayan ve kaldırılması gereken sorunları gidererek, bir camianın kahramanı olur. Camia O'nu milletin içine sürükler ve milli bir davanın takipçisi olan bu kişi, milli kahraman olur. Bir insanın kahraman olması için, hainler şarttır. Abdullah Çatlı'nın hayatı boyunca karşısına bunlardan çok çıkmıştır. Bu hainler kimi zaman canlı, kimi zaman cansız, yani bir sistemin düşüncesi olmuştur. Bu düşünceye kul olanlara Çatlı, "sistem çıkmazının sistemperverleri" demiştir.

Bir hain aynı zamanda kahraman olamaz. Tıpkı bir kahramanın aynı zamanda hain olamayacağı gibi. Abdullah Çatlı, hayatı boyunca vatanperverliğe emin adımlarla yükselmiş ve şahsına ait hiçbir talepte bulunmadan ayrı bir şahsiyet olmuştur.

"EMİRDE ROBOT FİKİRDE KULİS"

Kimisi korkar. Kimisi karşı gelir. Kimisi karar verir. Ustalar da yönetir.

1977 Kongresi:

Kongre salonu, hınca hınç coşkulu ülkücüler tarafından doldurulmuştu. Alkışlar yükseldiğinde, Çatlı Başkan kürsüde yerini çoktan almıştı. Yüzünde her zaman ki gibi belli belirsiz ama güven verici bir tebessüm vardı. Çatlı Başkan mikrofona eğildiğinde, alkışlayan eller bir müddet için suskunluğa gömüldü:

"Bizler her hangi bir mücadele değil, dört başlı bir yılana karşı çetin mücadeleler veriyoruz. Kimimizin okuma hakkına, kimimizin fikirlerini beyan etme özgürlüğüne, kimimizin inançlarına yasaklar getirildi. Bu zulüm ve haksızlığa karşı çıkınca da, sağ-sol kavram kargaşaları sokuldu aramıza. Neden, niçin ve hatta nereye dayanır bu kavganın sonucu hiç bilinmeden nereden çıktığı belli olmayan emirlerle karşı karşıya kaldı kimimiz. Ülkücü hareket bir atlama taşı değildir. Bizler de ucuz meselelere alet olacak kişiler değil. Üstüne basarak vurgulamak zaruretine inanıyorum; bundan sonrada kendi yolumuzda, kendi doğrularımızla ilerlemek için emirde robot ama... bazılarının hoşuna gitmese de fikirde kulis diyorum."

Tezahürat tutanların coşkulu sloganları, adeta bir bayram havasını andırıyordu. Ülkücü harekete ya da milliyetçi gençliğe Başkan Çatlı tarafından aşılanan yeni kimliğe göre, gerektiğinde tavır koyabilen ama yere daima sağlam basan; doğru düşünen ve bu suretle ister yabancı güçlerin ister art niyetli yerli işbirlikçilerin oyunlarına alet olmadan 80 mücadelelerine bir yön çizmeye çalışan; fikirde kulis yaparken dönemin gerektirdiği aktif roller üstlenebilecek bir yapılanma getirilmişti. Çatlı grubunun en büyük özelliği bir amaca yönelmiş olmaları ve bu uğurda karşılarına kim dikilirse dikilsin gözünü budaktan esirgemeyen, cesur yapıya sahip, tavır koyabilen, belli bir dünya görüşünü benimsemiş, geniş zihniyetli ve efendi oluşlarıydı. Ancak daha evvelden de bahsettiğim üzere bu durumdan hoşnut olmayanlar da vardı.

Başkan Çatlı, göreve geldiği ve kongrede yapmış olduğu konuşmada da olduğu üzere keskin mesajlar gönderiyordu. Türkiye'de sağ-sol tartışmasıyla gündem oluşturulurken dışarıdan bilerek veya bilmeyerek destek alan bazı kesimler, çıkan kargaşalara göz yummaktaydı. Onlar, gelişmekte olan karanlık olayların yazarı, gençler ise hiçbir şeyin farkına varmadan bunu sahneye taşıyan amatör oyunculardı. Fazla fanatik ama temiz duygularla, fazla kışkırtıcı ama memleketi kurtarmak adına, fazla hayalperest ama dev bir inançla hepsi ister istemez bu kavgada yerlerini almışlardı. Yabancı güçlerin kirli elleri, yurdu kukla misali oynatıyordu. İşte bu nedenledir ki Çatlı, 77 Kongresinde emirde robot, fikirde kulis mesajını göndermişti. Başlangıçta okumak maksadıyla Ankara'da bulunan genç Çatlı, içine girdiği mücadelesinde esas amacın, savaşa bir avuç kin atmak değil, fikir ayrıcalığından doğan ikilemin başkalarının işine yaradığını vurgulamak olduğu üzerinde ısrarla duruyordu. Dönemin Türkiye'sini düşünerek (fikirde kulis yaparak) hareket etmesi istenmiyordu. Memleket kör kütük sarhoş olmalı, uçuruma kendiliğinden gittiği imajını oluşturmalıydı. Emirde robot olmak gerekiyordu. Bu nedenle fikirde kulis yapmak sakıncalıydı. Özellikle de bunu uygulamaya çalışan başkan Çatlı ise! O sorun çıkarıyor, kimilerinin hoşuna gitmiyordu. Öyle ya, Çatlı ne arzu edildiği gibi davranıyor ne de davranılmasına göz yumuyordu.

Çatlı'dan rahatsız olanları bir çatı altında toplayıp, saptamak mümkün değil. Bir kesim O'nun ülkücü hareket içinde yükselmesini önlemenin hesaplarını yaparken, bir başka farklı kesimde ihtilale doğru hızla yükseltilen memleketin halini gören Türk milliyetçisi Çatlı'yı, kirli emellerine engel olarak gördüklerinden O'ndan rahatsızlık duymaktaydılar. Çatlı'ya karşı adeta savaş açılmaya başlanmıştı. Çatlı anonim tehditler alıyor, ülkücü hareketten derhal uzaklaşması isteniyor ya da önderlik ettiği kitleye keskin mesajlar göndermesinden vazgeçilmesi isteniyordu.

Gönderilen uyarı mesajlarına rağmen Çatlı, Ülkü Ocakları Başkanlık seçimlerinde kitlenin talebi üzerine aday gösterildi. Kıyamet koptu. Bazıları, yani ileride Çatlı'nın daha mühim bir görevde olacağından çekinenlerle Çatlı destekçileri arasında gitgide artan kızışma, seçimlerin gidişatını engelleyemeyecekti. Çatlı alkışlar eşliğinde adaylığını resmen ilan etmişti. O inandığı ve başlattığı mücadeleler uğruna gözü kapalı koşan bir liderdi. Koltuk sevdası üzerine ne kırılmaz bir inadı, ne de boş lafları vardı. Bu yüzden Çatlı, bir ara hareketten tamamiyle uzaklaşmaya karar vermişti ancak O'nu destekleyen kitle buna karşı çıkarak "Başkan önümüzde biz de onun önünde" diyerek, gerekli olan yerlere Çatlı'ya verilen desteğin gün geçtikçe arttığını, bu durum engellenmeye çalışılırsa büyük olaylar çıkacağının ilk sinyalini vermişlerdi. Mesaj alınmış olacak ki Çatlı seçimlere katıldı. Ancak bahsi geçen belli kadronun aradığı başkan tiplemesine uymayan ve emirlere gözü kapalı itaat etmeyen Çatlı'ya, ikinci başkan-

Ankara yılları 1977

lık verilmişti. Bu da Çatlı'nın gerisinde O'nu kollayan kitlenin yoğun baskıları neticesinde olmuştu. Çatlı'dan neden, niçin bu denli çekiniliyordu bu zaten ortadaydı. Bu nedenle bir kişi tek başına bir yerlere gelemez. Kitle hareketi şarttır. Çatlı'nın çevresinde toplanan kadro, O'nu lider olarak tayin etmişti. İlerleyen günlerde Başkan 2 Nisan 1978 tarihinde Ülkü Ocakları Derneği yedinci olağan üstü Kongresinde asil üyeliğe seçildi.

ÜGD MERKEZİ KADROSU

Mart 1977 - Kasım 1978

* Muhsin Yazıcıoğlu
  (Birinci Başkan)

* Abdullah Çatlı
  (İkinci Başkan)

* Haşim Akten
  (Genel Sekreter)

* Vecdet Şendil
  (Genel Sekreter)

* Şevkat Çetin
  (Teşkilatlandırma Sekreteri)

Çatlı'nın Genel Merkezde ikinci Başkan olması "Emirde robot ama fikirde kulis" tezini empoze etmeye devam etmesini engellememişti. Çatlı cephesi acaba kimleri, hangi sebeple ürkütüyordu? O, ülkücü hareket içinde kilit adam olmuştu. Sözü dinleniyordu, tam güven almıştı, adeta odak noktası haline gelmişti; yani hareket içindeki yeni bir ekoldü. Çatlı efsaneleşmişti. Çatlı ekolü, mücadeleci, savaşçı yapıya sahip, tavır koyabilen ve tavrı sayesinde olayları yönlendirebilen bir kişilik ortaya çıkarmıştı. O, bu ekolü oluştururken, yalnızca sevk ve idare etmemiş bizzat olayların içinde yer almış ve riski paylaşmayı bilmişti. Böylece ülkücülerin gönlünde taht kurmuştu. Çatlı'nın önlenemez yükselişi ve kuvvetli şahsiyeti hareket içinde muhalif bulmakta gecikmedi. Zaten eğer bir liderin önü mecazi anlamda da olsa kaba kuvvetle engellenemez ise geriye bir tek şık kalır: dedikodu. Beceriksiz, risk almaktan korkan ve kitlenin ilgisini çekemeyenler, dedikodu kazanını kaynatmaktan başka bir marifet gösteremeyeceklerdi. O'nu yıpratmak ve gözden düşmesini sağlayabilmek için, bilhassa çıkan tatsız olaylar karşısında; "bütün bu kargaşaları Çatlı'nın adamları çıkarıyorlar" damgasını yapıştırıyorlardı. Çünkü Çatlı'nın önünü kesmenin hesapları yapılıyordu. Hiyerarşik düzen içinde yükselen ve en üst noktaya kilitlenen hareketler, fertlerin fazla yükselmesine ve otoriteye ortak olmasına müsaade etmezler ve etmediler de! Bu gelişmelerin altında yatan sebeplerden biri de dediğim üzere Çatlı korkusuydu. Çatlı lekelenmeliydi, hem de süratle. Bu mücadele, o günün ÜGD çatısı altında sürüyordu ve MHP teşkilatının bu oluşumda daha doğrusu ÜGD içindeki çekişmelerde taraf olmadığı bilinen başka bir gerçekti.

BİR SİSTEM MASALI

Abdullah Çatlı için sistem çıkmazlardan ibaretti. O buna karşı yenilmekten ziyade, mücadele vermeyi ilke edinmişti. Bu nedenle gerisinde büyük bir kitle hareketi vardı. O'na göre sistemin içerisinde var olan yanlışlıkları düzeltmek için 80 olaylarında olduğu gibi, ortaya canını koymaktan öte birşeyler gerekiyordu. Mücadele şarttı. Kah emirde robot olarak kah fikirde kulis yaparak, mücadele kaçınılmazdı.

Abdullah Çatlı, sistemi okyanusa benzetiyordu. Ucu bucağı olmayan, bir noktasından diğer noktasını göremediğin, dibine kadar dalamadığın, aldatıcı bir güzelliğe sahip olan dev bir okyanusa.

Bir başka bakış açısıyla ise sistemin yani okyanusun ortasında mücadele verenleri fırtına bekliyordu. Fırtına kimilerini korkutup kaçırtıyor, kimilerinin sonu oluyor, kimileriyle de yılmadan mücadele ediyordu. Bu aşamadan sonra okyanus fazla sakin fazla sessiz bir hal alıyordu. Bu da büyük bir iç savaşın habercisiydi. Okyanusun en derin ve en dondurucu bölgesinde ise büyüleyici güzelliklere sahip buz dağları bulunuyordu. Mutlaka biliniyordur fakat tekrarlamakta fayda var: buzdağlarının eni ve boyu kilometrelerce çapındadır. Buzdağının su yüzeyine çıkandan ziyade en büyük kısmı aslında su altında gizlidir. Bu da aldatmaca oyununa benzemektedir. Çünkü suyun altında ki buz kütlesi, su yüzeyinde görünen kütleden bazen yedi kat daha fazladır. Tıpkı sitem çıkmazı gibi. Hatta buzdağını tamamıyla yok etmek için henüz yeterli bir teknoloji mevcut değildir. Uygulamaya getirilen hiçbir proje, ne bunu eritebilmiş ne de bir bölümünü yok edebilmiştir. Aksine buz dağı tıpkı sistem çıkmazı gibi, kendisine tehlike unsuru olanlara karşı daha büyük bir tehditle karşılarına dikilmiştir. Sistem çıkmazı öyle kurnazdır ki, ona karşı tehlike arz edenlerin kuyusunu, hiç sezdirmeden kazar. Avcıların leyleği yakalayıp, bacaklarını kesip saldıklarında "konunca anlarsın" dedikleri gibi.

O dönemleri yaşamış Aydın isminde bir beyin yazısı dikkat çekici:

"Bu dünyadan kimler gelip geçmediki? Ne ağalar, ne beyler, ne paşalar, ne diktatörler, ne güzeller, ne pehlivanlar, yaşadığı dönemi kendisiyle özdeşleştirenler... Bugün hangisini hatırlarız?

Milletlerin kaderine yön veren insanlar ve olaylar vardır. Türkler; "Anadolu Coğrafyasını" Hoca Ahmet Yesevi ile tanımış; kefenlik beyaz elbise giyip şehit olmayı göze alan Alpaslan'la "vatan" kılmış; Dünyayı bir padişaha az, iki padişaha çok gören Yavuz Sultan Selim'in, Çaldıran Savaşı öncesinde gördüğü gevşekliğe karşı "karısı ile oturmak isteyenler kalsın, merd olanlar beni takip etsin" diyerek tek başına atını sürmesi, Sina çölünü geçerken yayan yürümemesini söyleyenlere karşı "önde Resulullah yürürken, ben ata binmem" diye cevap vermesi Hilafetin kapısını almış; Kanuni Sultan Süleyman'ın çevresinin tesirinde kalıp, Şehzade Mustafa'yı katli ile de İmparatorluk duraklama dönemine girmiştir. Padişahın, Yeniçeri ocağına ip cambazlarını kabulu ile ordu bozulmuş. Abdülhamit Han'ın politik manevraları ile Avrupa 30 sene kendi problemleri ile uğraştırılmış. Mustafa Kemal'in "ordular ilk hedefiniz Akdenizdir..." sözü ile yeni bir devletin temelleri atılmış.

"Biz baltalar elimizde, uzun ip belimizde

Biz gideriz ormana

Edirne'den Van'a

Vermem ondan bir kara"

Şiirleri ile büyümüş, ilk okul sabahları süt tozu içirilmiş bir nesil olarak üniversiteye geldiğimizde, renklerin flulaştığı bir ortama girdik. Hepimiz Anadolu'nun geçim sıkıntısı ile büyümüş fakir aile çocuklarıydık. Tarih bilgimiz yoktu. Uluslararası politik manevralardan habersiz, olayları tahlil ve ona göre tavır alma melekesi olmayan "Vatan-Millet-Sakarya" diyen herkesi kucaklayacak kadar masumduk. Karşılaştığımız tezgahlar ve bağlantılar bizi hayal kırıklığına uğratıyor, kendimize olan güvenimizi kaybediyorduk. Her taşın altında, her olayın ardında birilerini arar olmuştuk.

Bu hengameli ortam içinde Ankara'dan genç bir isimden bahsedilmeye başlandı: Abdullah Çatlı. Onun şahsında artık provakasyonlara alet olmuyor, çıkış yeri belli olmayan emirlerle karşılaşmıyorduk. Anadolu Coğrafyasında son 400 yılın en güçlü ve istikbal vaad eden organizasyonu Abdullah Çatlı ile kimlik ve şahsiyet buluyor, daha önce atlama taşı olarak düşünülen teşkilat kimliğini buluyordu. "Reis" kelimesine farklı bir anlam yüklenmişti. Hala o anlamın ekmeğini yiyenler var." diye anlatıyor.

ORDU PARTİLERİ SON DEFA UYARDI

"Nasihat etmek kolay, örnek olmak zordur."
La Rochefoucauld

(1...) Genel Kurmay Başkanı Kenan Evren: "Sayın Cumhurbaşkanım bazı arkadaşlar bu mektubun 12 Mart'taki gibi radyodan okutulmasını, yumruğumuzu vurmamızı önerdiler. Ancak size getirmeyi ve taktirinize bırakmayı daha doğru bulduk."

Cumhurbaşkanı Korutürk, Evren'in söylediklerinden hiç hoşlanmamışa benzeyerek:

"İyi ki radyodan vermediniz. O yolu seçseydiniz ben de bu makamı bırakıp hemen giderdim." dedi.

Ordu, son defa uyardığını söylüyordu. Oysa 12 Mart'ın Türkiye'ye sinmiş kokusunu ve bırakmış olduğu derin izleri unutmayanlar bunun uyarıdan çok ihtilalin yurda konuk olacağını tahmin ediyordu. 27 Aralık 1979 günü Cumhurbaşkanlığı köşkünde gerçekleşen Korutürk-Evren görüşmesinden sonra Washington US Armed Forces dergisi ve yabancı basın ihtilalin kıpırdanmalarına sayfalarında yer verdi: "Türkiye'deki gelişmeler öyle bir noktaya gelmiştir ki, Türk Silahlı Kuvvetleri'nin müdahalesinden başka çıkış noktası görülmemektedir... Evet Türk Silahlı Kuvvetleri müdahele edecek, ancak gelişmeleri uzun vadede de olsa, ordu da düzeltemeyecektir."

Türkiye'nin sağ-sol kavramlarıyla oyalanıp, okun yaydan çıkmasının ve gençleri kaosa sürüklemenin elbette ki bir mantığı yoktu. Muhtemelen dönemin Başbakanı Süleyman Demirel de çeşitli hitabelerde bulunurken olacak olanlardan habersizdi:

"Bir takım ne idüğü belirsiz akıl fukaraları, bir takım budalalar Türk halkının arasına girip onu bölmek için, Türk halkını sefil bırakmak için kandırmaya çalışacaklardır. Ben sizlerin kandırılmayacağını biliyorum. Çünkü sizin idrakınız bu akıl yoksunlarına hiçbir zaman fırsat vermeyecektir. Başka memleketlerin esaret düzenlerine gıpta edenlere kapılar açık. Bu memleket düzenini koymuştur, çekip o memlekete gitsinler. Sosyalizm ya da şu veya bu perdeler altında komünizm kuracaklarsa, bu dinsizlere Türk Halkı yedisinden yetmişine karşı koyacaktır. Milletime güveniyorum. Türk halkı ihanetle hizmeti gayet iyi ayırır. Aranızda dolaşıp zehir akıtanlara fırsat vermeyin."

Ülkü Ocakları eski başkanı Selahattin Sarı, bir basın toplantısında fikirlerini açıkladı: "Silahları bırakalım fikirlerimizle konuşalım" dedi ve görevinden alındı. Çatlı'nın dediği gibi fikirde kulis yapmak sakıncalıydı.

Ahmet Kabaklı'ya gelince ona göre...

"Dünya komünizmin adını duyalı 200 yıl oluyor. 50 seneden beri de beşeriyet bu korkunç kâbusun tehdidi altındadır. Her ülkede olduğu gibi artık bizde de komünizmin bir tarihi, vatansız müritleri, melek kılıklı şeytanları vardır. Türklüğe inanan bizler komünistliğin düşmanlığından korkmayız. Her türlü hastalığa karşı tedbir alınıyorsa, komünizm denilen hastalığa karşı bizler, Türk aydınları tedbir alıp çare düşünmeliyiz. Bu memleketin mukaddesatı üzerinde geniş rahneler açan kızıl sırtlan polisten başka bir rakip görmedi. Karşımıza çıkan komünistler zenginlerin ikbalini kıskanan ve kendi cüceliklerinin acısını çeken birer manyaktırlar. Elimizdeki silah daha keskindir, çünkü fazilet damgasını taşır. Yüzlerini maske altında saklayan Atatürk'ün başka bir özelliği yokmuş gibi yalnız laikliği ve inkılapçılığı üzerinde durdular, seslenmedik. Bu hallere seyirci kaldık. Artık toplanmanın ve harekete geçmenin zamanı geldi. Atatürk demiştir ki: "Komünizm nerede görülürse ezilmelidir". Onlar rezilliklerin farkında bile değiller! Yüzyıllar boyunca bu güzel yurdumuzun Ruslar tarafından işgali planlanmış olmasına rağmen hayalleri bugüne kadar gerçekleşemedi. Şimdi Türkiye'den satın aldıkları vicdanların salyaları ile bizleri zehirlemeye uğraşıyorlar. Bunda da asla muvaffak olamayacaklar." (1) diyordu demesine ancak zaten küçük bir kıvılcım bekleyen gençler, bu gibi sözlerden hareket ederek var olan gergin atmosferi iyiden iyiye yokuşa sürüklüyorlardı.

Solculara göre ise aslında her şey Türkiye ile ABD arasında, Dolaylı Saldırı Anlaşmasının imzalanmasıyla başlamıştı. Demokrat Parti bu anlaşma uyarınca ülkede yönetime karşı oluşacak muhalefet hareketlerine karşı, ABD'ye müdahale hakkı tanıyordu. Bu anlaşmanın kapsamı içinde; ABD'nin askeri müdahale yöntemleri haricinde "Ayaklanmaları Bastırma Kuramı" veya "Kontr-Gerilla Teori ve Pratiği" gibi özel yöntemlerin geliştirildiği görülüyordu. Söz konusu anlaşma uyarınca Genelkurmay'a bağlı ve sivillerden oluşan Kontr-Gerilla adlı örgüt meydana gelmişti. Özel Harp Dairesi'nin masrafları ABD tarafından karşılanıp, Amerikan Yardım Heyeti (Jusmat) ile aynı binayı paylaşıyordu.

1974 hükümeti bu oluşumdan Kıbrıs savaşı nedeniyle Amerikan yardımının kesilmesi ve bunun üzerine Genelkurmay Başkanlığı'nın söz konusu örgütün masraflarını karşılamak için örtülü ödenekten yardım talebi sebebiyle haberdar olduğu söyleniyordu. Ülkemizde Kontr-Gerilla büyük bir çoğunluk tarafından "karanlık eylemlerin" örgütü olarak anılmaktadır. Bülent Ecevit'in 7 Mayıs 1977 tarihli, Cumhurbaşkanlığına gönderdiği mektupta ise:

"Söz konusu örgüt, Gerilla ve Kontr-Gerilla savaşları ve her türlü yer altı faaliyetleri için planlar yapar, insan yetiştirir..." "Gizlilik içinde çalışır, demokratik hukuk dışındadır..." "1974'e kadar, gizli olarak, Amerikalılardan destek görürdü. Amerikan askeri heyetleriyle aynı binada çalışırdı. Amerikan mali desteğinin 1974'te sona erdiği bildirilmiştir. 12 Mart döneminde sözü

1   Mehmet Ali Brand, "12 Eylül Saat 04:00"

çok geçen ve "Kontr-Gerilla" denen kimselerin bu örgüte bağlı olma olasılığı vardır. Bu örgütte iyi niyetli kimselerin dışında siyasal düşünceleri yönünden yurt savunması için gördükleri eğitimi Türkiye'deki şiddet eylemlerinde kullananların bulanabileceği güçlü olasılıktır. Çünkü bu eylemlerden bazıları, görünürdeki çoluk çocuk tarafından değil, ancak güçlü bir örgüt tarafından düzenlenebilecek niteliktedir. Özellikle 1 Mayıs 1977 Taksim olayı bu izlenimi vermektedir. Bu örgütte görev almış, yönetici olarak çalışmış kimselerden bazılarının, emekliye ayrıldıktan sonra da bilgilerini ve yetiştirdikleri elemanları siyasal nitelikteki eylemler için kullandıklarını gösteren belirtiler vardır." (2)

Ecevit açıklamalarına devam ediyor: "Sarıkamış'taydım. Birlikte yemek yediğimiz komutana Kontr-Gerillayı sordum, "var" dedi. O sırada çevrede dolaşan MHP II. Başkanı'nı göstererek, "Yoksa o da mı" diyecek oldum. General, "O başında" demez mi!" (3)

"Ayaklanmaları Bastırma Kuramı" adlı kitabın içeriğine bakılacak olursa "Durum ve şartlar ne olursa olsun esas mesele mücadeleye iştirak eden halkı teşkilandırmaya başlamaktır. Bu da mahalli liderleri mesuliyetli makamlara ve idare mevkilerine getirmekle yapılır. Ayaklanmaları bastırmakla görevli olan tarafın bu liderleri bulduğu gibi, bunlarda halk arasından muharip kimseleri bulmalıdırlar. Bulunan muharip kimseleri bir arada tutabilmek için bu liderin yardıma, desteğe, bir siyasi partinin rehberliğine ihtiyacı vardır." (4)

Her iki görüşü benimseyen gençler, ülkenin düştüğü, daha doğrusu düşürüldüğü durumu vahim bulduklarından karşı karşıya getirilmişlerdi. Yurdu birbirlerini yok ederek refaha kavuşturacaklarına öyle inandırmışlardı ki, kendilerini iç savaşın içinde buldular. Fakat hepsi boşa kürek sallayacaklardı. Kavgaya teşvik edilen hatta belli kıstaslar altında güvence verilen gençlerimiz,

2   Cüneyt Arcayürek, Cüneyt Arcayürek Açıklıyor-7, s.358
3   Cumhuriyet gazetesi, 14 Ekim 1985
4   D. Galula, Ayaklanmaları Bastırma Kuramı, s.107

o dönemlerde anlayamamış olsalar da, aynı düşünceye gönül verip, mücadele ettikleri için; tek tek değilse de adları, tertemiz umutlarını onlar kirletmek istemedi. Çocuk gibi olmadıysa eğer düşleri hepimiz sorumluyuz, hepimiz biraz suçluyuz.

Neticede 80 olaylarında yaşananlar tadılması kolay, fakat hazmedilmesi zor bir şeydi. Çünkü genelde en iyi bildiğimizi sandığımız şeyler, en çok yanıldıklarımızdı.

Yabancı ellerin düşmanca zihniyetleri, on binlerce insanın ve daha dramatiği bir ülkenin tarihini kara harflerle yazmışlardı.

BÖLÜM 3

TÜRKLÜK VE ANTİ-TÜRKLÜK MÜCADELELERİ

Bu kitaptan sonraki çalışmalarımın esas mevzusu, "memleketimiz üzerinde oynanan oyunlar, Türklük kavramının deforme edilmeye çalışılması ve Abdullah Çatlı teşkilatının bu alandaki tarihi mücadeleleri" üzerine kurulu olacaktır. Gündeme giremeyecek kadar hassas olan bu alandaki Çatlı olgusu, şimdilik işlenemez ancak tarihte yaşanan Türklük olgusu, 80 olaylarındaki Çatlı gerçeğine uyarlanarak az da olsa ele alınabilir. Bu süreci anlayabilmek için geçmişe baş vurmak gerekmektedir:

Avrupa Devletlerinin (İngiltere, Fransa, Hollanda, Belçika...) sömürgeleri olmasına karşın, köklü bir tarihi olmayan ve 1850'lerde II. Wilheim tarafından kurulan Almanya'nın hiçbir sömürgesi yoktu. Oysa ki Almanya'nın, gücü kendisinde toplayabilmesi için sömürgeler elde etmesi şarttı. Bunun için Almanya, duraklama devrinden sonra çöküşe geçen Osmanlı İmparatorluğu'na bağlı olan Cezayir, Mısır, Trablusgarb... gibi yerlerden istifade etmek ve diğer Türk toplulukları ile ilişkiler kurmak için Pan Türkizm teorisini, Kızıl Elma mefküresiyle birleştirip, Türk bir yazar vasıtasıyla memleketimiz insanlarına virüs yayar gibi ilginç bir Türklük kavramını yaymıştı. Yani "bir Türk dünyaya bedeldir..." mantığıyla Türkiye kendi kabuğuna çektirilmişti. Böylece Türkiye, Avrupa'ya açılamayacak ve Almanlar'ın işine yarayacaktı. Bu aşamadan sonra Almanya'nın yanında saf alan Türkiye için planlananlar tarihi bir felaketin başlangıcıydı.

Amaç Türkleri diğer Türk toplulukları ile kaynaştırıp, memleketimizin sömürgelerine daha kolay ulaşmak ve dolayısıyla Osmanlı'yı Avrupa'dan uzaklaştırmaktı. Almanya bunun için önce Rusya ile anlaşmaya varmış, çöküşte olan Osmanlı İmparatorluğuna sadece kendisinin hakim olacağı mutabakatını sağlamıştı. Almanya bizi I. Dünya Savaşına sokmuş, Ruslarla aramızı bozmuş, Sarıkamış ve Çanakkale'de büyük kayıplar verilmesine neden olmuştu.

II. Dünya harbinden sonra Hitler Almanya'sının dağılması üzerine II. Wilheim okulundan yetişen teorisyenler ve uygulayıcılar bundan sonra Türkiye'nin Alman egemenliğinden ziyade Amerika'nın izinde yürümesinin daha karlı olacağı kanısına varmışlardı. Menderes hükümetinin hezeyana uğraması DP'ye verilen bir cezaydı. İtalya'da Gladio ve Türkiye'de başka bir isim adı altında (dediğim gibi kimileri buna Ergenekon diyor) gizli örgütlerle Türk toplumunun seyir ve dengesini bozmak üzere, sağ-sol-islam... kavramları üzerinde anlam kargaşası kurarak, Türkiye'nin bugünkü haline gelmesine sebep olmuşlardı. 1975-1980 yılları arasında cereyan eden sağ-sol anlam kargaşaları ortaya atılmış ve bir kaşık suda fırtına kopmasına zemin hazırlanmıştı. Öyle ki 1970'lerin başına kadar neredeyse hiçbir genç, bir başka gencin görüşünden dolayı ona kin gütmezken bu yöntemlerle adeta düşman edilmişlerdi. Bu zemini oluşturmak için meydana, kaynağı olmayan bir dedikodu salmak yeterli oluyordu: solcular tarafından kıyma makinesinden geçirilerek öldürülen sağ görüşe sahip bir gencin asılsız haberi ya da sağcılar tarafından günlerce işkence gören solcu bir gencin yakılarak öldürüldüğü iddialarıyla kafalar bulandırılarak bir iç savaşa adım attırılmış olunuyordu. Gençler aldatılıyordu. Temalar ölü yetiştirmek, öldürmek, şehitlik ve insan avı üzerineydi. Bu gibi gelişmelerle Avrupa'da Türk unsuru antipatik bir hal almıştı. Öyle ki İtalyan anneleri çocuklarını uyutabilmek için "hemen uyu eli baltalı Türkler geliyor" diyorlardı!

Abdullah Çatlı ya da Reis, bütün bu kafa karıştırıcı olayların ortasında olmasına rağmen kendisini yönlendirmek isteyenleri ve olayları keşfedebilmiş nadir kişilerden biriydi. Çatlı'nın diğer Türk asıllı kişiler gibi arkasında büyük güçleri yoktu. O bir Türkmen Beyi idi; yabancı manevralara tahammül edemeyecek kadar ve soyunu sevecek kadar Türk'tü! O'nun gerisinde sağlam bir kitle hareketi vardı sadece. Bu nedenle Reis'in sözlerinde görüleceği üzerine, kendisi onca kalabalığın arasında yalnızdı. Bazı hayalperestlerin iftirada bulunduğu gibi ne Gladyosu ne de arkasında Avrupası vardı. Abdullah Çatlı Türklük unsurunun korunması için mücadele verirken kitlelere bu iç savaşın manipüle edildiğini anlatıyor, bundan dolayı risk alıyor, dikkatleri üzerine çekiyor ancak bir uçurumun kenarına doğru itilmesinin hesaplarının yapılmasına engel olamıyordu. Yabancılara destek olup, vatana değer vermeyen yerli hain çoktu. Bunlar vasıtasıyla Çatlı üzerine iftiralar atıp, O'nu bu mücadeleden uzaklaştırmanın hesapları masaya yatırılmıştı.

İleri ki konularda görüleceği üzere, Çatlı üzerine atılan iftiraların esas kaynağı, Türkiyemiz üzerinde oynanan oyunları gördüğü ve buna karşı çıktığından bazılarını rahatsız etmesinden kaynaklanıyordu. Çatlı bu nedenle ortalıkta görünmemeliydi. Bunun için iftiralar süreci başlamıştı.

Dönemin gençlerine gösterilen sadece bir havuzdan ibaretti. Oysa dışarıda denizler, okyanuslar vardı. Okyanusta çalan türkünün adı "Çırpınırdı Karadeniz" değildi. Bir düşmanlık marşı hakimdi buralara...

CÖMERT OLAYI

"Düşmanın eline kılıç verilmez."   Atasözü

Ülkü Ocakları İkinci Başkanı Abdullah Çatlı'nın temiz sicili, planlı siyaseti ve teşkilatı idare etmedeki etkinliği, madalyonun öteki yüzünde O'ndan rahatsız olanları harekete geçirmek için sebep teşkil edecekti. Sol camiayı "dava" adına karşısına alan Çatlı Başkan, aynı kesimin bir başka zihniyetine göre, ülkücü kimliğinden ziyade, beyefendi oluşu ve dünya görüşüyle taktir toplamaktaydı. Buna tezat olarak, sağ camianın bazı kişilerince de gizliden gizliye kıskanılıyordu. Çatlı Başkanın düşünce ufkuna erişemeyenler için O bir tehdit unsuru, bir engel idi. Ya da daha tehlikelisi, yurdumuzun gidişatında söz hakları olan yabancı ellerin gerçekleştirmeyi düşündükleri karanlık olaylar için Çatlı'nın Türklük adına verdiği mücadeleler bunların canını sıkıyordu. Çatlı oyunlarına gelmiyor, aksine misyonu gereği çevresinde toplananlara uyarılarda bulunuyordu: memleket üzerine oynanan ucuz bahsi yönlendirenler yabancıydı. Memleketi kimler yönetiyordu? Bu fikre binaen, Kontr-Çatlı taraftarları işe koyuldular. O dönemlerde birbiri ardına işlenen cinayetlerden biri de, Doçent Doktor Bedrettin Cömert'inkiydi. Ülkeyi ihtilale doğru sürükleyen, cinayetlerden ziyade zihniyetlerdi. Çünkü neredeyse her gün yeni bir cinayet işleniyordu. Sosyal ve siyasal boşluğun götürüleri çok, getirileri yoktu. Alışılagelen cinayetler, bir dönem faili meçhul olarak kalıyor ancak en sonunda ya esas suçluyla ya da suçsuz olanla, illaki sahiplendiriliyordu. Tabir yerindeyse, her cinayet için, önce bir tanık seçilip (yönlendiriliyor) ve sanık olarak seçilen bir başka kişi resmen kurban ediliyordu. Kısacası "tanrılar" kurban seçiyorlardı. Tıpkı Cömert cinayetinde oluşan tablo gibi!

Cömert cinayeti akabinde ortaya çıkan bir muhbir, olayın azmettiricisi ve planlayıcısı olarak Çatlı'nın bu organizasyonda olabileceğini iddia etmiş, failleri ise Üzeyir Bayraklı ve Rıfat Yıldırım olarak seçmişti. Ne de olsa iftira atmak kolay işti. Bunun için laf kalabalığı yapan bir adet çene ve söylenenlere inanmak için at gözlüğü takan kişiler gerekiyordu. Sonrası ise çorba gibi karıştırılıyordu. Yalnız yüksek ateşte.

Olayın ardından, Cömert cinayetiyle ilgili Emniyete ifade vermeye giden Çatlı, konuyla ilgili bir bağlantısının kurulamaması ve Üzeyir Bayraklı ile Rıfat Yıldırım'ın ifadelerinin alınmaması üzerine serbest bırakıldı. Çatlı'nın ifade vermeye gitmesi, Cömert davasındaki şeffaflığını ortaya koyuyordu. Zaten Çatlı, Cömert cinayetiyle bir bağlantısının bulunmadığını ıspatlamak için zorlayabileceği yere kadar mücadele edecek, neticede geç de olsa bunda başarılı olacak ancak... Çatlı'nın başındaki kara bulutlar gitgide çoğaltılıyordu. O dönemlerde, birini karalamanın en kestirme yolu, kişinin bulunduğu çevre içinde önce bir dedikodu yaymak ve daha sonra bunu polise aktarmakla oluyordu. Cömert cinayetinin yankıları dindi derken, yeni bir dedikodu daha başlatılmıştı: söylenenlere göre Bahçelievlerde işlenen cinayetleri, ülkücüler organize etmişti. Yedi kişinin cinayetine şahit olan evde, Genç Öncü dergisine ait amblemler bulunuyordu. Polis için her delil önemliydi. Bundan hareket ederek, cinayetleri ülkücü kesimin yapabileceği düşünülüyordu. Kısacası, öldürülenler solcu olduğuna göre, öldürenler de sağcı mı olmalıydı? Oysa yabancı ellerin manevralarıyla iç savaş içindeyken böyle düşünmek dar bir ufka sahip olunduğunu gösteriyordu.

Çatlı da ülkücüydü... tıpkı binlercesi gibi! Ama artniyetli zihniyetlere göre Çatlı'nın diğerlerine nazaran bir özelliği vardı: O sırtında ateşten bir gömleği olan, bazılarınca kıskanılan, ülkücü camia içinde gelecek vaad eden biriydi. Çatlı'nın ne Cömert, ne de Bahçelievler cinayetleriyle bir alakası yoktu ama bu pek önemli değildi. Önemli olan suçlanmasıydı! Çünkü Çatlı, ülküdaşlarınca efsaneleştirilse de, bu bir yerleri rahatsız ediyordu. Çatlı, gelecek vaad etmemeli, önü kesilmeliydi.

BAHÇELİEVLER ÇIKMAZI, BİR TÜRKİYE ÇIKMAZI

Köyün delisinden sorumlu tutulan muhtar.

TİP cinayetlerini gazetelere yansıyan bilgiler ve polis tutanaklarına geçen ifadelerle senaryolaştırmayı uygun gördüm. Bahçelievler katliamındaki olay saatleri ve senaryo şöyle olabilir...

Çatlı'nın üslubuyla işte hayatını yakan planlı ihanet...

Birkaç kişiydiler. 9 Ekim 1978 tarihinde, saat 22:00 sularında arabaları Bahçelievler semtinin 56 numaralı apartmanın önünde durdu. Etraf sakindi. Kendilerinden emin adımlarla apartmanın 2 numaralı dairesine ilerliyorlardı. Zile basmışlardı. Kapı açıldı ve içeriye dalanlar karşılarında ev sakinleri Serdar Alten, Hürcan Gürses, Latif Can, Efraim Ezgin ve Osman Nuri Uzunlar'ı gördüler. Televizyon izliyorlardı. Bu beş kişinin elleri arkadan bağlanıp, yüzü koyun yere yatırıldıktan sonra etere bastırılmış pamukla bayıltıldılar. Evin önündeki arabaya bindirileceklerdi fakat tam o sırada kapıya vuruldu. Telaşlandılar! Gelenler Faruk Ercan ve Salih Güvence'ydi. 56 numaralı apartmanın önünde bekleyen arabanın içinde eğer şahıs ya da şahıslar bulunuyorsa belli ki bu iki davetsiz misafiri gözden kaçırmışlardı. Başlangıçta bunlar hesapta yoktu ama Bahçelievler olayı, beş yerine yedi katliamlı da olabilir diye düşünmüş olabilirler ki onları da eterle bayıltıp, ellerini arkadan bağladılar. Baygın olan diğer 5 TİP'linin başında birkaç kişi beklemek suretiyle, diğerleri davetsiz iki misafiri evin önündeki arabaya bindirdiler.

"İstikamet Balmumcu" denildi.

Araba bir tarlada durdu ve 2 TİP'liye üç kurşun sıkıldı. Bahçelievler semtine tekrar döndüklerinde, baygın vaziyetteki diğer kişilerin başında bekleyen şahıslara, planda değişiklik yapılmasını önerdiler. Balmumcu'ya birkaç kez gidip gelmek hem zaman alacağı, hem de dikkat çekeceği için diğerlerinin evde öldürülmelerine karar vermişlerdi muhtemelen. Önce üniversite öğrencisi Osman Nuri Uzunlar'ı telden yapılmış giysi askısıyla boğmaya çalıştılar. Olmadı. Yüzüne yastık kapatıldı ve ölülerin sayısı böylece üçe yükselmiş oldu. Zaman hızla ilerliyordu, bu yüzden diğerlerini 14'lü tabancayla öldürmeye karar verdiler. Hepsinin eli arkadan bağlıydı, yerde yatıyorlardı ve baygın vaziyetteydiler. Serdar Alten'e üç, Hürcan Gürses'e üç, Latif Can'a iki ve Efraim Ezgin'e dört kurşun sıkılmıştı. Apartmanın karşısında oturan polis memurları, Tuncay Özkul ve Seyfi Eroğlu tabanca sesleri üzerine daireye girdiklerinde sadece cansız bedenlerle karşılaştılar. Sarı çizmeli Mehmet Ağalar kayıplara karışmış, kafaları da bulandırmışlardı. Cinayetler son derece profesyonelce işlenmişti.

Ardından gelişen olaylarda, Serdar Alten'in ağır yaralı olmasına rağmen yaşadığı söyleniyor (!) ve eve bu baskını yapanları Cumhuriyet Savcı yardımcısı Mehmet Bağış ve Emniyet İkinci Şube Müdürü Tahsin Gürdal'a genel hatlarıyla tarif ettiği iddia ediliyordu:

"Eve dört kişi girdi. Birinci şahıs uzun boylu, kot pantolon giymişti. İkinci şahıs esmer, geniş kafalı, orta boylu, kısa saçlı. Üçüncü şahıs genç, kıvırcık saçlı, 16 veya 18 yaşında. Dördüncü şahıs hakkında fazla bilgim yok."

Alten'in komaya girmemesi ilginç bir tesadüftü! Ya da ağır yaralı biri için bunları ifade edebilmek şüpheci bir yaklaşımı da beraberinde getiriyordu. Şayet böyle bir ifade verdiyse, ortalık samanlıkta iğne aramaya dönmüştü.

Alten kimseyi teşhis edememiş, kimsenin ismini verememişse de, sorgusu esnasında unuttuğu önemli bir ipucunu tam ameliyata gireceği anda hatırladığı söylenir! Yani olaydan günler sonra. Buna nasıl güvenilebilir bu da açıklama getirilmeyen bir noktadır:

"Bizi faşistler vurdu, biz ilerici gençlerdik bu nedenle bizi faşistler vurdu. Beni zorla dışarı çıkardılar. Büyük mavi renkli bir otomobilin yanına götürdüler. Otomobilin plakası 34 PD numarasını göremedim..." dedi ve Serdar Alten'in öldüğü açıklandı.

Kısacası Alten, ilk ifadesinde söylemeyi unuttuğu tek önemli ipucunu ne tuhaftır ki, uygunsuz bir zamanda hatırlıyordu. Uygunsuz zamandan kasıt, yetkili mercilerin resmi evraklarına Alten'in son söylediklerinin geçirilememesidir! Söylentilere göre, Alten'in aslında hiçbir ifade dahi veremeden vefat ettiği idi! Yani bir bardak suda koparılan bu fırtınanın kaynağı ya hayali ya da planlıydı.

Alten'in bir araba plakasını hatırlayıp, söylemesi çok dikkat çekici bir noktaydı ancak hani hepsi etere bastırılmış pamukla bayıltılmıştı? Baygın olanlar ne zamandan beri aynı zamanda ayık olabiliyorlar?

Tüm bunların ardından hemen 34 PD numaralı otomobil araştırıldı. Bu özelliğe uyan bir araba bulunamamıştı. Derken polis bir ihbar aldı. İhbarı yapan ya da yaptığı iddia edilen şahıs, bu arabayı başka bir şehirde gördüğünü hatta gerçek plakasının 34 değil, 06 PD 137 olduğunu söylüyordu. Arabanın, Mustafa Mit'in üzerine kayıtlı olduğu anlaşılınca hemen ifadesi alındı. Kendisine, derneğin başkanı Selahattin Sarı'nın 130 bin lira vererek bu arabayı teşkilat için aldığını, ÜOD II. Başkanı iken Ali Şerit'in kullandığını, daha sonra arabanın yeni başkanlar Muhsin Yazıcıoğlu ve Abdullah Çatlı'nın tasarrufuna geçtiğini söylüyordu.

Çatlı da Başkan Yardımcısı olduğundan, O'nun da bundan haberi olabileceği düşünülüyordu. Bu tıpkı şunu akıllara getiriyordu: köyün delisinden sorumlu tutulan muhtar!

Bunun üzerine 8 Kasım 1978'de Abdullah Çatlı'nın ifadesine başvuruldu:

"Arabayı o gün cezaevinden tahliye edilen Muhsin Yazıcıoğlu'nu almak için Sivas'a gönderdim. Sonra ne oldu bilmiyorum." dedi.

O tarihlerde, arabanın kendisinde bulunmadığı gerekçesiyle Çatlı hemen serbest bırakıldı.

Ardından Selahattin Sarı, ifadesinde Muhsin Yazıcıoğlu'nu hapisten aldıktan sonra arabanın anahtarlarını ÜGD Genel Merkezi'ne bıraktığını söyledi. Yani arabanın anahtarı, binlerce kişinin girip çıktığı koca bir binaya bırakılmıştı. Galiba şunu hatırlatmamda fayda var: araba Çatlı'nın özel arabası değildi! Araba herkesde olabilirdi. Kısacası cinayetlerde kullanıldığı iddia edilen söz konusu arabayı o gün şeytan almış götürmüştü! Şayet cinayetlerde kullanılan araba bu ise.

Dairenin içinde bulunan ve 7 TİP'liyi bayıltmak için kullanılan Koçuntak firma çıkışlı eterin ise polisin yaptığı araştırma neticesinde Yugoslavya'dan, İstanbul'a ticaret maksatlı satıldığı öğrenilmişti. Eter şişelerinin üstünde seri numaraları bulunuyordu. Polis bu ipuçlarından hareket ederek bunun, Numune Hastanesinden satıldığını öğrendi. İlerleyen safhalarda eterin Numune Hastanesinin ameliyat eczanesi deposundan alındığı, hatta çalındığı ipucuna ulaşıldı. Daha sonra Kadir isimli bir öğrencinin söz konusu eteri aldığı söylendi. Kadir, hastane karşısındaki okulda okuyordu. Bu gencin, eteri İbrahim Çiftçi adında bir ülkücüye emanet ettiği düşünülüyordu. Sanki 7 TİP'linin cinayetlerine ne kadar fazla ülkücü katılmış görülürse o kadar iyi olur gibi bir tablo çıkıyordu ortaya.

Emniyetin bu titiz araştırması, onca yıl aradan sonra olayları daha net görenler için tuhaf bir durumdu! Bu cinayetleri diğerlerinden farklı kılan neydi? Bu cinayetlere gösterilen alaka, diğerlerine gösterilmeyen alakayı mı ortaya koyuyordu? Cinayet cinayettir. Ne siyasi görüşler, ne de suçlanan kişiler insana verilen değere bir paha biçmemeli. Ancak ne utanç vericidir ki biçildi. Yoksa 80'lerde canice öldürülen niceleri var niceleri. Lütfen biraz insan olalım. Etikete göre davranan, dar zihniyetliler ve duyguları kişilere göre körelenler değil.

Bir başka iddiaya göre cinayete katılan kişilerin deşifre edilme sebebi, aynı apartmanda oturan Semiha adlı bir bayanın, söz konusu muhitin önünde iki kişinin konuşmasına şahit oluşuyla ortaya çıktığı söyleniliyordu. Semiha adlı bayan bu şahısların telsizle gönderdikleri mesajı fazla önemsemiyor. Olay medyaya yansıyınca vatandaşlık sorumluluğunu iyi bilen (!) bayan, hiç tereddüt etmeden Emniyete gidiyor, resimleri inceliyor ve o gün önemsemediği bir kişiyi deşifre ediyor: henüz 16 yaşında ki Haluk Kırcı'yı.

Haluk Kırcı da ülkücüydü ve bundan ötürü olayı planlayanın Başkan Yardımcısı Çatlı olduğu düşünülüyordu. Bu bağlantı her nasıl kurulduysa gerçekten de traji komikti. Doğru, Çatlı-Kırcı arkadaşlığı mevcuttu. Ancak bu bağ söz konusu cinayetlerden çok sonra pekişmişti. Çünkü Kırcı'nın anlattığı kadarıyla Merkez sağ onu kaçak dönemlerinde yanlızlığa terk edecek, ancak Çatlı yalnız bırakılan Kırcı ile bir kaç kez görüşecekti. Çatlı Başkandı. Hemde her türlü yönüyle, adam akıllı bir Başkan. Başkanlar, eğer üyeler zora düşünce onlarla ilgilenmiyor ise, bu o kişinin "manevi açıdan" Başkanlığını yitirdiğini gösterirdi. Bu nedenle cinayetler için kurulan kişiler arasında ki bağ, asılsızdır.

Cömert ve 7 TİP'linin yankılarıyla, dikkatleri Başkan Çatlı üzerine çekmeye çalışanlar bunda muvaffak olmuşlardı. Her iki olay da üzücüydü fakat yazılan senaryolarda bir hayli ilginçti. Çatlı, Cömert olayını üstüne atmaya çalışan bir muhbirden dolayı kendini rahatsız hissederken, neden kendini ikinci bir olayla daha çok töhmet altına sokup, riske atacaktı ki? Çatlı zeki bir adam, yazılan senaryolar ise kapasitesi düşüklere ait iftiralar.

İleriki sayfalarda da değineceğim üzere Kırcı, Semiha hanımın onu teşhis etmesi üzerine firara başlamış, ancak sahte bir kimlik dolayısıyla hasbelkader polislerce gözaltına alınmıştı. İddialara göre, Kırcı tutuklandıktan sonra "7 kişiyi öldürdüğünü" açıklayarak olaya netlik kazandırmıştı! Ancak kasti olarak unutulan bir nokta daha var: Kırcı tutuklu kalacağı yıllarda, 7 TİP'li olayı ile ilgili, birbirinden ayrı ve farklı altı ifade vermişti. Her birinde değişik isimler bulunuyordu. Fakat diğer ifadeler fazla önemsenmeden bütün dikkatler sadece ifadelerden birine, yani Çatlı'nın ismini sanık durumuna sokan bir ifadeye kilitlendirilmişti.

Ortalıkta dolaşan fısıltılar arasında Kırcı'nın bunları yoğun işkence altında, yönlendirme yolu ile zorla söyletildiği söyleniyordu. Konunun bu kısmı hakkında fazla birşey yazmak doğru olmaz. Ancak bilinen bir şey var, o da Çatlı'nın yurtdışına firar ettikten sonra Kırcı gibi diğerlerine, daha fazla işkence görmemeleri için bütün suçlamaları, O'nun üstüne atmalarını söylediğidir.

Her iki olayda da ortada ne bir kanıt, ne bir delil, ne de bir şahit olmaksızın Çatlı, aranmaya başlandı. Çünkü dönemin Emniyetinin anlayışına göre, fısıltılar asparagasta olabilirdi, olmayabilirdi de. Hele ikinci bir olayda aynı kişinin ismi geçiyor ise, bu o kişinin siciline kara lekeler sürüyordu. Bu yüzden yani 7 TİP'linin yarattığı yankıdan dolayı, Çatlı'nın Cömert cinayetine emir verdiği daha çok gündeme gelmeye başlamıştı. Bu iddiadan hareketle Çatlı, Bayraklı ve Yıldırım hakkında tutuklama kararı çıkmıştı. Daha sonra, Cömert cinayetinden Çatlı aklanacak dahi olsa bu kanı, şimdilik gerekliydi. Yani, Çatlı iki suçlamayla daha çok köşeye sıkıştırılır, yakalanınca da yargılanması için bir tanesi gerekli olacağından, diğeri icabında rafa kaldırılabilir diye düşünülüyordu. Çünkü yargılamak üzere ortada delil yoktu. Delil!

İddialar sırıtsa dahi, Cömert ve 7 TİP'li cinayetleriyle, Çatlı'nın temiz siciline leke sürülmüş, planlı bir şekilde sürdürdüğü siyaseti tepe taklak edilmiş ve teşkilatını "resmi" yollarla idare etmesi engellenmişti. Kontr-Çatlı taraftarları memnun, Çatlı cephesi kızgındı. O dönemlerde suçlu ya da suçsuz neredeyse hiç araştırma yapılmaksızın baskı altında istenilen ifadeyi vermeye zorlanıyor, akabinde cezaevine giriyor, yoğun işkencelere tabi tutuluyor ve hatta asılmaya kadar tehdit unsurlarıyla karşı karşıya getiriliyordunuz. Çatlı başına gelecek olanları tahmin ettiğinden, firarı tercih etmişti. Çünkü ne Emniyete ifade vermesi, ne avukat aracılığı ile kendini savunmaya geçecek olması, ne de cezaevine girip bir kaç yıl içinde çıkması mümkün gözükmüyordu. Çünkü Çatlı'ya getirilen suçlamalar, O'nu idam cezasına çarptırmaya olanak tanıyordu. Bu nedenle kaçış kaçınılmazdı.

7 TİP'linin yankılarından dolayı Cömert cinayetiyle aranan Bayraklı ve Yıldırım'da, olaylar netliğe kavuşuncaya dek Çatlı gibi firarı uygun görmüşlerdi. Dediğim gibi üçlüyü firara sürükleyen sebep, suçlu oluşlarından kaynaklanmıyor, dönemin Emniyetin acımasızlığı, hükümetin katı kurallar empoze ederek idamlara göz yumması ve kendini bilmez kiralanan muhbirlerin suçsuz insanları suçlaması, o dönemin hukuk ortamının kişilerin yakasına suçlu gibi yapışmasından ötürü nicelerini firara itiyordu. Çatlı'nın firarı, yerinde alınmış bir karardı. Aksi taktirde, işlenmemiş suçlar nedeniyle cezaevinde çürümeye bırakılacak ve işlenmemiş suçlar nedeniyle işkencelere tabi tutulacaktı! Herkesin seçimi görecelidir: kendiliğinden teslim olan ya da yakalananlar varsa, illaki bu kesimin de geçerli sebepleri mevcuttur.

Çatlı ile birlikte Cömert olayında aynı kaderi paylaştırılan ve kısa bir süre sonra yurtdışına çıkmayı başaran Bayraklı 90'lı yılların başlarına gelindiğinde öldürülecekti. Çatlı da, eşi ve oğluna her türlü desteği sağlayarak arkadaşına vefa borcunu yerine getirmeye çalışacaktı.

Şayet halen hayatta ise Rıfat Yıldırım'ın nelerle karşılaştığına dair bir bilgi yoktur.

Aslında eğer 80'lerin hukuk ortamı, suçlananlara, kendilerini savunma olanağı tanısaydı, akla kara birbirinden ayırd edilirdi. Ancak tanınmadı. Kestirmeden olaylar kapatıldı zannedildi ama aileler parçalandı, genç yaşta insanların kaderi çizildi... Koca bir sistem çıkmazı uğruna!

Bu nedenle ister sağ kalanların, ister vefat edenlerin, ister sağ veya sol davası adına kaderi çizilenlerin sistemden almaları gereken bir hayat borçları var.

Alten, önce faşist diye tabir ettiği kişilerce öldürülmek istendiğini ifade etmiş ancak unuttuğu önemli bir bilgiyi ameliyata gireceği anda hatırladığı söylenmişti. Kısacası iddialara göre, olay günü Alten bir arabaya bindirilmek üzere önce zorla dışarıya çıkarılmış, ardından tekrar eve sokulmak üzereyken söz konusu arabanın plakasını görmüştü. Fakat eterle bayıltılmış bir insanın nasıl olurda aynı zamanda şuuru yerinde olabilirdi ki? Kısacası, eterle bayıltılmış olan Alten'in, araba plakası hakkındaki ifadeleri ve söz konusu iddiaları yoksa koca bir iftira mıydı! Ayrıca Alten, hangi mantıkla dışarıya çıkarılıp sonra tekrar eve sokuldu ki? Yoksa bu iddialara sırf, Alten'in söz konusu arabanın plakasını gördüğünü tam olarak kanıtlamak için mi gerek görülmüştü! Bu bir soru değil, bir tesbit, bir gözlemdir. Hatırlatırım ki, orada cinayetler işlendi. Kim hangi sebeple bu denli rahat hareket edebilir ki? Ayrıca, 7 kişinin infazını planlı bir şekilde ve soğukkanlılıkla gerçekleştirenler, hangi mantıkla Alten'i dışarıya çıkarıp tekrar eve soksunlar ki?

Olaydan önce, telsizle "5-6-2 tamam reis" diyen şahıslar neden burunlarının dibindeki Çatlı'ya bunu telsiz olmaksızın söylemiyorlar! Neden Semiha hanım diğer şahısları görüyor da araba içinde olduğu iddia edilen Çatlı'yı gözünden kaçırıyor! Kişileri suçlamadan önce derinlemesine analiz yapmak gerekmiyor mu! Ayrıca Semiha hanım kimdir? Neden kendisi hiçbir şekilde medyada görülmedi? Bundan sonra, Semiha hanım dedikleri kişi ortaya çıkıp kendini tanıtacak olur ise, bu formasyona güven nasıl duyulabilir ki!

Madem Çatlı bu arabanın içindeydi, arabanın plakasını, rengini, şeklini ve diğer şahısları iyi kötü tarif eden Alten, nasıl olur da O'nu görmez.

Bütün bunları açıklamamın sebebine gelince: Çatlı Türkiye'den ayrıldıktan sonra TİP'li 7 gencin öldürülmesi olayına karıştığı söylenenlere, daha fazla işkence ve baskı görmemeleri için bütün suçlamaları üzerine atmalarını söylemiştir. Bu yüzden Duran Demirkıran, O'nun bu cinayeti planlayıp, yönettiğini söylemiştir. Aynı dava nedeniyle yargılanan İbrahim Çiftçi, olay yerinde araba içinde gördüğü kişinin Çatlı'ya benzediğini söylemiştir. Kırcı ise, verdiği altı ayrı ifadelerden birinde Çatlı'nın direktifleriyle bunun yapıldığını söylemiştir. Susurluk olayı ortaya çıkınca bazı basın organlarının manşet yaptığı gibi "suç ortakları Çatlı'nın ismini vermişti" demeleri aslında Çatlı'nın direktifleri üzerine verilen ifadelerden kaynaklanmaktaydı. Çünkü Çatlı'ya göre iyi bir başkan, söz konusu her ne olursa olsun gerekeni yapmakla mükellefti. Bu belki çok flu bir ifade olacaktır ancak, gerekeni bozmakla değil!

Bir bardak suda koparılan fırtına nedeniyle Çatlı'nın düzeni bozulmuştu. Artık Çatlı, kimse için ne bir engel ne de gelecek vaad eden bir Başkandı. Bu nedenle içten içe sevinenler vardı.

1996'da Susurluk olayı ortaya çıkınca, araştırma yapmaktan adeta kaçınan bazı basın organları, Çatlı'nın firar hayatına başlamasını -muhtemelen daha çok dikkat çekeceği için- 7 TİP'li cinayetlerine bağladılar. Çatlı'nın firar hayatı, Cömert olayından dolayı başlamış, 7 TİP'li ise sonradan O'nun üstüne atılacak olan başka cinayetlerdi.

Bütün bu kargaşalar neticesinde, olaylardan aylar hatta yıllar sonra alınabilen en son "resmi" karar şunlardan ibarettir:

Çatlı'nın, Cömert davası nedeniyle zan altına sokulması asılsız iddialardan kaynaklandığı için, kendisine dava açılmadan kapanmıştır.

7 TİP'liden ise karar aşamasına varmış hiçbir cezası yoktur. Diğer sanıklar idam cezasıyla yargılanıyordu. Çatlı hakkında ise, başkalarının verdiği ifadelerinden dolayı gıyabi tutuklama (kendisi bulunmadan gıyabında iddia edilen) kararı çıkarılmıştı. Ancak kendisi bir kez Emniyete ifade vermek dışında, hiçbir suretle mahkeme huzuruna çıkmadı. Aradan geçen 20 yıl sürecinde (1978'den 1998'e) hem zaman aşımına uğrayan dava, hemde hakkında gıyabi tutuklanma kararı bulunan ancak yakalanamayan Çatlı'nın 7 TİP'li davasıyla ilgili oluşturulan dosyası zaman aşımına uğradığı için düşmüştür.

Ancak 1996 yılında vefat eden Çatlı'nın bunları görmeye ömrü yetmemiştir.

7 TİP'li davasıyla ilgili diğer ayrıntılar, ilerleyen sayfalarda devam edecektir ama unutulmaması gereken bir nokta var: 7 TİP'li bir kaç genç ülkücü tarafından değil, profesyonel yerlerce işlenebilecek karmaşık cinayetlerdir. Çatlı'nın uzun yıllar daha yaşayacak oluşu da bu sırrı çözmesi ve kendisine zarar verilmek istendiği takdirde, güvenilir kişilere aktardığı olayın bunlara karşı tehdit unsuru olarak kullanabileceği mesajını göndermesiydi.

Meral Çatlı Anlatıyor:
"KOCAMIN HİKAYESİ BURADA BAŞLIYOR"

"Her şeyin en önemli noktası başlangıcıdır."
Eflatun

"Yine bir kış aylarının içindeydik. Abdullah üçüncü sınıfa geçmişti ancak bir olay nedeniyle adeta okula gidemez olmuş, huzuru büsbütün kaçmıştı. Ancak hiç aksatmadan her hafta sonu Ankara'dan Nevşehir'e bizi görmeye geliyordu. Dediğine göre Ankara'da bulunması olayların gidişatını idare etmesine imkan yaratabilecekti. Onun bu kararına saygı duyuyordum.

Eşimi beklediğim bir akşam vakti zil çaldı. Abdullah gelmiştir umuduyla kapıyı açtım. Daha önceden hiç görmediğim bir bey: "Yenge beni Reis gönderdi. Bu mektubu da size vermemi istedi." dedi. Mektubu oldukça kısa yazmıştı. Gelen arkadaşa güvenmemi ve vakit kaybetmeden yola çıkmamızı istiyordu. Endişelenmiştim. Eşimin arkadaşı kısa bir açıklama yaparak, ortada mühim bir meselenin olduğunu ve bir an evvel evden ayrılmamız gerektiğini söyledi. Valizimizi dahi hazırlamadan kayınvalidem, Gökçen ve ben, gelen Zühtü Bey'in eşliğinde Ankara'ya hareket ettik. Yolculuk boyunca eşimin arkadaşı Zühtü bey, bu huzursuzluğa neden olan hadiseye kayınvalidemin ısrarlarına rağmen, Abdullah'ın anlatmasının daha doğru olacağını söyleyerek hiç değinmedi. Zühtü Bey, aile terbiyesi almış ve belli ki eşime dost olan biriydi.

Gece yarısı olmadan, Abdullah'ın bizi beklediği eve gelebilmiştik. İçerde başka kişilerde vardı. Çok kısa bir konuşmadan sonra eşim, annesine:

"Meral'le Gökçen benimle gelecek. Zühtü'yle sen Nevşehir'e dönün. Birileri başıma iş açtı anam. Ama babama söyle onu utandıracak hiçbir şey yapmadım." dedi.

Eşime güvenim tamdı ancak Ankara'nın siyasi kulvarı için aynı duyguyu besleyemiyordum. Önemli bir misyonda bulunuyordu ve bunda başarılıydı. Zaten beni en çokta bu husus endişelendiriyordu. Bu düşüncemi daha evvelden Abdullah ile paylaşmıştım. O da benden farklı düşünmüyordu. Özellikle de son zamanlarda.

Yeni tanıştığım Şevket Bey'in de bize katılmasıyla, hemen İstanbul'daki evine hareket ettik. Kendisi orta yaşta, babacan, güleryüzlü ve cesur birine benziyordu. Maddi durumu ise yerindeydi. Eşim ile olan yakınlığı ağabey-kardeş ilişkisinden farksızdı. İstanbul'daki adrese vardığımızda eşi Güler Hanım, biz zile basmadan kapıyı açtı. Cana yakın bir hanımdı. Hemen kahvaltı masasına oturduk. Abdullah fikirde kulis diyenlere bu ülkede rahat verilmediğinden bahsediyordu. Çok kızgındı ve hayal kırıklığına uğramış bir hali vardı.

Kızımla birlikte yorgunluktan bitap düştüğümüz için bize ayrılan yatak odasına girerken, Şevket Beyin telefondaki görüşmesi dikkatimi çekti;

"Abdullah ve yengem güvencem altındalar merak etmeyin." diyordu.

Onca tedirginlik nedendi, kimdendi, kimler bizi merak ediyordu? Elbette ki zaman içinde bende bunlara vakıf olacaktım.

Onüç gün sonra Şevket Beyin evine yakın bir muhitte bize de bir daire kiralandı: Ethem Efendi Caddesinde bulunan bir binanın yedinci katında oturacaktık. Böylece ailemizin firar hayatı Erenköy'de başlamış oldu.

Biz, Çatlı soyadını hafızalarımızdan silmek zorunda bırakılmıştık. Yeni kimliklerimiz ise Hasan, Meral, Gökçen Çahcıoğlu idi." diye anlatıyor.

Aileyi firara iten ve farklı kimlikler kullanmalarına gerektiren olaylara, Abdullah Çatlı ömrü boyunca açıkcası lanet etmiştir. İsnat edilen suçlamaları -ki özellikle 7 TİP cinayetleri ile ilgili olanları- bazı kişileri zora sokmamak için, Emniyette ifade vermek dışında ne mahkeme huzuruna çıkmış, ne de böyle bir iftirayla lekelenmesine sebep olanları "sesli bir sekilde" deşifre etmiştir. Köyün delisinden sorumlu tutulan muhtar hikayeleri, sistemi çalkaladığınız vakit yüzeye hemen çıkar ve sırıtır. Ancak muhtar için infaz kafadan kesildiyse bunun önüne kimse geçemez. Hukuk bile.

Çatlı'nın firarı başladıktan sonra hayatına bir dedikodu da girmişti: "Teşkilat zorluklara göğüs gererken Çatlı zevk sefa içinde yüzüyormuş. Çatlı'nın çok lüks bir evi ve kuyumcu dükkanı varmış."

Lafım bu dedikoduları çıkaran beylere; biz kırk kişiyiz birbirimizi iyi biliriz!

Bu olaya başka bir açıdan bakmak amacıyla ve Çatlı için bazılarınca alınan tavrı daha iyi aktarabilmek için, sözü bu davadan hüküm giyen ve o dönemlerin analizini duygularıyla aktaran Haluk Kırcı'nın Zamanı Süzerken adlı kitabına bırakıyorum:

"Para temin edebilmek ümidiyle İstanbul Ülkü Ocağı'na gittim ve kaçaklarla ilgilenen ağabeyi buldum. Durumu anlattım. O ağabey hemşehrim olmasına ve beni çok iyi tanımasına rağmen, cebinden çıkardığı cüzi bir miktar parayı bana vermek istedi. Buna çok bozuldum... Dilenci durumuna düşürülmek gururuma dokunmuştu. Her konuda güvendiğimiz ve her emrine tereddütsüz itaat ettiğimiz teşkilatımız, bu zor zamanımızda bizi yalnızlığa mı terk ediyordu? Hani teşkilat her şeyimizdi? Hani ne olursa olsun, arkamızda teşkilatımız vardı? O halet-i ruhiye içinde eve gittim. Teşkilata bir daha uğramamaya ve hiçbir talepte de bulunmamaya karar verdim.

O günlerin birinde, Fatih'teki Nevşehir öğrenci yurduna gittim. Çatlı başkanın hemşehrisinden bir not aldım: kendisini mutlaka bulmamı istiyordu. Bana Çatlı Başkanın beni aradığını ama bir türlü irtibat kuramadığını söyledi. "Seni hemen onun yanına götüreceğim"dedi. Bir taksiye bindik ve Çemberlitaş'a gittik. Taksiden indikten sonra kuyumcu dükkanlarının bulunduğu bir caddeye yürümeye başladık. İşte o andan itibaren başkan hakkında anlatılanların doğru olabileceği şüphesi içimi kemirmeye başladı. Bir dükkana girdik. On-on beş metre kare büyüklükteki dükkanda küçük bir büro masası, bir iki sehpa ve birkaç sandalyeden başka bir şey yoktu. Vitrinleri ise tamamen boştu. Başkan içerdeydi ve tek başına oturmuş gazete okuyordu. İçeri girdiğimizi görünce gülümseyerek ayağa kalktı, kucaklaştık, öpüştük. Her zamanki gibi temiz giyinmiş ve tıraşını olmuştu..." (Edilen sohbette Çatlı bundan sonra, Kırcı'nın bu kuyumcu dükkanına gelmesini istiyordu. Çünkü Kırcı'ya Teşkilattan sahip çıkan olmamıştı.)

"...Ertesi sabah, erkenden dükkanın yolunu tuttum. İçeri girdiğimde, başkan yoktu. Bir gün evvel gördüğüm yaşlı adam elinde bir bezle toz alıyordu. Selam verdim;

"Hasan Bey (Hasan Dağaslan, Abdullah Çatlı'nın kullandığı isimdir) gelmedi mi?"diye sordum. Yaşlı adam gelmek üzere olduğunu söyledi ve oturmam için yer gösterdi.

"Amca bu dükkan kimin?"

"Şevket Bey'in... Sen biliyor musun?"

"Yok!... Ben yalnızca Hasan ağabeyi tanıyorum."

"Şevket Bey (1) Hasan Bey'in akrabasıdır. Konyalıdır. İyi bir insandır. Şu sıralar işleri biraz bozuk ama inşallah düzelecek."

Biz sohbet ederken, başkan içeri girdi. Yanında orta yaşlı biri vardı. Başkan Şevket Bey diye takdim ederek bizi tanıştırdı.

"Ağabey sana bahsettiğim arkadaş Yavuz."

"Ya öyle mi? Aslanım benim. Nasılsın?"

"Sağ olun, iyiyim."

---

1 Şevket Bey ile diyalogda bahsi geçen Hasan Dağaslan isimli Abdullah Çatlı'nın, her hangi bir akrabalığı söz konusu değildir.

Başkana, Yavuz ismimi kullandığımı söylemiştim. Gerçi henüz sahte kimliğim yoktu ama nasıl olsa bir tane bulacaktım. Şevket Bey bana çok samimi davrandı. "Koçum burası sizin sayılır. Rahatına bak..." gibi laflar etti. Bir müddet sonra halletmem gereken işler var diye kalktı. Başkanla yalnız kalmıştık. Fazla oyalanmadan konuya girdim.

"Ağabey gelirken Ankara'ya uğradım..."

Artık "ağabey" diye hitap etmek gerektiğini düşündüğüm için öyle diyordum. Konuya Ankara'ya uğradığımı söyleyerek girdim ve hakkında söylenenleri anlattım.

"Ağabey, nedir bunlar? Bu anlatılanlar nasıl ortaya çıkıyor?"

Ben duyduklarımı anlatırken, birkaç defa sözümü kesip bazı sorular sordu. Onun dışında sabır ve sükunet içinde dinleyerek, konuşmamın bitmesini bekledi. Gerilen yüz hatlarından, sinirlendiğini anlıyordum. Buna rağmen sükunetini bozmadı ve anlatmaya başladı:

"Bunlara inananlara, yazıklar olsun! Bu yalanları ortalığı boş bularak bize karşı muhalefet yapanlar ve dolayısıyla teşkilat içinde bizi küçük düşürmeye çalışanlar uyduruyorlar. Bu yalanları kimin uydurduğunu iyi biliyorum. Yorum zamanı gelince de hepsinden hesap soracağım. Durumuma gelince; bildiğin gelişmeler olduktan sonra Şevket ağabeyi aradım. Sağ olsun, "Hemen buraya gel. Ne lazımsa yaparım" dedi. İstanbul'a geldiğimde kendi evine yakın bir yerden bana ev tuttu. Bende çocukları yanıma aldım. Ne arabam, ne evim, ne de yeni eşyam var. Nevşehir'deki eşyamı buraya taşıdım. Bu dükkanda Şevket ağabeyin. Apartmanda dikkat çekmemek için sabah buraya gelip akşama kadar oyalanıyor, akşam olunca da eve dönüyorum."

Bunları dinledikten sonra rahatladım. Kafamdaki şüpheler uçtu gitti. Güvendiğim, inandığım ve yalan söylediğine hiç şahit olmadığım bu insan, bize ihanet etmemişti. Söylediğinin doğru olduğunu, beraber geçirdiğimiz iki ay içinde daha iyi anlayacaktım."

Meral Çatlı anlatıyor: "PERUKLU BEY"

"1979'un kış aylarıydı. Bu aylar bizler için hiçbir zaman hayırlı geçmemişti. Zaten yaşayacağımız yıllar içinde buna daha çok inanır olacaktık. Her zamanki gibi Gökçen'le, Abdullah'ın eve dönmesini bekliyorduk. Kapının vurulduğunu işittiğimde kızım kapıyı çoktan açmış, babam geldi diyerek Abdullah'ın boynuna sarılmıştı. Elektrikler kesik olduğundan asansör yerine merdivenleri kullanan Abdullah ise soluk soluğa kalmıştı. Elindeki poşetleri aldım ve oturma odasına geçtik. Çok geçmeden telefon çaldı. Kocamın konuştuğu her kim ise, onu şaşırtmışa benziyordu. Merak edip sebebini sordum:

"Yok bir şey. Hiç beklemediğim bir misafirimiz olacak!" deyip gitgide huysuzlanan Gökçen'i kucağına alıp sevdikten sonra, yemeğini yedirip, uyutmamı rica etti.

Yaklaşık bir saat sonra kalabalık bir grup evimize geldi. Aceleleri olacak ki fazla oturmadan kalktılar. Salonda bir kişi kalmıştı. Aslında kocamın çoğu arkadaşını tanıyordum ama bu bey... Çaylarını vermek üzere yanlarına gittiğimde, içimdeki dürtü o beye bakmamı sağladı. Mumun cılız ışığı, yüzünü tam olarak aydınlatmasa da düz uzun saçlarını, çıkık elmacık kemiklerini ve nerdeyse anlamını yitirmiş donuk bakışlarını seçebiliyordum. Belki de memur çocuğudur diye aklımdan geçirirken, kafamı kurcalayan esas şey onu daha evvel gazetelerde görmemden kaynaklanıyordu. Ama hangi konu dolayısıyla, bunu hatırlayamamıştım. Merakımdan eski gazeteleri çıkardım ve telaşla hepsini gözden geçirdim. Evimizdeki şahıs bütün gazetelerin baş sayfasında, gazeteci Abdi İpekçi'yi öldürdüğü iddiasıyla yer alıyordu. Ürkmüştüm! Misafire bir şey sezdirmeden Abdullah'ı çağırdım.

"Neden diye sormayacağım çünkü yanlış yapmayacağından eminim. Ama onu tanıdım. O gazeteci Abdi İpekçi'nin katili, Mehmet Ali Ağca değil mi?" dedim.

Abdullah, derin bir iç çekip:

"Maalesef ama kim olduğu şimdilik önemli değil. Burada kalması için rica ettiler! Aniden geldiler. Yoksa ricalarıda... neyse."

"Canın belli ki çok sıkkın Abdullah…"

"Hiç sorma! Hem de öyle sıkkın ki."

Anlamadığım tek şey, kaçağın evinde bir başka kaçağın kalmasıydı. Ama "rica" edildiğine göre... Tekrar yanlarına gittiğimde, mum nerdeyse bitmek üzereydi. İkisinin samimi olmadıkları ise konuşmamalarından anlaşılıyordu. Abdullah'ın saati sorması üzerine Ağca'ya baktığımda;

"Eyvah... Abdullah bu da kim böyle!" diyerek irkildim. Az evvelki beyin uzun saçları gitmiş, yerine asker traşlı biri gelmişti. Abdullah da:

"Onu tanıdığını söyledim. Peruğu rahatsızlık verince çıkardı. Çok mu korktun?" dedi yarı güler şekilde.

Tabii ki korkmuştum fakat zaten gergin olan ortamı daha da gerginleştirmemek için:

"Yok... Birden şey olunca şaşırdım. Tabii ki iyi etmiş... Rahat edebilirsiniz." gibi birşeyler dedim. Rahat değildi. Ellerini dizlerinin üstüne koyup, derin bir iç çekti.

Ona karşı neler hissetmem gerektiği hususunda afallamıştım. Bir yanda Abdi İpekçi'yi öldürdüğü iddiasıyla aranan bir kaçak, diğer yanda ise bu kişinin evimde misafir olarak kalmasını rica edenler vardı. Mehmet Ali Ağca ile göz göze geldik. Donuk bakışlarının altında yalnızlığı, yalnızlığının altında da pişmanlığı okunuyordu. Ama neyin pişmanlığı? Suçlu mu, yoksa... Henüz anlamamıştım.

İPEKÇİ

İhtilale doğru atılan her adımda şahsi menfaatler kol geziyor, can yakıyor, can alıyordu.

Abdi İpekçi, 1 Şubat 1979'da 16:30 uçağı ile Ankara'dan İstanbul'a dönmüştü. Baş yazarı olduğu Milliyet Gazetesine uğradıktan sonra, arabasıyla evine doğru yola çıkmıştı. Teşvikiye Emlak Caddesinde, kimliği belirsiz şahıs ya da şahıslarca silahlı saldırıya uğradı. İpekçi'nin evinde ise eşi Necla Hanım onun dönüşünü beklerken, bayan arkadaşı Leyla Umar'ın; "Abdi'yi vurdular..." çığlıklarıyla karşılaştı.

Dönemin Başbakanı Bülent Ecevit, aynı zamanda İpekçi'nin yakın arkadaşıydı. Cenazesinde en çok göz yaşı döken ve failler bulunacak sözünü veren ilk kişiydi. Aradan 21 yıl geçti, Ecevit yine Başbakan ancak olay hala aydınlatılmadı. İpekçi'nin ölümü üzerinden, uzun ve ızdıraplı aylar geçtikten sonra merhumun eşine suçlunun yakalandığı söylendi. İddialara göre Ağca olduğu düşünülen kişi, İpekçi'yi vurduktan sonra kaçarken, yol üstünde aracının içinde bulunan bir tanık tarafından teşhis edilmişti. Şahsın robot resmi çizilince, bunun Ağca'ya benzediği ortaya çıkmıştı. Bunun akabinde 25 Haziran 1979 günü Mehmet Ali Ağca, İpekçi cinayetini işlediği iddiasıyla bir kıraathanede yakalandı. Önce Selimiye ardından da Kartal Askeri Cezaevine konuldu. Ancak Ağca'nın verdiği ifadeler şaibeli olduğundan, İpekçi'nin daha karmaşık kitlelerce öldürülmüş olabileceği ihtimali belirdi. Bunu akıllara getiren dikkat çekici bir kanıt, süregelen davaların özellikle üçüncü celsesinde Ağca'nın; "Hani nerede verdiğiniz sözler?" benzeri yakınma mesajını meçhul yerlere göndermesinden kaynaklanıyordu. Öyle ki Ağca, olay mahallinde yapılan tatbikat esnasında, cinayet dakikalarını anlatırken şaşırmaktaydı. Bazılarına göre bu Ağca'nın kasti olarak yaptığı bir şeydi. Bazılarına göre de bu olayda piyon olarak kullanıldığını belirten bir delil. Daha geniş bir perspektifle bakılırsa, memlekete biçilen anlam kargaşaları dolayısıyla kaçınılmaz yönetim değişikliği ihtilal için ses getirebilecek cinayetlerin işlenmesi çok da hayali değildi. Aksine büyük skandallarla memleketimizin uçuruma doğru itilmesine hız verilmişti.

23 Kasım günü Ağca cezaevinden kaçmayı başardı. Bu olaya kimisi alkış tuttu, kimisi yuhaladı. Askeri cezaevinden bir mahkumun güçlü bir yerlerden destek almaksızın tek başına kaçamayacağı düşünülüyordu. Kıyamet koptu. Ağca'nın ifadelerine bakılırsa kendisi tutuklu kaldığı Kartal Askeri Cezaevinden er Bünyamin Yılmaz yardımıyla kaçmıştı. Yılmaz'ın ülkücü duygularından faydalandığını söyleyen Ağca, erin gizlice getirdiği asker üniformasını giymiş ve kaçmıştı. Bazı iddialara göre ise bunda Çatlı'nın doğrudan doğruya desteği olmuştu. İç savaş içindeyken özellikle de bir askeri cezaevinden Ağca gibi sansasyonel birinin, Çatlı tarafından kaçırıldığını iddia etmek açıkcası büyük bir gaf. Genç Çatlı'nın o dönemlerde bunları yapabilecek ne sınırsız derin gücü, ne de böyle bir şahsı kaçırıp, sorumluluğu üstüne alacak kadar imkanı vardır. Ancak Ağca bunları tek başına yapmamıştır deniliyorsa bu da haklı bir tespittir ama kaçmasına yardımcı olan Çatlı'dan ziyade karmaşık ve karanlık yerler olabilir. Söz konusu yerlerde belki de onun İpekçi cinayeti ile ilgili konuşmasından çekindikleri için bunu yapmış olabilirler.

Kaçıştan belli bir müddet sonra kendisi Abdullah Çatlı'nın yanına gönderilmiştir. Bu mecburi süreç ne firarda olan Çatlı'nın ne de Ağca'nın talepleri üzerine olmuştur. Ağca, Çatlı ailesinin Erenköy'deki evlerinde kaldıktan sonra Ankara'ya oradan da Erzurum'a geçmişti. Yurtdışına çıkmaya karar verdi. Iğdır üzerinden İran'a kaçtı. Fakat umduğu rahatlığı bulamayan ve sahte Hint pasaportundan tedirgin olan Ağca, tekrar Türkiye'ye dönme kararı aldı. Ne yapacağını adeta şaşırmıştı. Türkiye'de bulunduğu günlerden birinde, radyodan "İpekçi katili Ağca'ya idam cezası verildi" diye bir haber duydu. Yıllar sonra televizyonlara verdiği demeçte ise o anki duygularını şöyle aktarıyordu:

"O an beynimden vuruldum. Ben özlediğim için memleketime geri dönmüş, fakat yalnız ve çaresiz bırakılmıştım. Çok istememe rağmen artık burada kalamazdım. Ne demek, İdam cezası! beynimden vuruldum."

Çok geçmeden Milliyet Gazetesi ondan bir mektup aldı. Ağca, İpekçi olayına hiç değinmeden: "Bu kansız, sessiz ve basit kaçış olayının fazla abartılmamasını." rica ediyordu.

Çatlı, Ağca'nın işlediği iddia edilen İpekçi cinayetinin perde arkasını, onunla geçirdiği süre içerisinde çözmüştü. Kullanılanları, tasvip etmezdi ama tanrıların seçtikleri kurban Ağca'nın bir figuran, esas suçluların zihniyete teşebbüs ettirenlerin olduğunu düşünüyordu. Çatlı, ateş hattındaki Türkiye zihniyetini aklında belgelemişti.

1 Eylül'de Çatlı ile Pınarbaşı'nda görüştü. Ağca'nın yurtdışına kaçışı için 2000 dolar toparlandı. (Bu miktar 1000 veya 3000 dolar da olabilir.) Ardından Ağca Fransa, İsviçre, İspanya ve son durağı olan Viyana'ya gitti. Ne çok rahat ne de çok zordu koşulları. Yurtdışına firar eden her Türk gibi sanki bir kavanozun içine kapatılmıştı. Böyle bir süreçten geçerken kendisi Papa II. Jean Paul'e hala nedeni çözülememiş bir suikast düzenleyecek, ömür boyu hapse mahkum edilecekti.

1997'e gelindiğinde, İtalya'da Papa davasıyla tutuklu kaldığı cezaevinde, Ağca'ya çeşitli sorular yöneltildi, o da mikrofonlara şöyle konuştu:

"İpekçi'nin cinayeti ihtilalin çıkmasını sağlayacaktı. Abdullah Çatlı'yı ben cezaevinden kaçıktan sonra tanıdım. Bakın, Aralık ayındaydı zannedersem, Çatlı'nın evinde kaldım."

Soru: "Suçlu olarak aranılan birini evinde saklamak Çatlı'nın, İpekçi olayında ve sizin cezaevinden kaçırılmanızda suç ortağı olduğunu göstermez mi?"

Ağca: "Hayır! Kesinlikle iftira. Abdullah Çatlı'nın İpekçi olayıyla zerre kadar ilgisi yoktur. Kesinlikle. Bunlar kuru iftira. Ben Çatlı'yı cezaevinden kaçtıktan sonra tanıdım. Yani İpekçi olayı olduğunda onu kesinlikle tanımıyordum. Daha sonra, yani evinde kaldıktan sonra Çatlı bana Faruk Özgün adına bir pasaport ayarladı. Hayır suç değil. Çünkü ben diyorum ki, Bülent Ecevit işkence hükümeti, bana zorla bu Abdi İpekçi olayını yıktı mı?. MHP'ye karşı iftira etmek istiyor muydu? Ben bu iftiraya araç olmamak binlerce insanın oy verdiği bir partiye çamur attırmamak için hayatımı ortaya koydum mu? Bu yalanı kabul ettim mi? Ne yapmış Çatlı?, bana yardım etmiş. Gayet tabii bir şey. İç savaş içindeyken, Çatlı bana değil, tehlike içindeki birçok ülkücüye yardım etmiştir. Ülkücülerin başı olduğu için."

Bazılarına göre, Çatlı'nın Ağca'yı rica üzerine olsa dahi evine kabul etmesi, O'nu İpekçi olayında suçlu gösteriyordu! Ya da Ağca'nın cezaevinden firarından Çatlı'nın da bilgisi var deniliyordu. Fakat gerçeklerin bu iddialarla bir alakası yoktu. Eğer maksat her söyleneni çürütmek olsaydı, Ağca'nın Erenköy'deki evde kalması, Pınarbaşında'ki görüşmeleri ve yurtdışına çıkması için toplanan miktarın bahsi bu kitapta ele alınmaz ve üstü kapatılırdı. Fakat yalanların bu kitapta yeri yok.

YAPBOZ

Çocukluk döneminde babamla ilgili hatırlamaya başladığım en belirgin hatıralar İstanbul Erenköy'deki evimizde başladı. Genç ve diktatör bir annem, benimle ilgilenen yakışıklı bir babam vardı. Arkadaşlarım da vardı ama benim en iyi dostlarım babama Başkan diyen, ya da babamın ağabey dediği insanlardı. Ağabey arkadaşlarım bazen benden daha da çocuklaşıp oyuncaklarımın başından akşama kadar kalkmaz ve beni kocaman bir adam sanıp hayatın içindeki entrikalardan bahsederlerdi. Doğal olarak anlatılandan bir şey anlamazdım ama zihnimde kalanlar arasında ağabeylerimin çocukluklarını yaşamadan büyümüş olmalarıydı. O yıllardaki masum duygularımla anlatmaya lüzum

Erenköy 1979

gördüğüm ve evimizde yirmi gün boyunca diken üstünde kalan, diğerlerinden son derece farklı olan biri vardı. İşte yapbozumun başından ayrılmayan ve peruğunu yanından hiç eksik etmeyen bir uzun ince elli.

Babamın isteği üzerine erkenden yemeğimi yiyip yatmıştım. Anlaşılan bu akşamki misafirler bana göre değildi. Sabah oturma odasında uyandığımda, babam neredeyse parmaklarının ucunda büfeden evrak çantasını alıp, çıkmaya çalışıyordu.

"Baba, ben uyandım... Neden odama yatırmadınız?"

"Günaydın Sultan hanım. Orada misafirimiz kalıyor, sakın rahatsız etme."

Babam beni kızdırmak istediğinde bana Sultan derdi. Yine başarmış olacak ki

"Ben hiç öyle bir şey yapar mıyım!" dedim yüzümü ekşiterek.

"Yok canım sadece tepelerine çıkıp, evi çocuk parkına çevirirsin. Sultan hanım yaramazlıkların siciline geçti bile. Artık kimse seni benim elimden kurtaramaz." dedi ve beni gıdıklamaya başladı.

Aslında yaramaz fakat tatlı dilli bir kızdım. Sanki evin muhtarı gibi, bir o kadar da meraklıydım.

"Misafirin adı ne?" dediğimde babamın güler yüzü, yerini ekşimiş bir ifadeye bırakmıştı. Uzun uzun düşündü ve dilinin ucuyla

"Büyüklere ve yabancılara isimleriyle seslenilmez." diyebildi. Çantasını tekrar alıp odadan çıkmaya çalışırken, O'nun pantolonuna asıldım ve:

"Ya misafirin ismini söyle ya da beni de işe götür." diye inatlaştım.

Babamı kızdırmış olacağım ki, her ikisine de sert bir tonlamayla "hayır" dedi.

Sonra evden ayrılmadan evvel, işaret parmağını sallayıp misafir konusunda beni tekrar tekrar uyarsa da inadım inattı. Üstelik Sultan mevzuundan ötürü, sabah sabah yine sinirlendirmişti.

Babamın bana "Sultan" diye hitabetme hikayesi, İstanbul'a yeni taşındığımızda rahatsızlanmam ve O'nun beni hastaneye götürmesiyle başlamıştı. Babam, kaçak oluşumuzdan dolayı doktor bana ismimi soracak olursa "Sultan" dememi istemişti. Ben de, kendimi hastanede yerden yere atıp; "Hayır ben Sultan olmam, bu köylü ismi" demiş, bu da ailemizin gündemine espri konusu olarak gündeme oturmuştu. Annemin deyimine göre babamla hastaneden eve dönünce, ağlamaktan gözlerim şişmiş, kıyafetlerim ise yerde sürünmekten kir içinde kalmıştı. O günden sonra babamlar beni sinirlendirmek için Sultan demeye başlamışlardı. Komik görüneceğim ki bu kızgın halime çok gülüyorlardı.

Bende gitgide daha çok merak uyandırmaya başlayan şimdilik bu "İsimsiz" hakkındaki tek bilgim iri bir bey olmadığı idi. Çünkü ayakkabıları babamınkinden daha küçüktü. Dediğim gibi, kendimi evin muhtarı sanıyordum.

Ben bu isimsizin merakıyla kahvaltımı yaptım, saçlarımı taradım, oyuncaklarımla oyalandım ama vakit bir türlü geçmek bilmiyordu. Annem benim merakımı iyi bildiği için giysilerimi önceden hazırladığından o kişiyi görme fırsatını da kaçırmıştım.

Annem bilmece çözüyordu. Sorularıma alakasız cevaplar verdiğinden beni fark etmeyecekti. Usulca odaya girdim ve neredeyse nefesimi tutarak, yatağımda uyuyan misafirin başına dikildim. Gördüğüm en kısa saçlı ama en uzun ince elli kişiydi. Hatta uyurken sürekli sıçraması ve ağzında "hayıra" benzeyen bir şeyleri gevelemesi onun hakkındaki ilk düşüncemi oluşturmuştu: çok korkuyordu! Ben de korkardım bir şeylerden ama ya büyükler? Baş ucunda duran peruğu görünce gözlerim fal taşı gibi açıldı. Uzun saça meraklı olduğumdan, kimseye görünmeden peruğu başıma geçirip arkadaşıma göstermek için komşuya geçtim. Demek ki misafirimiz de uzun saçı seviyordu.

Arkadaşımın annesi benden daha meraklı olduğundan sorular sormaya başladı;

"Demek misafiriniz bunu takıyor. Necidir bu adam?"

"Ben bilmem ki teyze. Zaten ismi de yokmuş."

"İsmi yok mu! Kaç gün kalacaklarmış? Yoksa parası yok mu? O halde bu evli de değil..."

Derken annem geldi fakat teyze merakını hiç bozmadan:

"Meral hanım, misafirinize rica etsen de bana da alsa şu peruktan."

"Ne peruğu? Aman sen de Nuran, çocuğun lafına ne bakıyorsun. Adamın saçı dökülünce komplekse girmiş. Ben de garipsedim ama bir şey diyemedim. Misafir işte."

"Bak şu işe! Ama Gökçen dedi ki..."

"Neyse Nuran sonra konuşuruz. Kızı göremeyince evden alelacele çıktım. Kapıyı açık bıraktım."

Eve girdiğimizde annem bana bir hayli öfkelenmiş olacak ki, odadan çıkmama cezası verdi. Çok geçmeden misafir kapısını açıp, başını çıkardı;

"Meral hanım olan olmuş. Zaten suç bendeydi." dedi.

Annem fazla konuşmamaya itina gösteriyordu. Galiba ondan rahatsız olmuştu ama ben, beni koruduğu için onu sevmiştim. Oturma odasına girdi ve yanıma oturdu. Dediğine göre eskiden o da afacanmış. Söylediklerinden her ne kadar emin olmasam da, en azından kendimi daha iyi hissetmemi sağlamıştı. Hala ismini bilmediğim bu kişi, babamın diğer arkadaşlarından çok farklıydı. Annem ve babam onunla samimi değillerdi fakat evimizde kalmasına müsaade ediyorlardı. Bazen ben de bir arkadaşıma küstüğümde odama girmesine göz yumar ama konuşmazdım. Onlarınki de bunun gibi bir şeydi. Sürekli durakladığı için onu dinlemek sıkıcı oluyordu. Benimle Oral Çelik'in aldığı yapbozumla oynamayı kabul ettiğinde, şu an düşünüyorum da, uzun ince ellerinin zor işlerde yıpranmamış olması dikkatimi çekmişti. Yapbozumu, yani plastik oyuncağımın parçalarını birleştirirken sanki nakış işlermişcesine özen gösteriyordu.

Kibardı, sessizdi ama hala bir ismi yoktu.

"Benim adım Gökçen. Soyadımı söylemem. Ama beni sinirlendirmek için babamın arkadaşları bana Sultan diyorlar. Sen sakın deme! Senin ismin ne?"

"O halde ben sana Sultan demem, sen de bana ne istersen onu de."

"Olmaz! Olur ama olmaz. Niye kimse senin ismini bilmiyor ki? Babam da söylemedi, annem de."

"Peki, peki. Adım Ali. Bana Ali ağabey dersen sevinirim."

"Nihayet bir söyleyen çıktı. Sen uyurken hep korkuyorsun... Bir de konuşuyorsun."

"Yaa öyle mi? Peki ne diyorum, hatırlayabilir misin?"

"Hayır!"

"Bak bu olmadı işte! Hatırlamaya çalışsan."

"Dedim ya... hayır diye bağırıyorsun."

"Gökçen, ver elini tokalaşalım. Büyükler anlaşmak için el sıkışırlar. Bana söz ver ve kimseye bunu anlatma. Sır gibi yani."

Ali ağabeyin sır dediği her neyse, ben sadece onun hakkında hiç kimseyle konuşmamam gerektiğini anlamıştım. Tıpkı soyadımız gibi. Öyle ya da böyle o her yönüyle diğerlerinden çok farklıydı.

Bana "Kimseye inanma. Çaresiz olmak intihar etmek gibi bir şeydir" demesinin sebebini ancak şimdi anlayabiliyorum.

Bazen, sanki dünya üstüne yıkılmışcasına, saatlerce odasından yani benim odamdan çıkmaz, cevap vermezdi. Muhtemelen "sır" dediği hayatındaki korkuyu kitap okuyarak gidermeye çalışıyordu. Kendi haline bırakmayı düşünsem de onun o ani mutsuzlukları beni de üzüyordu. Zaten gülmeyi de bilmiyordu ki.

Babamın dediğine göre, bizim ailenin sırları vardı. Örneğin, babamın adı sadece "baba"ydı. Yani kimlikteki Abdullah, Hasan olmuştu ama benim babam yine benim babamdı. Özetle çocuk aklımla benim açımdan değişen bir durum yoktu.

Yıllar sonra Mehmet Ali Ağca olduğunu öğrendiğim bizim evdeki sır küpü hakkında değişen durumlar arasında bir tanesi beni çok etkilemişti. Havalar soğuk olduğundan Ali ağabey beni dışarıda gezdirmeyi kabul etmemişti. Şimdi düşünüyorum da, zaten istese de bu mümkün olamazdı. Aslında balkon sefasını da reddedebilirdi ama daima oyun bozanlık yapmaktan çekiniyordu. Ben de kalın kazağımı sırtıma geçirip balkonun demir parmaklıklarından dışarıyı izliyordum. Ali ağabey de yükseklikten korktuğunu söylediği için balkonun en kuytu köşesinde çömelmiş, başını elleri arasına almış beni izliyordu.

"Ağabey aşağıdaki kız mahallenin en yaramazı. Lütfen ona kızar mısın. Hatta aşağıya inip..."

"Yoo olmaz. Babası vardır. Bize kızar."

"Bak yine korkuyorsun gördün mü!"

"Gökçen hani akıllı olacaktın, hani el sıkışmıştık. Beni kızdırıyorsun ama!"

"Bana ne. Ben de herkese uykunda konuştuğunu anlatırım."

"Peki, peki ama önce kazağımı alayım. Çok kötü de... yani havalar."

Daima engellerle süren diyaloglarımız aslında beni eğlendiriyordu. Çünkü o eninde sonunda yumuşuyordu.

"Hangi kızı korkutacakmışız?"

"Bak şu koşan kız. Abi ona de ki..." derken ona baktığımda karşımda başkası vardı.

"Abla olmuşsun çok komiksin!" diyebilmiştim. Başına geçirdiği peruğu çekiştirdim ve gülmeye başladım. Acınacak haline eminim ki o da gülmek istiyordu. Muhtemelen kendini buna önceden hazırladığı için;

"Başım üşüyor da." deyip peruğu düzeltti.

Ali ağabey aşağıdaki kıza kızmıştı kızmasına ama, ne kendini göstermiş, ne de aşağı inmişti. Bunları yaparken o gene balkonun en kuytu köşesindeydi. Yükseklikten korkuyordu ya!

"Tamam mı mutlu oldun mu şimdi? dedi.

Neye mutlu olmam gerektiğini anlamamıştım. Şaşkınlığımdan, sadece dilimin ucuyla teşekkür ettim. Çünkü kendimi yalan söylemek zorunda hissetmiş ve bu haline o çocuksu duygularımla üzülmüştüm. O andan edindiğim tek şey onu bir daha zor duruma sokmamaktı. Çocuk aklıma göre, kendini bana Ali diye tanıtan bu kişi iyi bir insandı. O, yıllar sonra kim olduğunu öğrendiğim olay adam Mehmet Ali Ağca olamazdı. En azından benimle geçirdiği yirmi gün içinde tarih yapılıp, bozulmuştu. Tıpkı o uzun ince elinin yapbozuma yaptığı gibi.

İHTİLAL ÇOCUĞU

Haftalardır evde bir telaş vardı. Annemin karnı şiştiği için babam onun hiçbir iş yapmasına müsaade etmiyordu. Bu yüzden hem benimle ilgilenmeleri hem de eve sahip çıkmaları için Nevşehir'den İstanbul'daki evimize yakınlarımız gelmişti. Bütün bunlar kardeşim olacağından kaynaklanıyormuş. Babam bana da bir görev vermişti: annemin terliklerini giyip giymediğine ve sigara içip içmediğine dikkat edecektim. İşte o günlerden birinde babam beni yanına çağırdı. Herkes salonda oturmuş kardeşimin ismini tartışıyordu.

Babam, bu kez bana sadece kendine ait seslenme uslubuyla sordu:

"Gökçen'im, görevin nasıl gidiyor?"

Daha önceden de belirttiğim üzere, babamın bana "Gökçen'im" demesine bayılıyordum.

"Annem bugün hiç sigara içmedi."

"Artık ona kızmıyorum."

"Aslında içti ama saydım sadece bir tane. Belki de iki."

Annem bana sinirlenmişti. Babama, bundan bahsetmemem gerektiğini unutmuştum.

"Meral hanım benim ortak konuştu. Ne diyeceksin?"

"Peşimi bir saniye bile bırakmıyor. Abdullah, Gökçen'e bunu söylemekle hiç iyi etmedin. Evin içinde gizli ajanlar gibi hep peşimde dolanıyor. Bugün koltuğun arkasına girmiş bana bakıyordu. Birden görünce korktum. Bu kız bir alem."

"Kızım nereden öğrendin bunları?"

"Ali ağabey de (Mehmet Ali Ağca'yı kastediyorum) böyle yapıyor ama..."

"Bir daha böyle şeyler konuştuğunu duymayayım!"

Ali ağabeyin tuhaf hareketlerini taklit etmem O'nu sinirlendirmişti.

Babam daha sonra işe gitmek için evden çıktı. Anneannemle annem de hemen O'nun ardından. Oysa babam, annemin bu Ağustos sıcağında çıkmasına kızıyordu. Babam beni görevimden alarak iyi etmemişti. Yoksa hemen onu arardım.

Akşama doğru babam her zamankinden erken geldi. Annem hala yoktu.

Babam, teyzeme seslenerek:

"Ne zaman çıktılar? Nereye gideceklerdi?" dye sorarken kaşlarını çatmıştı.

Ben hemen lafa girerek "Baba sana küstüm. Eğer küsmeseydim annemlerin senden hemen sonra çıktıklarını söylerdim." dedim.

Bu kez teyzem de bana sinirli bir şekilde bakıyordu.

"Bir kere sana anlattığım için evde herkes, ben duymayayım diye kısık sesle konuşuyor." derken annemler eve girdi. Babam hemen annemin yanına giderek:

"Yüzün solmuş. İyi mi ettin şimdi. Hadi hemen doktora gidelim. Bu halini hiç sevmedim." dedi ama anneme çok sinirlenmişti.

Babam bunda haklıydı. Annem gerçekten de tuhaf olmuştu. Canı acıyor gibiydi.

Annemle babamın arabaya binmelerini evimizin balkonundan izliyordum. Beni almadıkları için ağlamaklıydım. Oysa ki halamlar, teyzemler çok mutluydular. Dediklerine göre çok yakında kardeşim olacakmış.

Babam endişelenmekte haklıymış ki, doktorlar annemi hastaneye yatırdılar. O gece de kardeşim oldu.

Sabah olduğunda gözlerimi yanıma yatırılan küçük bir bebeğin çığlıklarıyla açtım. Babam öylece durmuş ikimizi izliyordu.

"Nihayet abla oldun Gökçen'im."

"Babacığım bu benim kardeşim değil mi?"

"Evet. Hem de senin kadar şirin ve afacan."

İsimlere karşı bir takıntım olduğundan:

"Oyuncaklarımı vereyim de ağlamasın. Peki bu güzel bebeğin adı ne? Ben ona hep kardeşim diyemem ki." dedim.

"Selcen! Yani hakikatli... Gerçekçi."

Aylar öncesinden zor bir hayat mücadelesi vermeye başlayan babamın, kardeşime seçtiği ismin hakikate dayanması, aslında bir anlamda da gerçeklere duyduğu özlemi akıllara getiriyordu.

12 EYLÜL

Bazı solcular gibi ülkücüler de, korudukları devletin onları yüz üstü bıraktığını düşünüyordu.

Genelkurmay başkanı, yeni ikinci Başkan Orgeneral Öztorun'a kararını açıkladı:

"Müdahale tarihi 12 Eylül'dür. Hemen hazırlıkları tamamlayın."

Saat 04:00, takvim bundan sonra belleklere kazılacak 12 Eylül 1980'ni gösteriyordu. Memleket siyah beyazlı günlerin gelişine verilmesi gereken tepkinin şaşkınlığını yaşıyordu. Sokaklardan gelen gürültü, asker postallarının çıkardığı seslerdi. Tanklar çocuk parklarından, fabrikalara kadar yayılmıştı. Perdeler kapanmış, ışıklar sönmüştü. Radyodan ise, "ileri Türkiye ileri" marşı yükseliyordu. Aslında bu durumda Türkiye'nin ileri mi, geri mi gittiğine kimse cevap veremiyordu.

O akşam ABD Dışişleri Bakanı Muskie, ABD başkanı Carter'i telefonla arayarak:

"Mr. President, Türk ordusu, Ankara'da yönetime el koydu. Herhangi bir kaygıya gerek yok. Kimlerin müdahale etmesi gerekiyorsa onlar etti." dedi.

İhtilal sabahı...

"Anne radyodaki şarkılar hep yaşasın Türkiye diyorlar. Canım sıkıldı artık."

Annemle babam her ne kadar başlarına dikilip gürültü çıkarsam da uyanamıyorlardı. Belli ki dün gece Selcen'in afacanlığı yine tutmuştu. Ancak öğlene doğru uyanabildiler. Radyoyu bir müddet problemsiz dinleyen annem:

"Abdullah neler oluyor? Radyoda marşlar çalınıyor, sokaklarda bayraklar var. Acaba bugün bayram mı?" dedi.

Uykunun sersemliğinden kendini alamayan babam bir şey duymamışa benziyordu. Kahvaltımızı yaptıktan sonra her gün olduğu gibi babamı evden uğurluyorduk ki, apartmanımızın kapıcısı:

"Hayırdır Hasan Ağabey, nereye gidiyorsun? Haberiniz yok galiba. İhtilal oldu, ihtilal!" dedi.

Babamın bacağına sarıldım. Kapıcımızın dediği bu şey her neyse, beni ürkütmüştü. Babam "Millete hayırlı olur inşallah" deyip eve girdi ve sessiz bir ortamda düşünmeye ihtiyacı olduğunu söyleyerek evimizin otoparkına indi. Bir müddet sonra eve çıktı ve annemi kucaklayarak

"Üzülme. Sağ kesime yönelik değildir. Ayrıca kendine dikkat etmelisin. Sütten kesilebilirsin. Meral, bana güven bir şey olmayacak." diyordu. Babam ne çok gergin ne de çok rahattı.

Sanırım büyüklerim, ordumuzun uygun gördüğü ihtilalin sağ ve sol kesimdeki iyi niyetli insanların yani vatanını, milletini, devletini sevenlere karşı zarar vermez diye düşünmek istiyor, öyle umut ediyorlardı. Çünkü üst düzeydeki yöneticiler "harekatımız bölücü terör örgütlerine yönelik" diyorlardı ama ne yazık ki öyle olmayacaktı. Her iki ideoloji bozguna uğrayacaktı. Yani sağ ve sol terör mü demek oluyordu?

Babamın vefatından sonra, medyada ortaya atılan iddialardan biri de Çatlı'nın ihtilali hazırlayan zihniyet ve oluşum içerisinde olduğu idi. Eğer bu iddia doğru olsaydı, ihtilal arifesinde yukarıda anlattıklarım yaşanmazdı! Bu nedenle, ihtilal-Çatlı tezi üzerinde yorum yapanların veya kalem oynatanların niyetlerine dikkatinizi çekerim.

O dönemlerde, benim gözümdeki ihtilal, radyoda çalınan marşlar, sokakta devriye gezen görkemli panzerler ve eli tüfekli askerlerin kıyak elbiselerine imrenen ürkek gözlü çocuksu hayallerden ibaretti. Henüz küçük bir kız çocuğu olduğumdan neler olduğunu hiç anlayamasam da, yıllar sonra meşhur 12 Eylül'ü araştırdım. Ben farkına varmadan meğerse neler olmuş Türkiye'de.

İhtilalin başlangıç tarihi 12 Eylül 1980, saat sabah 04:00'dü. Fakat saatler hatta aylar öncesinden askeri kanatta kıpırdanmalar başlamıştı. Temizliğe siyasi parti liderleri ve Millet Meclisi mensuplarına indirilen darbenin ilk kıpırdanmalarına yer verilerek başlanılacaktı. Liderlerin dışarıyla olan irtibatları gece yarısından önce kesildi. İhtilal deneyimi olan siyasetçiler, telefonlarına getirilen bu ani yasakla yönetim değişikliğini sezmişlerdi. Fazla düşünmelerine müsaade verilmeden askerler kapılarına dikildi. İhtilal olmuştu sayın siyasetçi beyler! İhtilal!

Halkın büyük bir kesimi, askeriyenin bu tutumuna alkış tuttu: Halka göre Türkiye'nin ihtilale ihtiyacı vardı. Meclisin ihtilale ihtiyacı vardı. Sokakların dili yoktu ama kardeşle kardeşi kanlı eden bu sistemin ihtilale ihtiyacı vardı. Alkışlar yükseldi... Askeri kanat darbesini indirmeye devam etti.

Siyasi parti mensubu 300 kişi gözaltına alınmıştı. 198 kişi de ise sürgün tehlikesi yaşanıyordu. Halkın desteğini kaybeden meclis üyelerinin attığı her adıma, askeriye kuşkuyla yanaşıyordu. Bu nedenle Cumhurbaşkanından Başbakanına, siyasi parti mensubu ve liderlerinden, bakanlara kadar herkes gizli genelgelerle izlenmeye başlanmıştı. Amaç gerçekleşmiş, kaçınılmaz sonuç yani otorite sağlanmıştı.

Halk, yurtta olup bitenleri basın ve medyadan öğrenemiyordu. Askeriye buna da el koymuştu. Çünkü ihtilalin savunduğu mantık "tek ses, tek yürek" olunması yönündeydi.

Gazete kuruluşlarından Milliyet, Tercüman, Hürriyet, Cumhuriyet gibileri 300 gün süreyle kapatılmış, 400 gazeteci gözaltına alınmış, onlarcası ise hüküm giymişti. Basına getirilen sansür, politikacıların demeçlerine de yansıyınca konuşmak, röportaj yapmak yasak edilmişti. Asparagas ve magazine dayalı bir gazete dönemi ister istemez başlamış oldu. Dönemin tek televizyon kanalı TRT'ye önemli bir misyon yüklenmişti. TRT'nin yayın ilkesinde aleyhimize olmayan dış haberler, 12 Eylül'le ilgili röportajlar (gençlerle röportajdan kaçınılacak orta yaşlılarla yapılacaktı) ve fazla önem taşımayan (yangın gibi) haberlerin verilmesine müsaade edilmişti.

Kültürel açıdan ise tam bir fiyasko yaşanıyordu. İsteyen, istediğini okumakta serbest değildi. Macunköy'de 40 ton kitap çürümeye koyulmuştu.

Türkiye çapında başlatılan "temizlik" eğitime de sıçramıştı. Sakıncalı oldukları iddia edilerek 1253 üniversite hocası, 3800 öğretmen adreslerine gönderilen birer satırlık notla işten çıkarılmışlardı. Çünkü dönemin zihniyetine göre, üniversiteler teröristlerin yetiştirildiği bir yuvaydı. Üniversitelerin durumunu düzene sokar maksadıyla İhsan Doğramacı başkanlığında YÖK (Yüksek Öğretim Kurulu) kuruldu. Öğretim ders yılı içinde görülecek olan dersler dahi programa alınmıştı. 12 Eylül'ün eğitime sıçrayan din dersi ise, günümüz sorununa atılan bir tohum olacaktı. Çünkü bazılarına göre irticai faaliyetlerinin patlak verdiği bir döneme adım atılmıştı. Sağ-sol bitmiş, yeni bir anlam kargaşasının tohumu atıldı deniliyordu. Kenan Evren ise bu birleştirici dini, politikası olarak kullanacak, aynı dinin çatısı altında ki Türk milleti imajını yayacaktı. Oysa dinimize biçilen bu yeni imaj, laikliğe ve demokrasiye ters düşüyordu.

İşçi ve iş çevreleriyle 1402 kanunu haricinde sorun yaşamayan askeri yönetim devrinde ilk açılan dernek TÜSİAD oldu.

Solculuk-sağcılık gibi bölünmelere meydan veren akımlara karşılık Atatürkçülük propagandası uygulandı. 100. doğum yıldönümü coşkularla kutlandı.

İhtilal ince eleyip sıkı dokuyordu. İşlek yollar üzerindeki evlerin, sokak arasındaki duvarların beyaza ve çöp bidonlarının koyu renklere boyanmaları emredilmişti. Bu mantığa göre memlekete yüzeysel açıdan da düzen getirildiği imajı verilmeye çalışılmıştı. Yeni doğanlara da siyasi görüş belirtebilecek isimler konulması yasaklanmıştı.

Türkiye'nin bu durumundan kaçmak isteyen bir hayli fazlaydı. Çünkü Türkiye'den başka ülkelere otuz binden fazla kişi sığınma talebinde bulunmuştu. Göç başlamıştı. Göçün sebepleri nelerdi? On beş günden, doksan güne çıkarılan sorgulama süresi mi, işkenceye tabi tutulduklarını iddia edenler mi, yoksa ihtilalin "görmedim, duymadım, bilmiyorum" mantığına bürünen sessiz çığlıklar mı? Aradan yirmi yıl geçtikten sonra Kenan Evren kendisine yönetilen işkence sorularına karşın "olmuş olabilir" demekle yetiniyor. İşkence olmuş olabilirdi, çünkü 12 Eylül'e göre anarşistler (!) vatanı bölüyordu. Tutuklanan kişilere karşın açılan davalar neticesinde yüz binlerce sayfalık dosyalar kamyonlarla taşınırken, vatanı kurtarmak yoluna baş koyan sağ-sol sevdalıları artık ne yazık ki kellelerini kurtarmak için savaşmak zorundaydı. Yenilgi eşitlenmişti. Kimse vatanını, kimseden kurtaramamıştı. Bazı solcular gibi ülkücüler de, korudukları devletin onları yüz üstü bıraktığını düşünüyordu.

İdamlara gelince... Yani bir dönem Başbakanımız Adnan Menderes'in boynuna geçirilen ip, bu kez de gençlere çevirilmişti. Askeri yönetim, idam hususunda eşit davrandığını, her iki kesimden astığı kişilerin sayılarıyla özleştiriyordu. Asılan bir sağcı, asılacak olan bir solcuya eşitti! Yıllar sonra Kenan Evren idamlara "insan üzülüyor tabii" diye bir açıklama getiriyor.

Kanımca en büyük trajedi, askeri cezaevlerinde yaşanmıştı. Askeri disiplin altında mahkumlar yeniden eğitilecekti! Saçlar kesildi, tek tip kıyafetler giydirildi, kurallara karşı gelenler hücrelere tıkıldı. Bir dönem birbirleriyle kanlı bıçaklı edilen gençler ise artık kardeş edilmişti! Sağcılarla solcular aynı hücreyi paylaşıyordu. Üç solcunun yanına bir sağcının bırakılması gibi. Askeriye bu uygulamaya "karıştır barıştır" adını verdi. Barışmalar olmuş olabilirdi belki ama ortalık epeyce karışmıştı. Bu uygulamanın neticesinde ölüm oruçları başladı. 14 kişi öldü.

Sene 1999'a gelindiğinde Kenan Evren'e kritik bir soru yöneltildi: Abdullah Çatlı-ASALA ilişkisi hakkında bilgisine başvuruldu:

"Abdullah Çatlı denen şahıs eğer ASALA'yı bitirdiyse aferin derim ama bir Başbakan bir Cumhurbaşkanı buna vakıf olmaz. Çünkü o zaman o da eylemi yapmış sayılır" dedi.

İhtilal işini bitirince bir daha ne zaman geri döner bilinmez, kışlaya doğru hareket etti. Eğrisiyle doğrusuyla memleket ihtilali yolcularken kimisinin yüzü asık, kimisinin ağzı kulaklarındaydı. Askeriyenin ardından yeni partiler, yeni liderler ve kaçınılmaz sonuç yıllara serpiştirilen yeni politik sancılar geri gelmişti. Amerikalılar haklıydı: sistemin gölgesi başımıza üşüştüğü sürece Askeriye dahi Türkiye'nin içinde bulunduğu kaosu düzeltmekte muvaffak olamayacaktı...

O dönemleri yaşamış ve cezaevinde her türlü zorluğa çekmiş ülkücülerden birinin sözleri dikkat çekici:

"MHP duruşmalarında, Başbuğ Alpaslan Türkeş mahkeme salonuna girerken hepimiz İstiklal Marşı'nı söylemeye başlardık. Hayatımın en unutulmaz anlarıydı. Dev bir coşku oluşuyordu. Bu hareketimizden sonra cezaevinde eğitim günlerine daha çok ağırlık verildi. Mamak cezaevinde her sabah söyletilen Marş, 10 gün boyunca yasak edilmişti. İstiklal Marşı'nın yasaklanmasındaki gaye "Biz ne istersek onu yapacaksınız" veya "Kuralları biz koyar, biz bozarız" mantığı idi."

SAKLAN BABA

Kanunların bittiği yerde zulüm başlar.

İhtilalden haftalar sonra...

Ortalık iyice karıştığı için annem, henüz bir kaç günlük kardeşim ve ben Nevşehir'e geri dönmüştük. Babamın en çok ağrına giden ise, kardeşimi sevemeden ayrılmaları ve bu el kadar bebeğin kara yolu ile yapılan yolculukta rahatsızlanması olacaktı. Kardeşim için ise, belki de en acısı, babamızla birlikte bebekliğine dair bir tane dahi resminin olmamasıydı. Çünkü resimler, bir delildi. Eğer bunlar hasbelkader polisin eline geçecek olursa, annemin ifadelerine başvurmak isterlerdi. Bu da babamın kabusuydu.

İşlerini düzeltir düzeltmez yanımıza bir kaç haftaya kadar geleceğine söz veren babamı, dört gözle bekler olmuştuk. O'nu görememek ise beni adeta hasta etmişti. Yataktan kalkacak halim yoktu.

Bir gece yanağıma kondurulan öpücükle uyandım. Bir süredir görmediğim babam, sanki dünyanın bütün özlemlerini sırtına yüklemiş, Nevşehir'e evimize gelmişti. Babama olan düşkünlüğüm, gerçekten de ileri boyutlardaydı. O'na adeta aşıktım. Hasta yatağımdan fırlayıp, boynuna atladım. Hastalanmam meğerse koca bir yalanmış. Ya da koca bir baba düşkünlüğü. Birbirimize sıkıca sarılmıştık.

"Hani hastaydın Sultan hanım!"

"Ama bir daha gitme baba..."

Babam, beni mutlu etmek için dahi olsa hiçbir zaman gerçekleri gizlemezdi.

"Bir dönem böyle olmak zorunda."

"Kaç gün yatıp kalkınca işlerin düzelecek?"

"Bilmiyorum ama çok fazla olabilir. Ancak yabancılar burada

olduğumu bilmiyor. Beni soranlara..."

"Seni soranlara bilmiyorum diyeceğim."

Babamın, bunları benimle konuşması hoşuna gitmemişti. O'na kimlerden, hangi sebeple ve nereye kadar kaçacağını ya da kendisiyle birlikte bizlerinde mi bunlara karşı göğüs gereceğimizi sormamdan çekinir gibi bir hali vardı. Babam bunları boşuna düşünmüştü. Yaşadığımız müddet boyunca ne annem, ne Selcen, ne de ben O'na hiçbir konuda desteğimizi esirgemeyecektik. O güvenimizi, desteğimizi ve sevgimizi kazanmıştı. Hem de ölümüne kadar.

Ertesi gündü sanırım. Sokakta oynarken, tanımadığım kişiler yanıma gelip, soru sormaya başladılar. Ancak ben bu konuda sözde çocuk aklıma göre deneyimliydim. Çünkü Erenköy'deki evimizdeyken, babam bize gelen misafirleri, akşam evlerine bırakmaya giderken, isteğim üzerine beni de almıştı. Beni tembihlemeyi de unutmamıştı: şayet yolda polis çevirecek olursa, adımı söyleyecek ve hasta numarası yapacaktım. Nitekim yolda polisler bizi çevirmiş, ismimi sormuş ve ne yazık ki ben bana söylenenden fazla konuşmaya başlamıştım: "Adım Gökçen Dağaslan. Babam yanımdaki kişi ve çok iyi bir insandır. O'nun adı da Hasan Dağaslan. Diğerleri bu akşam bizde yemek yediler ve daha fazla konuşamam çünkü hastayım..." diye anlattıkça anlatırken, babam susmam için hafifçe etimi sıkıştırmıştı. Polisler beni sevdikten sonra kontrolden geçmiştik. Babama göre O'nu, ben kurtarmıştım. O yaşlarda buna inanmıştım da. Ancak büyüdüğümde babamın bunu bir espri olarak söylediğini ve daha fazla konuşursam O'nu yakalatabileceğimi anlamıştım. Ancak daha çocuktum ve bana soru soranlarla baş edeceğimi düşünüyordum!

Bu seferde başka adamlar bana soru sormaya başlamışlardı.

"Sen, Çatlı Başkanın kızı mısın?

Cevap vermedim.

"Kızım biz babanın arkadaşlarıyız. Ona çok önemli haberler

getirdik."

"Dedemin dükkanına gidin amca. Babam bazen orayı arıyormuş."

"Gittik. Deden yokmuş."

"Hayır oradadır."

"Babanı ne zamandır görmüyorsun?"

"Hatırlamıyorum..." derken gözüm bizim evin balkonuna kaydı. Babam, perdenin arkasındaydı ve telaşlı bir şekilde beni eve çağırıyordu.

"Hatırlamıyorum ama çok oldu amca. Dedeme geldiğinizi söylerim." deyip, evimizin merdivenlerini üçer beşer çıktım. Sözde babamın arkadaşları olan kişilerde arkamdan seslenmeye devam ediyorlardı. Eve girip:

"Saklan baba, saklan geliyorlar!" diye bağırdım.

Babam, babaannem ve anneme durumu özetledikten sonra, evimizin arka odasına girdi.

O dönemlerde, Nevşehir'deki hiçbir evin kapısı kilitlenmezdi. Nevşehir küçük yer olduğundan, herkes birbirini tanır ve güvenirdi. Büyüklerim de, babamın burada olduğu anlaşılmasın diye kapıyı gündüzleri kilitlemezlerdi. Adamlar, kapıyı açıp babaanneme:

"Selamünaleyküm anne. Kahvenizi içmeye geldik." dediler ve oturma odasına emrivaki bir şekilde geçtiler.

Bunları görenler, haber vermiş olacaklar ki, peşlerinden dedem geldi. Adamlar bana dedemle konuşamadıkları hususunda yalan söylemişlerdi. Dedem onları tanıyordu.

"Hoşgeldiniz ama dükkanda da söyledim. Abdullah buraya gelmez!"

"Amca, bizim işimiz bu. Evi de aramak zorundayız."

Ben: "Dede bu amcalar bana senin yanına geldiklerini ama dükkanda olmadığın için konuşamadıklarını söylemişlerdi. Onlar yalancı işte yalancı!"

Dedem: "Küçüçük çocukla uğraşmaktan da mı utanmazsınız? Benim oğlum ne yapmış ki arıyorsunuz?

"Amca, gıyabi tutuklaması var. Cömert olayında suçlanması için delil bulunamadı ama Bahçelievler olayında Abdullah'ın parmağı var diyorlar."

"Kim diyor? Hani nerede bunun ıspatı? Gıyabi tutuklaması varmış! Madem öyle ifade vermeye geldiğinde tutuklasaydınız. Hepsi lafta!" diye konuşuyorlarken, aralarından sıvışıp hemen arka odaya geçtim. Nevşehir'deki evimiz büyüktü. Arka oda ise evin en dip ve en kuytu yerindeydi. Mutfağın yanındaki odadan (ailemiz kalabalık olduğundan, bu yerde mevsimlik ve çuvalla alınan erzaklar depolanırdı) bir başka kapı, arka oda dediğimiz yere çıkıyordu.

"Baba, şimdi gerçekten saklan adamlar evi arayacaklar..." dememe kalmadan, içeri ki odalardan sesler gelmeye başlamıştı bile. Adamlar, evi teftişe çıkmışlardı.

Babam, bunun ardından sigarasını söndürdü ve odanın minyatür penceresini açıp, iple aşağı sarktı. Aslında arka odanın, bundan bir kaç ay evvel penceresi dahi yoktu. O zaman buranın adı karanlık odaydı. Ancak dedem, babamın bir iftira nedeniyle kaçmasının kaçınılmaz olduğunu anlayınca, belki eve gelir düşüncesiyle buraya küçük bir pencere açtırmıştı. Babamın, üçüncü kattan aşağı iple indiği yer apartmanımızın boşluğu idi. Tıpkı asansör kabinin olmadığı dörtgen yer gibi bir boşluktu burası.

Adamlar, arka odaya geldiklerinde ben dedemin arkasına geçip, onları izledim.

İçlerinden biri: "Amca, burada sigara içilmiş."

"Hayırdır, yasak mı?"

"Bu pencere nereye çıkıyor?"

"Bir yere çıkmıyor. Boşluğa."

Herkes nefesini tutmuş, adamların pencereden aşağı sarkıp

bakmamalarını umuyorlardı. Çünkü şayet bakacak olursalar, ipi göreceklerdi.

Nitekim bakmadılar ve evden çıkarken hepimize, babamı görecek olursak hemen haber vermemizi, aksi taktirde kanunlara karşı gelmiş olacağımızı söylediler. Hangi kanun? Babamı, boş bir iftira sebebiyle arayan kanun mu? Babamı, bir bilinmezin içine sürükleyen kanun mu?

Bir kaç saat sonra babam, evimize geri döndü. Sanki, daha önce yaşananlar hiç olmamış gibiydi. Rahat görünüyordu. Nevşehir'de kaldığı müddet boyunca O'nu gölge misali izledim. Çünkü er ya da geç tekrar ayrılacağımızı biliyordum. Nitekim, bir gece vakti yine babamın kucağında uyuya kaldım. Uyandığımda babam gitmişti. O artık yanımda yoktu.

Babam, 12 Eylül ihtilalinden sonra yurtdışına çıkmak zorunda kalmıştı. Defalarca belirttiğim gibi o dönemlerde suçlu ya da suçsuz önce soruşturmaya alınıyor ve o süreç içinde bir suç alnınıza yapıştırılıyordu. Kabul et ya da etme, birileri mutlaka sahte suç ortaklarını meydana salıveriyordu.

TEŞKİLATA (!) AYKIRI

8 Kasım 1980 tarihinde Kırcı kendisine mont almak için dışarıya çıktığında Kadıköy İskelesi'nde sivil polislerce durdurulup, kimlik kontrolünden geçmiş, kendini Ahmet Balta olarak tanıtmıştı. E03 seri, 901212 numaralı nüfus cüzdanı 10 Eylül 1979 tarihinde Gülşehir'den alınmıştı. Resim hariç kimlik bilgileri tümüyle sahteydi. Kırcı'dan şüphelenen polisler onu İstanbul Emniyet Müdürlüğü'ne götürmüştü.

Ankara Sıkıyönetim Askeri Savcısı Nurettin Soyer, tutanaklarda adı sanık olarak geçen Kırcı hakkında, onu getirenlerle aralarında şöyle bir sohbet geçti:

"Bu nedir böyle, sorgusu var mı?"

"Yok yok!"

"Sorgusu yapılmadı, nasıl getirildi buraya?"

"Vallahi, birinci şubeden emir verildi, biz de getirdik."

Yıllar sonra, Nurettin Soyer inceleme yapılmadan getirilen Kırcı hakkında şunları söyledi: "Savcılık olarak bu sanığı biz sorguladık. Tabii ne çeteyle ilgili bilgi verdi, ne de başka bir şey... yalnız yedi kişiyi öldürdüğünü bizlere söyledi. Söylemeyebilirdi. Ama söyledi. Bundan rahatsız olduğunu, sıkıntı içinde olduğunu, bunun için söylediğini belirtti..."

Ancak bunlar oldukça tuhaf ibarelerdi. Kim itiraf ederdi onca cinayeti? Manevi rahatsızlık sebebiyle mi?

Kırcı ifade verirken çok şaşırıyordu. Sahte kimliğini bazen Yaşar Yıldırım'dan (Ülkü Yolu Derneği Genel Başkanı) bazen de Abdullah Çatlı'dan aldığını ifade ediyordu. Bazen ise bu olaya başka isimler, bu isimlere de başka olaylar karışıyordu! Daha evvelden de belirttiğim üzere 7 TİP'li olayı ne kadar çok ülkücüğü töhmet altında bırakırsa o kadar makbule geçecek gibi bir görüntü verilmişti.

Kırcı 19.11.1980 Askeri savcılık ifadesinde, yakalanmadan önce Erzurum'da Muhsin Yazıcıoğlu (Ülkü Ocakları Genel Başkanı) ile buluştuklarını ve aralarında geçen sohbeti şöyle anlatılıyor:

"Aslan Gözütok diye bir arkadaş Ankara'dan gelen Muhsin Yazıcıoğlu'nun benimle görüşmek istediğini söyledi. Bana bildirilen Cumhuriyet Caddesi'ndeki Hemşin Pastanesine gittim. Önceden bir defa görüştüğüm ancak konuşmadığım Muhsin Yazıcıoğlu ile aramda tanımadığım bir kişi oturuyordu. Baş başa konuşmaya başladık;

"Biz davamızda başarıya ulaşacağımızı biliyoruz. Bu arada birkaç kişinin asılması o kişiyi ölümsüz yapar" diyordu. Yine ilaveten Abdullah Çatlı'nın teşkilata ters düştüğünü, teşkilattan koptuğunu, bu nedenle yakalanırsam hiç acımadan Abdullah Çatlı'yı suçlamamı istedi. Ve buna ilaveten Abdullah Çatlı'nın İstanbul'daki evinin yerini ve içini tarif etti. Orada saklandığımı söylememi istedi."

Bu sohbet esnasında Kırcı'ya verilen bilgilere göre, meğerse Abdullah Çatlı Erenköy Bağdat Caddesi'nde sinemanın karşısındaki lüks bir apartman katında oturuyordu. Bu doğru değildi. Çünkü Çatlı ailesinin evleri sinemanın karşısında değildi. Kırcı'nın askeriye verdiği ifadeler bile baz alındığında, aynı ideoloji adına son derece çetin mücadeleler veren iki başkanın, aralarında bir husumet olduğunu düşünmek hem tabanı üzecektir hem de doğruluk payı olabileceği fikri esaslarla bağdaşmayabilecektir. Ancak şu şekilde düşünülebilir: Çatlı-Yazıcıoğlu ikilisinin aralarını bozmaya çalışan grupların faaliyetleri söz konusu edilirse, Kırcı'nın yoğun bir baskı altında tutulduğu ve söz konusu ifadeyi bilinçsizce verdirtildiği ihtimali belirebilir.

Haluk Kırcı ve diğerleri bu olaydan suçlanınca önceden de söylediğim gibi Çatlı, yurtdışından onlara bir haber gönderdi: "Her şeyi benim üzerime atın. Ben yurt dışındayım, siz kendinizi kurtarın, beni düşünmeyin." diye. İyi bir başkan, yeri gelir kendini riske atmayı bilirdi. Önemli olan genel başkanlık değil, bulunduğun mevkinin hakkını verip, kendisine inanan ve güvenen insanları çaresizliğe düşürmemekti.

Yıllar sonra bir neticeye varan davalarda, Haluk Kırcı yedi kez ölüm cezasına (daha sonra ceza yetmiş yıla çevrildi), Ahmet Ercüment Gedikli ölüm cezasına, Ömer Özcan ve Duran Demirkıran 28'er yıl ağır hapis cezasına çarptırıldı. Mahmut Korkmaz 1987 yılında Viyana'dan İstanbul'a dönerken Yeşilköy Havaalanı'nda yakalandı. Diğer iki kişi aranmaktaydı ve Abdullah Çatlı hakkında hüküm değil, gıyabi tutuklama kararı vardı.

Ben, eğer Serdar Alten yaşasaydı ona; sizi, öldürmeye kalkanlar arasında Çatlı'da suçlanıyor, vicdanın rahat mı diye sorardım. Muhtemelen "Hayır" derdi.

Şimdi de ben babama sorsam bu çirkin ve üzücü olayı, eminim ki o kaşlarını çatıp, dişlerini öyle bir sıkardı ki suskun oluşuyla bu öykünün özgeçmişini anlatırdı. Çatlı'nın yüzünde ki bu ifadeden, 7 TİP'linin bir Türkiye meselesi, daha açıkcası çıkmazı olduğunu, ancak bunun "sır" edildiğinden kendisinin suskun kalması gerektiği anlaşılmaktaydı. Hatta ve hatta Çatlı'nın bu ifadesine göre o dönemlerde henüz 16 yaşlarında olan Kırcı'nın bu cinayetleri işlemeyecek kadar cahil ve deneyimsiz bir halde olduğundan kendisinin belki de iddia edildiği gibi suçlu olamayacağı da düşünülebilirdi. Bütün bu noktalardan hareket ederek, perde arkasında kalan ve açıklanmayan gerçeklerle, 7 TİP Türkiye sırrı olmaya mahkumdur. Çünkü böyle olması yıllar öncesinden öngörülmüştür diye düşünüyorum.

BİR MEHMET ALİ AĞCA HİKAYESİ: "BEN MESİH"

İtalya'nın başındaki kara bulutlar, gündemde halâ yerini koruyan Ağca'nın bulunduğu Papa II. Jean Paul'e yapılan başarısız suikastle sınırlı değildi. Çünkü bu vakadan evvel dönemin Başkanı Aldo Moro kaçırılıp, öldürülmüştü. Ardından İtalya'daki Bologna garının bombalanma olayı vardır ki, bu katliamın bilançosu 85 ölü ve 270 yaralıdan ibarettir. İş bununla da bitmiyordu. Papa I. Jean Paul, şüpheli bir şekilde öldürülmüştü. Papa, Vatikan'ın başına geçmeden önce yani henüz Venedik Kardinalı Albino Luiani iken, Venedik'teki Papazlar Bankası'nın satılması üzerine birtakım resmi kuruluşlarla arası açılmıştı. Kardinal, yani ilerde ki Papa I. Jean Paul bankanın satışını Vatikan'ın mali müşavirlerinin rüşvet karşılığı, Banco Ambrosiano'ya satıldığı duyumlarını almıştı. İşler o kadar karıştı ki, o Papa seçildikten sonra bu konu hakkında geniş bir araştırma yapmaya karar verdi. Ulaştığı bilgiler dehşet vericiydi. Ondan önceki Papa'nın, Vatikan Mali danışmanı ve Güney Amerika'daki diktatörlük-

Abdullah Çatlı yurtdışında 1981

lerin finansörü Michele Sindona'nın kritik bağlantıları olan, kara para aklama uzmanı olduğunu öğrendi. Üstelik Sindona'nın yönettiği paraların bir kısmı CIA ve mafyadan geliyor deniliyordu. Papa I. Jean Paul elde ettiği bu önemli bilgiler doğrultusunda hemen harekete geçti. Önce Süper P2'nin Vatikan baş temsilcisi kardinal Paul Casimir Mercinkus'le temizleme operasyonuna başlamaya kalkıştı. Fakat bu ona pahalıya mal oldu. İşin en ürpertici tarafıysa, henüz otuz üç gündür görev başında olan Papa I. Jean Paul'ün 29 Eylül 1978'de ölü olarak bulunmasıydı. Papa, Vatikan'ın mali işlerine burnunu sokmuştu. Papa'nın cesedine ne otopsi yapıldı, ne de ölüm saati açıklandı. Söylenenlere göre o yalnızken ölmüştü. Tarihe yalnız ölen ilk Papa olarak geçti. Yani şahit de, kanıt da yoktu. Bazı iddialara göre Papa I. Jean Paul zehirlenilerek ölüme terk edilmişti. Papa'nın ölümünden sonra özel doktoru Profesör Giovanni Rama'nın çağırılmaması bunu akıllara getiren şüpheli bir durumdu.

Çatlı ve Çelik farklı kimliklerle üniversiteye yazılmışlardı. Paraları olmadığından yurtdışında tek yemekleri patatesti. Günler, haftalar, aylar boyunca neredeyse hep patates yemişlerdi. Ağca'nın bir ifadesinde belirttiği üzere o sıralarda Çatlı, ASALA faaliyetlerinde bulunuyordu. Ağca'nın tek başına planlamayı düşündüğü Papa olayından ise kimse haberdar değildi. Ağca'nın söylediklerine kulak verilirse:

"Çatlı ve Çelik'le aynı evde kalıyorduk. Papa'yı vuracağımı Allah'tan başka kimse bilmiyordu. Eğer Çatlı bilseydi hemen durdurur, bunu engellerdi. Çünkü o zaman onların yurtdışında kurduğu bu düzen de bozulur, yakalanırsam onlar da suçlu olarak görülürdü. Evde üç-dört silah vardı. Evde silah bulundurmaları doğaldı. Neticede yurtdışındaydık. Savunmasız halde kalmak doğru değildi. Birini alıp bu benim dedim ve o evden hemen ayrıldım. Kimseye bağımlı değildim çünkü. Arada bir onları arayarak benim bu Papa kararımdan şüphelenmelerine fırsat vermiyordum. Kurnaz davranmak zorundaydım." diyor.

Aylardan Mayıs. Kritik bir dönem. Kimin için mi? Yıllar sonra kendisinin kutsal varlık olduğunu söyleyen Ağca için. O, uzun seyahatler sonrası meşhur kent Roma'ya inmişti. Otel masrafının ağır olacağını düşünerek, İsa Pansiyonu'na yerleşip dinlenmek istiyordu ama ne mümkün. Biraz dertliydi, biraz heyecanlıydı, biraz çaresizdi, biraz yalnızdı. Belki de o, derdine deva olacak bir şeyleri gerçekleştirdi... Birkaç gün sonra 13 Mayıs'ta. Ağca, hep geçmişini düşünerek yaşamıştı. Bu yüzden gelecekte daha mühim olmalı, büyük işlere imzasını atmalıydı. Aslında o, doğduğu 1958 yılından 1981'e kadar birçok olaya aktörlük etmişti ama Ağca bundan böyle ezilmek, emir almak istemiyordu. Neticede gazeteci-yazar Abdi İpekçi'nin olaylı suikastiyle yeterince yalnız bırakılıp, piyon gibi kullanıldığından ezildiğini düşünüyordu.

Yer Saint-Pierro (Saint-Pierre) Meydanı ve Papa II. Jean Paul üstü açık beyaz bir aracın içinden, hayranlarını selamlıyor. Aslında Papa'nın iyi korunduğu da söylenemez. Üstelik Vatikan'ın, gerçekleşeceği beklenen suikastten haberdar olduğu iddiaları kulaktan kulağa dolaşıyor iken! Sadece Vatikan mı? İddialara göre CIA'nin Gladio şefi Fransceoco Pazienza, SDECE yani Fransız gizli servisinin şefi Kont de Marenches ve Fransa'nın Cumhurbaşkanı François Mitterand da bundan haberdardı. Hatta ileri de bu iddialar tamamiyle ortaya çıkınca, Mitterand açıklama getirmekten sakınacak ve "Devlet sırrı, açıklanamaz gerekçesiyle" sessiz bir cevap vermiş olacaktı. Ayrıca Dr. Beccuau ve General Fouillard, 13 Mayıs'tan çok önce bu bilgiler doğrultusunda Roma'ya gitmiş, Vatikan'a Papa'nın hayati tehlikede olduğunu söylemişlerdi ama, her nedense bu ikazlar hiç de önemsenmişe benzemiyordu. Bazı iddialara göre ise, Romen gizli servisi de bu skandaldan haberdar idi ve bunu Fransızlarla paylaşmıştı. Hatta SISMI şefi General Santovito'ya ulaşan gizli bir belgede, Sovyet Savunma Bakanı Ustinov'un bu suikaste karar alan kişi olduğu yönündeydi. Ancak bunların hepsi ihtimallerden ibaretti.

Faruk Özgün sahte kimlikli Ağca da bu meydandaydı. Etrafta gizli servislerin elemanları da vardı. Nitekim o, önce etrafı süzdü. Hiç düşünmeden cebinden silahını çıkardı, namlunun ucunda Papa II. Jean Paul vardı. Sonra eli titremeye başladı. Neredeyse vazgeçecekti ama yapmadı. Zaten bundan önce de patlayıcı bir bomba yüzünden kendi hatası dolayısıyla hayatını kaybedecekti... Artık bunu yapması gerektiğini düşünüyordu. Meydanı akın akın dolduran halk, sanki onu izliyor gibiydi. Belki de o böyle düşünmek istiyordu. Vaziyet böyle olunca o, vazgeçmekten vazgeçti ve sanki kutsal bir göreve çıkmış gibi vaziyetine hakim oldu. Halkı selamlayan Papa'ya tekrar namluyu çevirdi ve Ağca'nın kendi ifadesinde aynen belirttiği gibi:

"Kaçak yaşamaya dayanamıyordum. İntihar etmek mi? Ne yapmalıydım bilmiyordum. İşsiz, ailesiz, yalnız... Bunlara dayanamıyordum. Ben kendimi dünyanın kalbi olarak görüyordum ve bensiz bir dünya olamazdı. Önce Papa'nın sırtı bana dönüktü. Bu şekilde onu vurmak bana yakışmaz diye düşündüm. Onunla ne problemim var, çek git dedim kendime. Öyle de yaptım. 40-50 metre yürüdüm. Kalabalığın coşkusu artınca arkamı dönüp meydana baktım. Korkunç alkış sesleri geliyordu. Döndüm baktım, Papa tam karşımdaydı. İzah edemeyeceğim birşey oldu. Bağırmaya başladım. İki el ateş ettim. Mermilerden biri Papa'nın vücuduna girdi, diğeri elini sıyırıp geçti... Gerisi tarih."

Olay yerindeki Mehmet Ali Ağca, Papa II. Jean Paul'e iki el ateş ettikten sonra kaçmaya yeltendi. Fakat Saint-Pierro Meydanı'nda bulunan Rahibe Lucia onu durdurmayı başardı ve polisler üstüne kapaklandı. Ağca için ızdıraplı yıllar o zaman başlamış oldu. Tek başına yıllarca aynı hücrede, kimseyle konuşamadan, geçmişin hatalarını düşünerek yaşamaya çalıştı. Bu nedenle doğal olarak psikolojik durumu ve dengesi alt üst olmuştu.

Ağca hep yaptığı gibi çelişkili ifadeler veriyordu. Söyledikleri arasında doğru bilgilere rastlansa da ne yasalar ne yasayı uygulayanlar onu ciddiye almadı.

Yurtdışında ki MHP kuruluşları, Anayasa Mahkemesi'nce kaldırılınca 1978 yılı sonlarında Avrupa'da bulunan yüzden fazla Ülkü Ocağı Avrupa Türk Federasyonu çatısı adı altında toplanmış, Genel Başkanlığa Lokman Kondakçı seçilmişti. 12 Eylül darbesinden sonraki yeni başkan Musa Serdar Çelebi ile Federasyona bağlı kuruluşların sayısı artmış ve yurtdışında ki Türkler'e mütevazi yardımlar sağlanmaya çalışılmıştı. Papa davasına iliştirilen iddialar arasında, Genel Başkan Çelebi'nin suikast öncelerinde Ağca'ya maddi destek sağladığı yönündeydi. Fakat Ağca 23 Kasım 1980 Kartal Maltepe Askeri Cezaevi'nden kaçıp, Roma'da yakalanıncaya kadar onu aşkın ülkede barınmış haliyle masraftan kaçınmamıştı. Kısacası Çelebi'nin verdiği iddia edilen parayla, aylar süren bu firar hayatı elbette ki karşılanamazdı. Çünkü Federasyon Türk başına en fazla 200 Mark verebiliyordu. Söylentiler öyle ağırdı ki, Çelebi'nin 1981 Mart sonu Zürih'teki Sheraton Oteli'nde, aralarında Ağca'nın da bulunduğu bir gruba, Papa'yı üç milyon Mark karşılığı vurma teklifinde bulunduğu söyleniyordu.

Fransız gazeteci-yazar Jean-Marie Stoerkel bu iddiayı Saint Pierre'in Kurtları kitabında şöyle ele almıştır:

Gruptaki Türk Çelebi, Papa'nın ortadan kaldırılması karşılığında yüklü miktar alınacağını söyler.

"Teklif bana İtalya'da şu şeydeki insanlar... Nasıl diyeyim?... (Biraz durdu, yüzünde bilmece gibi bir gülümseme vardı) Şeyde olan, diyelim ki, gizli ortamlarda."

"Politikada mı?" diye irkildi Ağca, daha da ilgilenmiş bir havada.

"Bu insanlar resmi olarak hiçbir yerde yokturlar ama aslında her yerdedirler. İş aleminde, politikada, habercilikte, masonlukta. Kendi kendime bu işte de bulunup bulunmadıklarını sorup duruyordum... Ama bunu bilmek zorunlu mu?"

Söz konusu iddialar ileride daha çok genişleyecek ve ülkelerarası politik sancılar başlayacaktı. Çünkü söylentilere göre, Papa suikastinde tetikçi rolünü üstlenen Ağca dışında esas sorumluların rolleri gizli kapaklı kalmıştı. Resmi kuruluşları, yeraltı dünyasını ve Devletleri kapsayan bu skandalı örtbas etmek amacıyla bazı Türk'lerle el altından anlaşmalar sağlanmak isteniliyordu. Anlaşmaya göre, Papa II. Jean Paul vakasında Bulgarların parmağı olduğu söylenecekti. Bazıları bunu onaylayacak ve çeşitli imtiyazlara sahip olacaklardı, ancak bunun süresi geçici idi. Bazıları da karşı çıkacak ve bu yüzden zora gireceklerdi. Karşı çıkanlar arasında Çatlı bulunuyordu.

ÇATLI: "AĞCA HATLARI KARIŞTIRMIŞ"

Sokaktan yeni dönmüş, gömleğimin yakasına yapışan sakızı annem görmeden çıkarmaya çalışıyorum. Annemle babaannem, babamdan söz ediyorlardı. Dediklerine göre O çok farklı biriydi. Zaten bende aynı fikirdeyim. Diğer babalar canlarından bezmişti ve hep öfkeliydiler. Hatta bazen dedikodu bile yapıyorlardı. Babam ise insanların arkasından konuşmaktansa söylenecekleri yüze vurmanın daha akılcı olduğunu söylerdi. Bunları düşünürken babamı çok özlediğimi ve O'nsuz yapamayacağımdan korktuğumu hatırladım. Ama bu günkü tek umudum asker ağabeylerin bir kez olsun baskın yapmamalarıydı. Onlar genelde uygunsuz günlerde gelirlerdi. Bir gece yarısı muhtemelen uyumaktayken beni dürterlerdi. Hem ürperti, hem de ismini koyamayacağım bir şeyler hissederdim. Yorganımın altına kıvrılmayı ve onlar gidene dek uyuyor numarasını yapmak isterdim. Ama ne mümkün, mum gibi dikilip evde olmayan babamı ararlardı. Hem de her defasında, hiç usanmadan. Aslında bazen çekindikleri de olurdu. Bu yüzden sobalı evimizde, gecenin bir yarısı olduğu için omuzlarıma bir mont verirlerdi. Ben onları severdim çünkü babam askersiz millet olmaz derdi ama bir o kadar da kızardım.

Babamın, yurt dışında olduğuna inanmadıkları için dedem babamın gönderdiği en son yurtdışı mühürlü mektubunu onlara verirdi. Her şeye rağmen yine cevabı bilinmeyen sorular yöneltirlerdi. Hatta bana, babamın resmini gösterip en son nerede ve ne zaman gördüğümü, yanında kimlerin olduğunu sorarlardı. Anlamsızca bakar, ellerimle ağzımı kapar, başımı sallardım. Deli gibi yani.

Dedem dayanıklı adamdı. Zeki Çatlı ise yani babamın kardeşlerinden biri, Mehmet Ali Ağca'ya yataklık ettiği ve sahte pasaport verdiği suçlamalarından dolayı Konya Sıkıyönetim Mahkemesinde (1981'de) 18 ay hapis cezasıyla kurtulmuştu. Hücre arkadaşlarının dedikodularına göre, bu kişi savcılığa en olmadık zamanlarda, en olmadık konular hakkında bilgi vermek ve özel konular hakkında yorum yapmakla suçlanıyordu. Söylentilere göre "beş parmağın beşi bir olmadığından bunlar olağan şeylerdi." Bunların olurluğu veya olmazlığı o dönemlerde beni ilgilendirmiyordu. Açıkçası bunlara inanmak istemiyordum.

Derken telefon çaldı. Arayan babamdı.

Annem: "Hayırdır Hasan sesin iyi değil."

Babam: "Ağca... deli adam yakalandı. Papa'yı vurmuş!"

Annem: "Eyvah! O, ne yaptığını sanıyor."

Babam: "Aynı şehirdeydik. Arada bir telefonla arıyordu. Bu durumdan şüphelenmedim değil ama... Ne yaptığını bilmiyor. Onun sağı solu belli olmaz. Bunun yüzünden burada kurduğum düzeni de bozmak zorunda kaldım. Anlayacağın bizim de durumumuz pek iyi değil."

Babam endişelenmekte haklıydı. Çünkü ileride, yabancı ülkelerin gizli servisleri, Çelik ile kendisine Papa konusunda işbirliği teklifinde bulunacak ve kabul ettikleri taktirde tanık sıfatında mahkeme huzurunda ifadelerine başvurmak isteyeceklerdi. Ancak işbirliği reddedilecek ve bizimde şahit olduğumuz kadarıyla babam bunların işine gelmeyen açıklamalarda bulunacaktı. Babamın bu kararı işlerine gelmediğinden, O büyük zorluklara maruz kalacaktı.

ÇATLI'NIN HATALI "TANIDIK" (!) İLİŞKİLERİ

Yurtdışına çıkan ülkücülerin her biri başka bir yöne dağılmaktan ziyade, genelde bir arada bulunur, herkes birbirini yakından tanımasa dahi, içlerinden biri birdiğerini tanıdığı için herkes aynı arkadaş grubuna dahil edilirdi. Fakat bu durum, birbirlerinin özel işlerine yahut ilişkilerine burun sokmalarını, hesap sormalarını, engel olmalarını gerektirmiyordu. Çünkü herkes yurtdışında hayat mücadelesi veriyordu. Bazıları tekstil sektöründe normal bir işçi olarak çalışmaya başlamış, bazıları bunun için gerekli olan evrakları tamamlayamadığı ya da hiçbir gelirleri olmadığından maddi ihtiyaçtan uyuşturucu pazarına ister istemez adım atmışlardı. Dediğim gibi çoğu ülkücü bir arada bulunur fakat "özel hayatlar özelde' kalırdı. Hatta bazılarının girdiği bu karanlık dünya, diğerlerinden gizli yürütülürdü. Çünkü bulundukları bu yanlış oluşumdan rahatsız olurlar ve bunu kamufle etme çabalarına girerlerdi.

Türkiye'den yurtdışına firar eden ister sağ ister sol görüşlü kişilerin itildikleri bu çirkin durum aslında tartışmaya çok açık. Bazıları bunu maddi ihtiyaçtan, bazıları bunu ün yapmak için, bazıları ise farkına varmadan bu oluşumun içinde kendilerini buluyorlardı. Kitabın içeriğini alakadar eden konu da bu sonuncusuydu. Çatlı'nın, tanıdık çevresinden bazıları bu uyuşturucu ticaretine gizli kapaklı adım atmışlardı. O'nun gibi diğerleri de, bunlarla dönem dönem görüştüklerinden, beraber hareket ettikleri intibasını yaratabiliyordu. Belki de hala oluşturmakta. Ancak bu durum aynı çatı altında farklı hayatlardan ibaretti. Çünkü dediğim gibi herbirinin izlediği yol birbirinden farklıydı. Ancak ileriki aşamalarda açıklayacağım üzere Çatlı bundan zararlı çıkacaktı. Abdullah Çatlı'nın hayatındaki hatalardan biri de, bazı tanıdıkların karanlık bir çevre içerisinde olmaları sonucu O'na ister istemez büyük zararları dokunabileceği gerçeğine inanmamasıydı. Kendisi bu konuda hatalıydı. Herkese bir yere kadar güvenilir, bir yere kadar beraber hareket edilirdi. Birliktelik, karanlık dünyalar işin içine girince bitmeliydi. Her ne kadar Türkiye'deki seviyeli ve temiz ahbaplık buna engel teşkil etse dahi! Hatta daha açık konuşmak gerekirse Çatlı, tanıdıklarından ziyade arkadaşlarına ve özellikle de dostlarına gereğinden fazla dostluk yapıyordu. Belkide bir tek bu konuda ailesi O'na sitem etmekte haklılardı. Ama peşindekiler O'nu rahat bırakmıyorlardı ki! Başları sıkışınca Çatlı'dan medet talep edenler çok fazlaydı. Çok!

Mehmet Şener, 22 Şubat 1982 tarihinde evrak kontrolünde sahte pasaportunun ortaya çıkması sonucu Zürih polisince göz altına alınmıştı. Beraberinde, Oral Çelik ve Abdullah Çatlı da bulunuyordu. Polis, Şener'in konumundan şüphelendiği için Çatlı ve Çelik'in kimliklerini incelemeye almıştı. Kimlikler kendi adlarına çıkmayınca da gözaltına alınmışlardı. Yukarıda bahsettiğim gibi Çatlı'nın çevresinde bulunan bazı kişilerin özel seçimleri, O'nun başını ağrıtacak negatif bir oluşumdu. Oysa Çatlı'nın "tanıdıklara" karşı daha çok mesafeli olması gerekirdi.

Çatlı ile Çelik geçici olarak tutukevine gönderilirken, Mehmet Şener daha önceden bildirilmiş uyuşturucu suçundan aranmakta olduğu için onun işi daha karmaşık bir vaziyetteydi. Kendisi, cezaevine gönderilmişti.

Çatlı hakkında düzenlenen sabıka kaydında, O'nun bir yılı aşkın bir süredir hiçbir sorun yaşamaksızın İsviçre'ye giriş çıkış yaptığı kaydedilmişti. Çatlı'nın o zaman ki ismi Mehmet Saral idi.

Çelik hakkındaki bilgiler ise prosedüre geçilmeyecekti. Yani polis kayıt tutmamıştı. Bu durumu açıklayan tek legal yol, gerçek kimliğinin ortaya çıkmamış olması ihtimalini akıllara getirebilirdi. Belki de Çelik'e torpil mi geçilmişti? Oral Çelik, 24 saat sonra tutukevinden çıktı. Hatta Çelik, yıllar sonra yani 1994'te Priore'ye, (İtalyan sorgu yargıcı) Zürih'teki serbest bırakılışında İsviçrelilerin ona sahte pasaport ile 50 bin İsviçre Frangı verdiklerini ve Fransa sınırından geçirildiğini söyleyecekti.

Gazeteci Auchlin ve Carbeley'in, Basel sorgu yargıcı ile yaptıkları bir röportajda şunlar açıklanmıştı:

"Zürih polisinin Şener ve Çatlı ile birlikte Çelik'i de tutukladığı kanaatindeyiz. Ancak hemen serbest bırakıldı. Oral Çelik'in geçici tutukluluğuna ilişkin polis kayıtları yok. Biz bulamadık." deniliyordu.

Günümüz yazarlarının bazıları, Çelik'e tanınan torpili Papa davasıyla ilişkilendiriyorlar. Bunlara göre eğer Çelik, Papa suikastinde Bulgarların parmağı olduğunu savunur ve Ağca'nın bu konuda ki ifadelerini doğrularsa fırsat kapıları ona açılacaktı. Çelik'e 250 bin dolar ve uluslararası gıyabi tutuklama kararının kaldırılacağı yönünde bir anlaşma teklif edilmişti. Çelik bu teklife "düşünürüm" diye bir cevap verdiği için Zürih'ten hiçbir kayıt tutulmaksızın serbest bırakılmıştı. Şayet bunu doğru kabul edersek, Çelik polisleri "kandırmış" ve "düşünürüm" diyerek hem daha fazla tutuklu kalmaktan kurtulmuş, hem de bunların art niyetine kendisi şahit olmuştu.

Çelik, bu teklifleri kabul etmemekte haklıydı ancak böyle bir işbirliğinin konuşulması dahi ona pahalıya mal olacaktı. Karşı tarafın tehdidine göre eğer Çelik bunları daha fazla oyalar ve işbirliğini kabul etmez ise, başına iş açmakta gecikmeyecekler idi. Nitekim öyle de yaptılar.

Abdullah Çatlı hakkında polis ve savcılık kaydı tutulmuş ve ülkelerarası belgeler trafiği yapılmıştı. Çatlı "evrak tahrifatı" ve "girişini bildirmeme" suçlarından 21 gün hapis cezasına çarptırılmıştı. Polis, Çatlı'nın neredeyse bir yılı aşkın bir süredir İsviçre'ye giriş çıkış yaptığını da kayda geçtikten sonra, 72 saat tutukevinde kalış süresi gözönüne alınarak serbest bırakıldı.

Çelik'e yapılan teklifin aynısı Çatlı'ya da yapılmıştı. Fakat Çatlı bu teklifi ne düşündü ne de düşünülmesine fırsat verdi.

Aradan üç yıl geçtikten sonra ise Çatlı (1985 tarihinde Çatlı Roma Mahkemesi'ne Papa davasını aydınlatmak için tanık olarak çağrılmıştı) Zürih'de yakalanıp, özellikle de Çelik'in serbest bırakılışını şu sözlerle anlatıyordu:

"Bir yandan bize para teklif ediliyor, bir yandan da tutuklama tehdidi altındayız. Oral Çelik 1982'de Zürih'de tutuklandığında İsviçreli yetkililer ona; "Seni serbest bırakıyoruz. Bundan böyle serbestçe dolaşabilirsin ve bir şeye ihtiyacın olduğunda bize gelebilirsin. Unutma ki, her şeyin karşılığı ödenecektir" dediler. İnterpol tarafından arandığımızı bile bile serbest bırakılırken aynı teklifi bana da yaptılar." diyor ve Çatlı bunların teklifini "Biz gizli servislerin ipini tuttuğu kuklalar değiliz diyerek" geri çevirdiğini belirtiyordu.

Çelik'e tanınan bu özel ilişkinin boyutları ve içeriği hakkında yorum yapmak yanlış olur ancak dikkat çektiği de bir gerçektir. Çünkü Çelik hakkında hiçbir polis kaydı tutulmamıştır ve kendisin de belirttiği üzere Zürih polisi tarafından serbest bırakılırken sahte pasaport ve para verilmiştir. Bütün bunların sebepleri ise yoruma açık bir Papa bilmecesi gibi gözükmektedir. Çelik'le yaptığım bir sohbet esnasında kendisine sordum:

"Anlamadığım bir nokta var. 82 yılında tutuklanıp serbest bırakıldın ve hatta polislerin sana insiyatifli davrandığını söyledin. Peki bu insiyatif neden daha sonra geri tepti ve 1986'da tutuklandın?"

Oral Çelik'i iyi tanıdığımdan gizlemeye çalıştığı biraz öfkeli biraz mahzun bir ifadeyle:

"Papa suikastinde ki tekliflerini önce kabul eder gibi bir görüntü verip serbest kalmamı sağladım. Benim bu cevabım üzerine arkadaşım olduğunu bildikleri için babana karşı da insiyatiflerini kullandılar. Sonra tabii ki red ettim. Konu hakkında fazla bilgiye sahip olduğumuzu düşündükleri için en sonunda bize karşı tavır alıp, kiraladıkları kişiler yüzünden cezaevine girmemizi sağladılar!" diye cevap vermişti.

Mehmet Şener ise hala yargılanmakta olduğu bir uyuşturucu işinden dolayı 1985 yılında gazetecilerle (aralarında Büyük Skandal adlı kitabın yazarları Auchlin ve Carbeley de vardı) yaptığı kısa bir sohbette bu konuya değindi:

Gazeteci: "Abdullah Çatlı ve Oral Çelik polis tarafından aranıyorlar."

Mehmet Şener: "Güleyim bari. O zaman polis onları niye salıverdi?"

Gazeteci: "Çatlı ve Çelik'in de İsviçre'de tutuklandığını mı ileri sürüyorsunuz?"

Mehmet Şener: "Aynen öyle. Üçümüz birlikte tutuklanmıştık. Sadece beni küçük balığı hapsettiler."

Gazeteci: "Ne zaman tutuklandınız?"

Mehmet Şener: "1982 yılı başlarında. Zürih'te."

Gazeteci: "Zürih polisi uluslararası planda aranan iki ülkücüyü neden serbest bıraksın?"

Mehmet Şener: "Söyledim ya, bu siyasi bir dava."

Zürih polisi Çatlı'yı serbest bıraktıktan bir gün sonra (25.02.1982'de) Ankara, Paris ve Roma Interpollerine telsizle mesajlar geçtiler. Mesajda Meral Çatlı adında bir bayanla evli olan ve gerçek kimliği ortaya çıkan Çatlı hakkında bilgi isterken, üzerinden Mehmet Saral adına bir kimlik çıktığını da eklemişlerdi. Mehmet Saral kimliği, Türkiye Cumhuriyeti Zürih Başkonsolosluğu'nca 1981'de verilmişti. Gerçek Mehmet Saral avukattı. Bu uluslararası yazışma neticesinde Adalet Bakanlığı, Sıkıyönetim Askeri Savcılığı'nın bilgisine (15 Mart 1982 tarihinde) Çatlı'nın İsviçre tarafından serbest bırakıldığı ve bu yüzden iade edilmesinin mümkün olmadığını belirtti.

Çatlı başından geçen bu olayı, yıllar sonra kendi el yazısıyla kağıda dökmüştür. Dikkatinizi çekeceği üzere Çatlı, Çelik'in gözaltına alınışına mektubunda değinmemektedir. Bu gereksinim belki de Çelik'in hassas ilişkileri dolayısıyla alınmış bir tedbirdi.

"...Kaçaklık hayatımdaki en önemli olaylardan birisi de 2.2.1982'deki Mehmet Şener ile birlikte Zürih'de tutuklanmamız idi. Üç gün gözaltından sonra savcının yanına çıkıyorum. Bekleme hücresinde 7 Ayetel Kürsi okuyup dua ettim.

Savcıdan sonra yabancılar polisine intikal ettirildim. Ve hemen bir-iki saat sonra serbest bırakıldım. Zaten imanım tam olduğu için bu okuduğum duanın hikmetine bir daha şükrettim.

Bu Çarşamba günü, hiç beklemediğim halde benim için çok enterasan oldu. Öğleden sonra ben kardeşimden mektup aldım. Ve hiç beklemediğim halde komiserliğe çağrıldım. Belki izin çıkar diye Pazartesi günü savcılığa babamla görüşmek için telefon etmek istediğimi bildiren bir mektup yazmıştım. Hiç verilmiyor diyemeyeceğim ama gerçekten istisnai bir izin çıktı.

Allah (C.C.) her şeye kadirdir.

Basel, Lonof 21.12.1988

Abdullah Çatlı

AMBARGO

Babamın vefatından sonra, Oral Çelik 1997 yılında başsağlığı için ziyaretimize gelmişti. Sohbette, kendisine ben henüz küçük bir kız iken babamla konuştukları esnada, bir fabrikada bulunan silah mevzusuna istemeden kulak misafiri olduğumu söyledim. Kendisi, hatırımda kalan fakat detaylarını bilemediğim bu konuyu anlattı:

"Babanla aynı evde kalıyorduk. Son derece mütevazi bir hayatımız vardı. Öyle ki neredeyse bir yıl boyunca, patates yemek zorunda kalmıştık. Genç olduğumuz için bunların üstesinden kolaylıkla gelebiliyorduk.

Türkiye'nin İsviçre'den sipariş ettiği mallara, İsviçreli yetkililer ambargo koymuştu. Söz konusu mallar makineli tüfeklerden ve buna benzer silahlardan ibaretti. İsviçre, Türkiye ile daha evvelden anlaşıp, işlem yapılan malların parası ödendiği halde vermiyordu. Kısacası ambargo koyulmuştu. Türkiye'den bize gelen isteğe göre bu konuyla ilgilenmemiz rica ediliyordu. Zaten ASALA faaliyetlerimiz devam ediyordu. Onayladık. Hatta baban "İsviçre dört milyonluk bir ülke. Bizim Konya'nın yüz ölçümü bile değil. Ama dünya kara parasının aklandığı yer olduğu için milli geliri en yüksek olan yer. Türkiye'ye karşı alınan buna benzer tavırlar şimdilik engellenemese dahi tepki gösterilmesi şart! demişti.

Silahların yapıldığı fabrikaya gittik. Böylece silah sürümlerinde aksilik çıkacak, sıkıntıya düşeceklerdi. Nitekim öyle de oldu ve bu haksız yere koyulmuş ambargo kaldırıldı," diye anlatıyordu.

REİS'E ÖLÜM EMRİ

1982 yılında Paris'te Çatlı ile birlikte bulunan bir arkadaşı anlatıyor:

"Mehmet adında bir arkadaşın, Almanya'daki kişilerce Çatlı'yı öldürmek üzere görevlendirildiği duyumlarını almıştık. Reis, bu konuda fevri davranmanın iyi sonuçlar doğurmayacağını, bu yüzden Mehmet'i suç üstünde yakalamanın daha sağlam bir delil olacağı kanaatindeydi. Beklemeye koyulduk. Tahmin ettiğimiz üzere Mehmet birkaç gün sonra Paris'teki evimize geldi. Şüphelendiğimizden haberi yoktu. Gelişinin beşinci günü saat gece dört civarıydı. Mehmet uyuduğumuzu düşünmüş olacak ki yatağından kalktı. Biz de onun ardından üzerine kapaklandık. Reis bu aceleci davranışımıza öfkelenmişti. Biz Mehmet'e soru sormaya başlamadan, o anlatmaya başladı. Mehmet, Reis hakkında bilgi toplamak için görevlendirilmişti. Reis'e ölüm emri ise bir sonraki aşama olacakmış. Ancak bunu kimin üstlendiği bilinmemekteydi. Reis'e karşı olan bu tavır tanıdık kişiler tarafından alınmıştı. Papa suikastinden sonra bazı kişiler gizli servislerle anlaşma yapmıştı. Reis bu olaydan sonra bunlara karşı sert bir tavır alıp, ağır bir dille eleştirmişti. Bunlar Reis'ten çekinirler fakat ihanet etmek içinde fırsat kollarlardı."

IV'ncü bölümde ele aldığım Papa davası içerisinde, konunun açıklaması mevcut ancak bunların şimdi bilinmesinde fayda var: 1985 yılında olan Papa davasına, Abdullah Çatlı tanık olarak davet edildi. O dönemlerde Çatlı, Paris'te cezaevinde bulunuyordu. Çelik'in de daha evvelden dediği gibi gizli servisler, kullanılmak istemeyenleri bir senaryo yazıp, cezaevine sokmakta gecikmiyordu. Çatlı, mahkemeye katılmadan evvel söylemesi gerekenler doğrultusunda yoğun bir baskı altına alınmıştı. Çatlı mahkemeye katıldı fakat kendi doğrularını açıklayarak! Bu da gizli servisler için hoş bir durum teşkil etmemişti. Çatlı, Bulgar bağlantısını yalanlamış, Çelik'e karşı oynanan oyunu bozmuş, (Çatlı'nın tanıklığı dolayısıyla Çelik'in davası delil yetersizliğinden düşmüştü) bazı savcılar tarafından yalancı şahitlik için teklif getirildiğini açıklamış ve davaya katılan diğer Türk sanıklarını doğru olan ifadeyi vermeleri hususunda adeta zorlamıştı. Bunun gibi sebeplerden dolayı Çatlı'nın yalandan, kullanılan ve kullananlardan adeta midesinin bulandığını bilenler, ileride O'nun her hangi bir sorun çıkarmasından korktukları için Çatlı'yı ortadan kaldırmanın planı içerisine girmişlerdi.

ELVEDA MEMLEKET MERHABA HÜZÜN

O yıllarda, Nevşehir'deki evimizin bulunduğu sokağın ismi Bozkurt'tu. Bunun babamın görüşü ile bir alakası yoktu. Sadece bir tesadüften ibaretti. Zaten babam, fanatik tabulara sıkışmış ülkücüler gibi değildi. Son derece çağdaş bir beyefendi idi.

Altı yaşına kadar nazlı büyütülmüştüm. Dedemin maddi olanakları yerinde olduğundan da hiçbirşeyim eksik değildi. Gardrobumda renk renk kıyafetler, esnaftan istediğim zaman alabileceğim sınırsız şekerleme, her arzusu anında yerine getirilen bir çocukluk devresi geçirmiştim. Hergün alışılageldiği üzere, fazla hareketli olduğum için babaannem benim peşimde dolanıyor, ben de arkadaşlarımla sokağımızda oyun oynuyordum. Derken annem ikimizi, heyecanla eve çağırdı. Babamdan bir mektup gelmişti ve yanına aldırmaktan bahsediyordu. Hem de yurt dışına! Ne sevindim, ne de ağladım. Doğduğum ve çocukluk yıllarımın ilk anılarını yaşadığım bu küçük ve sadece ufak tefek sorunlarıyla var olan bu yerden ayrılmak beni korkutuyordu. Çocuktum ama ayrılığın, hasretin acı verdiğini biliyordum. Ailem, mahalledeki arkadaşlarım, hediyeler dağıtan Almancı Bayram, her yağmur sonrası solucan avları, kavgayla biten saklambaçlar... Ne acı ki o mahallenin huzurunu başka hiçbir yerde bulamayacaktım. Bunları ancak çocukluğunu sadece bir yerde, yani benim için Nevşehir'de yaşayan ve bir daha hiç yaşayamayacak olan bir çocuk anlar. Elveda Nevşehir ve en önemlisi elveda çocukluğum. Seni bir daha hiç yaşayamayacağım. Henüz çocuk olmama rağmen. Çünkü çok yakında, ailemizi yurtdışında bekleyen onca entrika arasında çocukluğumu rafa kaldırmak zorunda kalacak ve karanlık dünyalardaki büyüklerin ihanetiyle tanışacaktım.

İstanbul Havalimanı Saat 14:00 12 Eylül 1982...

Babamın bu mektubundan sonra önce ikinci anneannemin (dedem iki evlilik yapmıştı) evine, Yalova'ya gittik. Burada iki ay kaldıktan sonra yurtdışına çıkışımız kesinlik kazandı. Neye doğru sürüklendiğimizi bilmeden, yurtdışı deneyimimiz olmadan... İleri ki safhalarda anlatacağım üzere koca bir bilinmeze sürüklenecek ve babamın dahi önüne geçemeyeceği sefil yıllardan geçecektik.

Belki de yurtdışına çıkışımız bazılarına göre yanlış gelebilir ancak o dönemde yapılacak daha parlak bir seçeneğimiz yoktu. Nevşehir'deki olanaklar, çocuk aklıma göre hoş olabilirdi ama işin aslı öyle değildi ve farklı sorunlar mevcuttu! Yurtdışına çıkışımız, babamın ve annemin haklı istekleri üzerine alınmış son derece doğru bir karardı sadece.

Gidiş günü babamın arkadaşları bizi Yalova'daki evden alıp havalimanına götürdü. Bizi uğurlayanlar, anneme yine mangal yürekli yenge demişlerdi. Bunun sebebi belki de bize ait olmayan pasaportlarla, yurt dışına çıkışımızdan kaynaklanıyordu. Aslında annemin daha evvelden pasaport için müracaat ettiğini duymuştum ama yetkili merciiler bu isteği sakıncalı bulmuş ve reddetmişlerdi. Bazı iyi niyetli yetkili merciilere göre, annemin yurtdışına çıkışını takip edenler olabileceğinden, babamın yakalanacağını düşünüyorlardı. Ancak babam kısa bir süre sonra gerekli olan evrakları ayarlamış ve pasaportları temiz elden anneme ulaştırmıştı. Gelen pasaportlarla da, hiçbir engel çıkmaksızın rahat bir şekilde uçağa binmemiz sağlandı ve Viyana Havaalanına indik. Bizi karşılamaya gelen başka kişilerce Viyana'dan sonra bir sürü yere uğradık. Bu uzun yolculuk günlerinde babamın tanıdığı ailelerin evlerinde kaldık. Son durak babamdı ve O'nun yanına karayolu ile gidilmesi uygun bulunmuştu. Yol boyunca arabayı kullanan kişi annemle derin bir sohbete dalmış, Selcen ise tanımadığı babamıza hoş görünmek için saçını taramaya çalışıyordu. En sonunda arabamız bir gece vakti İsviçre'nin bir şehrinde durdu. Sokaklarda kimse yoktu. Şoför ağabeyin dediğine göre babamla, karşıda ki tren istasyonunun önünde buluşacaktık. Çok geçmeden babam göründü. Elleri cebinde, yüzünde ise büyük bir gülümseme vardı. Sevincin yarattığı şaşkınlıktan birimiz camdan, diğerimiz başımızı sağa sola çarparak arabadan çıktık ve birbirimizi sıkıca kucakladık. Biraz öfke ve biraz kederle. Kaybedecek zamanımız olmadığı için ailece trene bindik. Selcen babamı tanımamıştı. Hiçbirimize sarılmasını istemiyor, sakıncalı olduğu halde yaygarayı koparıyordu. Ağlanacak halimize babamlar gülmüştü.

    Yurt dışında yaşamaya başladığımız ilk günlerde tam olarak ne tür bir hayat yaşamaya başladığımızın farkında değildik. Babama yeni kavuşmanın sarhoşluğu ile başımıza üşüşen kara bulutları göremeyecek kadar şaşkındık. Sürekli hem ev hem de ülke değiştiriyorduk. Bu yüzden ancak bir kaç hafta sonra bize tamamiyle yabancı olan tuhaf ülkelerde bir bilinmezin içinde olduğumuzu anlayabilmiştik. Memleketten mecburen uzak olmak zordu. Yabancı ülkelerde yabancı olmak ise çok zor.

    Genelde bekar evlerinde kalıyorduk. Yani tek odalı ve vasat durumda olan yerlerde. Maddi açıdan da rahat sayılmazdık ama bu durum çok fazla önemli değildi. Ailemizin etrafında babamın dostları adeta bir sevgi ve koruma halesi oluşturmuşlardı. Bu kişilerle birlikte kocaman bir aileyi andırıyorduk.

FARELİ EV

Paris, Aralık ayı...

Bambaşka hayallerle gittiğimiz yurtdışı, bir kabustu. Süregelen kasvetli günler, bu kez taşındığımız tek odalı evin dört duvarı arasında geçiyordu. Dairemize yayılmış olan lağım kokusu, midemi bulandırdığı için kendimi evin dışındaki pis ve uzun koridora attım. Merdivenlere oturmuş heyecanla babamın eve dönüşünü bekliyordum ki kocaman farelerin basamaklara hızla tırmandığını gördüm. Şişman bir kedi büyüklüğündeydiler. Isırırlar korkusuyla dairemize koştum ve onları izlemeye koyuldum. Bazen uzaktan da olsa Selcen'le üzerlerine su dökerdik. Ama bunlar evcilleşmiş gibiydiler ve bizden korkmalarını beklerken aksini yapıyorlardı. Böylece her gün o kapı aralığında var olan can sıkıntımızı fareleri seyrederek gidermiş oluyorduk. Buraya "fareli ev" demeliydim. Bunalımlı, kasvetli, sıkıcı, kapkara ve kocaman fareli...

Taşınmak zorunda kaldığımız bütün evleri kitabımda ele almam mümkün değil ama çok yer değiştirmiştik. Bu gibi nedenlerle, yurtdışında ki hayatımızda öfke ile tanıştım. O eski güzel günlerimize neler olmuştu da geri dönemiyorduk! Selcen'le ben çocukluğumuzu, babamla annem de gençliklerini unutalı uzun zaman olmuştu. Hayat çok kötüydü.

Bir sabah uyandığımızda yatağımızda hatta yastığın üstünde siyah ve yuvarlak hatlı birşeyler annemin dikkatini çekti. Hepimiz bu şeyin etrafına toplanmış, babamın bir açıklama getirmesini bekliyorduk. Babam, kardeşimle bana bu iğrenç küçük şeylere dokunmamamızı söyleyerek annemin kulağına:

"Apartmanda da var bunlardan. Demek ki evin içine de girmişler. Meral farelerden korkar mısın?" demesine kalmadan annem çığlık atıp, odada dönmeye başladı. Kardeşimle ben, neler olduğunu anlamasakta babamın kucağına çıkmıştık. Babam, annemin bu halini komik bulmuş olacak ve ona şaka yapmak istemişti ki:

"Aman Meral dikkat et tam arkandalar." dedi.

Annem gerçekten çok korkmuştu. Bunun üzerine o gün babama küs kaldı. Hem de ciddi ciddi.

Kardeşimle ben bunları daha önceden apartmanda gördüğümüz için o kadar şaşırmamıştık ama yine de kedi büyüklüğünde ki bu farelerden korkuyoruk. Annemin babama küstüğü gün, babam evde fare avına çıktı. Önce bunların nereden girmiş olabileceklerini buldu. Annem çok titiz bir kadın olduğundan buraya taşınmamızla birlikte evi neredeyse kazırcasına temizlemiş ve mutfak dolabının dibinde bulduğu boş konserve kutularını çöpe atmıştı. Farelerde konserve kutularının engellediği bir delikten evimize girmişlerdi. O akşam ve ondan sonra ki akşamlar babam biz uyurken nöbet tutmuş ve farelerin yatağımıza kadar gelmemelerini sağlamıştı.

Yurtdışında firari bir hayat yaşamak zorunda olan ailelerin hemen hemen hepsi bizim durumumuzdaydı. Yani maddi tasaları olan, kısıtlı bir hayattan ibaret sıkıntılı bir gelecek, dev bir yalnızlık... Fakat ileri ki safhalarda da anlatacağım üzere maruz kalacağımız sıkıntılar babam başımızda olduğu sürece bizi çok fazla rahatsız etmiyordu. Çünkü O'nun varlığı bize yoğun bir manevi destek sağlıyordu. Zaten maddi olanaksızlıkları düşünüp dert etmek kadar bir lüksümüz de yoktu. Çünkü esas olarak başımızda ki en büyük sorun seyyar yaşamaktı. Sürekli olarak ev değiştiriyorduk. Sabit bir adresimiz yoktu. Taşındığımız yerlerde kardeşimle birlikte yaşıtlarımızla arkadaşlık kurmamız için ne yeteri kadar zaman ne de firar hayatımızın şart koştuğu "tedbir" buna olanak tanıyordu. Babamın büyük bir isteği vardı: Bize sorun çıkarmayacağından emin olduğu kimliklere kavuşur kavuşmaz bizim de bir hayatımız olacaktı. Belki kendi kendimizi kandırıyorduk ama bunu duymak da bir şeydi.

KILLI EV

"Gökçen...Gökçen uyan kızım gidiyoruz!"

Babamın bu gece vaktinde neden hepimizi uyandırdığını ve nereye gittiğimizi anlamaya çalışırken, O telaşlı bir sesle:

"Korkma yavrum. Anlıyorsun değil mi?" dedi.

Bu bilmem kaçıncı korkmamam gereken yeni durum karşısında omuz silkip, dudaklarımı büzdüm. Babam benim bu hallerime alışık olduğundan yüz hatlarını yumuşattı ve açıklama getirmeden derhal çıkmamız gerektiğini söyledi. Toparlayabildiğimiz kadar kıyafet alıp, evden ayrıldık. Babam beni sırtına almış, annemin de elinden tutuyordu. Selcen ise arkadan gelen ağabeylerin kucağında ağlıyordu. Sabah olduğunda bir kafeteryaya girdik ve babamın telefonla aradığı, Nanterre'den gelecek birini beklemeye koyulduk.

Birkaç saat sonra da yeni evimize belki de bir gece vakti yine apar topar kaçmak üzere girdik. Eğer sorumlu olduğu bizler yanında olmasaydık, babam kaçmazdı. O adam gibi bir adamdı. Burası fareli evi özletecek kadar pis ve küçüktü. Bekar evi oluşu yere dökülmüş olan saç tellerinden, odaya yayılmış olan rutubet kokusundan, duvara yapışmış pisliklerden, kırık mobilyalara söndürülmüş sigara izmaritlerinden ve daha sayabileceğim birçok sebepten belli oluyordu. Evin iğrençliği hakkında babam ufak bir tebessüm ederek "Meral kıllardan kazak örülebilir" deyince burayı da kıllı ev olarak adlandırmaya karar verdim.

Kıllı evde kaldığımız bu sıkıcı ve kasvetli geçen günleri camdan dışarıya doğru sarkıp, avazım çıktığı kadar şarkı söyleyerek geçirmeye başlamıştım. Ancak kısa bir zaman sonra buna yasak getirildi. Geçerli bir sebebi vardı: dikkat çekmemek! Bende babamı üzmemek için sessizce camın arkasından dışarıyı izlemeye başladım. Bazen hayalimde canlandırdığım arkadaşlarımla konuşuyordum. Babamın bu halime üzüldüğünü anladığım an, sıkıntımı belli edecek her şeyi içime attım. Fakat camdan dışarıyı izlerken dikkatimi çeken öğrencileri, bir türlü aklımdan çıkaramıyordum. Kaçak oluşumuzdan şimdilik okumam imkansızdı ama ben yine de okul sevdasıyla yanıp tutuşuyordum. Hem de ne yanıp tutuşma. Bunun üzerine bir sabah en güzel elbiselerimi giyinip, uyumakta olan babamlara haber vermeden evden çıkmak üzere hazırlığımı yapmaya karar verdim. Masanın üstünde ilk defa gördüğüm kalın defteri de yanıma alıp, kalem, silgi ve en önemlisi heyecan beraberce yola çıktık. Merdivenlerden inerken Fransız madamlarla karşılaşmıştım. Babam, bana Fransızcayı öğretmeye başlamıştı fakat dillerini henüz tam olarak bilmediğim için bana ne söylemek istediklerini anlamıyor, sadece gülümsemekle yetiniyordum. Sanırım okula gitmeme kafalarını sallayarak onay veriyor, geç kaldığım için saati gösterip acele etmemi istiyor, el kol hareketleri yapıyorlardı. Bunun üzerine sanki gerçekten öğrenciymişim gibi kocaman adımlarla basamakları atladım ve caddeye çıkan demir kapıyı açıp kalabalığın içine karıştım.

Camdan dışarıya baktığımda öğrencilerin gittiği yolu titizlikle izlemiştim ama tek başıma oluşumun heyecan ve korkusu zihnimi bulandırmıştı ve sokaklara rasgele sapmıştım. Okul yolunu şaşırınca bir apartman taşına oturup ağlamaya başladım. Bende her çocuk gibi ağlamanın kerametine inanıyordum. Bu halim, geçenlerin dikkatini çekmiş olacak ki sokakta trafiğin akışını sağlayan polise haber vermeye koştular. O dönemlerde polislerden mi yoksa karanlık dünyaların adamlarından mı daha çok sakınmamız gerektiğini bilmediğim için, yakalandığımızı düşünüp var gücümle geldiğim yollardan tekrar eve doğru koştum. Apartmanımızı bulmak kaybolmaktan daha kolay olmuştu ama fena korkmuştum. Merdivenleri çıkarken telaşımdan birine çarptım. Elimde ki herşey etrafa saçılmıştı. Başımı kaldırdığımda:

"Hayırdır nereden geliyorsun Sultan hanım?" diyerek babam beni kucağına aldı. Belli ki uyandığında evde olmadığımı fark etmişti. Kızmıştı. Kaşları çatıktı.

"Canım sıkıldı okula gidecektim babacığım."

"Anladım… Peki neden ağlıyorsun?"

"Polis arkamdan koşup, düdük çaldı. Ama ben birşey yapmadım."

"Sana bir şey olmadığına göre önce göz yaşlarını silelim." dedi ve elimde sıkıca tuttuğum defteri aldı. Göz ucuyla yarı resimli, yarı krokili sayfaları elden geçirdi. Babam benden birşeyler saklamak istercesine defterini yeniden düzene soktu.

"Gökçen bu defteri gören oldu mu?" derken biraz daha kızgın, biraz daha telaşlı görünüyordu.

"Evet babacığım çünkü o benim okul defterim." dedim ve o günü babamın bana sorduğu garip sorularla geçirdim.

Feci günün ertesinde, babamı benim defterimde ki sayfaları okurken buldum. Hem bana defterim olduğu için kızıyor, hem de kendi çalışıyordu.

"Ben sana küsmüştüm ama artık barıştım çünkü çok komiksin."

"Neden?"

"Ama babalar ders çalışmaz ki." dedim gülerek. O da saçlarımı okşayıp:

"Bazen çalışırlar ama bu ders değil. Hem neden bana küsecekmişsin ki?" dedi ve büyük titizlikle bir şeyler yazdı, bir şeyler okudu, bir şeyler çizdi.

O gün, babamın söylediklerine hiçbir anlam verememiş hatta sahiplendiğim okul defterini aldığı için O'na kızmıştım. Ama yaşım ilerlediğinde anladım ki o benim defterim değil, babamın dosyası. Babam ders çalışmıyor, hizmet veriyor ve bu herhangi bir hizmet değil milli bir mücadele. Babam ASALA'ya karşı mücadele etmeye biz henüz Türkiyedeyken başlamıştı.

ÇATLI... ÜLKENİN SAVUNMA REFLEKSİ

Sistem çıkmazının tek çıkışı, devletle millet arasındaki barış köprüsünü oluşturmaktır.

Hak eden her ülkenin, tabir yerindeyse Türkiye gibi büyük devlet olma potansiyaline sahip olan her ülkenin "savunma refleksleri" bulunur. Burada önemli olan, söz konusu savunma reflekslerinin, istihbarat örgütleri ve emniyet teşkilatlarıyla karıştırılmamalarıdır. Çünkü bunlar, ister devletin varlığı için hizmet verme olanağına sahip olsunlar ister olmasınlar, maddi ve manevi açıdan karşılığını alırlar ve büyük risklerle bir yere kadar baş ederler. Savunma refleksleri ise ülkenin düştüğü zor durum karşısında devreye girerler. Çatlı teşkilatının ASALA'ya karşı hareket etme operasyonlarında da görüleceği üzere Çatlı grubu, yetkili mercilerin isteği ardından değil, Türklüğe karşı işlenen katliamların arifesinde göreve başlama kararı almışlardır. Yani patates yedikleri dönemlerde! ASALA gerçeğinde ilk kez açıklanacağı üzere, ülkenin savunma refleksleri Devletin bir hizmet kolu olarak görevlere atanmazlar. Devletin makamlarında bulunan kişilerden ziyade ülkeye karşı hizmeti benimserler. Devletle, millet arasında bir köprü oluştururlar. Savunma refleksleri bağımsızdır. Kimseden emir almazlar ancak illegal de sayılmazlar. Ülke menfaati için, ortaya çıkan terörizm tehdidi gibi düşmanca girişimleri bir yandan istihbarat toplayıp, diğer yandan da bunu mümkün mertebe hafifletmek amacıyla belli bir operasyona baş koyarlar. Milli hizmet karşılığında, maddi beklenti içinde olmaları da gözlenemez. Şahsi menfaat gözetmeyen bu oluşumun varlık sebebi, saygınlık duyulması, manevi destek verilmesi ve diğer birimlerce çekinilmesi onu sistem çıkmazının tek çıkışı yapan unsurlardandır. Çünkü belirttiğim üzere teşkilat, yetkili mercilerin onlara görev teklifi için ulaşmalarından evvel zaten misyonlarına başlamışlardır. Çatlı teşkilatında gözlemlenen en büyük özellik de bu olsa gerek: milli görevler, yetkililerin telepleri üzerine değil, teşkilatın milli vicdanı sızladığı an başlar. Yani kıyak takımlıların ricası üzerine başlanılan görev, yükte ağır pahada hafif kalır. Çünkü devletin resmi kuruluşlarıyla birlikte hareket etme teklifi, misyondan daha büyük bir önem taşıyamaz. Çatlı teşkilatı, ülke adına yararlı olan hiçbir hizmetten geri adım atmazlar. Risk almak, bedel ödemek savunma refleksleri için bir tehdit unsuru taşımaz, aksine bunlara karşı direnmekten çekinmezler. Yaşadığımız son yüzyılın savunma reflekslerinin başını, yirmi yıl için Abdullah Çatlı ve teşkilatı çekerek, ülkemizin dinamikleri durumuna gelmişlerdir. Bu şimdiyedek görülmüş en uzun dönem ve en istikrarlı oluşumdu. Bazılarının Çatlı korkusu da buraya dayanmaktaydı. Abdullah Çatlı, teşkilatın başını çekmekle kalmamış, bu manevi değere çok yönlü anlamlar katmıştır: Düşmana dahi ihanet etmek (bazıları buna sırtından vurmak diyor) hainlik olarak görülmektedir. Teşkilat bir bütün demektir. Ne Lider Çatlı, ne de bütünleştirici teşkilat birbirinden ayrı hareket etmez. Dolayısıyla Çatlı ile birlikte, teşkilata da çok büyük sorumluluklar düşmektedir. Çatlı, O'na gönülden bağlı olanları aynı çatı altında toplamıştır; teşkilat da Çatlı'yı lider olarak tayin etmiştir. Bu da Çatlı'nın sadece bir militan olarak değil, operasyonları sevk ve idare eden bir beyin olarak katılımda bulunduğunu beraberinde getirmektedir.

Abdullah Çatlı'nın yaşamı süresince ülkesi adına gerçekleştirdiği görevlerden biri, Ermeni Terör Örgütü ve katliamlarına karşılık örgütlenmek olmuştur. ASALA'nın dağılmasını, teşkilatın çalışmalarına dayandırmak incelediğim bu dosyada eksik bir bilgi olurdu. ASALA içindeki anlaşmazlıklar da, örgütün sonunu hazırlayan nedenlerden olmuştur. Çatlı teşkilatı ise, Türk devletine karşı işlenen siyasi haksızlığın bir tepkisi olarak operasyonlar düzenlemiş ve ASALA mensupları üzerinde psikolojik bir etki bırakmıştır.

Bunu önemle vurgulamak zorundayım: Artık dünyada eski devirlerde olduğu gibi, zafere ne top tüfekle ne de bir kaç kahramanın verdiği mücadeleyle ulaşılıyor. Tıpkı Türk devletinin, onca askerle PKK'ya karşı sağlamakta geç kaldığı düzen gibi. Bu nedenle Çatlı fanatiklerinin iyi niyetle söyledikleri fakat gerçeklerle tam olarak bağdaşmayan 'Çatlı ASALA'nın kökünü kazımıştır' söylemi, koskoca Türk devletine karşı hakaret olur diye düşünerek, dostlarımızın mütevazi davranmalarını rica ediyorum. Devir, siyasi güç devri. Hangi ülkeye başka devletlerce destek sağlanıyorsa, bu ülke kutlu oluyor. Tıpkı PKK ve ASALA örneğinde devletimize başka ülkelerin sağlamadığı destek, ancak Çatlı teşkilatının bunlara karşı direnmekte göğsünü siper etmekte çekinmediği gibi.

ERMENİ TERÖR ÖRGÜTLERİ DOSYASI

"İster tayfa olalım, ister kaptan gemi batarsa beraber batarız."

AŞAĞIDA İNCELEDİĞİM ERMENİ ÖRGÜTLERİNİN YARATTIĞI TERÖRLE SADE ERMENİ KARDEŞLERİMİZİN KONUMLARI ARASINDA HİÇ BİR BAĞLANTI HİÇ BİR SURETLE SÖZ KONUSU OLAMAZ!

BİRAZ TARİH

Hatırlanacağı üzere 1973-1985 yılları arasında, Türk diplomatlarımız ve yakınları ASALA'nın başını çektiği Ermeni Örgütlerince acımasızca katlediliyordu. Devletimiz ise buna resmi yollarla tepkisini ifade etmiş fakat hiçbir netice alamıyordu. Birçok devlete göre ASALA, ezilen Ermeni halkının sesli tepkisi idi ve söz konusu devletler bundan kendilerine medet arıyorlardı. Devletimiz resmi yollarla bir neticeye varamayınca tarihte her devlette görüldüğü üzere, ülkenin savunma reflekslerine başvurmak zorunda kaldı. Girişilen ulvi gaye ve gerçekleri daha iyi anlayabilmek için inilebileceği yere kadar, detaya inme zaruretine inanıyorum. Fakat şunu unutmamak gerekir ki Çatlı teşkilatının önemi, hiçbir kuruma daimi bağlı olmadan, bir takım müesseselerle fikir birliği yapıp, harekete geçilmesini sağlamaktan ibaretti.

Milletler, insanların aksine yaşlanmayı sevdiklerinden, Ermenilerde tarihte kendilerine köklü bir geçmiş yaratabilme arayışına girmişlerdir. Fakat onlar hakkında hiçbir kaynak ortaya çıkışları hakkında kesin bir bilgi veremediğinden, birbirine çakışan bilgilerin mevcudiyeti, karışık bir Ermeni meselesini ortaya çıkarmıştır. Kesin olarak bilinen Büyük İskender'in Anadolu Seferi'nde (İ.Ö.331) Ermenilerin o bölgede bulunduklarıdır. Ancak bağımsız değillerdir ve İran vilayeti içinde yaşayan bir topluluk durumundadırlar.

Ermeni diye adlandırdığımız ama köklerinin tam olarak nereye dayandığını bilmediğimiz topluluk, I.Ö. IV.cü asırdan itibaren Ermenistan'da yaşamaktaydı. Ermeniler, çağlar boyunca başka ülkelerin idaresi altında ki topluluk olarak yaşamışlardır. Dönem dönem çeşitli derebeylikler olarak görülseler de bundan öteye gidememişlerdir. Tigran devrinde elli sene kadar bağımsızlıklarını ilan etmişlerdir fakat bağımsız Tigran'ın Ermeni olduğuna dair kesin bir kanıt yoktur.

Ermeniler, kendilerini dinleri ve dilleri olgusundan millet olarak ispat etme çabalarına girmişlerdir. Fakat aynı dinden değişik milletler olduğu gibi, değişik dinde aynı ırktan milletlerde vardır. Dil ise, dinamik yapısından dolayı sürekli değişikliğe uğrayan bir unsurdur. Frikya'dan Ermenistan'a gelen topluluk acaba bugünkü Ermenice'yi mi konuşuyordu, yoksa bugünkü Ermenice o bölgede asırlarca bulunan çeşitli toplulukların dillerinin karışımından mı ortaya çıkmıştı?

Ermeni sorunu hazırlayan sebepleri üç etapta incelemek mümkün:

*Ermeni Kilisesi: Aslında Ermeni milletinden, devletinden, tarihinden değil Ermeni Kilisesi Devleti'nden bahsetmek daha doğru olacaktır. Çünkü Ermeni Kilisesinin, mevcudiyetini koruyabilmek için bir kuvvete, bir devlete ihtiyacı vardı. Bu nedenle Ermeni meselesi fikrini doğuran Ermeni milletinden ziyade, Ermeni Kilisesidir.

*Din Faktörü ve Misyonerlerin Faaliyetleri: Bazı Ermeni yazarlarının ele aldığı üzere Osmanlı İmparatorluğu, dinleri Hıristiyan olan Ermenilere zulüm çektirmekteydi. Provokatörler de bunu baz alarak Ermeni halkını kışkırtıyorlardı. 1804'de kurulan ve İmparatorluğumuzun içine sızan misyonerlerin faaliyetleri, Müslümanlar üzerinde etkili olamamıştı. Misyonerler tüm gayretlerini Doğu Kilisesi adı altında toplanan Ermenilere, Bulgarlara yöneltmişlerdi. Bunların görevi İncil üzerine eğitim vererek Hıristiyanlığı yaymak ve ortalığı karıştırmaktı.

***Propaganda**: Türkler, tarih boyunca propaganda karşısında pasif kalmıştır. Bu durum bizi suçlu gibi göstermiş, karşı tarafın karalama ve iftira atmasını serbest kılmıştır. Bu nedenle, tarihte provokatörlerin bir kaşık suda kopardıkları fırtınaya karşın haklarımızı koruyamayışımız, cevap hakkımızı da kullanamamamıza neden olmuştur. En canlı örneği, Ermeni soykırım propagandasında yaşanmıştır.

Buna örnek olarak Küçük Kaynarca Andlaşması'nın imzalanmasıyla Osmanlı İmparatorluğunun Avrupa'da ki yerini Rusya ve Avusturya'nın almasını gösterebiliriz. Çünkü İmparatorluğun akıbeti beş devletin (Rusya, Avusturya, Fransa, Almanya, İngiltere) kararına bağlı kalmıştı. Bundan böyle ortaya çıkacak Ermeni sorunu, Avrupa meselesi ilan edilip, Berlin Kongresi'nde masaya yatırılacaktı. Ermeni Patriği, Kongre arifesinde İngiliz sefiri ile konuşurken isyan başlatmanın Avrupa devletlerinin ilgisini çekeceğini ifade etmişti. Hemen ardından, Ermeni Milli Meclisi'nde halkın ve ateşli gençlerin Osmanlı İmparatorluğu'nun doğu illerine gitmeleri teşvik edilmişti. Bununla birlikte Ermeni Cemiyetleri ortaya çıkmıştır. Bunlar üyelerine silah kullanmayı, askeri disiplini öğretmeyi, para temin etmeyi, gerilla kuvvetlerini oluşturmayı, kısacası Ermeni halkını ihtilale hazırlamayı hedeflemişlerdi. Böylece halk arasından çeteler kurulacaktı. Ancak propagandaya karşılık veremeyişimiz bize pahalıya mal oldu. 1880 Erzurum olayı ile başlayıp, 1886 Van İsyanı ile biten dönem, Batı dünyasında büyük bir soykırım olarak gösterildi. Dramatik bir tablo çizilmişti: sanki Osmanlı, masum Ermeni halkını bir meydanda toplamış ve üzerlerine ateş açmıştı. Suçlamalara göre Türkler bir buçuk milyon Ermeni halkına soykırım yapmıştı. Halbuki o dönemde Ermenilerin toplam sayısı sekiz yüz bin civarındaydı.

Olayların başlangıcı olarak bilinen Erzurum olayı komitacıların ortamı kızıştırmasıyla gerçekleşmişti; Ermenilerin Rusya'dan cephanelik getirip, sakladıkları ihbarı üzerine Erzurum valisi, iddia edilen yerlerde polisin araştırma yapmasını istemiş ancak kargaşa çıkmıştı. Ermeniler polislere karşı ateş açmış, bir subay, iki er ve bir polisi şehit etmişlerdi. Buna rağmen durumdan istifade eden Ermeni komite mensupları, Ermeni halkını kışkırtarak artık kendilerinin hür olduklarını ve bu durumu ancak silahla koruyabileceklerini sokaklarda bağırarak ilan ediyorlardı. Bu komite mensuplarının cesaret dağıttıkları günde çıkan iki saatlik çatışmada iki Türk er öldürülmüştü. Cesaret aşılamaları devam edince, her iki tarafın ölüleri yüzden fazlaya ulaşmış, yaralılarda üç yüzü bulmuştu.

1897'den 1914'e kadar geçen dönem Osmanlı İmparatorluğunun en felaketli dönemi olacaktı. Gerek içerde, gerekse dışarıda her gün yeni bir olay vukuu buluyordu. Adana o tarihlerde bir kıvılcım bekleyen barut fıçısına dönmüştü. Anayasaya göre herkes silah taşıyabiliyordu. Öyle ki çocukların belinde bile silah vardı. Bu boşluktan hareket ederek Ermeni lider ve papazları dindaşlarını silah almaya teşvik ediyordu. Örneğin Rus Ermeni'si bir papaz, kilisede 1895 kurbanlarının intikamının alınması için açık açık vaaz veriyordu:

"İntikam! Katile katil. Silah alın. 1895'in her Ermeni'si için bir Türk."

Cumhuriyet devrinin ilk yıllarında Ermeni çetesi Yunanistan'ın resmi yahut gayri resmi kuruluşlarıyla işbirliği içinde olmuştur. Ardından peşpeşe kurulan Ermeni cemiyetlerinin tek amacı, ihtilal yolu ile kendilerini idare etme hakkı adına isyanı genişletmekti. Söz konusu cemiyetlere sadece Ermeniler girebilirdi ve aynı ideale inanmaları şarttı. Üyelerden Gerilla kuvvetleri oluşturulmuştu. Bunlar Sevr anlaşmasında belirttikleri topraklarda, Ermenistan'ın kurulmasını amaçlıyor, Türklerin onları yerlerinden ettikleri iddiasıyla devletimizden hem toprak, hem de soykırım yapıldığı iddiasıyla çok yüksek bir tazminat istiyorlardı. "Ermeni Davası" adı altında yeni bir görüntünün yapılanmasıyla, Türkleri katlederek ses getirmeyi ve bu davanın yarattığı korkuyla dünyanın ilgisini üzerine çekmeyi amaçlıyorlardı.

Ermeni terör örgütlerini Hıncak, Taşnak, Ramgavar, ASALA vs... gibileriyle ele almak gerekiyor.

ERMENİ TERÖR ÖRGÜTLERİ

İHTİLALCİ HINCAK PARTİSİ:

Bu örgüt Moskova'nın emrindeydi. Son başkanı da Hrant Samuel'di. Türkiye'ye yönelik katliamlarını Sovyet Gizli İstihbarat Örgütünün (KGB) sekiz ajanı ile planlamışlardır. Bunların tek amacı Rusya'nın yöneteceği Musul, İskenderun, Trabzon, Bakü dörtgeni içinde Ermenistan'ın kurulmasıydı. Aslında bu partiyi kuranlar Osmanlı'nın Ermenilere sözde antidemokratik tutumları yüzünden Türk düşmanlığı beslediklerini söylüyorlardı. Fakat bu partiyi kuranlar hayatlarında bir kez dahi topraklarımıza ayak basmamışlardı. Bunlar tahsil için Paris'te bulunan, komünist-Marksist düşünceye kendilerini kaptırmış zengin aile çocuklarıydı.

ERMENİ İHTİLALCİ TAŞNAK PARTİSİ:

Taşnakların özelliği katliamlarının sadece Türklere yönelmiş olmasıdır. Taşnaklar "Ermeni davasını" ele alırlar. Amerikalı fanatik Ermenilerin emrinde bulunan Taşnakların lideri Garo Sasuni'ydi. Antilyas Katogikos Kilisesi Papazları ile çalışan bu örgütün yüz yirmi altı başka örgütle işbirliği yaptığı ve paralı militanlarına "ölüm operasyonları" adını taşıyan büyük katliamları işlettikleri bilinir. Örneğin 1973-1985 yılları arasında ki seri cinayetlerden Viyana Büyükelçimiz Tunagil ve Paris Büyükelçimiz İsmail Erez İhtilalci Taşnak Partisi militanlarının (Sofuyan Keçikyan, Varuzan Aznavur) kurşunlarına kurban gitmiştir. Bu çete tam on beş ülkenin yirmi altı farklı mekanlarında elli yedi saldırı meydana getirerek, ASALA'nın özendiricisi olmuş ve onun terör tim ve gruplarını oluşturmasına yardımcı olmuştur.

VE ASALA

Ermeni terör örgütlerinin yarattıkları en kanlı dönem ASALA'nın kurulmasıyla hız kazanarak daha yönlü bir seyir almıştır. Yakın dönemlerimize acı bir şekilde damgasını vuran Türklerin katledicisi ASALA, Ermeni terör örgütlerinin ana vanasıdır.

ASALA, Ermeni topraklarının kurtarılması için temel yolun devrimci şiddet eylemlerinden geçtiğini düşünüyordu. Üstün sınıfların hegemonyasını reddedenleri destekleyecek ve uluslararası devrimci hareket içinde koalisyonlar kurabilecek olanlarla güçlenmenin kaçınılmaz olduğunu baz almışlardı. Bunun için şiddet ve terör asıldı. ASALA için "terör bir olaydı" ve en mühimi var olan mevcut boyutuydu. Hedefler ise ikinci plandaydı.

1970'li yılların başında kurulan ASALA, 1981 yılında açıkladığı "siyasi programıyla" amaç ve hedeflerini açıklamıştır:

"Demokratik, sosyalist ve devrimci bir hükümetin önderliğinde birleşmiş bir Ermenistan'ın kurulması"

Bu önder hükümetten kastı Sovyetler Birliği ve sosyalist düşünceyi benimseyen devletlerdir.

ASALA siyasi programında düşmanlarını iki gruba ayırmaktadır:

*Birincisi yerel gericiler, yani örgütün karşısında olan, destek vermeyen Ermeni topluluğu.

*İkincisi ise Türklerdir.

ASALA'da temel strateji dünyada ki ilerici Ermeni hareketlerini bir noktada Lübnan'da toplamak, bir merkezden yönlendirmekti. ASALA stratejisinin bu bölümünü 1981 yazında dünyada ki tüm ilerici Ermenileri Lübnan'da toplantıya çağırmakla uygulamaya başladı. Stratejinin ikinci aşaması bu güç birliğinin sosyalist hükümetlerin yardımıyla terörü yayarak, kargaşa döneminin başlatılmasıydı. Bu stratejinin sonucunda PKK-ASALA işbirliği oluştu.

ASALA'nın amacı, izlenilen politikalar gereği üç yönlü bir destek almayı sağlamaktır:

*Sovyetler-Doğu Bloku-Sosyalist ülkelerin desteği.

*Yunanistan ve Suriye gibi Türkiye'yi dış ve iç tehditle birlikte terörle yıpratmayı, jeopolitik beklentileri bakımından politikalarının esası olan ülkelerin desteği.

*Komünist partilerden, Hıncak Ermeni terör örgütünden, ASALA sempatizanlarından ve Ermeni kiliselerinden oluşan grupların desteği.

ASALA'nın ilişkileri 1975-1980 evresi içinde Filistin Kurtuluş Örgütü, komünist partiler ve bazı devletlerden ibaretti. 1980'in Nisan ayında Sidon/Lübnan'da gerçekleştirilen PKK-ASALA ortak anlaşması ilişkilerini genişletmiştir. Bu da PKK-ASALA arasında ki görüş eylem birliğini oluşturmuştur. Aslında o yıllarda PKK, çok yeni ve terör faaliyetlerine henüz başlamamış bir örgüttü ancak genç bir lider önderliğinde yani Abdullah Öcalan'dan ibaret bir kadroyla Apo'cular olarak kendilerinden bahsettirmeyi başarmışlardı.

1983 yılından sonra ASALA, Monte Melkoyan'ın stratejisiyle yürütülmüştür. Türkiye içinde terörün uygulanmasına ağırlık verilerek her türlü örgütle ilişki kurulmuştur. Bir çok alanda önemli bağlantıları bulunan örgüt, Sovyet Gizli Servisi (KGB) Ortadoğu Masa Görevlisi Terör Uzmanı Brutens tarafından idare edilmiş, eğitim verilmiştir. Yapılan araştırmalar neticesinde bu kişinin Ermeni asıllı olduğu ve ASALA'nın beyni Agop Agopyan'la sıkı diyalogları bulunduğu tespit edilmiştir. Ermeni militanlarının Kıbrıs-Rum kesimine ait pasaportlarla seyahat ettikleri de kaydedilmiştir.

Para teminini ise Marksist-Komünist örgütlerin yardımıyla çözmüşlerdir. Ermeni hareketleri; Yeni Helenizm, Yeni Arabizm veya Sosyalist Arap Birliği hareketleriyle işbirliği içinde de olmuştur. Bu yüzden Ermeni çeteleri için Kıbrıs sorununda Yunanistan'ın desteklenmesi, Arap sorununda da Filistin mültecilerinin yer alması gayet doğaldır.

YAYINLARI

Ermeni terör örgütleri için propagandalarının en mühimi yayın yolu ile kinlerini ifade etmekti. En önemli yayın organları Hayastan, Hay-Baykar, Armenia idi. Dergi olarak Londra'da yayınlanan Kaytzer, radyoda ise "Ermenilerin Sesi" adı altında günde bir saat canlı yayınları mevcuttu. Ayrıca ASALA, ilişki de bulunduğu ülkelerin haberleşme araçları ve kamu iletişim sistemlerinden de destek almıştı.

Ermenilere ait "Armenian Review" adlı gazetenin yazı işleri Müdürüne göre:

"Türk devletinin ve dünyanın büyük devletlerinin, altmış yıl süren barış çabalarından sonra bile, Ermenilerin duygularını kabul etme yönündeki isteksizliği yeni bir terörizm döneminin açılmasıyla sonuçlanmıştır."

ERMENİ KONGRELERİ

ASALA 1979'da Paris Ermeni Konferansı sırasında sağladığı yeni güçlerle kuvvetlendi, 1981'de güçlendi, 1983'de ikiye bölündü. 1979'da Paris'te toplanan Ermeni konferansı sırasında Fransa'daki Ermeni teröristlerle irtibat kurdu ve örgüte yeni elemanlar aldı. Bunların içinden en önemlileri Alex Yenikomşiyan ve Monte Melkiyan'dır. Bundan sonra da ASALA'nın oku yaydan çıktı. Katliamlar bir zevk, katledilenlerin sayısı övünç kaynağı olmuştu. Bu nedenle masum insanlara yönelmiş terör eylemleri kamuoyunda ki durumlarını iyiden iyiye sarsmaya başlamıştı. Siyasi bir kavram olmaya başlayan bu kargaşa Ermeni isteklerine değil, tam aksine Rusya ve Avrupa Devletlerinin bölgeye ilişkin jeopolitik beklentilerine hizmet eder bir nitelik almıştı.

Ermeni kongreleri hiçbir zaman dışarıya yansıtıldığı gibi uyum içinde gitmemiştir. Kimileri yarattıkları mücadelenin kanlı sahnelerle vuku bulduğunu, daha ılıman girişimlerle hareket edilmesini, kimileri de dur durak bilmeksizin teröre hız vermekten yanaydılar. Fikir ayrıcalığı kongreler esnasında şiddetli tartışmalara bu da Ermeni çekirdek kadrosunda farklı hareketlere, bölünmelere gebe olmuştu. Fakat ne bu bölünmeler, ne de diğer devletlerin dönem dönem yaptıkları uyarılar terörün önüne geçemezdi.

Bu grupları kongrelerde bir araya getiren konu, Ermenilerin o günkü şartları ya da yasadışı Ermeni örgütlerinin imkanları ve faaliyetleriydi. Kendi aralarında ki çıkar çatışmalarından ötürü genelde konular bir neticeye varmazdı. Neyin doğru olduğunu, yüzyıllardır ne istediklerini, neden can aldıklarını, tüm bunların nereye dayanacağını aslında onlar da anlamış değildi. Görünen şu ki uygulamayı başardıkları tek şey Türk katliamlarıydı. İnsan avına çıkarcasına, insan üstüne bahis oynarcasına bir strateji uyguluyorlardı. ASALA birinci Kongreye (1979, Paris) büyük bir güç olarak katılmıştı. Çünkü "terörün babasıydı." Amacına ulaşan ASALA Lozan şehrinde ki ikinci Kongreye (1983), dünya kamuoyu önünde "katliamcı" olarak anıldığı için Kongrenin ileri gelenlerince katılmasına müsaade edilmedi ama bu sadece aldatıcı bir görüntüydü. Çünkü belirttiğim üzere aralarında tartışmalar çıksa dahi bu ASALA'nın amacının önüne geçemezdi.

ASALA'NIN ÖLÜM LİSTESİ

Son çağın yeni Ermeni terör örgütü ASALA, bilindiği üzere 1973-1983 yılları arsında Türk diplomatlarımızı ve yakınlarını katletmiştir. Halkımız bu terör örgütü tarafından kaosa sokulmuş, devletimiz ise bazı ülkelerin destek verdiği ASALA'ya karşı legal yollardan müdahale edemeyeceğini anlamıştı. Çünkü Fransa Devlet Başkanı Giscard d'Estaing'nin şu sözleri "Ermenilerin tarihsel haklarını arama ve hesap sorma niteliği taşıyan yaklaşımlarına Fransa karşı çıkmayacaktır" gibi haberlerle, Devletimizin resmi yollarla canlı çıkışlar yapması resmen engele uğramaktaydı.

Türk medyasında yer alan haberlere gelince "Bu kaçıncı ölüm! Katledilen sadece diplomatlarımız değil, bizzat Türk Devletimizin haysiyetidir. Neden biz hareketsiz ve cansız çıkışlar yapıyoruz" gibi demeçler yer alıyordu...

Şimdiye kadar Türk tarihinin sahnesinde nasıl yıkıcı örgütler varlığımızı tehdit, hatta inkar ettiğinde aramızdan çıkan vatanseverler onlarla mücadele ettiyse, ASALA örgütü de Abdullah Çatlı ve teşkilatı tarafından kaosa sürüklenmiştir. Neden mi? Çünkü 1973'de başlayan katliamlar... (1)

---

1 Bakınız Ermeni Terörünün kronolojik analizi. Sayfa 436

Trajik bir olayın canlandırması:
ESENBOĞA KATLİAMI

Yer: Ankara Esenboğa Havalimanı – Dış Hatlar Terminali
Tarih: 7 Ağustos 1982

"Dikkat dikkat! 11:30 Ankara-Marsilya seferli uçağımızın yolcuları, lütfen B peronundan giriş yapınız"

Genç hostesin anonsu üzerine salonda bir dalgalanma oluştu. B kapısının önünde oluşmaya başlayan kuyrukla, gişeler önünde biletlerini onaylatmak için bekleyenlerin ki birbirine karışmıştı. Bu kargaşadan dolayı salonda tansiyon dönem dönem gerginleşiyordu. Bir başka tarafta ise seferleri iptal olanların çözüm arayışları, ortalıkta koşturan çocuklar ve kalkış saatinden çok önce gelmiş yolcular bulunuyordu. Ağustos sıcağına yenik düşenler kendilerini kah boşalan sandalyelere, kah temiz buldukları bir köşeye atıyor ve gazetelerini yelpaze yerine kullanarak serinlemeye çalışıyorlardı. Dış hatlar terminali adeta izdihama uğramıştı. Derken herkes tekrar hostese kulak verdi. Rötar yapan bir uçağın kalkış seferi anons edilince heyecanlı bir bekleyiş başladı. Özellikle de biri için; eşini görmeye gidecek olan hamile ve genç bir bayan etrafındakilerden saklarcasına önce çantasından küçük bir ayna çıkarttı, rujunu tazeledi, ardından da belli belirsiz hareketlerle saçını düzeltecekti ki aynasına rastlayan bakışlar onun dikkatini çekti. Orta yaşlı bir beydi ona bu denli dikkatli bakan. Tuhaf görünüyordu. Gözlerini ilk kaçıran kadın olmuştu. Zira bakışları onu ürkütmüşe benziyordu. Tam o sırada büyük bir ses yankılandı. Havada tozdan bir bulut oluşmuş, şaşkınlığın ilk tepkileri ve korkunun çığlıkları yükselmeye başlamıştı. Herkes bir yere koşuyordu. Ortalık, küçük bir kıyamet gününü andırmaktaydı. Derken iki silahlı adam salonun giriş kapılarında belirdi:

"Katil Türkler kanı kan temizler! Hareket edeni vururuz." diyen kişi elinde tuttuğu bombaları da patlatmakla tehdit ediyordu. Bu kişi hamile bayanın aynasına rastlayan adamdı.

İnsanları bir panik sarmış, kaçmaya yeltenenlerin ardından da ateş açılmıştı. Kana bulanmış yerde altmıştan fazla yaralı ve cansız beden vardı.

Bu iki adamdan kurtulan ve beyaz tişörtü kana bulanan bir bayan dış kapıda bekleyen bir polis memurunun yakasına yapışarak:

"Oğlum çok kan kaybediyor, öldürecekler. İçeriye girin herkesi öldürecekler..." diye adeta yalvarıyordu. Polis memuru içeriye girmekte çekinince, kadın korkak ve çekimser adımlarla da olsa tek başına salona girmeye kalkıştı. Ancak polis "Çatışma var hanım. Giremem sen de gidemezsin" diyerek onu engellemeye çalışıyordu. Polis memurları, onca insanın canını tehdit eden kişilere karşı harekete geçememenin şaşkınlığını yaşıyordu. Çünkü bu adamlar salondan seçtikleri kalabalık bir rehine grubuyla, dış hatların restorant bölümüne geçmiş, tehditlerin dozajını arttırmış, anlaşma yapmayı red ederek adeta ölmek ve öldürmek üzere geldiklerini belli ediyorlardı. Bunun üzerine polis ile aralarında uzun bir çatışma çıktı. Yere serilmiş seksenden fazla yaralı ve dokuz ölü vardı.

Türk polisinin ısrarlı mücadelesi üzerine adamlardan biri yaralı diğeri ölü de olsa ele geçirilmişti. Esas ismi Zohrap Serkisian olan ve ölü olarak ele geçirilen Ermeni teröristin üzerinden bir Türk kimliği çıkmıştı. Diğeri tutuklanarak cezaevine gönderildi. Bu süreç içerisinde polis, ASALA militanı Levon Ekmekçiyan'dan önemli ifadeler almış, terör örgütünün hareket alanı hakkında daha çok bilgiye sahip olmuştu...

Esenboğa katliamı ile birlikte yetkili merciiler harekete geçmeye karar almışlardı. Zira bu olay bardağı taşıran son damla idi. Alınacak kararlara göre ASALA ile farklı bir mücadele şekli yürütülecekti. Çünkü bundan önce bazı yabancı devlet organlarından yardım istenmiş fakat somut hiçbir destek alınamamıştı! Sanki ASALA, Türkiye'ye karşı beslenen tüm düşmanca girişimlerin toplandığı genel bir merkez idi. Türkiye'den her türlü yardım esirgenerek, hareket alanın kısıtlanması, siyasi ve tarihi açıdan yenilgeye uğraması isteniyordu. Öyle ki yurtdışında görev yapan diplomatlarımız dahi yabancı polis tarafından korunmuyordu.

ASALA sadece Türkleri katletmemiş bizzat Türk devleti ve milletinin varlığını inkar etmiş, bu değerlerle kedi-fare misali oynamıştı. Bu terör örgütüne bazı yabancı devletlerin resmi veya gayri resmi desteği devreye girince de işler iyiden iyiye karışmıştı. Bu durum Türkiye'nin resmi bir şekilde, şeffaf bir dille mücadele vermesini engelliyordu. Çünkü işin içine yabancı devletlerin desteği girdiği vakit, şeffaf ve resmi bir mücadele düşünülemezdi. Onların anlayacağı dilden yani ağır silahlar ve profesyonelce stratejiler artık kaçınılmazdı. Ancak terör örgütüne dolayısıyla buna destek veren bütün devletlere karşı alınacak olan bu gizli tavrın gayri resmi görünmesi gerekiyordu. Bu tedbir eğer alınmaz ise ve Çatlı teşkilatının ASALA'ya karşı verdikleri resmi mücadele dünya kamuoyunda açıklansaydı savaş rüzgarlarının esmesi büyük bir ihtimal idi. Çatlı teşkilatının faaliyetlerinin, yabancı derin devletlerce bilinmesi ile dünya kamuoyunda bilinmesi arasındaki incelik sanırım açıklama gerektirmemektedir.

Susurluk olayı olduktan sonra gizlilik ilkesinden çıkan Çatlı-ASALA-Devlet iddiası tüm dünyanın gözü hala üzerimizdeyken, resmi olarak doğrudan doğruya yetkili Türk mercilerince bunların kabul edilememesi bu tespitlerden sonra umarım artık anlaşılmıştır. Bu nedenle ne Çatlı ailesi ne de dostları, Abdullah Çatlı'nın vefatından sonra resmi bir dille açıklanamayan "Çatlı vatanperverliği" hususunda kırgın değillerdir. Çünkü Adnan Menderes'in demiş olduğu gibi "topun ağzındayız." Abdullah

Çatlı severlerinin kırgın hatta kızgın olduğu nokta, bir vatanperverin Öcalan muamelesi görmesidir. Kaldı ki Öcalan şu an Abdullah Çatlı'nın kabrinde onca iftiradan sonra yattığından daha rahat bir durumdadır. "Olacak şey" diye düşünülmesin. Çünkü bu da, Türkmen Beyi olan Abdullah Çatlı gibi bir vatanpervere verilen değeri (isimleri açıklanmayan kahramanlar gibi) yani değersizliği göstermektedir. Bu da hainlerin, cansız bedenlerle dahi mezarlarında rahat yatırılmayan vatanperverlere sundukları bir Türkiye çıkmazıdır. Yani hepimizin çıkmazı. Her ne kadar ileride tarihin ağlayan satırlarında, bu vatanperverler göğüs kabartılarak okunacak olsa da...

ÇATLI TEŞKİLATININ FARKI

Çatlı ailesinin sadece acil durumlarda kullandıkları ve herkesten sakladıkları evlerinde ikinci bir telefon hattı vardı. Susurluk kazasından tam bir yıl sonra, hiç kimse tarafından bilinmeyen bu telefon çaldığında aile şaşırdı. Karşı taraftaki kişinin sesi dostane ancak aileye yabancı gelmişti:

"Beni tanıyıp tanımamanız önemli değil. Abdullah Çatlı'nın vefatı ardından özellikle de politik kulvarda isminin rencide edilmesini kınadığımı belirtmek ve ailenin hiçbir zaman yalnız kalmayacağını hatırlatmak için aradım. Eğer size "Devletin isteği üzerine Abdullah Çatlı teröre karşı mücadele vermiştir, hatta başarısız da olmuştur" denilecek olunursa, siz de bunlara karşı "Abdullah Çatlı, yetkili mercilerin anlaşma tekliflerinden çok önce teşkilatıyla birlikte mücadele başlatmıştı" deyiniz. O zaman işledikleri ayıbı yüzlerine bulaştırırlar..." deniliyordu.

Aileyi arayan ve son derece dostane bir şekilde, şimdiye dek açıklanmayan ilginç bir konuya değinen bu kişinin sözleri üzerine ne yorum ne de fırtına koparmak doğru olmaz. Sadece (...) ve (!) işaretleri baki kalacaktır.

"Çatlı teşkilatının farkı" adlı başlıklı yazının en önemli noktası, O'nun 1984 yılında Paris'te cezaevine girmesine rağmen ASALA'ya karşılık verilen mücadelenin Çatlı'nın direktifleriyle devam edilmesini içeren bir hususutur. Bu da teşkilatın zihniyetini anlayabilmemizde sanırım daha çok anlam ve belirginlik kazandırmıştır. Çatlı izlenilecek programı buradan vererek görevini bu zor şartlar altında dahi yerine getirmiştir. Çatlı'nın cezaevine girmesi, buradan direktif vermesine engel değildir. Çünkü sistemi oturmuş olan bir teşkilat, liderin yokluğunda -varlığını çok uzun bir müddet boyunca olmasa dahi- baş koyduğu görevi bitirecek kadar zaman ve potansiyele "sahip edilmese" dahi "sahip olur."

GECİKEN TEKLİF:

"Abdullah bey ASALA ile adımıza mücadele etmeye devam eder misiniz?"

1982 ortalarında, Türkiye'den gelen bu teklif üzerine Çatlı liderliğinde ki grup, operasyon planlarına devam edeceklerdi. Ancak önce Çatlı, arkadaşlarına danıştı ve teklif kabul görüldü. Çatlı teşkilatının görevi kabul etmelerindeki gaye, özel insiyatiflere sahip olunmak üzere değil, daha güçlü ve doğal olarak pahalı araç-gereçlere kavuşarak keskin operasyonlar düzenleyebilmek için idi. Üst düzeydeki yetkililer "Söz konusu olan emel, Devletimizin ve milletimizin haysiyetidir" diyor ve atağa geçmekte geç bile kalındığını belirtiyorlardı. Yetkililer, bu görev karşılığında bir milyon dolar verileceğini de söylüyorlardı. Çatlı'nın yanıtı aslında teşkilatın niyetini de ortaya çıkarıyordu: "Biz bunlara karşı mücadele etmeyi kararlaştırdığımızda paramız yoktu. Bundan sonra da para için değil, Türkiye'nin içinde bulunduğu kritik konum dolayısıyla faaliyetlerimize devam etmeyi istiyoruz"

ASALA operasyonlarına karşılık bazı çevrelerce kasti olarak "Farklı yerlerde, aynı zamanda patlayan bombaları Çatlı teorik açıdan yapamaz. O halde Çatlı değil başka gruplar bu operasyonları gerçekleştirdi..." karalama kampanyalarını yapanlara söylenecek tek söz var. Elbette ki aynı saatte, farklı ülkelerde gerçekleştirilen operasyonlarda Çatlı'nın her yerde bulunması düşünülemez. Zaten burada sadece lider Çatlı'dan değil, lider Çatlı kontrolünde ki Çatlı teşkilatından bahsetmek lazım. Çatlı ve teşkilatı, operasyonların daha yıkıcı olması için aynı anda her biri farklı noktalarda bulunarak çeşitli eylemleri gerçekleştirmişlerdir. Yoksa ASALA'ya karşı aynı tarihte, farklı yerlerde gerçekleşen eylemlerin, patlayan bombaların v.s. sahibi ne sadece Çatlı'dır, ne de hiçbir surette O değildir. Hatırlatırım ki, bu tür operasyonların yayılım alanı daha çok yeri kapsasın ve dolayısıyla daha çok ses getirsin diye birden fazla kişilerce gerçekleştirilir!

Kendilerine karşı bir Türk grubunun örgütlendiği sıralarda Ermeni çetesi, Fransa'nın Bastille Meydanı'nı kana boğmuş, rastgele açılan ateş sonucu masum Fransız vatandaşları da zarar görmüştü. Ancak Abdullah Çatlı ve arkadaşları operasyonlara aralık vermeden devam ediyorlardı. Belki sayı olarak Ermeni çetesi yok edilmedi ama Çatlı teşkilatının yarattığı psikolojik baskı onları etkiliyordu. Bunlara karşılık Kanada, Amerika, Yugoslavya, Lübnan ve Yunanistan gibi ülkelerde operasyonlar düzenlendi. İsimlerini kullanmak zahmetinde bulunmak istemediğim birkaç kişinin söylediği gibi operasyonlar, traji-komik bulduğum molotof kokteyli ile sınırlı değildi. Zaten bir terör örgütüne karşı, ateş kıvılcımından ibaret molotof kokteyli ile saldırıya da geçilmez! Bu yüzden bazı kişilerin saçmalıklarına artık kulak verilmemeli. Herşeyi göze alan bu Türk ekibi, vatanımız için mücadele verdiklerine göre kimin hangi hesabı ve neyi yargılamaya hakkı vardır? Çatlı hakkındaki ASALA gerçeğini çarpıtmaya çalışanlara soruyorum: Size kim bu hakkı verdi! Kime karşı, ne tür bir ithafta bulunduğunuzun farkında mısınız?

Çatlı'nın ASALA faaliyetleri neticesinde yüklü miktarda para aldığı söylendi. Rezilliğin ta kendisi!

Marsilya'daki kamp...Arkadaşlarıyla buluşma yeri

Eğer ben O'nun kızıysam ve o dönemlerde tam anlamıyla maddi sıkıntıyı yaşadıysam biri yalan konuşuyor demektir.

Abdullah Çatlı, 4 Mart 1982 tarihli ve 1982-172-124 sayılı tutuklama kararına dayanılarak İnterpol Genel Sekreterliği tarafından 777-82 sayılı Kırmızı Bültende "Tehlikeli şahıs" olarak yerini almıştı. Yani ASALA faaliyetleri sürerken!

MİLLİ İSTİHBARAT TEŞKİLATI'NIN ÇATLI İLE ASALA İLİŞKİLERİ

Mesut Yılmaz'ın Susurluk olayını incelemek üzere göreve getirdiği Kutlu Savaş'ın yaptığı çalışmalarda ilginç bölümlere rastlanmaktadır. Bunlardan biri raporun 77, 78 ve 79. sayfalarında bulunuyor. İnceleme konusu Çatlı-MİT-ASALA ilişkileri üzerine. MİT'in iddialarına bakılırsa Abdullah Çatlı ile ilişkileri Fransa'nın başkenti Paris'te 1983 yılında başlamıştır. Ancak başka iddialara göre MİT'in ya da başka kuruluşların, Çatlı ile temasa geçmesi 1982 yılındadır! Neden böyle bir tarih aldatmacası mevcut buna bir anlam vermek güç. Belki de Çatlı'nın bu tarihlere denk düşen İnterpol tarafından aranma sebebinin ASALA faaliyetleri dolayısıyla olabileceği ihtimaline açıklama getirmeye çalışmak, olayları daha da derinlere sürükleyeceği için bundan kaçınmak istemiş olabilirler diye düşünülebilir.

Rapora bilgi veren MİT yetkililerine göre:

"ASALA'ya yönelik 1982 yılında uygulamaya konulan çalışmalar çerçevesinde, 22 Ekim 1983 tarihinde Paris'te, Fransa'da temasa geçilmiştir. İlk görüşmede görev anlatılarak karşılıksız kabul edip etmeyeceği sorulmuş ve kabul etmesi üzerine göreve sevk edilmiştir.

Ermeni hedeflerine yönelik planlar;

*5 Aralık 1983 Paris (Fransa) Ermeni Gençlik Örgüt binasının bombalanması,

*1 Mayıs 1984 Paris (Fransa) Papazya'nın otosuna bomba konulması,

*4 Mayıs 1984 Altfortville (Fransa)

*Ermeni anıtı,
*Ermeni Gençlik Örgütü binası,
*Ermeni Spor salonu,
*Ermeni karakolu,
*Ermeni itfaiye aracının bombalanması.

*24 Haziran 1984 Paris'teki Ermeni Gençlik Yurdunun bombalanması gibi eylemlerini birlikte çalıştığı şahıslarla beraber gerçekleştirmiştir."

Ermeni radyo evine de bombalı bir operasyonda bulunulmuştu. Ayrıca Paris Ermeni Kilisesi'ne bırakılan saat ayarlı bomba da, Türk grubunun uyarılarından biriydi. Anonim bir ses Fransız polisiyle telefonda irtibata geçerek kendi bıraktıkları bombanın yerini söyleyip, yeni bir uyarı mesajı göndermişlerdi. Arayan teşkilat mensubuydu. Bomba, patlamasına sadece dört dakika kala polislerce imha edildi.

Ermeni liderlerine yapılan suikastlerden birine gelince... Ermeni lideri Toranyan'a 22 Mart 1983 tarihinde bir suikast girişiminde bulunuldu. Toranya'na yapılan ikinci suikast denemesi ise Truy'da gerçekleşti. Toranyan her zaman olduğu gibi adeta sıkı bir güvenlik çemberi içine alınmıştı. Ermeni lideri market önündeydi ve Türk teşkilatı harekete geçmeye hazırdı. Çatışma başlıyacaktı ki teşkilat mensubu, Toranya'nın Fransız korumalarla korunduğunu farketti ve durumu gruptakilere bildirdi. Fransız hükümetiyle zaten bozuk olan siyasi ortam bu olası Fransız korumalarla çıkacak olan çatışmayla büyüyecekti. Teşkilat bir sonra ki fırsatı kaçırmamak üzere bu seferki suikasttan vazgeçmek zorunda kalmıştı.

Tarih 5 Aralık 1983'ü gösterdiğinde daha önceden tespit edilmiş olan Ermeni liderinin adresine gidildi. Bu kez arabasına bomba koyulacaktı. Operasyon programa uygun gidiyordu. Bomba başarıyla yerleştirilmişti. Dokuz canlı Toranyan arabasına binmişti, bomba patlamıştı ama ağır yaralı olarak kurtulan lider olmemişti.

Toranyan'na yapılacak olan bir sonraki suikast sonuncusu olacaktı. Operasyona Paris'te bulunan Toranya'nın günlük alışkanlıkları, uğradığı mekanları ve saniye saniye nerelerden geçtiği titiz bir araştırmayla kayda geçiriliyordu. Toranyan her gün sabahın erken saatlerinde köprüde yürüyüş yapıyor, meydan üzerinde bulunan marketten gazetesini alıyor ve La Seinne Nehri'nde (1) yürüyüşüne devam ediyordu. Teşkilat yirmi gün boyunca onu izlemeye aldı. Notlar tutulup, resimler çekilmişti. Bu kez ihtimallerin ihtimallerine dahi kurtuluş imkanı verilmeyecekti. Teşkilat bu gizliden gizliye sürdürülen takibi Peugeot markalı sebze kamyoneti süsü verilmiş bir araçtan izliyordu. Dikkat çekmemek için kamyonetin önünde ise bir bayan oturuyordu. Teşkilatın beklediği gün, 21 Aralık nihayet gelmişti. Takip yine aynı sebze kamyoneti tarafından gerçekleşecekti. Gazetesini alan Toranyan durumdan habersiz yürümeye başlamıştı. Arkasında ise teşkilattan iki kişi geliyordu. Uygun bir zamanda Toranyan, bu pardösülü iki teşkilat üyesince sahanlığa sürüklendi. Toranyan şaşkındı. Pardösünün altında ki kızgın silahlar Toranyan'a doğrultuldu. Çatlı Teşkilatı mensubu "şerefsiz" diye bağırdıktan sonra bir çok Türk için vur emri veren, aileleri parçalayan ve sebepsiz yere Ermeni kardeşlerimizi Türk'e karşı kindar eden olay adamı uzun saniyeler boyunca çapraz ateşe aldı. Teşkilat mensubu şerefsiz diye bağırmaya devam ediyordu. Toranyan yere yığıldı. Ermeni çetesi bir liderini kaybetmişti. Milli Türk onuru ise boynunu kaldırmıştı.

Bazı rivayetlere göre Toranya'nın ölmediği, o günden sonra terör ve Ermeni çetelerinden uzak, sakin bir hayat sürdüğü söylenir.

---

1 Yeşil'in, Haluk Kırcı'yı arayıp "Biz La Seinne'de abdest alanlara el kaldırmayız." diyerek kast ettiği nehir burasıdır.

ORAL ÇELİK'İN YORUMU:
"BAYAĞI EYLEM YAPILDI!"

"Biz yurtdışındayken ASALA'nın eylemleri vardı. Gerçi öldürülen bazı Büyükelçilerimizin ve Diplomatlarımızın izledikleri siyaseti beğenmiyorduk ama neticede bizi çok rahatsız ediyordu. Milliyetçilik duygularımız kabarıyordu. Neticede bize devletin en üst yetkilisinden teklif getirildi. Öyle MİT daire başkanları falan değil, çok daha üst düzeyden. Kısacası ASALA'ya karşı mücadele etmemiz isteniyordu. Abdullah Çatlı ile aynı evde kalıyorduk. Kabul ettik! Ama önce birkaç kişi ile bağlantı kurduk. Bu işte bizimle birlikte olan ve ismini açıklayamayacağım iki kişi daha bulunuyordu. Timi oluşturduktan sonra onlar bize 1 milyon dolar teklif ettiler. Gülüp geçtik! Görevin masrafı hariç hiçbir mali istekte bulunmadık ama şart koştuk. Cezaevinde hükümlü olan 12 kişinin ismini verdik. Bunların arasında MHP Çorum eski Milletvekili Mehmet Irmak da vardı. Serbest bırakılmalarını istedik. Diğer iki şartımız ise idamların durdurulması ve 7 TİP'li olayından idamla yargılananların, dosyalarının tekrar incelenmeye alınmasıydı. Çünkü benim fikrimce bu olay solcuların arasında geçen bir hesaplaşmadan doğmuştu. Onlar şartlarımızı kabul etti. ASALA artık bizden sorulacaktı. Çünkü bizim kitabımızda söz, senetten mühimdi.

Yurtdışındaki konsolosluklar kimlik değiştirmemiz için yardımcı oldular. Hepsini kendi elleriyle temin ettiler. Hatta her birimize beş-altı tane yeşil pasaport verdiler. Biz düzenlenmesi gereken tüm olayları hazırladık ve uçak biletlerimiz temin edilince harekete geçtik. Bundan sonrasının kaybettiğimiz merhum Abdullah Çatlı tarafından anlatılmasını isterdim ama o sırları ile öldü ve biz, bütün olayları onunla gömdük. Çünkü bizim verdiğimiz yemin mezara kadar devam eder.

Avrupa'da ki eylemlerimizde bomba atıp olay yerinden kaçtığımız hatta Marsilya'da ki eylemde başarısız olduğumuz söyleniyor. Bunu Perinçek (1996 yılında MİT raporunu Aydınlık dergisinde yayınlayan Doğu Perinçek'i kast ediyor) uyduruyor. Biz öyle molotof falan atmadık. Bayağı eylem yaptık, biz devlet ile iş birliği yaptık. ASALA' ya karşı toplam 28 eylemde bulunduk. 18' i Fransa'da gerçekleşti. Diğerleri ise Lübnan, Almanya, Avusturya, Yugoslavya, Kanada, Amerika'da oldu...

Her eylemin masrafı 10.000 dolar tutuyordu. Bu paranın bile çok az bir kısmını aldık. Bize verilecek olan parayı da yediler. Ama hiç ilgilendirmedi yaptıkları. Neticede biz sadece vatan için çalıştık, Devlete aracı olduk. Ama verilen güvencelerin hiçbiri yerine getirilmedi. Abdullah Çatlı öldü ama ben biliyorum. O kadar!

Bizim üstlendiğimiz tehlike öyle basit değildi. ASALA'ya karşı eylemlerimizden rahatsız olan ülkelerin istihbarat servislerine gelince... Bizimle çok uğraştılar. Zaten en sonun da kiralanan yalancı şahitler yüzünden hapse sokulduk!"

ÖRGÜTÜN DAĞILMASI

İsrail'in Lübnan'ı işgal etmesiyle ASALA yöneticileri, Filistinlilerle birlikte Lübnan'ı terk etmek zorunda kalmış ve Temmuz 1983'te ikiye bölünmüştü. Agop Agopyan grubu Yunanistan ve Ortadoğu'ya yerleşmişti. Merkez yönetiminin kararları buradan alınacaktı. Örneğin Orly katliamı planı gibi. Batı Avrupa'da ise ASALA Devrimci Harekatı ismi altında Monte Melkoyan ve Ara Toranyan liderliğinde ikinci bir terör örgütünün kolu oluştu. Bu grup Agopyan'a nazaran daha ılıman bir terör programı izlediler fakat terör terördü ve ılımanlık asparagastı. İleriki aşamalarda Toranyan, merkezi Paris'te kurulan Ermeni Ulusal Harekatını sürdürdü. İran doğumlu Melkoyan ise Ermeni mücadelesinin siyasi zeminini oluşturmak üzere işe koyuldu. Bunun için iki yol izleyecekti. İlk olarak, Ermenileri harekete geçirmeliydi. Türkiye'ye karşı diğer güçlerle birlikte işbirliğini pekiştirmek ise ikinci aşamasıydı.

TESBİT

Bir çatı altında, bir merkeze bağlı olan Ermeni terör örgütlerinde terör psikolojik harekatın bir parçası, bir aşamasıdır. Dışarıdan bakıldığında örgüt bilinen terör grupları gibi algılanabilir. Ancak ASALA tıpkı bir piramide benzemektedir. Katı, kaçışı olmayan, karmaşık bir örgüttür. Militanlar sıkı bir eğitimden geçirildikten sonra halkla ilişkiler, haberleşme hakkında geniş bilgilere sahip edilirler. Eylem öncesi gizlilik esas alınmıştır. Eylemlerde propaganda amacı güdüldüğü için bunun yankısı özel timler aracılığı ile duyurulur. Ermeni terör örgütleri bir çok devletin açık veya kapalı desteğine sahiptirler. Söz konusu bazı devletlerin bu örgütü maşa olarak kullandıkları da bilinmektedir. ASALA adı altında bir güç oluşturan örgütlerin, başka ülkelerle dönem dönem pürüzlerin çıkması gelip geçici bir tehdit unsuru taşır fakat düşmanlık beslemez. Türk ve Türkiye düşmanlığı eylemlerinin ve kuruluş sebeplerinin devamı için manevi bir unsurdur.

Michael M. Gunter'in bir açıklamasında da anlaşılacağı üzere ASALA'nın doğuş sebebi şuydu: "Şurası açıktır ki, günümüzde Ermeni terörizminin ana nedenlerinden biri, bir çok devlet ve kişinin açıkça bu mücadeleyi desteklemesi ve teröristleri bu eyleme sürükleyen nedenlerin kabul edilmesi gerektiğini öne sürmesidir..."

Tarih süreci içinde Ermeni terörü üç aşama göstermiştir: Birincisi, terörle bazı Ermeni gruplarını kendilerine çekerek egemenliği sağlamaktı. İkincisi ise, ilgiyi sağlamak için yabancı kamuoyuna güçlerini sergilemekti. Son olarak da uluslararası çıkar çatışmalarında ve siyasi gelişmelerde Türkiye ve Türklük hakkında yaratabilecekleri düşmanlık kaynaklarını hazırlamaktı. XIX yüzyılda hürriyetsizlik, yoksulluk, haklardan mahrum edilmiş ezilen azınlık temalarını işlemişlerdir. XX yüzyılda ise soykırıma, katliama uğrayan sefil halk ve hala ezilmekte olan bir millet görüntüsüne bürünmüşlerdir. Bu nedenle Türkiye ile çıkar çatışması ve anlaşmazlığı bulunan devletler tarafından kullanılır hale gelmişlerdir.

New York Herald muhabiri Sidney Whitman'ın bir demeci ilgi çekicidir: "Bir Yahudi bana Trabzon'da yapılan bu hareketlerin birisi Rusya'da olsaydı, bir tek Ermeni sağ bırakılmazdı dedi," diye kaleme almış.

Rusya'da yaşayan Ermeniler, Türkiye'deki durumlarının aksine askere alınırlar. Mektupları sansüre uğrar. Sürekli olarak denetim altındadırlar. Türkiye'de ise her hangi bir sıkıntıları yok diye biliyorum. Eğitim açısından ideal ortamları vardır. Kendi okullarında diledikleri eğitimi görürler. Ticari hayatta serbesttirler. Karışanları, ayırım güdenleri yoktur.

Bu gibi nedenlerle ASALA'nın mücadele adı altında yürüttükleri terör bir halkın isyan ve özgürlük temalarını içeremez. Şayet durum iddia ettikleri yönde olsaydı ASALA'nın aldığı yola terörizm denmezdi.

Sidney Whitman'ın sözleri şu şekilde devam ediyor: "Avrupa'nın yarısı kadar bir alana dağılmış bir milyonluk unsurun millet olarak toplanmasına imkan var mıdır? O halde, Rusya' daki Yahudilere neden bu hak verilmiyor? Avrupa neden bunların hesabına Rusya'ya müdahelede bulunmuyor? Her yerde misyonerler var. Bunlar da bilmeyerek bu adamları kandırıyorlar. Konsolosların yanındakiler, tercümanlar tamamen Ermeni'ydi. Bunlar ne söylerler, ne gösterirlerse konsoloslar elçilerine öyle yazarlardı. Bu konsoloslar acaba Rusya' da, Almanya'da olsalardı elçilerine böyle şeyler yazabilirler miydi? Sebep, bir İslam memleketinde Hıristiyan konsolosu olmalarıdır. Ermeni komitecileri, sakin insanları, çiftçiyi, esnafı ayaklandırıyorlar. Türklerin dine, Hıristiyanlığa saldırılarını ileri sürüyorlar. Halbuki Trabzon'dan Erzurum' a kadar yollar manastırlarla, kiliselerle doludur. Ermeni okulları ve kiliseleri Rusya'dakilerden bin kat daha serbesttir."

Fransa Eski Dışişleri Bakanı M. Hanotaux: "Daima Osmanlı yönetiminin haksızca davranışlarını, zulümlerini, kötülüklerini yayınlayıp Avrupa müdahalesini çekmek ve müdahale fikrini yavaş yavaş geliştirmek, Avrupa'ya doğru arzusunu kuvvetle duyurmak için, bir çok defalar yaptığı gibi, Haçlılar fikrini aşılamak düşüncesi vardı." diye anlatıyor.

General Mayevski: "Türkiye'de ki Ermeniler hakkında dayanılmaz denen şikayetler, kasabalılara ait değildir. Köylüleriyse, çiftçilik ve sulama işlerini iyi bildiklerinden, Türkiye'deki Ermenilerin vaziyeti Orta Rusya köylerinin halinden çok daha iyidir. Bunlar devamlı olarak Kürtlerin saldırılarına uğruyorlar sanılmamalıdır. Çünkü bu iddia doğru olsaydı, şimdiye kadar buralarda hiçbir Ermeni köyü kalmaması gerekirdi. Buna karşılık Ermeni köyleri, daima Kürtlerin köylerinden çok daha zengin ve onlara kıyasla çok daha verimlidir... Batılı diplomatlarda kendi yönlerinden bu millet kavgasından pek gaddarcasına istifadeye girişerek, Ermenilerin milli duygularını tahrik edip, Türkiye'de Ermeni sorunu meydana çıkardılar... Komitecilerin girmediği yerlerde Ermeniler rahat etmişlerdir. Bu komiteler bugünde faaliyete geçseler, Ermeniler yeniden eski kötü duruma düşerler... 1895 yılına kadar Ermenilerin Türkiye'deki ıstırapları, sıkıntıları hep hayali ve uydurma masallardır. Türkiye'deki Ermeniler diğer yerlerdeki Ermenilerden daha fena vaziyette değildirler. Ermeni ihtilalcilerin yağma, katliam diye bağırdıkları haller daha çok Kafkasya'da da oluyordu. Hayvan sürmek, götürmek meselesi Rusya'nın çeşitli yerlerindeki hırsızlıktan başka bir şey değildi. Mal ve can güvenliğine gelince Türkiye'de hükümetin ve hakimiyeti etkili olan yerlerdeki emniyet, Elizabetpol ilindekinden daha fazlaydı."

Netice Türkiye'ye yönelik ASALA benzeri terör olaylarını, Devletimize karşı beslenen düşmanca girişimlerin genel bir tepkisi olarak düşünürsek, Ranke'nin "Eğer bir millet layık olduğu mevkiye yükselememiş ise bilin ki hayatına bir kasıt vardır" sözünde görüldüğü üzere vaziyet ortadadır.

Kendi açımdan açıklamak istediğim bir düşüncem var: bir

milletin var olma savaşı adına verilen kutsal mücadelelere karşı daima saygı duymuş ve hatta duygulanmışımdır. Dünyada buna örnek teşkil edecek milletlerin halini görüyoruz... Şayet Ermeni davası, saf ve tamamiyle temiz milli duygularla bir mücadele seyri izleseydi, çirkef düzeylere ulaşan diğer devletlerin çıkar hesapları Türkiye üzerinde oynanmasaydı, terör örgütleri diplomatlarımızı katletmekle kalmayıp masum çocukların canına kıyılan o dehşet anlar olmasaydı vs... bu olaylar tartışmaya açık olabilirdi. Ancak benim titiz bir çalışma neticesinde incelediğim bu dosya, Ermeni davası adına verilen kahramanca mücadeleleri hiçbir şekilde içermemektedir. Çünkü işin içine ÇIKAR girmiştir ve bunun olduğu konularda SAMİMİYET olamaz.

RENKLİ DÜNYALAR (!)

Babam, bizi yurtdışına aldırmadan evvel İnterpol (4 Mart 1982 tarihinde) hakkında tutuklama kararı çıkarmıştı. Babamın bıyıksız resimlerinin altına "tehlikeli şahıs" da yazmışlardı! Babamın tehlikeli görülmesi acaba ASALA faaliyetlerinde bulunması dolayısıyla mıydı yoksa... Yoksası yoktu!

Yeni bir eve taşınmıştık. Bu ani taşınmalar bazen sabahı başka bir yerde, akşamı başka bir yerde görmemize sebep oluyordu. Buranın özelliği de banyo ve tuvaletin olmayışıydı: apartman sakinleriyle dışarıda bulunan lavaboları kullanıyorduk. Düzen yok, huzur yok, umut yok. Paramız da fazla yoktu. Ancak karnımızı doyurabilecek bir lükse sahiptik. Ama bu her zaman için geçerli değildi. Özellikle de banyosuz evde kaldığım dönemlerde maddi açıdan büyük zorluklara maruz kalmıştık. Hatta bir keresinde annem karnımızın acıkmış olabileceğini düşünüp mutfağa girmiş, fazla oyalandığı için kardeşimle uyuya kalmıştık. Ağlama sesleri ile uyandığımda, boş tencerelerin bizi saatlerdir kandırdığını, annemi de ağlattığını görmüştüm. Sonra da kendimi göstermeden mutfaktan çıkmıştım. Elbette ki bu sonuncusu olmayacaktı. O akşam babam ve arkadaşları eve geldiğinde, hepsinin midesinden benimkine benzer sesler geliyordu. Yemek vakti çoktan geçmişti geçmesine ama ortada ne sofra ne de yemek vardı. Bu durumdan rahatsız olan babam, anneme ne yapacağız dercesine bakıyordu. Babam onları izlediğimi fark edince tesbihini öyle hızlı çevirmeye başladı ki, Kasım ağabeyim oluşan kötü atmosferi yumuşatmak için "yenge bugünün mönüsünde pirzola istemem" diyerek zorla da olsa hepimizi güldürmüştü.

Yine aynı tarihlerde koltukların üstünde zıplarken parlayan bir şeyler görmüştüm. Merakımdan biraz daha incelediğimde gözlerime inanamadım: bir sürü bozuk para vardı. Bir müddet düşündükten sonra anladım ki bu hoş olay mucize değildi. Koltuğumuzun altı delikti ve oturanın içine fazla gömülmesiyle paralar orada birikmişti. Babama sürpriz yapmak üzere sakladığım paraları bir süre için vermemeye karar verdim. Çünkü bir arkadaşı öldürülmüştü ve sinirleri gergindi. Uygun bulduğum bir akşam, babamın boynuna sarılıp, yanağını öptüm ve kavanoza koyduğum paraları O'na uzattım. Bana baktı, gözlerinden bir çok şey anlamıştım ama verilecek tek cevap O'na tekrar sarılmaktı. Sonra da, paranın mazisini anlattım. Yatma saati geldiğinde babamın gözleri yorgunluktan kapanmıştı bile. Ertesi sabah mucize paralar sayesinde ailemize katılan ağabeylerimizle kahvaltıya oturduk. Babam, küçük lokmalar almasına rağmen zor yutkunuyordu. Hepimizi teker teker süzerken, yüzünde acı tatlı bir ifade oluşmuştu.

Bir sonra ki adres değişikliğinde sadece ev değil, şehir de değiştirecektik. Bu kez Paris'in o itici havasından uzaklaştık. Bu güzeldi. Yeni istikamet Poitiers şehrinde ki La Sable sitesiydi. Bizimle birlikte Oral Çelik'in yanı sıra Kasım Koçak gibi kişiler de gelmişti. Sanırım en güzel günlerimizi o evde yaşadık. Kocaman bir siteydi burası. Altı yedi katlı apartmanların bulunduğu bu sitenin çevresi ağaçlarla çevriliydi. Mazbut bir evimiz vardı. Giriş katında oturduğumuz için dairemizin içi ışık almıyordu ancak bu loş görüntüsü hoşuma gidiyordu. Babam, annem, kardeşim ve ben yayları fırlamış aynı yatağı paylaşıyorduk. Yine de herşey göze güzel, kulağa hoş geliyordu. Babamın arkadaşları ise mutfakta yatıyorlardı.

İSTİHBARATÇILAR EVİMİZDE

Çatlı ailesi La Sable sitesindeyken, Fransız istihbaratçıları evlerine gelmişti. Çatlı, ailesinden odadan çıkmamalarını isteyip, gelen kişileri mutfağa almıştı. Gergin bir ortam vardı.

Abdullah Çatlı: "Neden geldiniz! Ailemi rahatsız ediyorsunuz!"

Şef görünümlü Fransız istihbaratçı: "Bakın Abdullah Bey, bizim isteklerimiz..."

Abdullah Çatlı: "Bana ismimle hitab edin!"

Aynı kişi: "Sizin için bir sakıncası olacağına sanmıyorum. Unutmayın ki Çelik, Papa davası dolayısıyla tehdit altında, Çatlı ismi de Türkiye'den aranıyor. Üstelik ülkemizde kalmanız için oturum izniniz de yok. Yani gerçek isminizle. Sahte kimlikle dolaşıyorsunuz ve son olaylara gelince..."

Tehditkar imalar kullanan kişiye sinirlenen Çatlı, elinde ki sigara paketini masaya doğru fırlatıp, çayından birkaç yudum aldı. Ayağa kalkıp camın önüne geçti:

"Böyle bir işe kalkışacağınızı zannetmiyorum. O zaman bize de, Papa davası dolayısıyla planladıklarınızı anlatmamıza fırsat doğacak." dedi.

Yaşlı istihbaratçı birkaç kez öksürdü ve diğerlerine bir şeyler fısıldadı. Beş sigarayı peş peşe içmişti. Yenisini yakmak üzere Çatlı'dan ateş istedi. Beklediği cevabı alamamıştı.

Oral Çelik: (Alay eder bir ses tonuyla) "Siz istihbaratçı falan değilsiniz. Söylediklerinizi cümle alem biliyor. Ama bizlerde, hiç de iç açıcı olmayan bilgiler mevcut."

Aralarından biri: "Ama aranan biz değiliz."

Abdullah Çatlı: "Ortada ödenecek bir bedel varsa, biz birkaç kişi ile onu öderiz. Ancak sizleri ve bütün birimlerinizi yakarım!"

İstihbaratçı Çatlı'nın yere fırlattığı çakmağı eğilip yerden alırken, belli belirsiz cümlelerin arasında: "Bu bir tehdit mi?" dedi.

Oral Çelik: "Nasıl kabul edersen!"

Bir istihbaratçı: "Ancak beyler, siz de tahmin ediyorsunuz ki söyledikleriniz sakıncalı işler. Bu düşünceniz ve olayda bize yardımcı olmamanız size pahalıya mal olabilir."

Abdullah Çatlı: "Ben ne istismarcı, ne şamar oğlanı, ne de kapı kuluyum. Papa, teklifinizin boyutları benim prensiplerime aykırı. Daha fazla irdelemenizin bir faydası yok. Bu teklifiniz kişilerden ziyade Türkiye'nin imajını sarsacak. Yanlış kişilere geldiniz. Gidin para karşılığında satın alabileceklerinizle ne halt ediyorsanız edin. Yanlız bize karşı olan düşüncelerinizden ötürü eğer yalancı şahitler tutup, Bedri'yi (Oral Çelik'i kast ediyor) hatta belki de beni bu senaryoya kilit adam gibi dahil ederseniz, hangi koşullarda olursam olayım eninde sonunda sizleri rahatsız edecek ifadeler kullanırım. Bunu da unutmayın."

Birkaç gün sonra...

La Sable sitesinden bir başka eve taşınmak üzere ayrılmıştık. Aynı kasabadaydık ama bu sefer ki ev daha genişti. Babamın bir dostu burayı bizim için ayarlamıştı. Hatta babam, yıllardır hasretini çektiğim okul sevdasına son vererek kardeşimle beni Alphonse Daudet ilk okuluna, Kurtoğlu kimliği ile kayıt ettirmişti. Fransız devletinin velilere yüklediği maddi bir tasa olmadığı ve okul ihtiyaçlarının çoğu belediye tarafından karşılandığı için okula başlamamızın maddi bir sorunu yoktu. Hatta annem, babam ve Oral Çelik bir fakültenin dil kursuna dahi yazılmışlardı. Bir zamanlar babamın, ASALA dosyasını incelemesini, ders çalıştığını sandığım komik durum artık gerçek olmuştu. Babamın da benim gibi kalemi, silgisi ve defteri vardı. Bazen babamın kalemlerini O'na söylemeden alır ve kendi çantama gizlice koyardım.

İlerleyen günlerde babamın dostlarının çoğu Poitiers'ye yerleşti. Orada ki Türklerin desteği ile babamlar Türk Derneği Lokalini açtılar. Orada seminerler, Türkçe eğitim ve dini dersler işleniyordu. Türk ailelerinin toplandığı bu lokal çevredeki ırkçı Fransızların dikkatini çekse de, babam bizi her hafta sonu oraya götürüyordu. Bazen lokal çıkışı havuza da gidiyorduk. Fransa'da bu tür sosyal faaliyetler Belediyeden indirim kartı alındığı sürece neredeyse bedavaya geliyordu.

TÜRKİYE'YE DÖNÜYORUZ...

Yıl 1983 ve Askeri Yönetim halen Türkiye'nin başında. Ailece Yeşilköy havalimanındayız. Yani birden bire elveda ettirildiğimiz ve hayatımızın kararmasına ilk şahit olan memleketimizde. Bu dönüş kısa bir süre için olsa da babamın yüz yüze görüşmek zorunda olduğu kişiler varmış. Bu yüzden buradayız. Bizleri karşılamaya gelen amcaların ikisi kapıda bulunmak üzere, üçü polis kontrol odasında konuşuyorlardı. Babam tanımadığım amcalarla tokalaşıp öpüştü. Aralarındaki en olgun görünümlüsü Selcen'le beni sevdi. Fakat canımızı da bir hayli acıtmıştı. Sonra pasaportlarımızı aldı ve hiçbir işlem yaptırmadan havalimanından bizi çıkardı. Dışarıda bizi üç araba bekliyordu. Yolda giderken Türkiye'min ışıkları, henüz anlamadığım bir öykü mırıldanıyordu. Ağlamalı mı yoksa gülmeli mi bilmiyordum. Ben ki yurttan ayrılırken elveda çekmiştim sırlarımı paylaştığım dostum Reyhan'a, ben ki kırmızı papuçlarımı mahallenin yoksul kızına verirken bilmiyordum ki bir daha onlardan tekrar giyecek imkanımızın olamayacağını, ben ki... Artık buradaydık. Bu bir rüya değildi.

Mahmut amcaların evine geçmiştik. Dedemler henüz İstanbul'a gelmedikleri için babamlar çaylarını içip sohbet ediyorlardı. Bizi havaalanında karşılayan amca ise beni sevmeye yelteniyordu.

Kısık sesle: "Baba o amca yanağımı çok sıkıyor." dedim. Babam hafif gülümseyerek "Gökçen'im o amca asker." dedi. Asker ismini ilk olarak bundan üç yıl önce ihtilal zamanında duymuştum. Kıyak üniformalı, dev panzerli kişilerdi onlar.

Bir saat sonra dedemler geldiğinde yanağımı severek kızartan amca aradığı fırsatı buldu ve sevinçten ne yapacağını şaşırdığını söyleyerek tüm gücüyle babamı kucakladı. Askerler vatanını seven ve bu uğurda mücadele edenleri belli ki çok seviyorlardı. Babama bu denli düşkün oluşları muhtemelen O'nun vatanperverliğinden kaynaklanıyordu.

Memlekette bir hafta kaldıktan sonra Fransa'ya geri döndük.

DOKTORDAN FİRAR

Gözlerimde oluşan sarı lekeler Oral Çelik'in dikkatini çekmiş, babamla birlikte doktorun yolu tutmuştuk. Muayene esnasında doktor sürekli mırıldanıyor, besin yetersizliği ve yoğun bunalımdan dolayı bünyemin zayıf düştüğünü söylüyordu. Babamın rengi solmuştu. Doktorun teşhisine göre sarılığa yakalanmıştım. Ancak bol vitaminli ve dengeli besinlerle sağlığıma tekrar kavuşabilirdim. Derken doktor bey, reçete ile birlikte makbuzu uzattı. Babam ise paradan eser olmayan ceplerini karıştırıyordu. Çaresizlik ve utanma... Doktor ellerini yıkamak üzere banyosuna geçmiş, babam ise etrafına bakıyor sanki yapmak ya da düşünmek dahi istemediği bir şeyi aklından geçiriyordu.

Poitiers 1983

"Mecburum kızım" dedi ve beni kucağına aldığı gibi odayı terk ettik.

Babam sinirini gidermek için bütün gücüyle yere basıyor, beni de sıkıca kucaklıyordu. Yol boyunca O'nunla hiç konuşmadık, ama birbirimize sıkıca sarıldık.

İlerleyen günlerde...

Yatmakta olduğum yatağın başında annem, Kasım Koçak ve Mahmut ağabey vardı. Selcen ise boynuma sarılmış bana masal anlatıyordu. Nitekim babam elinde bir sürü paketle odama girdi. Soğuktan buz kesmiş eliyle ateşimi kontrol edip, var gücüyle beni öptü. Paramız olmamasına karşın getirdiği poşetlerin içinde her türlü meyve vardı.

"Güzel yüzüne renk gelinceye kadar yatağından çıkma ve kendini yorma kızım. Hani geçen gün doktora gitmiştik ya, bugün onunla görüştüm," diyordu.

Diğerlerine yaşadığımız bu tatsız olayı anlatmamıştım. Babam beni bu konuda ikaz etmese dahi, O'nunla paylaştığım ne varsa saklamaya alıştırmıştım kendimi.

Babam konuşmaya devam etti:

"Gökçen'im bugün borcumu ödedim. Ayrıca hastalığın süresince doktorun o olacak. Unutma ki insanlar bazen zor dönemler geçirir. İlerde, sizi utandıracak bir şey yapmadığıma, aksine onurlu bir servet bıraktığıma vakıf olunca bu günleri sakin kafayla düşünürsün. Ama şimdi hiç bir şeyi kafana takmanı istemiyorum."

Mutlu olabilirdim ama olamadım. Kendisine parayı nasıl temin ettiğini soramazdım ama evlilik alyanslarını sattığını görebiliyordum.

Akşama doğru babam bize parmaklarımızı bile yiyeceğimiz bir et ziyafeti hazırlayacağını söyleyip, mutfağa girdi. Titiz biriydi. Ortalığı dağıtmadan yemek yapıyordu. Sofraya oturduğumuzda telefon çaldı. Babam lokması dahi yutmadan cevap vermeye kalkmıştı. Bu yüzden hepimiz O'nun tekrar sofraya dönmesini bekliyorduk. Babam bir yandan saçlarını elleriyle düzeltiyor, diğer yandan da telefonda ki şahısla kısık sesle konuşuyordu. İç güdüsel olarak sofradan kalkıp, alelacele ayakkabılarımı giydim ve kardeşimi yanıma alarak kapıda beklemeye koyuldum. Çünkü bu gece yine bir kaçış günüydü... biliyordum. Babam telefonu kapattıktan hemen sonra Oral Çelik'e dönerek:

"Bu gece bize rahat yok, çıkalım gardaş."dedi.

Kokusu bütün eve yayılmış et ziyafetimiz başlamadan bitmişti.

"Hasan neler oluyor?" diyen annemin gözleri de dolmuştu.

"Meral benimle ya da bensiz bu ailenin devranı dönecek. Olur da... Benim gözüm arkada kalmayacağından eminim. Allah'a emanet olun."

Dile kolaydı bunları demek babacığım.

Babam evden çıkmadan evvel, anneme biraz daha dayanmamız gerektiğini söylemişti. Bizleri bu seyyar hayat tarzına kendisiyle birlikte sürüklediği için rahatsız olduğu her halinden belli oluyordu. Ancak yapacak başka bir şey de yoktu ki. Annemle Türkiye'ye dönsek kimin yanında kalacaktık.

Asansörü kullanmaya gerek duymadan, yangın merdivenlerinden normal şartlar altında üç hafta sonra görüşmek üzere indiler. Annem ağlıyordu ama isyan etmiyordu. Babam gittikten bir kaç dakika sonra biz de evden ayrıldık. Ertesi gün de evimizi boşaltmaya başladık. Odalarda toplanmış valizler, yakılan birkaç dosyanın külleri ve yeni pasaportlarımız vardı. Kaçıncı isim, kaçıncı ev değişikliği yaptığımızı hatırlamıyordum.

OYUN İÇİNDE OYUN

Dostların da düşmanın olabilirler... yeter ki bedeli ödensin.

Abdullah Çatlı'nın kaçış sebebi...

Yurtdışında yaşayan Nevzat Bilecan adlı bir Türk'ün (kitabın devamında kendisinden bahsedeceğim) Çatlı ile derin diyalogları olmasa dahi, arkadaşı olan Mehmet Şener'in 1982 yılında tutuklanmasıyla birlikte, araları iyiden iyiye açılmıştı. Çatlı'nın, Zürih'te 72 saat sonra serbest bırakılmasına karşın, Şener'in tutukluluk haline içerleyen Bilecan, O'na karşı art niyetli düşünceler beslemeye başlamıştı. Bilecan bunun acısını çok yakında çıkaracaktı. Çatlı, tepesini attırmıştı. Bilecan'ı yakından tanıyanlar, ortada büyük bir mesele olmamasına karşın Abdullah Çatlı'ya karşı beslediği kindarlığa bir anlam vermekte güçlük çekiyorlardı. Yurtdışında yaşayıp, uyuşturucu işine girmeyen az sayıdaydı. Çatlı'nın her türlü zorluğa rağmen bu pazarı elinin tersiyle itmesi ve bununla uğraşanları benimsememesi, hatta hor görmesi belli ki Bilecan'ı rahatsız etmişti. Bilecan aşağılanmayı sevmezdi. Kendisine göre, o büyük bir insandı. Camianın büyük adam dediği ve itibar ettiği Çatlı, onu bir hayli rahatsız ediyordu. Çatlı'ya karşı olan bu kindarlığı ise yakında ödüllendirilecekti.

Bilecan'ın bir başka yakın arkadaşı olan Şeref Benli, 14 Haziran 1984'te 250 gram eroini pazarlamak için olay yerine gittiğinde, kötü bir süprizle karşılaşmıştı. Çünkü alıcı kılığında ki kişi polisti: Gerçek alıcıyla gerçekleşecek olan buluşma ihbar edilmişti. Benli, suç üstü yakalanınca verdiği ifadeler doğrultusunda Bilecan aranmaya başlanmış, aradan iki hafta sonra da tutuklanmıştı. Polis, Bilecan'ın üzerinde 100 gram uyuşturucu bulmuştu. Yurtdışında yakalanan çoğu ülkücüye yapıldığı gibi Bilecan'a da bir teklif getirildi: Eğer bazı Türklerin (özellikle de ülkücülerin) ismini verir ve bunların suçlanmaları için gerekli olan ifadeleri savunursa, kendisine çeşitli konularda kolaylık sağlanacağı söyleniyordu. Ev, oturum vizesi ve bol sıfırlı paralar... sözü de verilmişti. Bu da Bilecan gibilerinin arayıp da bulamadığı bir fırsattı. Aklına hemen Çatlı geldi. Çatlı'nın uyuşturucu pazarıyla alakası olmamasına karşın, Bilecan'ın polislere vereceği bir sır vardı:

"Uyuşturucu işiyle uğraşanlardan ziyade, güvenilir bir yerden ASALA'ya karşı hareket eden kişileri biliyorum. Bunlar hakkında ihbarda bulunabilirim. Abdullah Çatlı bu oluşumun başını çekti."

Polis: "Nereden biliyorsun?"

Bilecan: "Biliyorum ama açıklamak istemiyorum."

Polis: "Bilginin kaynağını ve güvenirliğini bilmek zorundayız. Nereden öğrendin?"

Bilecan: "Bir takım dostlardan diyelim şuna..."

Polis: "Hayır, hayır anlatamadık galiba."

Bilecan: "Ben bilirim çünkü ajanım. Bir servis adına çalışıyorum. Çatlı grubunun arasına onları gözetlemek amacıyla sokulmuştum."

Polis: "Neden buna ihtiyaç duyuldu?"

Bilecan: "Çatlı bağımsızdır. Küçük dağları ben yarattım gibi bir havası vardır. Detayını tam bilemeyeceğim ama bir kurumla birlikte yurtdışında faaliyetleri vardı. Giderler fazla olunca kurum bundan sonra operasyonlar için gereken para teminini başka yollardan ayarlanmasını istedi. O da çok temiz adam ya kabul etmedi ve araları bozuldu."

Polis: "Nakit paraya çevirilecek uyuşturucu işi mi?"

Bilecan: "Neden olmasın! İşte ben de Çatlı'nın bu tutarsız hareketlerini bildirmek üzere görevlendirilmiştim. Dediğim gibi şu an, ASALA faaliyetleri devam ediyor..."

Polis: "Anlıyorum. Ama eğer bu uyuşturucu onun ise, iş başka olur."

Bilecan daha fazla düşünmeden: "Değil ama. O bundan hoşlanmaz. O kahramanlık peşindedir."

Polis: "Bize göre ise, üzerinde çıkan 100 gram mal esasında Çatlı'nın!"

İlk önce Bilecan'ın yüzünde anlamsız bir ifade oluşmuştu. Çatlı'yı ASALA'dan dolayı tutuklamaktansa, uyuşturucuyla suçlayarak kısa yoldan mahkum edilmesini sağlayacak olan bu bağlantıyı çözmüş olacak ki: "Tamam, tamam anladım. Ama beni korumak zorundasınız. Sahte pasaport, özel insiyatifler... Eline düşersem derimi yüzer vallaha." dedi.

Ve Bilecan uyduruk sorgulamada arada bir şaşırsa da, sahte bombasını patlattı: "Üzerimde yakaladığınız 100 gramlık uyuşturucu bana ait değil. Abdullah Çatlı ve Oral Çelik, bunu bir müddet önce saklamamı istemişlerdi. Korktuğum için kabul ettim," diyor ve pişmanlığını dile getiriyordu.

Avrupa için önemli bir mesele olan Ermeni davası ve getirilerinin önüne geçen Çatlı'nın özgürlüğünü elinden almanın fırsatı nihayet gelmişti. 100 gram uyuşturucuyla yakalanan Nevzat Bilecan'ın ASALA olaylarına vakıf olmasından ziyade, bunu bir tehdit unsuru gibi polislerle paylaşması teşkilatı zora sokmuştu. İlerleyen aşamalarda Çatlı için bu hoş bir durum teşkil etmeyecekti. Avrupa'nın Ermenilere karşı bakış açısıyla, ASALA'nın terörü neredeyse eşit tutuluyordu. Bazılarına göre ASALA ezilen bir halkın sesli göstergesi idi. Avrupa'nın bu konuya terörden arınmış bir gözle yaklaşması, Çatlı teşkilatını daha çok tehlikeye sürüklüyordu. Neticede Çatlı, Avrupa devletlerinin siyasi alanda ki ekmek kapılarına tekme atmıştı. Sıra onlardaydı.

Çatlı'yı suçlayan kişinin tanıdık çevreden olması, bunların hoşlarına giden bir noktaydı. Böylece camianın saygısını ve güvenirliliğini kazanan Reis'e haram kazanç lekesi sürmek O'nun prestijini sarsacak, gözden düşmesini sağlayacaktı. Bu da önemli bir dönemeçti. Polis gerekli olan yerlerle irtibat kurup, onay aldıktan sonra hiç vakit kaybetmeden Çatlı hakkında arama emri çıkardı. Çatlı'nın ismi artık uyuşturucu pazarına girmişti. Namuslu bir insanı yıpratmak için, ona sürülebilecek en kötü damga uyuşturucudur. Abdullah Çatlı'nın prensipleri ve şahsiyetiyle bağdaşmayan bu durum, O'nun ismi yanında sırıtan çirkeflikteydi ama suçlama suçlamaydı. Yasalar önünde hiç bir söz hakkı verilmeyen Çatlı ismi çıkmaza sürülmüştü. Temiz, şanlı ve büyük sorumluluklara sahip kişilerin gölgeleri, hayatları boyunca iftiralarla içli dışlı edilir. Çatlı ihanetlerle dolu bir yaşam sürmeye mahkumdu. Bu da, liderliğin ya da vatanperverliğin bedeliydi.

Yıllar sonra Çatlı'nın eline geçecek olan diğer bilgiler ise dehşet vericiydi. Çatlı, Bilecan'ın kendisi sebepsiz yere neden suçladığına cevap bulmakta zorluk çekecek, hukuki haksızlıklara maruz bırakılacak ama sonunda Bilecan-polis arasında geçen bu gizli anlaşmadan haberdar olacaktı. Başlangıçta Bilecan'ın kendisini polisin elinden kurtarmak, zor verilen oturum iznine sahip olmak ve maddi manevi rahatlığa kavuşmak için böyle bir anlaşmayı kabul ettiği düşünülüyordu. Ancak işler ve bağlantılar sanıldığından daha karmaşıktı. Bazı devletlerin istihbarat servisleri ve buna benzer kuruluşları, ülke hizmeti adına verilen mücadeleler ve çalışmalar için harcanan paraları çabuk ya da kolay yoldan kazanmayı uygun görüyorlardı. Buna bir örnek verilecek olunursa, uyuşturucu ticareti sanırım doğru bir tespit olacaktır. Ne yazık ki uyuşturucu, bazı zihniyetlere göre resmi yollardan pazarlanmadığı taktirde illegal, resmi bünye altında yürütüldüğü taktirde ise legal olarak görülmekteydi. Bu zihniyete göre, uyuşturucu işi büyük bir kazanç getirisi sağlayan bir pazar haline dönüşmüştü ve bir takım servislerin giderleri için önemli bir ekmek kapısı olmuştu. Ajan olan Bilecan'ın, Çatlı teşkilatının içerisine zarar vermek amacıyla sokulduğu biliniyordu. Çatlı'ya karşı beslenen bu düşmanlık çok detaylıdır. Ancak bu kitapta açıklanabilecek bir gerçek var o da, bunlara karşı tavır alanın ilk olarak Çatlı olduğudur. Sebebi ise, servislerin yurtdışında ki karanlık işleri ve ilişkilerinden kaynaklanmaktadır. Daha evvelden de vurgulandığı üzere, bazılarına göre bu karanlık dünya, ülke servislerinin giderleri için gerekli olan maddi bir gelirdi. Çatlı, buna karşıydı. Yani Çatlı, servislerinden ASALA operasyonları için teşkilatına sağlanılması düşünülen paranın esas kaynağından rahatsızdı ve bunun gibi bir oluşum içerisinde bulunmak istemiyordu. Bunu sert bir uslupla reddedince, görüldüğü üzere düşmanlık türküleri söylenir olmuştu. Bir de bazı art niyetli düşüncelere göre, kaçak durumda olan Çatlı'nın ASALA faaliyetlerinde resmi insanlarla kontakt halinde olması, ileride sorun çıkarabilirdi. Bunda yanılmışlardı. Çatlı için bu tür ilişkiler mezara kadar sır olarak kalırdı. Karanlık bağlantılardan hoşlanmadığı için kimin hangi kirli ekmek kapısına, ne zaman, ne tür bir gerekçeyle tekme atacağı... esas olarak bunlar korkutuyordu. Bunun için O'nun diskalifiye edilmesi şarttı. Bilecan gibileri, bu nedenle devreye sokuluyordu.

ORAL ÇELİK'LE YOLLAR AYRILIYOR

"Sakladığın sır senin esirindir ama açığa verirsen sen onun esiri olursun."
Hz. Ali

Gizlilik ilkesinden çıkan bu göreve, Bilecan nasıl vakıf olmuştu? Yukarıda açıklanan tespitleri Çatlı yıllar sonra çözdüğü için Bilecan'ın O'nu ilk suçladığı dönemlerde tablo bu denli berrak değildi. Çatlı'nın kafası karışmıştı. ASALA gizli bir görevdi ve kurumların bunu başkalarıyla bir tehdit unsuru olarak kullanabileceklerini söz konusu etmek istemiyordu. Türkiye ile irtibatını sağlayan Mete isimli şahısla yaptığı bir münazara sonucunda Bilecan'in bunu yakın bir arkadaştan öğrendiği söyleniyordu kendisine. Mete'nin iddiasına göre bu kişi Oral Çelik'ti. Çatlı beyninden vurulmuştu. Ortada tutarsız bir bağ vardı. O'na göre Çelik de sırlara karşı titiz davranırdı. Bağlılık ve gizlilik yemini eden Çelik'in bunu çiğneyebileceği ihtimalini düşünmek dahi istemiyordu. Ancak Türkiye'den Mete beye iletildiği üzere Çelik'in teşkilatla ters düştüğü ve böyle bir durumda artık Çatlı teşkilatı ile ASALA'da çalışmaması gerektiğine işaret edilmişti. Ancak genç lider, diğerlerinin isteği üzerine hareket etmeyecekti. Çelik ile bağlarını koparmadan bu işin gerçek yüzünü ortaya çıkarana dek ona karşı tavır almamayı uygun buluyordu.

Abdullah Çatlı, konuyu Çelik'e açmıştı: "Gardaş uzun lafa gerek yok. Birkaç aylığına Viyana'ya gitmende fayda var. En azından ortalık sakinleşene dek. Kalacağın yeri ayarladım. Bu süreç içerisinde akla karayı birbirinden ayırt eder, sana neticeyi temiz elden iletirim. Haberleşmemiz kesilmeyecek. Bunda bir şüphen olmasın." diyordu.

Çatlı yapıcı davranmakta son derece doğru bir adım atmıştı. Çünkü ileri ki aşamalarda Bilecan'ın bunu nereden öğrendiği ortaya çıkacak ve Çelik'e karşı çekilen bu restin, Çatlı'ya karşı oynanan senaryonun bir parçası olduğu kesinleşecekti. Çelik'i, Bilecan'ın ASALA'dan haberdar edilmesiyle sorumlu tutan zihniyetin amacına göre, Çatlı'nın arası arkadaşlarıyla teker teker açılıp, güvenlik çemberi daraltılmak isteniyordu. Neticede yakında köşeye sıkıştırılma sırası O'nda olacaktı.

Hiçbir kurum ya da kurum içerisinde resmi olarak görev alanlar arkalarında delil bırakmaz istemezler. Çatlı teşkilatına oynanan bu oyun, "silgi" işlemi görecekti.

Derinlerde sadakat ve ihanet kol kola gezer. Derinlerin merhameti yoktur. Dostluklar yoktur, menfaatler vardır. Derinlerde ilişkiler vardır, küçük balıklar ve büyük balıklar vardır. Derinlerde devletler vardır ve devletler birbirleriyle hem dost hem düşmandırlar. Derinlerde Çatlı'lar da vardır. Bunlar, kazanılmış zaferin unutulmuş kahramanlarıdır. Bu yüzden Çatlı'lar, mağlup kahramanlar kadar yalnızlardır.

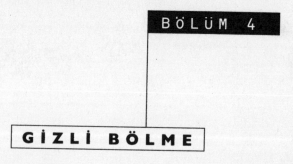

GİZLİ BÖLME

"Düşmanın eline kılıç verilmez." Türk Atasözü

Yarım kalan et ziyafetinden sonra babamla birkaç gün itibat kuramadık. Kendisi Poitiers'den Paris'e geçtikten hemen sonra ailemiz için uygun olan ortamı ayarlayıp yanına aldıracaktı fakat işler düşünüldüğünden daha karmaşık bir haldeydi ve gidişimiz biraz ertelenecekti. Annemin gözlemlediği kadarıyla ise babam, derin dünyaların karmaşasından bıkmıştı ve bunların yüzsüzlüğünden utanır hale gelmişti.

Bazılarına göre rüyaların şehri Paris, bana göre kabusların yeriydi. Kibirli ve soğuk görünümlüydü. Ama yeni evimiz benim çok hoşuma gitmişti. Çünkü şimdiye dek kaldığımız diğer yerlere nazaran lükstü. Sanki Clichy semtindeki bu yeni evimizle birlikte biz de yenilenecektik. Herşeye sıfırdan başlar gibi...

Evimizin bir mezarlığın yanında bulunması dışında, ilginç bir özelliği daha vardı: gizli bölmesi. Yani sadece Selcen'le benim beklenmedik bir ev baskını esnasında, saklanmamızı sağlayabilecek bir bölmeden bahsediyorum. Evimiz bir yatak odasından, iki kısımdan oluşan salondan (bir bölümünü oturma odası haline getirmiştik) mutfaktan ve bu sefer nihayet bir banyodan ibaretti. Meşhur gizli bölmemizde banyoda bulunuyordu. Öyle teferruatlı bir şey değildi. Babam küvetin kenarında bulunan fayansların iki tanesini yerinden çıkarıp, içine Selcen'le benim rahatlıkla sığabileceğimiz kadar yer ayarlamıştı. Olası bir tehlikede lavabonun kenarında duran meyva bıçağı ile fayansları yerinden çıkaracak, içinde belkide bir kaç saat rahat kalabilecek şekilde bir pozisyon alacak ve zaman kaybetmeden fayansları ardımızdan tekrar monte edecektik. Babam bunun denemesini bir kaç kez bize uygulatmıştı ancak bunda başarılı olduğumuzu söyleyemeyeceğim. Genelde kuvetin altına girince karanlıktan korkup, bir kaç saniye içinde bağırarak çıkardık. Babam bunun bir saklambaç oyunu olduğunu söylese de, bizim oyun diğerlerinden farklıydı. Sobelenmek sakıncalıydı!

Bu düzenin yoluna çıkardıklarından hoşnut olmadığını acı bir tebessümünden çıkardığım babam "hayatta her güzel tadın bir acısı var" derdi. Her şeye bir bedel biçildiği, hayat denen bu uzun yolculukta, bizim gibiler risk almış, bedel ödemiş, ödün vermişti. Hayat tecrübesinden hiç bir şekilde kuşku etmediğim, hayatımın baş aktörü babamı, kendime bir nevi öğretmen seçmiştim. O'nda fazlasıyla dikkatimi çeken ve çözmeye çalıştıkca daha çok kendini odak noktası haline getiren büyülü bir yön vardı. Bana en yakın olan kişiyi tanımaya çalıştıkca başka bir özelliği daha göze çarpıyordu. Bu nedenle başkalarıyla konuşmaktan fazla haz almayan ben, babam karşısında merak küpü oluyor ve korkarım ki sonu gelmeyen sorularımla O'nu bazen sıkıyordum. Bir öğrencinin gözünde öğretmeninin vizyonu nasıl önem teşkil ediyorsa, benim içinde babamın ki öyleydi. O'nun fobisi sevdiklerine zarar vermekti. Babamın anlatımıyla birini sevmene neden olan şey, ona emek verme duygusuyla başlıyor ve dış etkenlerden sakınmaya kadar dayanıyordu. Sevme içgüdüsü gövdeni siper etmene neden olduğundan bazen zarar alıyor ve dolayısıyla bedel ödüyordun.

Babama sordum:

"Kime değer verip bedel ödedin?"

Sağ eliyle de işaret ederek:

"Şu gönül, şu koca yürek var ya, biraz delidoludur ve kocaman bir hazine gibidir. İnsanoğlunun gönül hazinesi sınırsızdır. Çocukluğumu soruyorsan ilk önce ailem geliyordu elbette ki."

"İnsan ailesine de mi bedel öder! Demek ki bende bu bedelden geçeceğim."

Babam duraklamıştı. Yüzümü, iki elinin arasına alıp öptü ve beni sıkıca kucakladı. Konuya devam etmesi için ısrar ettim, O da beni kırmadı:

"Sonra da doğru bulduğuma bir değer biçtim. İnsan sadece canlıya önem vermez. Bu bazen bir inanç, bazen bir düştür."

"Yaşasın Türkiye gibi değil mi?"

"Neden olmasın ama Sultan hanım büyüdüğünde konuşuruz bunları. Yaşının haddini aşma."

"Kızma baba daha soracaklarım var çünkü aklım karışıyor. Senin işin ne? Türkiye'yi seven bir müdür gibi bir şey misin?"

"Nerden çıkardın bunları?"

"Aramızda yabancı yok! Bu yüzden benim bir sürü ağabeyim var. Biliyorum işte. Ama yine de neden burada olduğumuzu, neden ismimizin sürekli değiştiğini anlamıyorum. Anlatmıştın ama baba... Anlayamıyorum işte. Sen neyin bedelini ödüyorsun ki?"

Cevaplanması zor bir konuya, yani yine hep aynı konuya tekrar parmak basmıştım. Gelişimimde en büyük paya sahip olan babam, küçük bir kıza nasıl anlatabilirdi ki değer verilen bir ideolojiyle başlayan öyküde, bir sistemin gölgesinin üstüne üşüşmesiyle bedel ödendiğini!

"Çünkü başarılı olup, boyun eğmeden kendi doğrularını içeren bir sistemi ortaya atmanın da bir bedeli vardır. Emek verirsin, bedelini ödersin, beklemeye geçer ve sonunda zafere gidersin. Beklemek büyük bir erdemdir. Hem sabır ister, hem de bu esnada sevdiklerinden uzaklaştırır. Bunu kulağına küpe et meraklı kızım."

"Söylediklerinden birşey anladıysam Arap olayım!"

Babam, konuları basite indirgeyip, anlamamı sağladıktan sonra:

"Neden ama hani dostluk dayanışmaydı baba?" dedim.

Çünkü O'nun konumunda olan birine göre, dosta zarar vermemek için onlarla görüşmemek en büyük dostluktu ama bu bana ters gelmişti. Babam ise bu kişisel seçimini şu sözlerle açıklamaya çalışıyordu:

"Ben nasıl seni gözümden dahi sakınıyorsam arkamda olan, bana güvenenlerinde benim varlığımdan rahatsız olanlar yüzünden ufak bir zarar dahi görmelerini istemem. Biz buradayız çünkü beklemedeyiz ama unutma ki daima dikkatli olmalıyız. Şimdilik esas soyadımızı kullanamamak gibi."

"Peki şimdi adımız ne? Ben Gökçen neyim?"

"Gökçen Gürel."

"Ya bundan önce kimdim? Dur söyleme hatırladım, Gökçen Çahcıoğlu. Hayır, hayır Saral. Peki senin adın ne şimdi?"

"Hasan Kurtoğlu ama bazen..."

"Ama senin baban kim diye soran olursa seni gösteremem ki! Sen Kurtoğlu olduğunu söylüyorsun. Bende Gürel'im öyle mi!"

"Sözümü kesmeseydin bazen Altan Gürel olduğumu söyleyecektim. Fazla fevrisin, bu huyun hiç hoş değil Gökçen'im. Her şeyi anlamanı bekleyemem ama bütün bunları anlatmamın sebebini ve neden şu gizli bölmeyi gerek gördüğümü şimdi daha iyi anlamışsındır."

Babamın anlattıklarını o dönemler kavrayamasam da zamanla analiz edebilecektim; Ülkücü kesime başkanlık ettiği dönemlerde (değer verme) menfaat güden oluşumlara karşı çıkan Çatlı'nın ihanete uğrayıp (bedel ödeme) firara sürüklenmesine rağmen, (beklemeye geçme) dostlarından medet talep etmediğini (koruma içgüdüsü) analiz edebilecektim. Bu sıkıntılı bekleyiş kaç yıl sürerdi bilinmez ama sonunda zafer vardı.

PARİS... O'NSUZ EV...

"Dostuna sana düşmanlık edecek kadar kuvvet verme."
Şeyh Sadi

O dönemler babamın milliyetçi bir grubun lideri olduğundan emin olduğum ilk zamanlardı. Babamın tam olarak ne işle meşgul olduğunu bilmesem de, O bana göre bir sürü ağabeyin müdürü gibi bir şeyi idi. Ancak bu liderin ailesine sunduğu hayat, anlatıldığı gibi görkemli değildi. Aslında ben bu kitabı yazmaya başladığımda, yurtdışında ki hayatımıza damgasını vuran maddi imkansızlığı, özele girdiği ve bazı çevrelerin art niyetli düşüncelerle yanlış anlayacaklarını bildiğim için konu dahi etmeyecektim ancak bu aşamada kitabımda ki mesaj eksik algılanırdı. Bir kere şunu açıkca ifade edeyim ki ben o günlerde yaşanan sıkıntıları anlatırken hiç bir şekilde manevi rahatsızlık duyup, yazdıklarımın şeffalığından pişmanlık duymadım. Bunlar ve daha yaşanmışları geçmişimizin bir parçasıydı. Babam, namusu ve şerefiyle yaşamayı seçtiği için o günlere maruz kalmıştık. Bu nedenle geçmişimizle gurur duyuyor ve biz bunları yaşarken yanımızda bulunmadan hayatımızı anlatmaya, yorum yapmaya çırpınanları sağ duyuya davet ediyorum.

Babamın vefatı üzerine devlet sırrı olmaktan çıkan ASALA, O'nun hayatını anlatan koca bir romanda ki virgülden ibaret olabilir ancak. Zaten mazide kalmış ve herkesce bilinen bu görevi kitabımda konu gereği dahi olsa, ele almak beni rahatsız ediyor. Bu bana rant sağlamak için cebelleşen ve her mikrofon uzatıldığında "vatana çokca hizmetleri dokunduğunu iddia eden" bol dolarlı adamların tarzı gibi geliyor. Umarım ki ASALA ile ilgili beyanlarımın şahsi menfaat sağlamak için değinilmiş bir gerçek olarak değil, konu gereği vurguladığım tespitlerle asıl niyetimin ne olduğu herkesce anlaşılır. Görev karşılığında teşkilata iddia edildiği gibi, büyük paralar verilmediğine daha önce işaret etmiştim. Bu da babamın talebi üzerine değil, şahısların düşüncesiyle gerçekleşmişti. Zaten miktar dört aile arasında paylaşıldığından hatırı sayılır bir şey kalmıyordu ortada. Bu nedenle yurtdışındaki hayatımız, günümüzün "dava prenslerinin" ki (mikrofon karşısında cebelleşen bol dolarlıları kast ediyorum) gibi, çok yıldızlı mekanlarla donatılmış malikanelerde geçmiyordu. Aksine eksi yıldızlı evciklerle sınırlı tutulmuştu. Babamı, mayfa babalarının kurdukları düzenle bir tutup, onlarla aynı kefeye koymak tarihi hata olur. Babam "Abdullah Çatlı'ydı" onlar da "MAFYA Babaları."

Siyah-beyaz-sessiz filmlerdeki gibi bir hayatımız vardı. Çığlık atabilirsin ama sessizce, yüzünde ufak bir tebessüm oluşabilir ama renksizce. Benim gül bahçesini anlatabileceğim deneyimim yoktu ama hüzünden, yalnızlıktan anlatabileceğim çok şey vardı. Bir de sigara dumanı altında kaybolmuş, dosyaların içine gömülmüş, henüz yirmiyedi yaşında olmasına rağmen, büyük sorumluluklar üstlenmiş babamdan söz edebilirdim. Babam gülümserdi ama kahkaha attığını hiç görmedim. En ufak bir aşamada dahi "derinlemesine" düşünürdü ama asla oyalanmazdı. Analiz etmekte üstüne yoktu, kararlıydı ama hiç inatçı olmadı. İsyan ya da pes etmesine şahit olmadım. Ne hakkı, ne de haksızlığı unuturdu. Sabrına en çok bu durumlarda şahit oldum. Yıllarca ilk günkü kararlılık ve aynı coşkuyla mühim bir olayın neticesini beklediğini bilirim. Kendi doğrularında fikir yanlışlığı yapmayan bu lideri anlatmak... Babam olmasına rağmen! İstihbarat dünyasında nasıl zaman kavramı önemli ilkelerden biriyse, benim babam olan bu lider de "zamanının adamıydı."

Paris'teki gizli bölmeli evimize taşındıktan ancak iki hafta sonra babam, kardeşimle beni okul kayıtları için istenen sağlık karnesini almak üzere site doktoru Dr.Sulman'a götürdü. Çünkü bir önceki adresimiz olan Poitiers kasabasındaki okul dosyamız, buraya gelirken soyadı değişikliği yapmak zorunda olduğum için artık geçerli değildi. Doktor Sulman, onay belgesini imzalarken, babam elimi avucunun içine almış, sıkıca tutuyordu. Okula yeniden başlayacağımız için mutlu olmuştu. Nitekim bu güzel anlar ilk defa gün boyunca devam etti. Gün sonunda babam "Artık güvendeyiz merak etmeyin" diyordu. Bunları duymaya hasret olduğumuzdan olabildiğince rahat, olabildiğince bu güven duygusunu sonuna kadar yaşamaya çaba sarf ediyorduk. İç huzur, güvende olmak, deliksiz bir uyku geçirmek, güne güler yüzle başlamak mümkün değildi o zamanlar. Artık güvendeyiz demesi, tekrar doğmak gibi bir şeydi... Bizim için. Oysa yılların deneyimi insanlara güvenmek zorunda olduğumuzu ama bunun ne kadar garantisi olduğunun bilinmediğinden söz ediyordu.

Akşama doğru eve gelmiştik. Annem sofrayı kurarken telefon çaldı. Babam, Mete diye hitap ettiği biriyle konuşmaya başladı. Belli ki konuştukları konu hoş değildi. O'nu ilk kez bu denli öfkeli görüyordum.

"Madem öyle diyorsun, ben de araştırayım. Tedbirsiz gitmek doğru olmaz" derken elinde tuttuğu kalemi ikiye bölmüştü. Benim babam ince bir adamdı. Bu fevri davranışına alışık değildik. Kardeşimle ben dudaklarımızı büzmüş, yüzümüzü her an ağlamaya hazır bir hale sokmuştuk. Babam bu kaba davranışını anlamış olacak ki, zorla da olsa bize gülümsedi. Bir arkadaşına kızdığını ama bizimle bu öfkesinin bir alakası olmadığını ekledi. Biz babamızı bu haliyle benimsemiş, çocuk ruhumuza hitap eden sözleri sayesinde aramızda sağlam bir diyalog oluşturmuştuk. Babamı 1990 yılındaki cezaevi firarı sonrasına kadar da bir daha asla böyle görmeyecektim.

Telefondaki şahıstan ziyade konuşulan konu O'nu huzursuz etmişe benziyordu. Görünüşe göre işler yolunda gitmiyordu. Babam kimi arayacağını söylemedi ama hattımız dinlenir ihtimali ile evin önünde ki telefon kulübesinden konuşmaya indi. Biz de bu arada her türlü aksiliği hesaplayarak valizlerimizi hazırlayıp, gelecek olan haberi beklemeye koyulduk. Çünkü her hangi bir baskın ya da tehlikede babamın bazı dostları bize önceden haber verirler biz de tedbirimizi alırdık. Belki de yine temkinli olmak zorundaydık. Söz konusu tehlike bazen yabancı terör örgütleri bazen yabancı servislere çalışan gruplar oluyordu. Babamın kabul ettiği ASALA görevi sonrası itildiği bu karanlık dünya aslında O'nun canını çok sıkıyordu. Dediğine göre etrafımızda o kadar çok dolap dönüyor o kadar çok çirkef işler yapılıyordu ki bundan adeta midesi bulanıyordu. O bu karanlık dünya içerisinde olmasa da, karanlığın gölgesi genişti ve gün geçtikçe yayılıyordu.

Babam yaklaşık yarım saat sonra eve döndü. Tedirgin bir hali vardı. Annemin mahzun bakışlarına karşılık her zamanki yiğitliğini kuşanıp:

"Merak etme şimdiye kadar her işin altından alnımızın akıyla sağ salim çıktık evvelallah bunu da hallederiz." diyordu.

O'na göre olay abartıldığı kadar mühim değildi. Mete Bey'in telaşından kendisinin de kuşku duyduğunu ancak bu durumda yapılacak başka bir şey olmadığını, bundan sonrada Kurtoğlu kimliğini kullanamayacağımızı söylüyordu. Hatta Poitiers'den ayrılırken elimize geçen Güler kimliğini de unutacaktık. Şimdilik elimizde başka kimlik yoktu ama babamın evin önünde ki telefon kulübesinden aramak için indiği kişi bizler için yeni kimlik hazırlattığını ve birinin elinden bunun acilen alınması gerektiğini söylemişti. Babam yeni soyadımızı almaya gidecekti. Bakkaldan ekmek alırcasına. Şimdilik soyadımız yoktu.

SAATLER SONRA...

"İnsanın kader oyununa gelmesi anlık bir meseledir. Sezersin ama her nedense önüne geçemezsin."

Saat gece yarısını çoktan geçmiş ama babam hala dönmemişti. O'nu merak ettiğimiz için annemle birlikte sabaha karşı telefon kulübesine inerek, bazı yakınlarımızı aramanın iyi olabileceğini düşünmüştük. Belki babamızdan haberdardır umuduyla Ali'yi aradık. Büyük ihtimal annemin elleri, telefon numarasını soğuktan değil korkudan dolayı çeviremiyor ve çenesi sürekli titriyordu. O bekleyiş esnasında annem dua ediyor yanaklarından kocaman damlalar süzülüyordu. Annemin bu haklı endişesi babamın can güvenliğinin daima tehlikede olmasından kaynaklanıyordu. Babamın midesini bulandıran o karanlık dünya beni ürkütüyordu.

Annem: "Alo ağabeyin nerede? Merak içindeyim."

Ali: "Yenge merak etme ben ağabeyimi görmedim ama hocaya (kimse hocadan gerçek ismiyle bahsetmezdi) Paris dışında olacağını söylemiş. Yarın akşama evde olur."

Biz de aynısını umuyorduk.

Ali ağabeyin yarına evde olur demesine rağmen babam hala dönmemişti. Kime sorduysak merak etmemekten bahsediyordu. Ama ne mümkün.

Saat 08:30 İki gün sonra...

Sabahın ilk ışıklarıyla beraber günlerin uykusuzluğunu üstümden atmak amacıyla lavaboda yüzümü yıkamak için koridordan geçerken kapıyla oynandığını işitir gibi oldum. Dikkatle dinledim. Biri resmen anahtarla kapıyı açmaya çalışıyordu.

"Anne biri kapıyla oynuyor" dedim.

Korkumdan yerimden kıpırdayamıyordum. Bunun üzerine annem kapı dürbününden baktı:

"Gökçen git hemen kardeşini al ve bölmeye saklanın."

"Anne kim var orada korkuyorum."

"Göremiyorum dürbünü kapatıyorlar. Derhal dediğimi yap. Derhal."

Kaçar adımlarla uyuyan kardeşimi yatağından kaldırdım. Annem ise hala kapı ardındaydı. Kapı dürbününden babamı görür gibi olmuş olacak ki;

"Hasan sen misin?" diye seslendi. Bundan tam emin olmadığından bir yandan da kapının arkasına koltuğu dayadı. O sırada kardeşim yüksek sesle ağlamaya başlamıştı. Benim ise dizlerim titriyordu.

Kardeşimin ağlamasını duymuş ve;

"Korkma kızım. Ben buradayım. Meral kapıyı aç benim." dedi.

Bu ses babama aitti. Annem, babamın kapıyla garip bir şekilde oynamasından dolayı tedirgin olsa da, koltuğu yerine tekrar koydu ve kapının sürgüsünü çekti.

"Aşk olsun Hasan böyle şaka olur mu?" diyerek kapıyı biraz aralamıştı.

Derken birkaç kişi kapıyı zorlayıp, omuz attılar. Annem onlara karşı direniyordu. İlk kez gördüğüm yabancı adamlar, annemi kaba bir şekilde itmiş ve evimize dalmışlardı. Önlerinde ise babam vardı. Annem büyük soğukkanlılıkla babamı kucakladı ve babamın ona birşeyler fısıldamasıyla bize:

"Kaçın kızlar!" diye bağırdı.

Annemin gözlerinde korkuyu okudum. Babamın gözleri bağlıydı.

Kardeşimle birlikte çığlık çığlığa kalmıştık. Bana göre terörist tipli bu adamlar önce babama ardından da bize zarar vermeye gelmişlerdi. Gizli bölmeye saklanmak üzere banyonun içine girip kapıyı kilitledim. Dışarıdan ise bağrışmalar geliyordu. Babamın gizli bölme tatbikatlarında bu sefer hiç başarılı olamamıştık. Titrediğim için bıçağı bile tutamıyordum. Kardeşime her baktığımda onu korumaktan başka bir şey düşünemiyordum ama ben de çocuktum ve çok korkuyordum. Ardından kardeşimle birlikte kapı arkasında ki dolabın içine girdik. Diğer tarafdakiler ise banyo kapısını tekmeliyor ve bize bağırıyorlardı. Nefes almaksızın kardeşimle birbirimize sarılmıştık. Çok geçmeden kapıya vurulan sert bir darbeyle adamlar banyoya girdi. Her şey havada uçuşuyordu. Gözlerinde ki kin, çocuk olduğumuzu umursamamıştı. Beni kolumdan tutup salonun bir köşesine fırlattılar. Ardımdan kardeşimi getirdiler. Selcen'in yüzü sararmış ve dudakları morarmıştı. Diğer odadan ise annemin çığlıkları geliyordu. Adamlardan biri, yere doğru başımızı dayamamızı istedi. Kardeşime baktım. Gözlerini sıkıca kapatmış, dua ediyordu. Selcen henüz dört yaşındaydı.

Annem bir kaç dakika sonra yanımıza geldi. Uzun siyah saçları darmadağın olmuştu. Çok hırpalanmıştı. Onun bu halini görünce korkmuş olacağım ki evin içinde rastgele koşmaya başladım. Adamlardan biri de arkamdan geliyordu. Oturma odasının kapısını açtım, bir köşeye kıvrılıp kulaklarımı kapatmak istiyordum. Odanın bir ucunda ise adamlardan biri, bir başkasıyla konuşuyordu. Başımı biraz kaldırıp baktığımda gördüm ki konuştuğu şahıs babamdı! O da bana bakıyordu. Çok bitkindi. Gözlerinde ki bantı çıkarmış ağzına takmışlardı. Ayak ve kol bilekleri de kalın bir zincirle kalorifer demirine bağlanmıştı. Ben ağlamaya başladığımda babam gözlerini yumdu. O yıllarda babamı öğrendim. Hayatı öğrenir gibi.

Bunun üzerine içlerinden biri, bu sefer incitmeden beni kucağına aldı ve annemin yanına götürdü. Ardından adamlardan ikisi annemi sandalyeye oturttular. Ne yapacaklarını bilmiyor, korku dolu gözlerim en ufak hareketlerini dahi izliyordu. Annem ise soğukkanlıydı. Kardeşimle benim yatağımızın altında buldukları evrak çantasını önüne koyup, soru sormaya başlamışlardı. Ancak annem bu şartlar altında cevap vermesinin mümkün olmadığını, bizlerin çok korktuğunu, Müslüman olduğu için geceliği ile rahat edemediğini ama kıyafetini değiştirirse sorularına cevap verebileceğini söylüyordu. Alaylı bir ifadeyle de olsa kabul etmişlerdi. Onlara göre din ile kıyafetin, ahlaki açıdan bir mahzuru olamazdı. Annem dolapta ki elbisesini aldı ve adamdan arkasını dönmesini istedi. Annemi izliyordum. Dolaptan kalın bir dosyayı çıkardı ve el çabukluğu ile onu sakladı. O dosya bir zamanlar babamla paylaşamadığım okul defterimdi. O zaman babamın neden bana bir sürü tuhaf soru sorduğunu ve sinirli göründüğünü şimdi nihayet anlamıştım. Bu dosya ateşten bir gömlekti. Adam bizden uzaklaştığında annemin yüzünde ufak bir tebessüm oluşmuştu. Sanırım annem kendisini koca bir orduya karşı zafer kazanmış bir komutan gibi hissediyordu.

Olan bitene içten içe sevinirken, zincir sesleri gelmeye başlamıştı. Sesler bize doğru yaklaştığında babamı götürdüklerini anlamıştım. Babam ayaktaydı. Her iki ayak bilekleri zincire vurulmuş, arkadan gelen bir başka zincir ellerini, boynunu ve belini sıkıca kavramış ağzındaki bandıda çıkarmışlardı.

"Yurda dönün sizi burada yaşatmazlar!" derken babam evden çıkarılıyordu. Annem bize nazaran daha sakindi fakat babamı onların ellerinden kurtarmak için fırsat kolladığı da belli oluyordu.

Adamların tüm uyarılarına rağmen yerimden kalkıp babamın arkasından koşmaya başladım. Tam O'na sarılacakken beni yere ittiler. Kalkmaya yeltenirken asansörün kapısı kapanmak üzereydi. Babamla göz göze geldik. Reislerin reisi bize ağlıyordu.

Evi tanınmayacak hale getirmişlerdi. Taşındığımız her eve bir ad verdiğime göre burası da "O'nsuz ev" olacaktı. Hem de yıllarca nice acılara, nice artniyetli dostların gazabına uğrayacağımız bir ev olacaktı. Ama kitapta bunlara değinmem mümkün değil.

Uzun bir müddet kim olduklarını ve bizden ne istediklerini anlayamadığımız bu adamların kimliğini annem bir ağabeyimizi aradıktan sonra öğrenebilmişti. Şimdilik hangi sebeple babamı tutukladıklarını bilmiyorduk fakat onlar Fransız polisleriydi. Hatta hiç unutmam annem, aradığı bu kişiye gücünün yettiği kadar bağırmıştı. Neden biliyor musunuz? Çünkü bu kişi ve niceleri aslında babamın iki gün evvel tutuklandığını ve muhtemelen eve getirileceğini biliyorlardı. Oysa bize bundan bahsetmiş olsalardı izimizi kaybettirir ve evde bulunan sakıncalı evrakları derhal imha ederdik. Çünkü polislerin evde buldukları bazı kimlikler yüzünden babamın esas hüviyetine ulaşmaları ve bu suretle başının ciddi ciddi sıkıntıya düşmesi kaçınılmaz olmuştu. Bu küçük ayrıntı -ileri de ele alacağım- babamı özgürlüğünden daha çok mahrum edecekti.

Polisler evden ayrılırken gök mavisi bir valizin içine, babamın bazen evden çıkarken yanına aldığı fotoğraf makinasını almayı da ihmal etmemişlerdi. Ancak babamın tedbirli davranmasından dolayı hiç bir resim bulamamışlardı. Ayrıca valizin içine Türk konsoloslukların damgaları, Altan Gürel adına bir pasaport, Hasan Kurtoğlu adına Fransa'da oturum kartı, İsviçre'nin tanıtma kartı, tabanca ve Şevket amcanın anneme hediye ettiği değerli bir küpeyi de koymuşlardı. Adamlar anneme de Serap Gürel adına olan pasaportu, Fransız sınırlarını en geç üç gün içinde terk etmemiz şartıyla iade etmişlerdi. Söz konusu pasaportlar Türkiye'den aylar önce gönderilmişti. Altan Gürel pasaportu 1984'ün Ocak ayı başında, Serap Gürel de yaklaşık bir ay sonra. Bize bırakılan pasaport ve üç bin Franktan başka hiç birşeyimiz yoktu. Zaten bu şartlar altında burada kalmamız imkansız gözüküyordu.

Annem, babam götürüldükten sonra odasına kapandı. Yanımıza geldiğinde reis eşine yakışır bir kadın vardı. Benim annem dev yürekli bir kadındı.

"Eğer babanıza kavuşmak istiyorsanız bilin ki atlatılması çok güç yıllar var önümüzde. Bizler ayakta kalmayı başarıp Paris'ten ayrılmazsak ümidimiz yüksek demektir. Bundan sonra dostumuz kalmayacak. Herşeye hazır olun kızlar." diyordu.

Geçen zamanla birlikte annemin bu sözleri doğrulanacak, Ankara ile diyaloglar kopacak ve zorlu bir dönemden geçecektik. Ya da babamın deyimiyle şunları yaşayacaktık: "Ben cezaevine düşünce leş kargaları gibi üşüştüler ailemin üstüne."

O günün akşamı saat beş gibi, Türkiye ile irtibatımızı sağlayan kişiyi aramak için annemle o meşhur telefon kulübesine indik.

"Ağabey Abdullah'ı tutukladılar. Çocuklarla durumumuz pek iyi değil. Ne yapmam gerektiğini bilmiyorum. Yanılmıyorsam Abdullah iki gün evvel seninle konuşmuştu. Daha sonra birini daha aradı. Tuzağa mı düşürüldü? Neler oluyor hiç anlamıyorum. Nereye gitmişti? Niçin tutuklandı?"

Mete Bey: "Sakin ol kızım. Sana ulaşmaya çalıştım ama şunu bil ki Abdullah başını yaktı. Benden sonra kiminle irtibat kurduysa iyi yapmamış. Bir adres verilmiş anlaşılan. Biri ihbar etmiş ve Abdullah oraya girer girmez baskın düzenlenmiş. Evden uyuşturucu madde çıkmış."

"Mümkün değil! Sen de bilirsin ki Abdullah böyle bir işe kalkışmaz. Böyle bir durumda ona sahip çıkılmaz ise.."

"Bizim düşüncelerimizin şimdilik bir önemi yok. Olayları akibetine bırakmalıyız kızım."

"Abdullah'ı rahat bırakırlar mı sanıyorsunuz! Polislerle birlikte eve de geldiler. Giderken yurda dönmemizi, burada emniyette olmadığımızı söylemişti. Olayları akibetine bırakmak Abdullah'ın sonu olur. Desteğe ihtiyacımız var!"

"Seninle bunları konuşmak benim için çok güç ancak bu saatten sonra olanaklar sınırlı. Ailene sahip çıkacak ve güçlü olacaksın kızım. Çok güçlü."

Annemin hem saygı hem de değer verdiği bu kişinin sözleri karşısında omuzlarının çökmesi, onun az evvel koca bir orduya karşı kazandığı komutanlık rütbesini yakasından söküp yere fırlatmasına eşdeğerdi. Çünkü orduya karşı verilen çetin mücadele tamamlanmış ancak değeri anlaşılamamıştı. Annem, babam adına üzgündü.

KÖŞE KAPMACA

*"Düşersen düşmanların, çıkarsan dostların çoğalır sanılmasın.
Düşersen düşmanların çoğalır, çıkarsan da dostların azalır."*

Porte de Clichy'deyiz. İzlenme ihtimalimiz yüksek olduğundan Ali ile buluşmanın akşam karanlığında, köprü altında olmasına karar verdi annem. Buluşma gerçekleşti ve Agnés'e doğru hareket ettik. Yine dönüşü olmayan adımlar attığımızı ve tek güvencemizin cesaretimiz olduğunu artık ezberlemiştik. Ali, bizleri Mustafa Ö.'nün evine bırakıp, daha bu sabah götürülen babamın durumunu öğrenmek üzere Paris Emniyetine gitti. Anneme ulaşan haberler ise hiç de iç açıcı değildi. Paris Emniyet Müdürlüğü Narkotik Bölümü Müdürü Delaneuville'in düzenlediği rapora göre, Hasan Kurtoğlu kimlikli kişi "örgütlü uyuşturucu kaçakcılığından" suçlanıyordu. Rapora göre bu yoldan temin edilecek gelir, silah alımında kullanılacaktı. Fakat hangi ihtiyaçla silah alımı olacak, bunda bir bağlantı kurulamamıştı. Babamın ifadeleri ise bunu reddeder yönündeydi. Oysa ki suçlamaları kabul etseydi, daha az bir mahkumiyet alacaktı. Ama O, mahkumiyeti boyunca daima bunu reddedecek ve pazarlığa yanaşmayacaktı. Babam ile beraber yakalanan arkadaşı Müfit Sement, Türkiye'den bildirilen adresten (babamın evin önündeki telefon kulübesinden aradığı son kişiyi kast ediyorum) ayarlanan pasaportları almak için gittiklerinde, polislerin zoruyla bir Nijeryalı'nın dairesine sokulmuşlardı. Evde uyuşturucu bulunmuş ve üçü tutuklanmıştı. Nijeryalı, babamla Müfit Sement'i tanımadığını ve malın kendisine ait olduğunu söylemişti. Savcı bunu inandırıcı bulmuş, araştırma için gönderdiği ekibin raporlarını tamamladıkları zaman, mal sahibi hariç babamları bırakacağını ifade etmişti. Bundan dolayı içimiz rahatlamıştı. Ama ileride göreceğimiz gibi Nijeryalı ifade değiştirecek ve Müfit Sement'in malı ona emaneten bıraktığını iddia edecekti. Babam da Sement'in arkadaşı olduğu için bundan nasibini alacaktı.

Mustafa Ö.'nün ailesi her ne kadar misafirperver olsalar da, kendimizi rahat hissedemiyorduk. Daha ilk kez tanıştığımız ve bize yabancı olan bu aileyi babamdan bir iki kez duymuştuk fakat ötesi yoktu. Geceleri rahat uyuyamıyordum. Sanki her an bir felaket kopacaktı ve ailemiz daha da dağılacak gibi çocuksu fakat haklı bir korkuydu benimkisi. Zaten çok geçmeden çirkin dedikodular başladı. Öğrendiğimiz kadarıyla Mustafa Ö.'nün arkadaşları onun başına iş açacağımızı söylemişlerdi. Sanırım bundan dolayı ev sahibi bize karşı tavır almaya başlamıştı. Belki de bunda haklıydı.

Mustafa Ö.: "Yenge başımın üstünde yeriniz olduğundan şüphen olmasın ama benim de sorumlu olduğum çocuklarım var. Allah'tan korkan biriyim sizi yarı yolda bırakmam. Güvenilir bir ev ayarladım. Orada daha rahat edersiniz." diyordu.

Utancımızdan ne yapacağımızı şaşırmıştık. Açıkçası kovulmuştuk. Annemin gözleri dolmuştu. Dediği gibi artık dostlardan sakınmalıydık.

"Abdullah olsa aileni sahiplenirdi ama sende haklısın. Ben hazırlığımı dün geceden yapmıştım. Hemen çıkalım."

Güvenli bulunan eve gelmiştik. Annem, verdiğimiz rahatsızlık için üzgün olduğunu ve herşey için teşekkür ettiğini, belirtmiş ancak Mustafa Ö. cevap verememişti. Belli ki bu tutumundan rahatsız olmuştu. Babam olsa böyle davranmazdı. Zaten bizim hatamız da burada başlıyordu. Herkes babam gibi gözünü budaktan esirgemeyebilir, üstlendiği görevleri ya da koruduğu değerleri sonuna kadar götüremeyebilirdi. Babamın farklı bir tabiatı vardı. O, adam gibi adamdı. Diğerleri de sadece adamcağızlardı.

Bir kadın, iki çocuk artık yapayalnızdık. Yalnızlığı iyi bilirim. Nefes alırken batar. Düşününce aklını karıştırır. Gözlerini yumunca zifiri karanlık kesilir. Daima ensendedir. Oysaki babam kaç kişi için risk almış, bedel ödemişti! Kaç!

Bu süreç içerisinde başımıza yüz kızartıcı şeyler de gelmemiş değildi: Daha evvelden de belirttiğim üzere kardeşim dört yaşına yeni basmıştı ve bir çocuğun mantığı nasıl elveriyorsa o kadar mantıklı olabiliyordu. Bir gün yanıma ağlayarak geldi. Bahçede oynayan çocukların elindeki bir şeyi işaret ediyordu. Bir kaç çocuk toplanmış avuç avuç çikolata yiyorlardı. Bir müddet onları izledik. Eğer bunlara verecek paramız olsaydı hiç durmam, kardeşim ne istiyorsa alırdım ama yoktu. Sonra hiç düşünmeden hatta anneme bile haber vermeden, kardeşimin elinden tuttum ve yolun karşısında ki büyük bir alışveriş mağazasına girdik. Çok öfkeliydim. Çok hırslanmıştım. Çok küçük ve çok cahildim. Şekerleme bölümüne daldım ve hiç unutmam Roche D'or adında, yarı simli yarı siyah jilatinli çikolata paketini avucumda sıkıca tutmaya başladım. Bir ara tekrar yerine bırakmayı düşünsem de, kardeşimin az evvel ki çikolata iştahı ve ağlamasını hazmedemiyordum. Kasadan geçerken kasiyer bayan bize seslendi. Buraya kadar her şey iyiydi hoştu ama bundan sonrası için hiç bir fikrim yoktu. Karşısında iki heykel gibi dikilmiştik. Genç bayan bizi tepeden tırnağa önce bir güzel süzdü. Temiz giyimli çocuklardık. Sonra yüz hatlarını yumuşattı ve kısık bir sesle bir dahaki sefere benden azar işitirsiniz dedi. Çok utanmıştık. çikolata paketini alması için ona uzattım. Geri çevirdi. Sonra biz yokmuşuz gibi işine devam etti. Fakat gidemiyorduk. İkimiz yarı donmuş şekilde ayakta dikiliyorduk. O utancı hiç bir zaman unutamam. Kasiyer kız sonra tekrar bize döndü ve hemen evimize gitmemizi istedi. Selcen'le hemen oradan çıktık ve eve girene kadar ne ağlamaya ne de koşmaya ara verdik. Kardeşim o günden sonra bir daha başkalarına imrenmedi. Bende bir daha bu zaafa yenik düşmedim. Çocukluk mantığın uykusu olmasına rağmen suç suçtu ve yüzümüzü kızartmıştı.

Yaklaşık iki hafta boyunca güvenilir denilen bu evde kaldık. Sonra burayı acilen boşaltmamız istendi. Fazla paramız kalmamıştı ve Clichy'de ki evimize, sakıncalı olmasına rağmen geri döndük. Benim babam yufka yürekli, insancıl ve bırakın dostlarının, çevresindekilerinin dahi derdine ortak olarak, candan yardım eden bir insandı. Bu nedenle bu koca yabancı ülkede başımıza gelenleri hazmetmek bize göre değildi. Oysaki babam bizi evlerinden apar topar çıkaran bu insanlara bir çok kez dost elini uzatmış biriydi! İnsanların en çirkef yüzünü görmek bizi hiç bir zaman nefrete boğmadı ama derin izler bırakıyordu.

KIRMIZI FİLE

Herşey kaybolduğu zaman bile, gelecek yine vardır.

Clichy Belediyesinin yardım kuruluşundayız. Yine yüzüm kızardı. Derin bir iç çekince ortaya çıkan elmacık kemiklerime bu kez sıska bedenime çöken, ağır bir hava hakim. Her zaman ki gibi annemle birlikteyiz. Sanırım o da benim kadar utanç içerisinde. Ofisinde bulunduğumuz Fransız madamından zor durumda olan ailelere verilen yardımdan talep edeceğiz. İsmini bilmediğim bu madam bana acıyarak bakıyor. Ben de ona öfkeyle. Çünkü bu bakışlardan hiç hoşlanmam.

Fransız madam anneme bir şeyler sorarken araya girdim;
"Annemin söylediklerini size ben tercüme edeceğim."
"Tabii nasıl rahat ederseniz. Bak canım annene danışarak önce öz geçmişinizi anlat. Rahat olursan benim için daha kolay olur."

Bu kez annemle Tükçe konuşarak: "Anne yaşadıklarımızı anlatmamızı istiyor. Hangi hayatı anlatmam gerekiyor?" dedim. Çünkü her kimliğe ait bir yaşam öyküsü vardı ve hepsini aklımda tutmak benim için zor oluyordu.

Annem: "Soyadımız Aydoğan. Ülkelerine babanın siyasi konumundan dolayı giriş yaptığımızı ancak işlediği bir suç sebebiyle tutuklandığını ve bizim zor durumda olduğumuzu açıkla. Kaçak değiliz. Devlet bize eşimin burada tutuklu oluşunu göz önüne alarak üç aylık geçici vize verdi."

Annemin dediklerini anlattıktan sonra madam konuya girdi:
"Benden mucize beklemeyin lütfen. Durumunuzu anlıyorum ancak korkarım ki elimden fazla bir şey gelmeyecek. Yapabile-

ceklerim şunlardan ibaret. Ayda bir belediyeden gıda yardımı ayarlarım. Annenize göre bir iş bulamazsam ileride işsizlik sigortasına bağlarım. Bu arada kiranızın bir bölümünü de yardım fonundan karşılayabilirim. Tabii bunları uygulamaya getirmem uzun zaman gerektirebilir ama emin olun tüm insiyatifimi kullanacağım." diyordu yumuşak bir tonlamayla.

Annemin önüne uzatılan evraklar imzalandıktan sonra madam bizi belediyenin gıda bölümüne gönderdi. Burada annemin eline kırmızı bir file tutuşturdular. Utancımdan filenin içindekilerine detaylı olarak bakamamıştım ancak konserve kutuları ve makarna vardı. Yabancı bir ülkenin hizmet kuruluşu bize yardım ediyor ancak dost sandıklarımız...

Eve doğru giderken kırmızı file ikimizi de rahatsız etmişti. Herkes bize bakıyordu. O an her ne kadar bir daha asla belediyeye gelmeyeceğimize dair yemin etsek de, uzun bir dönem buna mecbur kalacaktık. Tüm samimiyetimle söylüyorum ki bu duruma düşmek kabus gibiydi. Aralıksız olarak zihinsel acı çekiyor buda yetmiyormuş gibi ölesiye sevdiğimiz memleketimizin ebedi sakinlerinden dost aldatmacasına uğruyorduk. Bizler asil karakterli ve onurlu insanlardık. Bu yüzden yaşananlar çok ağır geliyordu.

Sisteme karşı direnen babam için, dolayısıyla da bizler için bu durumlardan geçmek kaçınılmazdı. Çünkü sisteme karşı boyun eğmiyor, direniyorduk. Şayet bazıları gibi boyun eğip, kapı kulu olsaydık ne babam cezaevine girerdi ne de bizim maddi sorunlarımız olurdu. Bu nedenle yaşadıklarımızdan asla rahatsızlık duymadığımı ve aksine temiz geçmişimizle onur duyduğumu daha önce ki sayfalarda belirtmiştim.

Sistem böyle emrediyordu: Teşkilat lideri dahi zor günlerinde unutulacaktı. Sisteme göre dostla düşman zamanı gelince, yani sistemin çıkmazı cellat kesilmesi gerektiğinde aynı kefeye konmalıydılar. Sistem çıkmazı bizi, bizde onu artık sevmiyorduk. Babamı tanıdım tanıyalı da O bunu hiç sevmemişti.

CLUB FUNNY

Clichy belediyesinin gençler ve çocuklar için faaliyete soktuğu bir lokalin açılışı vardı. Bizim eve beş dakika uzaklıkta olan bu yere Selcen'le birlikte gitmiştik. Mütevazi bir bahçe içinde geniş bir daire olarak düzenlenmiş bu bir katlı lokalde teferruatsız oyun odaları, derslikler ve yüksek kapasiteli müzik tesisatı vardı. Şirin bir yerdi. Açılışa katılır katılmaz bir sürü arkadaş edinmiştik. Selcen'le ben girişken ve cana yakın çocuklardık. Bu lokalin yani Club Fanny'nin müdürü Guy'nin açılış konuşması renkli olması sebebiyle çok alkış topluyordu. Henüz otuz yaşlarındaki Guy, eşi gibi güler yüzlü ve biz Clichy çocuklarına eğlenceli vaatlerde bulunan biriydi. Bunları duyan çocuklar onu alkış yağmuruna tutunca Guy'nin görkemli köpeği salon camından bahçeye atlıyor ve durmadan havlıyordu. Belliki bu köpek hepimizin maskotu olacaktı.

O gün sitemize yeni arkadaşlarımızla yürüdük. Bir iki saat içinde hiç edinmediğimiz kadar arkadaşımız olmuştu ancak hepsi bizim özel hayatımızı merak ediyordu. Annemin dediği gibi biz şimdilik Aydoğan'dık. Ama bu durum her an değişebilirdi. Babamızın işini sorduklarında Selcen'le ben aynı anda farklı cevaplar verince bu kargaşayı düzeltmek için aslı olmayan bir sürü şey anlatmak zorunda kalmıştık. Babam Türkiye'de bulunan ve ağır hasta olan dedemin durumuyla ilgilenmek zorunda olduğundan yanımıza gelemiyordu... O günden sonra babam hakkında onlara daha neler neler anlatacaktık. Hepimiz çocuk olduğumuzdan babamın bu yaşam şekli fazla abartılı gelmiyordu. Onlara göre Selcen ve Gökçen Aydoğan'ın babaları bakıma muhtaç dedelerine bakan ve kendinden ödün veren çok iyi bir evlattı.

Uzun sarı saçları ve mavi gözlerine hayran kaldığımız Sandrine ileride kuracağımız grubun en alımlısı, Arap kardeşler Naima ve Karima en yaramazları, takıntı haline getirmesine rağmen ona çok yakıştığını düşündüğümüz kepçe kulaklı Angélique en iyi dostum, Serdar ise köpeğinin kuyruğu ardında koşmasından adını garip köpekli çocuğa çıkaran biri olacaktı. Ve niceleri. Paris, ailemiz adına felaketler getirse de bir kaç hoş anı yaşatacaktı.

Neredeyse her günümüzü Club Fanny'de geçirmeye başlamıştık. Yine böyle bir gün sonrası eve geldiğimizde annemizi koltukta uyurken bulduk. Koltuğun bir ucunda ise bir torbanın içinde bir sürü düğme ve yerde ufak bir tezgah açacak kadar gömlekler vardı. Şaşırmıştık. Çok geçmeden annem uyandı ve bize konuşma fırsatı bırakmadan konuya girdi;

"Bunları görünce şaşırdınız değil mi? Evde boş oturmaktansa gömleklere düğme dikip para kazanmak daha akılcı geldi bana. Hem bakarsınız ileride düğme fabrikası bile kurarız." Dedi ve ikimizi gıdıklamaya başladı. Annem bu işi, garip köpekli Serdar'ın konfeksiyoncu ailesinden almıştı. Kardeşimle ben, evimizin karşısındaki halka açık çamaşırhaneye gömlekleri yıkamaya götürerek anneme destek de olacaktık. Pis kokan ve gireni çıkanı belli olmayan bu yerde saatlerce bekleme zorunluluğu aslında canımı öyle bir sıkıyordu ki bazen bir bahane bulup gitmiyordum. Bütün yükün annemin üzerinde olduğunu görünce de dayanamayıp bahanemi geri alıyordum.

Annemin bu direnci ve kararlılığı yurtdışında ufalanacağımızı umut edenlere ve babamı cezaevinde kuru bir iftirayla yalnızlığa terk edenlere bir nevi restini çektiği anlamına geliyordu. Çünkü babam cezaevine girdikten sonra Türkiye'den bize iki kereliğe mahsus para gönderilmişti. Sonra da irtibat kesilmişti. Türkiye'den gelecek olan desteğe ihtiyacımız olduğu halde "memleket severler" "memleket severleri" unutmuştu. Hatta bize ulaşmaya çalışan dostlara çok iyi olduğumuzu, her şeyimizle ilgilendiklerini ve maddi manevi rahatlık içerisinde destek verdiklerini dahi söylüyorlardı. Dahası bizim için yüklü miktarda para bile toplamış ve hepsini yemişlerdi. Hem de kaç kere.

    Kırmızı fileyi aldığımız Belediyedeki bayanın annemi yönlendirmesiyle ben Victor Hugo ilk okuluna Selcen de yanındaki ana okuluna kabul edilmiştik. Köklü bir Devlet okuluydu ve eğitim düzeyi kaliteliydi. Elimizde doğru dürüst evrak olmamasına rağmen eğitim görmemiz beni şaşırtmıştı. Annemin dediği gibi Aydoğan kimliğini geride bırakmış, çift soyadlı biri olmuştum: Gürel-Kurtoğlu

KOD ADI OMAR

Bir kaç gün sonra...

Babamın cezaevinden bir an evvel çıkma umudu suya düşmüştü! İlk yakalandığında savcı, babama suçsuz gözüyle yaklaşmış, araştırma heyetinin raporuna göre hareket edeceğini ve rapor eline ulaşır ulaşmaz O'nu serbest bırakacağını söylemişti. Ancak bu artık mümkün değildi. Araştırma heyeti, babamın 1982 yılında Zürih'te geçici olarak gözaltına alındığını öğrenmişti. Olay bundan ibaret olsa yine ucuz kurtulurdu fakat aynı zamanda Zürih'teyken alınan parmak izine ve dolayısıyla Çatlı kimliğinin uzantısının Kurtoğlu ile aynı kişi olabileceğini rapor etmişlerdi. Ancak bunda emin değildiler ve ikileme düşmüşlerdi. Bunun üzerine babam da esas kimliğini kabul etmemiş aksine Hasan Kurtoğlu olduğuna onları ikna etmeye çalışıyordu. Heyet üyeleri, raporu eksiksiz hazırlayabilmek için her kurumun bilgisine başvuruyor, araştırmalarına aralıksız devam ediyorlardı. Neticede Nevzat Bilecan dosyasına ulaştılar ve işler iyice düğümlendi. Bilecan olayı ile Paris'teki tutuklanma sebebi aynı olduğundan, bu savcının eski düşüncelerini tamamen değiştirecekti. Her ne kadar Paris'deki davada, Nijeryalı önce Müfit Sement'i suçlasa ve onun kendisine malı emaneten bıraktığını söylese de bu ileride Kurtoğlu kimliğinden sıyrılıp Çatlı olduğunu kabul eden babam için hiç de olumlu bir beyan olmayacaktı.

Eğer zora düştüyseniz, bu sonun başlangıcıdır. Bu nedenle babamın cezaevine girmesiyle birlikte biz, bir felaketin içine sürüklenmiştik. O dönemleri satırlara dökmek için yıllar öncesine dönüp baktığımda gözüme çarpan ilk şey ihanettir. Sanıldığının aksine yüce ve büyük olan bir takım yerlerin ileri gelenleri, biz Çatlı'ları ne el üstünde tutmuştur ne de babamın üstlendiği görevler sonrasında bizi korumuştur. Zaten kimi korudu ki! Bana göre babamın hizmetlerinden yararlanan bu kişileri de sistem kullanıyordu. Vakit dolunca sistem herkesi harcıyordu. Tıpkı sistemin öngördüğü katı kurallar karşısında bu koca yabancı ülkede bizim yalnızlığa sürüklenmemiz gibi. Babamın politik güçleri resmi olmadığı için hiçbir makama başvuramıyor, O'nun masum olduğunu, komplo kurulduğunu ispatlayamıyorduk. Derin dünyalarda, yakalanmadığın sürece, hiç bir şey suç değildir. Ama yakalanırsan ne dostun kalır, ne de derin destekçiler. Türkiye ile irtibatımızı sağlayan Mete bey daha evvelden de söylediğim üzere bir kaç maddi yardımdan ileri gidememişti. Son selamını da Omar ismiyle tanınan biriyle göndermişti. Bu durum Mete beyin kötü emellere sahip olduğunu göstermiyordu. Dediğim gibi sistem emir vermişti. Suçlu olan sistemdi. Mete bey vasıtasıyla tanıştığımız Omar ve arkadaşları dürüst oldukları kadar cesur insanlardı. Babamla ne gibi bir bağları vardı tam detaylıca bilmesem de bu kişiler O'ndan saygıyla bahsediyor ve yapılanları öfkeyle kınıyorlardı. Bu düşüncelerinin uzantısında, derin bir dostluk başlayacak ve uzun yıllar boyunca böyle devam edecekti. Taa ki kitabın birinci bölümünde ele aldığım babamın mezarı başındaki konuya kadar!

Omar fazla dikkat çekmeyen, oldukça zayıf biriydi. Siyah kıvırcık saçlı, buğday tenli, klasik bir Türk'tü. Aslında oturaklı bir adam olmasına rağmen Doğu şivesine eklenen abartılı el kol hareketleri beni güldürürdü. Bir de bizim için en eğlencelisi, izlediğimiz bir film karekterini taklit etmesiydi. Omar kah bir kareteci kah kovboy oluyordu. Ama bunları kimseye anlatmamamızı da tembih ediyordu. Yoksa dediğine göre karizma yerle bir olurdu. Omar yoğun ısrarlarımız üzerine kardeşimle bana bir çok kez ve hiç usanmadan hayat öyküsünü anlatmıştı. Onun küçüklüğünü bir Türk sinema oyuncusunun çevirdiği bir filmdeki karaktere benzetiyorduk. Gerçek ismini bilmediğim Omar küçük yaşta babasını kan davasında kaybetmişti. Annesi de acısına dayanamamış kocasının ardından vefat etmişti. Kardeşleriyle birlikte amcalarının yanında kalan Omar, tahsilini köyüne gelen Devlet yetkililerin sorumluluğu üstlerine almalarıyla yatılı okulda tamamlamıştı. Tıpkı o Türk filmindeki boynu bükük çocuk gibi. Hayat öyküsünü her anlattığında biz ağlamaya başlıyorduk. Düşünüyorum da o halimiz epeyce komikmiş. Şimdi ise babamın cezaevinde olmasına rağmen O'nun yanında saf alıyordu. Omar babamı önderi olarak görüyor ve mahkumiyeti esnasında hiç bir eksiği olmaması için elinden geleni yapıyordu. Omar o yıllarda tertemiz bir insandı. Yıllar sonra ise mazideki bu dost yabancı olacaktı.

BİRİNCİ SINIF İŞKENCE

Omar ve arkadaşlarının bize katılmasından kısa bir zaman geçmişti ki evimize gelen İtalyan bir bey, babamın dosyasını inceleyen Fransız komiserin iş adresini verdi. Komisere gittiğimizde onun tedirgin olduğunu, birçok şey bildiğini fakat anlatamadığı belli oluyordu. Bize verdiği çok az bilgi arasında babamın hiç de iyi durumda olmadığı da vardı. İşkence yapılıyordu!

Babam, cezaevine gireli ondan gelen bu ilk haber, zamanla gelecek olanların da akıbetini belirliyordu. Babamın bu güç koşullara girmesi neyin bedeliydi? Çatlı ve ailesi, sistemin gölgesi altında mı kalacaklardı? İlerleyen zamanlarda bu gölge devasalaşacak, Çatlı işkencelerden geçerken teşkilatının mensupları birer birer ortadan kaldırılacak, ailesinin sorumluluğunu üstlenmek zorunda olanlar her türlü adiliğe başvuracak ve her adımımız ajanlarca baskı altında tutulacaktı. Öyle ki herkesten kuşku duyacak ancak bunu belli etmeyecektik.

Babam henüz serbestken O'na karşı yürütülen oluşumlar için kiralanan kişilerden biri, yani sakıncalı Mehmet, babamın cezaevine girmesinden sonra evimize geldi:

"Reis'ten mektup getirdim. Sizleri çok merak ediyormuş, gitmediğinize çok sevinecek." diyordu.

Uzun haftalar boyunca babamdan gelecek mektubu dört gözle beklemiştik. Bu haber her ne kadar sakıncalı olandan elimize ulaşsa da yüreğimize su serpmişti. Ancak annem, kardeşimle benim kadar rahatlamış görünmüyordu. Mehmet'i dikkatle dinliyor, şüphelenmiş bir tavırla sorular yöneltiyordu. Mehmet ise cevap vermek yerine babamın özel işleri ile ilgili yorumlar yapmaya başlamıştı:

"Seninde bildiğin üzere Reis'in yakalanması uyuşturucudan değil. Kolay kolay da bırakmayacaklar. Zaten ağabeyi de çok hırpalıyorlarmış."

Annem: "Neden?"

Mehmet: "Yenge, bende yeni öğrendim, ayıp ediyorsun biz yabancı mıyız! Reis, Avrupa'nın üzerine titrediği hassas bir mesele üzerine gidince..."

Annem: "Beni iyi dinle Mehmet! Neden bahsettiğini bilmiyorum ama benim kocam mecburiyetten uyuşturucu işine girdi. Anlatılan diğer durumdan bir bilgim yok. Ayrıca akıl hocalarına söyle bu işi fazla kurcalamasınlar. Abdullah aslanlar gibi yatar ve çıkar."

Babam, ASALA'dan kimseye bahsedilmemesi gerektiğini tembih etmiş olacak ki annem için her ne kadar aşağılayıcı olsa da Mehmet'in şüphe uyandıran konuşması karşında, babamı uyuşturucudan rant sağlayan biri gibi göstermek zorunda kalmıştı. Çünkü her ne olursa olsun, Mehmet bundan bir kaç yıl önce babama zarar vermek amacıyla kiralanan biri değil miydi! Ayrıca Mehmet'in iddia ettiği üzere sözde babamdan gelen bu mektup, anneme göre sahteydi. Çünkü babam, hiç bir mektubunun sonuna kullandığı isimlerin açılımını değil sadece baş harflerini yazardı. Acemice yazılmış olan bu mektup dost çemberimizin gittikçe daraldığının bir ifadesiydi. Mehmet, annemin dikkatinden kaçmayan bu durumu sezdiğini anlamış değildi ama biz onu daima sakıncalı bilecektik. Tıpkı diğerleri gibi: Herkesten kuşku duyacak, kimseye sır vermeyecek, hiç bir zaman yenik düşmeyecektik. En önemlisi de kendimize çok dikkat edecektik. Çünkü babamın dışarıda kalan tek dayanağı bizdik. Bundan dört yıl önce ilk kez Mehmet Ali Ağca'dan duyduğum sırlarla artık içli dışlı olmuştuk.

AJANLAR GEÇİDİ

Zaferin ilk anahtarı düşmanın niyetini anlamaktır.

Daha önceki sayfalarda da ele aldığım üzere Selcen'le ben oldukça girişken çocuklardık. Aslında bu yönümüzü birbirimize fark ettirmeden geliştirmiştik. Çünkü çocuk aklımıza göre ne kadar çok girişken olursak o kadar çok arkadaşımız olur ve canımız sıkılmazdı. Kardeşimle bendeki bu yalnız kalma korkusu, bize kah iyi kah kötü olarak dönüyordu. Paris'in ikimizde bıraktığı hatırı sayılır iki şey vardı: Club Funny sayesinde, hareketlilik kazanan günlerimiz ve Fransızca'yı anadilimiz gibi öğrenmek.

Okul çıkışı, apartmanımızın önündeki çocuk parkında oynuyorduk. Ben kendimi voleybolcu sanan bir tip ve Selcen beni alkış yağmuruna tutan coşkulu bir taraftardı. Herşey iyi gidiyordu ki, gözüm kardeşimin yanına oturan ve onunla konuşmaya çalışan orta yaşlı bayana takıldı. Annem yabancılar konusunda hatta ve hatta tanıdıklar konusunda bizi defalarca uyardığı için topumu bir kenara fırlatıp yanlarına gittim.

Kardeşimin yanındaki bayan Fransızca konuşarak:

"A bak Selcen, ablan da geldi. Merhaba tatlım. Tebrik ederim güzel oynuyorsun. Biz de şimdi yeni açılan havuzdan bahsediyorduk. Yüzmeyi biliyor musun?"

Ben: "Burada mı oturuyorsunuz"

Bayan: "Keşke evet diyebilseydim ama evim 20 dakika uzaklıkta olan Aniérs'de. Yaşıtlarınıza öğretmenlik yapıyorum."

Selcen: "Abla Madam Claudette bana geçen gün saymayı öğretti. Evinde bir de köpeği varmış. Yarın onu da getirecek."

Selcen'in daha evvel bu bayanla konuştuğundan haberim yoktu. Kardeşime Türkçe seslenerek:

"Annenin sözünü dinlemedin. Bence başımız dertte."

Bayan: "Yabancı olduğunuzu biliyordum ama peki hangi ülkeden?"

Ben: "Türkiye'den. Babam yakında gelecek. Dedem iyileşmiş. Babamın çok işi var ama biz O'na küsmedik."

Bayan: "İşleri yoğunsa siz gidebilirsiniz onun yanına. Ülkenize dönmeyi düşünmüyor musunuz?"

Ben: "Ama dedem hasta demiştim ya!"

Bayan: "Sizinle kimler ilgileniyor burada?"

Ben: "Babam müdür. Arkadaşlarına telefon açar onlar da sözünü dinler ve gelirler."

Bayan: "Ne büyük şans. Baban da, onlar da demek ki iyi insanlar. Peki tatlı kız, babanın arkadaşlarının adları nedir?"

Ben: "Bilmiyorum..."

Bayan: "Ben bir kaç tane Türk ismi biliyorum ama biraz daha söylersen mutlu olurum. Unutma ben bir öğretmenim."

Ben: "Annem sizinle konuşmamıza kızacak. Hadi Selcen eve gidiyoruz."

Bayan: "Henüz değil!"

Selcen: "Madam Claudette kolumu acıtıyorsunuz..."

Ben: "Kardeşimi rahat bırak. Bizimle de artık konuşma. Zaten seni büyüklerime hemen söyleyeceğim."

Bayan: "Bana bakın eğer uslu durmazsanız çok öfkeleneceğim. Oyun mu oynuyorsunuz benimle!"

Başlangıçta bana da sevimli gelen bu bayan artık korkutuyordu. Madam Claudette olduğunu söyleyen bu esrarengiz kişinin yumuşak ses tonu gitmiş yerine sinirli ve tehditkar sözler gelmişti. Selcen'in kolunu hala bırakmaması üzerine, art niyetini iyice anlamış olacağız ki kardeşimle birlikte bağırmaya başladık. Sitenin bütün çocukları etrafımızda toplanmıştı.

Bunun üzerine bayan yanlış anladığımızı söyleyerek yanımızdan uzaklaştı. Eve ağlayarak çıkmıştık. Anneme olanları anlatınca ondan azar işittik.

Bundan sonra tuhaf sohbetli ve davranışlı insanlardan biri, sitemize aniden taşınan bir Arap ve Clichy'nin merkezinde bulanan büyük parktaki iki kız çocuklu bir başka bayan olacaktı. Amaçları bilgi toplamak olan bu kişiler annemin deneyimli tutumuyla hiç bir yere ulaşamıyor fakat hayatımızı daha da kısıtlı yaşamamıza sebep oluyorlardı.

İLK GÖRÜŞ

Her zamanki gibi bir sabahtı. Okula gitmeden evvel hep baktığım ve boş bulduğum posta kutusunun önündeydim. Annem beni kucağına alıp kaldırdı ve içinden bir zarf çıkardım. Gönderen Hasan Kurtoğlu, adres La Santé cezaeviydi. Babamdan gelen bu ilk mektubu dört gözle beklemiş, O'nun sağlığı için onca zamandır endişeye düşmüş bizler için bu kağıt parçası hayati bir önem taşıyordu. Mektubu elimde sıkıca tutuyor, sanki babamı öpercesine sevgi yağmuruna tutuyordum. Annem zarfı alelacele açıp, yüksek sesle okumaya başladı. Her satır başında sesi daha çok boğuk çıkıyor, gözlerine daha çok gözyaşı birikiyordu. Yazdıklarına göre gayet iyiydi ama bizleri merak ediyor ve bu yüzden deliye dönüyordu. Babam mektubunu o inci gibi yazısıyla yazmıştı. Mektubunda defalarca dile getirdiği şey ise haftada üç kez görüşebileceğimizdi. Sevinç ile beraber içimi bir korku sarmıştı. O'nu en son görüşümde zincirlenmiş olan babamın başına acaba daha ne çirkeflikler gelmişti?

Bundan sonraki üç haftayı kabuslar görerek geçirecektim.

Görüş günü geldiğinde annem kardeşimle beni babamın kullandığı Hasan Kurtoğlu ismi hakkında tembih etti. Fransız makamları babamın gerçek ismini bilse dahi tedbir gereği bu şartmış. Şayet bize de soracak olursalar bizim soyadımız okuldaki gibi Gürel-Kurtoğlu idi. Ama bu soyadlar daha bir çok kez değişecekti.

"La Santé" yani Türkçe anlamıyla "Sağlık Cezaevi" evimize bir hayli uzaktı. Yolculuğu iki vasıta ile, yani hem metro hemde otobüs ile yapacağımız için oraya gitmek iki saatimizi almıştı. Babamın hükümlü olduğu bu koca ve gri devasa duvarlı binanın önündeydik. İçimiz ürpermişti. La Santé'nin havası, iklimin soğuk yüzüne ayak uydurmuştu. Asık suratlı bir görünümü vardı buranın. Henüz cezaevinin içine girmemiştik. Büyük ve paslı demir kapının önünde, uzun bir kuyruktaydık. Parası olanlar karşı yoldaki kafeteryada sıcak bir şeyler içiyordu. Bu nedenle biz de yani kafeteryaya gireyemenler, bazı ziyaretçiler gibi üşümemek için kah yerimizde zıplıyor, kah birbirimize sarılıyorduk. Eminim ki bu görüntümüz dışarıdan bakanlara komik geliyordu. Her sert rüzgarda birbirine sıkıca kenetlenen garip bir kuyruktu bizimkisi. Paris'in üç mevsimi yağmurlu ve sert rüzgarlarla geçerdi. Gökyüzü ise çoğunlukla gri ve boğucuydu.

Yaklaşık 1,5 saat sonra kapı açıldı. Ardından gayet kibirli hareketlerle kapıdan daha asık suratlı bir gardiyan göründü.

"Numaralarınızı dağıtırken sırayı bozmayın" diyordu.

Bizim elimize tutuşturulan numara 142'idi. O yıllara ait ne varsa zihnime fena kazımıştım.

Gardiyanlar bizleri teker teker içeriye alırken, üstüme kocaman bir gölgenin çöktüğünü hissettim. Emektar ziyaretçi ailelerin yüzlerindeki ifade acının yeni başladığını fısıldadığında ben, içeriye adımımı çoktan atmıştım. İçimi kocaman bir ürperti sarmıştı.

La Santé'deki güvenlik kortejleri öyle formalite icabı falan değildi. Çantalar bir kaç kez boşaltılıp, kıyafetler elden geçirilirdi. Depoyu andıran ikinci mekan neredeyse siyah ışık saçan bir odaydı ve ziyaretçilerle tıka basa doldurulmuştu. Burada karafatmalar ve kalorifer böcekleri de vardı. Eli bastonlu yaşlı teyzelerden, ağzı çikletli hayat kadınlarına, elinde tekerleksiz arabalı çocuklardan, krizi tutan esrarkeşlere... Her birinin bir unvanı vardı. Birinin kocası tecavüzden, diğerininki adam kesip koleksiyon yapmaktan, ya da bir diğeri usta dolandırılıcıktan yatıyordu.

Sonra yine teker teker kontrolden geçip, bir başka odadan bir başkasına geçip durduk. Hatta kısa bir süre bahçe dedikleri yerde bekletildik. Ama işin ilginç tarafı bahçede yeşilin olmayışıydı.

Kontrol, güvenlik masası, pis kokan odalar, asık suratlı gardiyanlar... La Santé siyah, gri ve pislik renginden oluşmuştu. Oturulacak taburelerin sayısı çok kısıtlı olduğundan yorulunca yere çöküyorduk. Saatler birbirini kovalıyor, her odada bir roman yazılıyordu. Bu uzun, bu bitmek bilmeyen bekleyiş sona erdiğinde oldukça dar ve uzun bir koridordan geçtik. Koridoru bölen bir metre kare genişliğinde minyatüre edilmiş bir sürü bölme vardı. Bir gardiyanın dediğine göre görüşümüzü buradan yapacaktık. Bize düşen bölmeye girdiğimizde kendimi mezara sokulmuş gibi hissettim. Burası çok dardı. Odayı ikiye bölen küçük bir cam ise karşı tarafla görüntüyü sağlıyordu. Annem hırkasıyla lekelerle dolu camı silerken, üç gardiyan göründü. Ortalarında babam vardı. Cama yapıştım. Babam çok zayıflamıştı. Hasta gibiydi. Bir kaç saniye konuşamadık ama ağlayamadık da. Öylece durduk. Kelimeler boğazımızda düğümlenmişti. Babamın gözlerinden gözlerimi hiç ayıramıyordum. Gülümsüyordu. Babam hayatımın baş aktörüydü. O'nu buralarda görmenin acısını tarif etmem mümkün değil ama galiba zifiri karanlıkta başka bir zifiri karanlığın üşüşmesi gibi bir şeydi. Hissettiklerimin anlatımı buydu. Babam taburesine oturduktan sonra iyi olup olmadığımızı soruyor, kendimize dikkat etmemiz için adeta ricada bulunuyordu. Bazen, belli etmeksizin iç çekiyordu. O zaman mum gibi erimiş yüzü kemikle doluyor, damarları ortaya çıkıyordu. Yüzü solmuştu. Saçları seyrekleşmişti. Babam 28 yaşındaydı ama hayatına sığdırdıkları yaşadığı seneleri solluyordu. Abdullah Çatlı'nın yani o dönemlerin kimliği ile ele almam gerekirse Hasan Kurtoğlu'nun genç bir eşi, iki küçük kızı ve büyük sorumluluklar gerektiren ancak ihanetlerle doldurulan bir dünyası vardı. Cesur ve milliyetçi duygularla bezenmiş deli yüreğinin karşısına O'nun kadar merti çıkmamıştı. Herkes birbirinin kuyusunu kazıyordu. Kısacası aslında herkes birbirinin dostuydu ta ki ihanet için bedeli ödenene kadar.

Babam yurda dönmememize sevinmişti. Dediğine göre memlekette de kimse bize yardımcı olmazdı. Kimse! En yakınların bile. İnsanların bu davranışı iki yönlüydü: babama karşı hissettikleri kıskançlık ve bizim yalnız kalmamız neticesinde yanlış adımlar atıp dedikodu kazanını kaynatabilme fırsatını kollamak. Boşuna beklersiniz beyler!

Yüzüne belli belirsiz eklenen tebessüme tezatlık yaratırcasına babam yumruğunu sıktı ve anneme;

"Herşey insanlar için. Dert de tasa da, dostluk da düşmanlık da. Seninle daha evvelden konuşmamı beklediğini ve bu suskunluğuma bir anlam veremediğinden dönem dönem öfkeye kapıldığını biliyorum. Kendine göre haklısın da. Meral şimdiye dek beni ayakta tutan, bana güç veren, azimli ve daima dürüst olmama katkıda bulunan unsurlardan biri de bana güvenenlerin sadakati olmuştur. Benim hiç bir zaman tenezzül etmediğim ama bir dönemler bana yakın olan kişilerin daha sonradan yoldan çıkıp kirli çevrelere girmeleri ve bu suretle ismimin dolaylı yollardan olsa da bu kurumlarla anılması kaçınılmazdı. Olmaması gerekirdi ama insanları emrine sokan adına sistem dedikleri bir düzen var, bu da almış başını gidiyor. Yoluna çıkan olursa şayet kitap kural tanımadan çıkmazına sokuyor. Kısacası bir deli kuyuya taş attı kırk akıllı çıkaramadı! Burada düşünmem için vaktim boldu. Yanılmadığım bir nokta var: bekleyeceğim. Çünkü yanlış yola girenler, fevri davrananlar hep düz gidiyor ve beklenmedik bir anda yol bitiyor. Güç gelebilir ancak sabır içinde yerimde beklersem zafer bana dönecektir. Vakit gelince de... hele o gün bir gelsin o zaman bakarız," diyordu.

Babamın bu kapalı anlatımı yurtdışındaki bazı ülkücülerin girdiği hatta itildiği uzun bir yolun hikayesiydi. 80 olaylarında Türkiye'den yurtdışına firar eden ülkücüler, kimsenin onlara sahip çıkmamaları üzerine sefil yıllar geçirmiş, bir somun ekmeğe adeta muhtaç olmuşlardı. Bazıları kendilerine teklif edilen kolay ama kirli yoldan para kazanmanın karanlık dünyasına girmişlerdi. Babamın başkanlık ettiği dönemlerde çoğu ülkücülerle olan samimiyetinin, yurtdışında da devam etmesi ve bazılarının daha sonradan kirli işlere girmeleri, isminin bunlarla anılmasına haksız ve yersiz bir vesile olmuştu. Babamın dediği gibi, sistem yoluna çıkanı kitap kural tanımadan çıkmazına sokuyordu.

Dilindeki kuvvet yüreğinde daha çok bulunan babamın cezaevine girme sebebini gün geçtikçe daha iyi anlayabiliyordum. Mücadeleci ve karizma sahibi olan bu şahsiyete hayran kalmamak elde değildi. Bu duygu, istem dışı, ben farkına varmadan kanıma işlemişti. Babam, karşılaştığı olaylardan bizi daima korumuş ve bunlara vakıf olmamıza imkan vermeyerek haklı bir tutum sürdürmüştü. Korkuları, tanıdığım diğer babalarınkinden farklıydı. O sevdiklerine zarar vermekten korkardı. Yalnız bu "zarar" algılandığı biçimde değildi. Şahsına ait işlerden dolayı çevresindekilerden kasdi olarak uzaklaştığına, aramadığına ancak belli aralarla hatır sorduğuna bir çok kez şahit olmuştum. Eğer yanılmıyorsam sene 1983'te sevdiği bir dostu O'nu görmek için Paris'e gelmişti. O kişinin ısrarlarına rağmen babam görüşmeyi erteliyordu. Gittikçe karışmaya başlayan ortamdan dostunu sakınan babamın bu ne ilk ne de son sakınması olacaktı. Duygusal bir kişi olmasına rağmen duygularının önüne geçebilen ve bu suretle sevdiklerini koruma kuralına sadık kalan babam, diğer "kural sahibi görünümlü" beylerin kuralları ihlal etmeleri üzerine, bunların arasında pırlanta gibi parlayarak kolaylıkla ayırt ediliyordu. Babamın manevi anlamda sicilinin temiz olması, ileriki zamanlarda O'na geç de olsa geri dönen bir mevki sağlayacaktı.

Görüş saati bitmeye yakın, kardeşim olan bitenin farkında olmadığından babama bu üç ayın hesabını soruyordu. Ona küsmüştü. Babamla konuşmayacağını, ama eve bizimle gelirse olanları unutacağını söylüyordu. Gülmeli miydik yoksa ağlamalı mıydık? Bilmem ki!

45 dakikalık görüş süresi bitmişti. Babamın gözlerindeki ifade her şey daha zor olacak der gibiydi. Gün gelecek bunların hesabı da sorulacaktı. Hepimize yemin borcu vardı.

ÇATLI'DAN MEKTUP

"...Dün Pehlivan'dan da bir mektup aldım. İki tane de şiir yazmış. Yaşı bizlerden ileri olmasına rağmen genç bir kişinin heyecanını taşıyor. Sohbet esnasında senin gönderdiğin fotoğrafı göstermiştim. Gözleri yaşardı ve adresini istemişti. Ben de vermiştim. Tabii daha sonra oradan bir ihbar yüzünden beni başka bir yere göndermişlerdi..."

(Nevzat Bilecan davasını V. Bölümde babamın mektuplarından hareket ederek detaylı olarak ele aldım ancak babam bu mektubunda onun çeşitli gruplar tarafından yönetildiğini ve ajan olduğunu bizzat açıklamaktadır. Çatlı mektubunun devamında 1982 yılında gelişen Bilecan olayında O'nu kasıtlı olarak sıkıntıya sokan ve bu yüzden karşılığını başka kişilerce maddi manevi alan (söz konusu kişiye oturum izni, ev, para v.s verilmiştir) birisinden söz eder. Çatlı öfkelidir. Eşi Meral Çatlı'nın vasıtasıyla konuyla ilgilenmeleri için Ankara'da kalan bazı dostlarla görüşüp görüşmemenin ikilemi içerisindedir. Çünkü O'nun tek arzusu doğruların söylenmesidir. Araya başkalarını sokmak şeref ve haysiyetine aykırı gelmektedir.)

"...Halbuki o ilgili kişinin söylediği, herşeyden önce gerçeklere uymuyordu. İstediğimiz tek şey gerçeklerin söylenmesini temin etmek. Bütün bunlara rağmen ben o kişinin ifadesini çürütebilirdim. Ama prensiplerime ters geldiği için sineye çektim. Yoksa onun ne izni ne de şerefi kalırdı. Artık onun adiliğini başka türlü, yaptığı uşaklığın ceremesini de başka türlü çektireceğim. O zaman da inşallah arkasın-

da olanları tespit edeceğim. Aklıma geldikçe yerimde duramıyorum Haluk. Oturum izni nelere tercih ediliyor. Halbuki bunu söylerken hicap duyuyorum; o kişinin ev bark sahibi olmasına, kahpeliğe bedel olan iznin alınmasına onu tuzağa düşürmek istediği kişiler vesile olmuştur. Haluk'cuğum öyle şeyler var ki bunu yazmaktan sıkılıyorum. Yoksa bunun gibi neler var neler. Avrupa'da çok kişinin bu tip yerlere düşmesine o kahpe ve satılmış zihniyetler sebep olmuştur. Dolayısıyla kapıkulu, şamaroğlanı ve teslimiyetçi olmak istemeyenler de şuurlu olarak harcanmak istenmiştir. Ümit ederim neticeden memnundurlar. Dünün adi politikacıları ve istismarcılarının yerini yenileri almıştır. Değişen sadece isimler oldu. Hele bir de yeni yetmeler var ki kahırları hiç çekilmiyor. Bunun için de sana ilk yazdığım mektuplarda hala bildiğin kişi olarak kaldığımı belirtmiştim.

Bir de bana para yardımı (!) yapıldığını öğrenmişsin. Şimdiye kadar Allah'a şükür, bir kuruş yardım gelmedi o dediğin kişilerden. Ablana (Meral Çatlı'yı kast ediyor) sor bir de, acaba o hiç yardım görmüş mü? Bildiğim kadarıyla ablan, onlardan yardım değil dedikodu yapılmamasını, köstek olunmamasını ve ismimin istismar edilmemesini istiyor.

Hatta söz açılmışken, ablan bundan iki hafta önce bunun gibi bir işten dolayı müthiş üzülmüş, morali bozulmuştu. Ankara'dan arkadaşlardan (!) biri ablanı arayıp "Yenge Abdullah'a para toplanıyormuş, ihtiyacınız varmış. Pek inanmadım ama yine de bir sorayım dedim." diyor. Meral de bana "Öyle bir habere, dedikoduya değil o kişinin bunu bana sormasına çok bozuldum" dedi. Güya benim buradaki bir arkadaşım bilmem kime telefon açıp benim için talepte bulunmuş v.s. Arkadaş durumu öğrenince o da bozuluyor. Sonra o denilen kişiyi falan aramış. Netice malum: kaynak yok. Bir arada şu Ağrı'lı çok toplamış benim ve çocuklarım adına, ve inan daha başkaları da var. Hepsi benim adıma bazen de çocuklarım adına yardım dilendiler.

Haluk'un bunların hiç birinden ne önceden ne sonradan asla haberi olmadı. O parayı alan kişilerin, eğer almışlarsa topladıkları bir kuruş ne benim ne de çocuklarımın boğazlarından geçmedi.

Hele ....'le ilgili olanını ise yeni duydum. Bu tip haberlere (!) bana sormadan tükürebilirsin. Aslında benim de onlardan isteğim yengenin istediklerinin aynısı. Ve inan bana, bu tip meseleleri konuşup tartışmak doğruyu aramak boşuna gayrettir. Zamanını bunlarla telef etme. Bu işleri ayarlamanın tek yolu dışarı çıkmak. Sonrası kolay."

BİR İHBARIN "DERİN" ÖYKÜSÜ

Tutuklanışından bu yana altı ay geçmesine rağmen, babam hala mahkeme huzuruna çıkmamıştı. Avukatımız dahi yavaş işlemekten aciz, hatta yerinde sayan mahkeme işlemlerine bir anlam veremiyordu. Sabırsız bir beklenti içerisindeydik.

İzleyen günler ve aylar yıllardır mücadele etmekte olduğumuz hayatın bizlere sunduğu zorluklarla dolu geçiyordu. Sefaletin tüm dostları pençesi altına alması mücadeleyi inanılmayacak biçimde zora sokuyordu. Sanki her biri Rahmetli Nihal Atsız'ın yazdığı "Bozkurtların Ölümü" adlı kitabın yorgun kahramanlarıydı. Tedirgin, unutulmuş ve öfkeli. Bizler, o dönemlerde bu duygularla yaşadık, ya da zorla yaşatıldık. Elimizde kalan çevre azınlığı oluşturmaktaydı. Her birinin morali sıfır, benliği aldatılmıştı. Her biri, bir yerlerden haber beklerken unutulduklarını, aldatıldıklarını biliyorlardı. Yeni bir hayat kurma hayali kurtla kuzunun birlikteliği kadar imkansız, ateşle barutun yanyana durması kadar tehlikeliydi. Geçmişe bir sünger çekmek fikri yüreği dahi sızlatırken söylem bile ağır geliyordu. Herkesin bir hayat öyküsü vardır. Bizimki de gizliydi. Herkes o öykünün aktörlüğünü sürdüremezdi.

Yarınların bir umut vaat etmediği, etse dahi son yıllarda yaşananları unutturabilecek güçte olmadığını biliyorduk. Ama herkesin söylediği gibi eğer REİS başımızda olsaydı vefasızı utandırır, geçmişe ağır bir sorgu çeker, geleceğin garantisini çalmakla kalmayıp, bizi güç iken bir hiç eden fos külhan beyciklerine diz çöktürürdü ya... REİS yoktu ki! Bu kez Türkiye'den hiç bir destek almadan 1985'de yeni bir teşkilat kuruldu. Türkiye'nin teşekkür etmeyi unuttuğu insanlar burada toplandılar ama teşkilatın faaliyetleri sınırlıydı. Ortalığın karışık oluşu, bazılarının sahte kimliklerle firari olmaları, tehlikenin onları bir gölge misali izlemesine daha çok imkan sağlıyordu. Babamın bu yeni kadroya olumlu baktığını, güvendiğini biliyordum fakat fazla güç elde edemeyeceklerini söylüyordu. Sebebi çok basitti: Teşkilatın varlığı rahatsız etmişti. Fakat yılların göz nuru, alın teri esas teşkilat bu şekilde sona ermemeli, kısıtlı da olsa devamını sağlamalı, varlığını göstermeliydi.

1984'den beri tuttuğum günlüğümden alıntı:

"...Kasım ağabeyimin dediğine göre babam yarınki mahkemeden kaçırılacak. Ancak, şimdi anlayabiliyorum son günlerde yaşanan telaşı..."

Babamın mahkemeye çıkacağını öğrendiğimde, mahkumiyetinden bu yana sekiz ay geçmişti. Mahkeme günü sessiz-telaşlı geçen kahvaltı sonrası kalabalık bir grupla yola çıktık. Yol boyunca ne düşündüğümü hatırlamıyorum. Ama unutmayacağım tek husus yanımızda saf alan bu kişilerin babamın üzerine titrediği idi. İşte bu gibi sebeplerden, o yıllar her ne kadar acı dolu olsa da ağabeylerimizle kurduğumuz dayanışma hayatı cesur ve yüce ediyordu.

Mahkeme salonu düşündüğümden daha büyüktü. Savcının arkasında duran duvarda ise "Özgürlük-Eşitlik-Dayanışma" yazıyordu. Sınıf hocamızın anlattığı kadarıyla bu üç ilkenin, Fransa'da La Bastille Cezaevi çevresinde geçen bir halk ayaklanması sonucu yürürlüğe girdiğini öğrenmiştim. Fransız'ların adaleti önünde herkes hürdü, eşitti falan filan.

Çok geçmeden babam sıkı bir güvenlik kortejiyle salona girdi. Ayak bileklerine taktıkları devasa zincir, babamın attığı her adımda ses çıkarıyordu. Babamın asil sakinliği, Poiters'de iken verdiği bir öğüdü hatırlatıyordu: "Haksızlığa uğradığında öfkelenme. Asaletini korumak ve sabırlı olmak senin haklı olduğunun ispatı olacaktır." Babam haklıydı. O hiç bir zaman yanlışların adamı olmamıştı.

Babamın gözleri önce salonu taradı. Bize bakıp hafifçe gülümsedi ve yanımızda bulunan Samet ağabeyimi görünce önce biraz durakladı, düşünür gibiydi, sonra bir şeyi onaylamıyormuşçasına başını salladı. Babamı tanıyanlar O'nun neye bu denli karşı çıktığını anlayabilirdi. O, bu ani alınmış kaçış kararını sevmemişti. Kaçmak istemiyordu. En azından bugün. Gözlerindeki ifade, salondaki haksızlığı aşağılarcasına bugünün adaletsizliğini yarının intikamına davet ediyordu.

Savcının mimiklerine bir müddet takılı kaldım. Buruşuk cildi en ufak hareketini dahi belli ediyordu. Davanın karanlık yönü ağır geldiğinden dökülen teri, kırışıkların arasında konaklıyor, ufak bir mimik ardından oradan çıkıp başka bir kırışığın arasına giriyordu. O sırada duruşma başladı:

Savcı: "O günü tekrarlamak istiyorum. Müfit Sement ve siz yani Hasan Kurtoğlu sabah 09:30 civarında Paris'in 19'uncu bölgesinde olan Ardénnes Sokağı'nın 32 numaralı apartmanına girdiniz. Türk arkadaşınızı ararken apar topar bir eve sokuldunuz. Yani iddianız bu."

Hasan Kurtoğlu: "O apartmanda hiç bir dairenin numarası yazmıyordu. Arkadaşımızın dairesini ararken apartmanın ışığı kapandı. Açmamızla birlikte bir eve itildik. Sayın Savcı, ben oraya arkadaşımın bir işi için tercümanlık yapmak üzere gitmiştim. Apar topar sokulduğumuz ev ve sahibiyle bir tanışıklığımız söz konusu değil. Polisler evde madde buldular. Ev sahibi önce sustu. Kendisinin olan malı kabul ettiğinde, bizi tanımadığını defalarca söyledi... Sonra ne tuhaftır ki, bu şahıs bizi tanıyor çıkıyor ve o madde bize yükleniyor. Biz onu tanımıyoruz!

Babamla birlikte yakalanan Müfit Sement ve ev sahibi Muhammed dinlendikten sonra;

"Karar" dedi Savcı sert bir sesle. "Davayı 10 Şubat 1986'ya erteliyorum."

Babama göre savcı O'nu kasıtlı olarak bırakmıyor, davayı olabildiğince ileri bir tarihe atıyordu. O sırada yanımda oturan Samet Aslan kararlı bir ses tonuyla:

"Reis" dedi.

Babamın tutumunda bir değişiklik olmayınca Samet Aslan ayağa kalktı. Bu kez babam, kaşlarını iyice çatmıştı.

Babam: "Sizler benden değil, bundan sonra yengen ve çocuklardan sorumlusunuz. Attığınız her adıma dikkat edin." diyordu.

Babamdaki bu koruma içgüdüsü bazen bana saçma geliyordu. Neden kaçırılmasına müsaade etmediği artık belliydi: Dostlarının zarar alması O'nun ayıbı olacaktı. Çünkü bu çok iyi korunan yerden çıkmak olanaksızdı. Babam bunu bizden önce biliyordu.

Babam ayaktaydı ve bizleri süzüyordu. Yüzündeki ufak tebessüm, zincirlerle engellenmiş adımlarını atarken uçup gidiyordu. Mahkumların kapısına girmeden evvel;

"Üzülmeyin, cesur olun! Meral taviz vermeyeceksin. Yokluğumu hissettirme." diyordu.

Gözlerindeki o son ifade korkunun yarattığı zayıflıktan değil, cesaretin gücünden kaynaklanmaktaydı. O'nun ardından bizlere kalan, kalın zincirlerin birbirine tokuşarak çıkardığı seslerdi. Savcı ise, beyaz saçlarının arasından elini geçirip, tutmakta olduğu uydurma Hasan Kurtoğlu dosyasını kürsüye fırlattı. Kalem kırma sahnesini andırmıştı.

SESSİZ OLUN TEHLİKEDEYİZ

Fransız Emniyet Müdürlüğünden yeni çıkmıştık. Çok sıkıcı ve sinir bozucu bir sorgulama sonrası fazla oyalanmadan oradan uzaklaşmaya çalışıyorduk. Ağabeylerim bizi birkaç sokak alttaki kafeteryada bekliyorlardı. Onlarla görünmemiz sakınca oluşturabileceğinden tedbiri elden bırakmıyorduk.

Annem: "Gökçen izleniyoruz. Daha hızlı yürü."

Ben: "Öf yine mi! Peki bu sefer kim izliyor?"

Annem: "Polis olmadıkları kesin. Kendilerini fazla belli ettiler. Anlaşılan bunların niyeti izlemekten ibaret değil!" dedi.

Annem koşar adımlarla ilerliyordu, bende paltosunu sıkıca tutmuştum. Özellikle de babamın cezaevine girmesiyle birlikte bizi izleyen, dolaylı yollardan irtibat kurup dost çemberi içine sızmaya çalışanlar artmıştı.

Annem: "Köşeyi döndükten sonra bensiz koşmaya başla ve hemen ağabeylerine durumu ilet." derken biri bizi kolumuzdan tuttuğu gibi bir kamyonetin içine soktu.

"Sessiz olun. Sakın bağırmayın. Benim, ben…" diyordu.

Neler oluyordu böyle? Ağzımı kapatan bu adam da kimdi? Annem mücadele vermediğine göre ben de sakin olmalıydım. Zaten çok geçmeden bu şahsın babamla yolları ayrılan Oral Çelik olduğunu ses tonundan anlamıştım. Derin derin soluyor, çekik yapılı gözleriyle etrafı tarıyordu. Üçümüz kamyonetin içinde hiç kımıldamadan, ses çıkarmadan bekliyorduk. Adamların kamyonete girmelerine an kala, akrobatik hareketlerle Çelik direksiyon başına geçti ve oradan hemen uzaklaştık. Çelik kamyoneti süratle kullandığından izimizi kaybettirmiştik. Ne o gün ne de o günden sonra bu olay bir daha hiç konuşulmadı. Fakat tehlike içinde olduğumuzu biliyorduk. Babam bizi bu nedenle defalarca uyarmıştı.

Babamıza bunca olayın ardından, üstelik yurtdışında yanında olmamız öyle her yiğidin harcı değildi. Babamın bazı aile yakınları bile bu yabancı ve tehlikeli ülkede korkudan dolayı bizi aramaz iken biz kadın olmamıza rağmen bütün okları üzerimize çekmekten korkmuyorduk. Bu kişiler, biz yurt dışındayken bir kez dahi ziyaretimize gelmedi. Maddi manevi bir talepte bulunmamıza olanak tanımadı. İnanın bunlar acı şeylerdi. Aslında söz konusu yakınlar (!) ve babamla olan kopuk ilişkileri hakkında söylenecek çok şey var fakat bana sineye çekmek yakışır. Bu yüzden aile bireylerinden bazılarını şiddetle kınıyor ve ithafda bulunduğum vefasızlıktan önce onların şahsiyetinden şüphe ediyorum. Biz babamızı ölümüne sevdik. Onlar gibi 3 Kasım'dan sonra kapalı kapılar ardında isim yapmak, art niyetli rant sağlamak için değil. Kaldı ki babam sağlığında bunların şahsiyeti hakkında sakıncalı bilgileri olduğundan kısıtlı görüşür, kıskanç olduklarını bildiğinden ne mutluluğunu ne de derdini paylaşırdı. Bu iyi bilinsin. Bizim Türkiye'ye dönmeme kararımızın bir sebebi de bu "yakın aile bireylerine hiç güvenmediğimizden" kaynaklanıyordu.

İŞİN İÇİNDE RAHİPLER DE VAR

Yine bir görüş günü için La Santé'nin yolunu tutmuştuk. Görüş odasına getirilen babam çok bitkin görünüyordu. Usulca taburesine oturdu. Yüzünü iki elinin arasına almış kapatıyordu.

"Hasan, neyin var? Ne oldu sana?" dedi annem tedirgin bir sesle.

"Bir şey yok. Yüzümü ranzaya çarptım. Kızlar yüzümü açmak zorundayım. Böyle oturacak değiliz ya. Ama üzülmek yok... Fena çarptım da."

Yüzünü açtığı an ben ellerimle yüzümü kapattım. Babamın kast ettiği ranza belli ki iki koluydu. O'nun günden güne eriyip gitmesine seyirci kalmak nedir bilir misiniz? Neden bir zamanlar babamla dostane diyaloglar içinde olanlar O'nun bu durumuna sahip çıkmıyorlardı? Koca Reis sistemin çıkmazına girmişti. Bu çıkmaz iki yüzlü bir dost, acımasız bir düşmandı. Çıkmaz cansızdı ama can yakıyordu.

Babam annemle kısık sesle bir şeyler konuşurken ağzını araladı ve tuhaf hareketler yapmaya başladı. Garipsemiştim. Parmaklarını itinayla damağında gezdirdi ve içinden ufacık bir şey çıkardı. Bu bir kaç kez bükülmüş küçük bir kağıt parçasıydı. Gardiyanlara belli etmeksizin, anneme yaklaşmasını istedi ve kağıdı cama tuttu. Üzerinde bir kaç satıra sığdırılmış bilgiler mevcuttu. Anneme bunları bir kaç kez okutup ezberine geçmesini sağladıktan sonra kağıdı tekrar büktü ve onu yuttu. Elbette ki şaşırmıştım. Selcen benden daha çok şaşırmış olacak ki;

"Babam kağıt yiyor," diye gülmeye başladı.

Kimsenin duymadığını anlayınca bizde gülmeye başladık. Hemde katıla katıla.

Eve döndüğümüzde annem, ağabeylerime babamın naklettiği

bilgileri iletti. Babam, ismi Léon olan bir rahibin O'nu sık sık ziyarete gelip ruhsal çöküntüye itmeye çalıştığını ve bununla birlikte kendisine birinci sınıf işkenceler yapıldığını söylüyordu. Babamın sözde uyuşturucudan dolayı mahkumiyeti vardı ama o diğer benzeri suçlular gibi dört kişilik odalarda değil, tek kişilik hücrede kalıyordu. Üstelik bir DPS'li olarak. Yani özel ve tehlikeli mahkumlar bölümünde. Tabii bu durumda işlerini kolaylaştırıyor, Çatlı her an rahatsız ediliyordu. Onlar için babam uyuşturucudan hüküm giyen Hasan Kurtoğlu değil, kendi ülkelerinde ASALA'ya karşı hem aktif militan, hem de teşkilatın lideri olarak mücadele vermiş Abdullah Çatlı idi. Babamın mektupları sansüre uğruyor, havalandırmaya dahi uzun bir müddet çıkarılmıyor, canavarca muamelerle tabi tutuluyordu.

Biz babama yılda bir (yasalarca verilen izine göre) beş kiloyu aşmamak kaydıyla yiyecek gönderiyorduk. Söz konusu rahip, yaptıkları yetmiyormuş gibi hem gönderdiğimiz yiyeceklere, hem de hapishanenin yemeklerine sinir uçlarını öldürücü haplar katıyormuş. Babamın yüzündeki darbeler de rahip Léon'un direktifleriyle yapılıyormuş. Rahip Léon ya da rahip görünümlü bu şahıs gaddar bir adam ve karanlık çevreye sahip biriymiş. Babamın isteği, o rahiple dolaylı yollardan kontak kurulması idi. Bunun için babam, rahip Léon'un kimlik bilgilerinden, uğradığı yerlere kadar tüm bilgileri toplamış ve anneme gösterdiği kağıtla aktarmıştı.

Babamla o gün ettiğimiz bir başka sohbetin konusu Ivon diye biriydi. O, babamın La Santé'de görüştüğü mahkumlardan biriydi. Babamın dediğine göre, Ivon havalandırma bahçesinden eşinin kullandığı helikopterle kaçmıştı. Eşine hayran kalmıştım. Bu cesur bayan aylarca helikopter kullanabilmek için ders almış, hayatını kocasının özgürlüğü için riske atmıştı. Gazetelerden bu kaçış öyküsünü okumuştum. Herkes ona hayrandı. Ben de!

DÜŞMAN İÇİMİZDE

Sınıfımın camından yağmur taneciklerinin yerle çarpışmasını izliyordum. Bazen bir kuş olup, babama uçuyordum. Kuşlar özgürdü.

"Kurtoğlu derhal uyan!"

Sınıf hocamız Madam Leconte, okul hayatımı dış görünüşümden dolayı çekilmez kılan biriydi. Benim annem, hiç bir zaman bizi kirlenmiş, yahut ütüsüz kıyafetle dışarıya çıkarmazdı ama bir kaç parça elbisem vardı ve hocamız benim Türk oluşumdan gıcık kapıyordu.

M. Leconte: "Sana kaç kez söyledim, babanı görmek istiyorum. Sınıf içindeki tutumun beni deli ediyor!" diyordu.

Oysa sınıf arkadaşlarımın önünde gururumu rencide etmesi bana öyle dokunuyordu ki.

O an babama doğru uçan kuşun kanadı kırıldı ve göz yaşlarım yağmura karıştı. Madam Leconte ve okul idaresi babamın cezaevinde olduğunu Eğitim Bakanlığının onlara gönderdiği bildiriden dolayı biliyorlardı. Ama öğretmenim beni de, Türkleri de sevmiyordu. Hoşuna gidiyordu böyle kırıcı davranmak. Biliyordum. O gün eve olabildiğince yavaş yürüdüm. Eve girdiğimde tek sevilmeyenin ben olmadığımı bir kez daha anladım. Sakıncalı Mehmet iki eliyle yüzünü kapatmış ağlıyordu.

"Yenge, gidecek yerim yok. Pişmanım ve sizden çok utanıyorum... Reis beni affetmez ama ver elini öpeyim..." diyordu.

Annem elini vermemişti. Zaten böyle ilkel ve anlamsız davranışlar babamın adeta sinir olduğu bir şeydi. Neler olmuştu sakıncalı Mehmet? Sistem eninde sonunda seni dışlamış sadece hatalarınla mı baş başa bırakmıştı?

Annemin ağzını bıçak açmıyordu. Sakıncalı Mehmet yıllar sonra pişmandı. Mehmet'in bu kritik durumu, bize sırtını dönmüş, bir selamı dahi vermekten korkar olmuş eski dostların da, bir gün işledikleri yanlışı anlayıp tövbe edecekleri hissine içimde uyandırmıştı. Pişman olacaklardı çünkü babam tertemiz bir insandı ve ihanete uğramıştı. Pişman olacaklardı çünkü onlar kukla olmaktan adeta utanıp adam akıllı bir lidere tekrar bağlılık yemini etmenin iç huzurunu özlemiş olacaklardı. Sistemin çıkmazı ihaneti severdi ancak bu Çatlı'nın sisteminde çiğnenilmemesi gereken bir kuraldı. Ya da babamın düşünce tarzına göre eğer kuralları çiğniyorsan ve bunun telafisi yoksa pişman olmamalı, sonuna kadar artık kendince bile itibar görmeyen seçimini devam ettirmeliydin. Babama göre bu o kişiye verilen en büyük cezaydı.

Büyüklerin dünyasında biz çocukların mantığı yoktu. Çünkü eğer ben büyük olsaydım mutlaka Çatlı'nın güvenini kazanmak ve O'nun gözünde sağlam bir dost olabilmek için bedeli her ne olursa olsun daima doğru adımlar atardım. Çünkü Çatlı hiç bir dostuna zarar vermez ve ona koşullar her ne olursa olsun sahip çıkardı. Diğerleri gibi yüzüne gülüp arkadan kuyusunu kazmazdı.

İLK KAÇMA TEŞEBBÜSÜ
16.04.1985

1985 yılı hepimiz için çok sıkıntılı bir dönemdi. Bize gelen en son haber de babamın öldürüleceği doğrultusundaydı. Dünyada en çok sevdiğiniz kişinin her an sizden sonsuza kadar uzaklaşabileceği düşüncesi virüs gibidir. Önce en can alıcı yerinizden yakalar ve yavaş yavaş içinizi kemirir. Biz her saniye bununla yaşadık. Tek avuntumuz babamın DPS'li yani özel korunan mahkum oluşuydu. Her ne kadar bu özel statü ona farklı yönlerden sıkıntı çektirse de! Daha evvel de söylediğim gibi O tek kişilik bir hücrede, özel katta bulunduğu için dışarıdan suikast imkansızdı. Babama zarar vermek isteyenlerin tek sorunu da buydu. O'nu ortadan kaldırmak için birinci sınıf işkenceler, rahip tutmalar, psikolojik baskılar gibi uzun zaman isteyen yöntemleri denemişlerdi ama Çatlı dirençli ve zeki bir adamdı.

Ağabeylerimin düşüncesine göre babamın cezaevinden kaçmasını sağlamaktan başka bir alternatifimiz yoktu. Babam şimdiye dek buna olumlu bakmamıştı. O'na göre cezaevinden kaçmak birilerinden ve oluşumlarından korkmak anlamına geliyordu. Kendisi Fransa'daki cezasını tamamlayıp çıkmak niyetindeydi. Ancak zaman içinde de görüleceği gibi diğerleri Çatlı'yı kolay kolay bırakmayacaklardı. Bundan önce kaçış fikrine sıcak bakmayan babam, belli ki kızışan son durumları sezmiş süpriz bir şekilde ağabeylerime onay vermişti. Babamın kaçışı için tam iki buçuk ay boyunca büyük bir uğraş verildi. Öyle ki Türkiye'den gelen kesici aletleri (ameliyat masasında kullanılan aletler türünden) ufak parçalara bölerek o "çok iyi korunan" ve "üstümüze çok titrenen" cezaevine sokmayı başardık. Her ne kadar bazı aletler babamın işine yaramadıysa da, odasındaki birkaç santimetrelik demir parmaklı pencereyi kesmeyi en sonunda başarmıştı. Fakat en zoru demir parmaklığın etrafındaki duvarı biraz daha genişletip, oradan diğer bölmeye inmekti fakat duvarla birlikte örülmüş kalın saclar sorun çıkarıyordu. Öyle ki kesici aletler bile buna yeterli gelmiyor ve kırılıyordu. İçeriye başka aletler sokmaya hazırlanırken bir ihbar üzerine babamın bu kaçışı engellenmişti. Ertesi gün babam nöbetçi mahkemeye sevk edildi. İlk kaçış teşebbüsü olduğu için para cezası (hapishaneye zarar verdiği için) ve 20 günlük hücre hapsiyle cezalandırıldı.

ABDULLAH ÇATLI
ANTONİO MARİNİ GÖRÜŞMESİ

Babamın La Santé'de sekizinci ayı dolmasına rağmen hala mahkeme huzuruna çıkarılmış değildi. Bu gidişle de uzun bir dönem daha bekletileceğe benziyordu.

1985'in dördüncü ayında İtalyan savcı Marini babamı La Santé'de ziyarete geldi. Bildiğim kadarıyla sohbetleri dostaneydi. Ta ki Marini, Hasan Kurtoğlu kimlikli babamın, Abdullah Çatlı olduğunu bildiğini ve bunu itiraf etmesinin O'na zarar vermeyeceğini söyleyene dek! Babamın, Ağca ve başka Türklerin yargılanacağı Roma'daki duruşmaya katılmasını istiyordu. Ünlü savcı Marini'ye göre Çatlı mahkemeye katılmayı kabul ederse dava olumlu yönde gelişmeler sağlayacaktı. Aralarında nasıl bir anlaşma sağlandı bilemem ancak babam hem gerçek kimliğini resmen açıkladı hemde İtalya'daki davaya tanık olarak katılmayı kabul etti.

Aynı tarihlerde Fransız İnterpolü Türk İnterpolüne (29 Mayıs 1985) Çatlı'nın parmak izi örneklerini (1984'de yakalanışında) ve Hasan Kurtoğlu kimliğindeki bilgileri gönderdi. Babamın tutuklandığını resmi yollardan ancak aylar sonra öğrenen yetkililer O'nun Türkiye'ye iade edilmesini istiyorlardı. Ancak Fransa'dan bekledikleri cevabı alamadılar. Fransa, Türkiye'nin iade talebini red etmişti.

İtalya'da görülecek olan çalkantılı duruşma birçok devletin istihbarat servislerini aylar öncesinden telaşa sokmuş, harekete geçirmişti. Önce mahkemeye katılacak mahkumların her biriyle görüşmeler sağlandı, hatta Çatlı'nın mahkemede söyleyeceği gibi, sanık Yalçın Özbey vermesi gereken ifadeler doğrultusunda baskı altına sokulacaktı. Babam davadan iki gün evvel, 14 Eylül 1985'de Paris'deki La Santé cezaevinden, sıkı güvenlik altında İtalya'ya götürüldü. Üstelik koruma çemberi içinde, bir zamanlar La Sable sitesindeki evimize anlaşma yapmak üzere gelmiş istihbaratçılar da vardı. Kitabımın başında da belirttiğim üzere, ayrıntılar konunun temeliydi. Babam öyle diyordu.

İTALYAN USULÜ MAHKEME

Papa'ya karşı düzenlenen suikastte sanık olarak yargılanan Ağca gibi, Ömer Bağcı, Musa Serdar Çelebi, Yalçın Özbey ve Oral Çelik'in de isimleri olaya karıştıkları iddiasıyla yankı buluyordu.

Ağca'nın soğuk hava estirdiği mahkemede biri yalan konuşuyor diğeri onaylıyordu. Ağca'nın iddialarının hüküm sürdüğü mahkemeye, Çatlı da tanık olarak çağırılmıştı. Az sonra O mahkeme salonuna getirilecekti. Antonio Marini'nin deyimiyle Ağca'nın fevri davranışları mahkeme salonuna Çatlı'nın getirilmesiyle son bulmuş. Ağca susmuş, sandalyesine gömülmüş, salonu tarayan bakışlarını dizlerine çevirmişti.

Marini: "Abdullah Çatlı olduğunuzu kabul ediyor musunuz?"

Çatlı: "Evet."

Marini: "Türkiye'den kaçış sebebiniz nedir?"

Çatlı: "İşlemediğim cinayetlerin azmettiricisi olarak suçlandım. O dönemde milliyetçi bir grubun ikinci başkanlığını yapıyordum. Bu nedenle olay üzerime yıkılmaya çalışıldı. Yurtdışına çıkmak zorunda kaldım."

Marini: "Siz salona girince, diğer mahkumlar kendi köşelerine çekildiler, sustular. Siz bu mafyanın başı mısınız!"

Çatlı: "Ben mafya değilim! Benim örgütüm yok!"

Marini: "Peki Ağca?"

Çatlı: "Ağca yalan söylüyor! Benim Türk mafyası kurmak gibi bir düşüncem yok. Milliyetçi bir grubun Başkanıydım bu da ağır yükümlülükler getiriyordu. Ağca'nın Bulgaristan'a gitmesini sağlayan, pasaportunu ayarlayan benim. Oral Çelik'in isteği üzerine Ağca Erenköy'deki evimde yirmi gün kaldı. Bağlantım bunlardan ibaret."

Marini: "Ağca cezaevinden nasıl kaçtı?"

Çatlı: "Onun kaçmasını sağ eğilimli bir gardiyan sağladı."

Marini: "Papa'yı kim vurdu? Ağca ve Çelik oradaydı."

Çatlı: "Papa'yı Ağca vurdu. Suikast anında Oral Çelik benim evimdeydi. Ayrıca eğer Ağca Roma'dan kaçmayı başarsaydı onu Viyana'daki evimde de gizlerdim."

Marini: "Ağca'ya para verildiği söyleniyor."

Papa davası, İtalya 1985

Çatlı: "Papayı vurması için mi?"

Marini: "Bilmiyorum. Ortada para lafı var."

Çatlı: "Ağca Bulgaristan'da iken Abuzer orada bulunan bir Türk'e yani Ağca'ya 2000 mark çıkaracaktı. Ağca'nın eline geçip geçmediğini bilmiyorum."

Marini: "Oral Çelik nerede? Teslim olmasını sağlayabilir misiniz?"

Çatlı: "İtalyan makamları Türkiye'ye iade edilmeyeceğine söz verirse, Oral Çelik'i teslim olmaya ikna edebilirim sanıyorum."

Çatlı'nın tanık olarak çağrıldığı mahkemede artık yüzleşmeye geçilecekti. Çatlı'nın sağına Yalçın Özbey, soluna da Ağca oturtuldu.

Jean Marie Santipiachi (Mahkeme Başkanı): "Bu fotoğraf 13 Mayıs günü Amerikalı bir vatandaş olan Newton tarafından suikast sonrasında, ikinci tetikçi kaçarken Saint Pierro meydanında çekildi. Üçünüze soruyorum fotoğraftaki kaçan adam kimdir?"

Nefesler tutuldu.

"Bu Çelik değil" dedi Abdullah Çatlı hiç düşünmeden.

Ağca: "O Çelik! Çatlı ne isterse söylesin" diye bağırdı.

Konuşma sırası tedirgin görünen Yalçın Özbey'deydi. Çatlı, göz ucuyla Yalçın Özbey'i izliyordu. Özbey bu kez zor durumdaydı. Yalçın Özbey, sanki fotoğrafı ilk kez görmüşçesine büyük dikkatle inceledi. Aslında ilginç olan onun daha evvelki sorgulamalarında o şahsın Çelik olduğu yönündeki ifadeleriydi ama bu kez yanında ne baskı grubu ne de ertelemesi mümkün cevabı vardı. Özbey terledi, Özbey çaresizdi, Özbey uzun bir müddet konuşmaya hazırlanmak için boğazını temizledi. Sonra ondan bir ses çıktı. Özbey mahkeme başkanı Santipiachi'ye bir şeyler fısıldamıştı.

"Yaz" dedi Santipiachi, Özbey'e inat yüksek sesle:

"Özbey, fotoğraftaki kişi Çelik'tir ama sadece yüzde altmış

eminim, diyor."

Yalçın Özbey'in bu yeni ifadesiyle salonda fısıldamalar yoğunlaştı. Söylediklerinden dolayı, rahatladığı belli olan Yalçın Özbey kendisinden gurur duyan bir havaya bürünmüştü. Özbey bu kez başını yerden kaldırıp, Çatlı'ya baktı. Ama Çatlı gözlerini Ağca'ya dikmişti. Uzun bir müddet de böyle kaldı. Çatlı'nın mahkeme salonuna girişinden itibaren gergin görünen Ağca artan rahatsızlığını;

"Çatlı buraya boşuna getirildi. İşleri karıştırmak için buraya gelmesi aptallıktan başka bir şey değil" diyerek açığa vurmuştu. Ancak Ağca sadece bunu değil, bir gerçeği de ağzından kaçırmıştı. Ağca'nın bu son gafıyla, dava yeni bir yön kazanmıştı. Salondan yükselen sorular arasında, Fransız gazeteci Jean Marie Stoerkel'in:

"Madem ki Çatlı boşuna getirildi, o zaman onun Papa davasıyla alakası yok!" yaklaşımı hakim olmuştu. Marini alnına biriken teri ağır bir hareketle silip, mahkeme başkanı Santipiachi'ye "Neler oluyor" dercesine baktı.

Salondakiler, aslında kimin hangi amaçla işleri karıştırdığını anlamıştı. Çünkü Ağca bu fevri sözleriyle gafını patlatmıştı. O hatasını anlamışa benzeyerek yerine oturdu ve sözlerini düzeltmeye çalıştı. Abdullah Çatlı'nın öfkesi artmıştı. Çünkü Ağca yıllardır birçok insanı aslı olmayan ifadelerle bir sürü sıkıntıya sokmuştu.

"Ben" dedi Abdullah Çatlı yüksek bir sesle ve ekledi "Gerçeği söylüyorum."

Çatlı bu kez bakışlarını gazeteci ordusuna çevirmiş; "Bu yaratığa yardım etmiş olmaktan utanç duyuyorum." dedi.

Jean Marie Santipiachi bu atmosferi dağıtıp tekrar Papa davasında yıllardır bilinen duruma dönmek istercesine; "Ama Özbey, yeminli ifadesinde suikasttan sonra Çelik'in kendi evine geldiğini ve her şeyi ona anlattığı söyledi. Evet Çatlı?"

Çatlı: "Sayın Savcı, Özbey'in tüm davranışları yönlendiriliyor. Kanımca, davranışları dış etkiler altında," dedikten sonra Yalçın Özbey'e döndü ve sert bir üslupla; "Yalçın! Senin mahkemeyi yanlış bir yola yönlendirmeyi denediğin kanısındayım."

Savcılar mahkemenin nabzını tutamıyordu. Olaylar yeminli ifadelerde imzalandığı gibi gitmiyordu.

Savcılardan biri: "Bunlar, mafya tipi sözler. Mahkemenin huzurunda tehditkar imalar kullanılmasına izin vermiyorum." dedi

Çatlı bakışlarını, mahkeme salonuna kartal gibi dikmişti.

"Sorgu yargıcı Martella tarafından yalancı tanıklık yapmamız için Almanya'da bize yapılan tekliflere gelince…"

"Size… Size izin vermiyorum" diyebildi oldukça telaşlı görünen Santipiachi.

Çatlı: "Oysa vermelisiniz! Burada söylenmesi gereken şeyler var. Dosyada bunların hepsi var! Sorgu yargıcı Martella Almanya'ya gidip Yalçın Özbey'in açıklamalarını banda aldı. Özbey, sonra Çelik'i bulmak için Paris'e geldi ve onu her yerde aradı. Yalçın! Senin aracılığınla Çelik'e Bulgar bağlantısının Papa davasında doğru olduğunu söylemesi için 500 bin dolar teklif edildiği yalan mı! Konuş Yalçın! Sen değil miydin Çelik'e koruma verileceğini söyleyen!"

Özbey: "BKA'dan bir Alman polisi yani bir komiser Çelik'le Paris'te temas etti."

Çatlı: "Belki de bu olayı şimdi doğrulamak istemiyorsun çünkü başına geleceklerden korkuyorsunuz! Çelik'le ben bunu kabul etmek istemedik çünkü kullanılmak istediğimizi anladık. Biz gizli servislerin ipini tuttuğu kuklalar değiliz." dedi.

Bu kez Savcı Santipiachi, Yalçın Özbey'e dönerek;

"Çatlı'nın söyledikleri doğru mu?" diye sordu.

Özbey başını öne eğmiş, ellerini ovuşturuyordu. Savcı, Özbey'e defalarca sorusunu yineledi ama o konuşmuyordu. Yalçın Özbey, Çatlı'nın da dediği gibi baskı altındaydı. O derin bir nefes aldı, Çatlı'ya dönüp hafifçe gülümsedi.

"Çatlı'nın bütün dedikleri doğru. Başka bir şey demeyeceğim. Korkuyorum."

Salonda bulunanlar duyduklarına inanamıyorlardı. İzleyenlerin birleştiği nokta, her ne kadar adalet hırsızlarını endişelendirse de, bu davanın baştan sona şaibelerle dolu olduğu idi. Neden bu suikast Türkler üstüne yıkılmak istenmişti? Kim ya da neresi bunu planlamıştı? Abdullah Çatlı buna cevap olarak hep bunu savunmuştur:

"İddia edildiği gibi bu işin içinde Bulgarlar yok. Başka devletlere bakın!"

İtalyan Savcı Marini davanın bu şekilde akibet alacağını tahmin edememişti. Mahkeme sonrası Marini, Çatlı hakkında edindiği izlenimleri şu sözlerle özetledi: "Çatlı aslında mahkeme heyetine inandırıcı oldu ve bu nedenle Oral Çelik için bu mahkemede delil yetersizliği kararı alındı. Ağca sorgulamalarda aslan kesiliyordu. Ama Çatlı'yla yüz yüze getirildiğinde kuyruğunu bacaklarının arasına alıp büzüldü. Küçük bir kedi yavrusu gibi."

Mahkemenin neticesine gelince...

Oral Çelik: Delil yetersizliğinden beraat etti.

Mehmet Ali Ağca: Ömür boyu hapse mahkum oldu.

Ömer Bağcı: 8 yıl hapse mahkum oldu.

Musa Serdar Çelebi: Beraat etti

Haftalar sonra...

Babamın tanık olarak katılmayı kabul ettiği Papa davası sonrası O'nu haftalarca göremedik. Avukatımızın da harekete geçmesiyle birlikte, edindiğimiz tek bilgi babamın sorgusunun yapıldığı idi. Sanırım babamın mahkemede söyledikleri birçok kişinin canını sıkmıştı. Biz La Santé'nin idari bölümüne bakan bahçesinde bekliyorduk. Yanımızdan geçen gardiyanlar gerçek soyadımızı nihayet kabul etmemizden bahsediyorlardı. Omar yanımıza geldiğinde yüzündeki ifade babamın iyi olmadığını belirtiyordu.

"Yenge, Reis'i fazla sorguda tutmuşlar. Sağlığı iyi diyor, ama müdürle biraz tartışık. Size bir daha görüş izni vermeyeceğinden bahsediyordu, tepem attı. Bizim avukatı aradım, durumu düzeltti. Zaten müdürün böyle bir hakkı yokmuş."

İkinci cezaevi müdürüyle babamın arasındaki diyalog, kimliğimizin ona verdiği rahatsızlık sebebiyle sıcak düzeyde değildi. Babamın deyimiyle müdür horozluk taslıyor, zorluk çıkarıyordu. Aslında şimdiye dek değinemedim ama babam, La Santé'de çekinilen bir mahkum ve gardiyanlar tarafından saygıyla söz edilen biriydi.

Selcen, Kurtarıcı'nın söylediklerinden fazla bir şey anlayamamış olacak ki, babamızı göreceğimize sevinmiş, merdivenleri çıkarken de kolunun üstüne düşmüştü. Görüş saatini beklerken Selcen'in eli morarmış biraz da şişmişti. Ama o yine de ses çıkarmıyor, gardiyanlardan babamızı çabuk getirmelerini istiyordu. Çok geçmeden babam getirildi. Yorgunluktan gözleri kapanıyordu. Banyo yaptığı, ıslak saçından ve ıslanmış giysilerinden belliydi. Babam hem kendisinin, hem de bizim arkamızda duran gardiyanları göz ucuyla işaret ederek, bundan sonra her konuda daha temkinli hareket edeceğimizi söylüyordu. Önemli haberleri bir cezaevi arkadaşı olan Walter'e ileteceğini onun da kız kardeşiyle yaptığı açık görüş sonrası haberleri bizim Horoz Kemal'e buluşup aktaracağını söylüyordu. Ancak bu şekilde önemli mevzular konu edilecekti.

Annem babamın bu bitkin haline öfkelenmişti. Dayanamadı ve sordu:

"İyi görünmüyorsun."

"Çocukların duymasını istemem."

"Anlatmanı istiyorum. Bir bilmezin içinde olmaktan daha iyidir."

Abdullah Çatlı güçlü bir yapıya sahipti. Şayet zorlandığı an olduysa dahi bunu sadece birkaç cümleyle eşiyle paylaşırdı.

Çatlı gözlerini kısmış, dişlerini çenesine sıkıca kenetlemişti:

"Pislik boğazıma kadar dayandı. Bilirsin bir şeyin karşılığını beklediğim için bu yola baş koymadım. Bunu önce Allah (C.C.) sonrada beni tanıyanlar iyi bilir. Ancak Meral dışarıda olduğundan daha çok pislik dönüyor burada. Bir tanıdığın ya yerel ya da yabancı servislerin muhbiri çıkıyor, arkamdan rapor hazırlayıp ayağımı kaydırmak için midemi bulandıran senaryolar yazılıyor. Bütün bunlar benden çekinmelerinden kaynaklanıyor. Maddi durumumuz ortada olmasına rağmen bilmem ne trafiğini organize ettiğimi dahi söylettiler. Benim için önce manevi sicilim geldiğini bildikleri halde kuralları çiğnediler. Sabrım tükendi ve çok düşündüm. Buradan ister normal şartlar altında çıkayım ister ... Hesabını alacaklarımın listesi kabardı. Şunu iyi bil beni değil sabrımı ve iyi niyetimi tükettiler."

Babamla annem konuşurken, Selcen her ne kadar belli etmek istemese de, kolunun ağrısı artmıştı. Görüş saati bittiğinde Selcen'in ağlamak için babamın uzaklaşmasını beklediği, sabırsızlığından anlaşılıyordu. Bir müddet annemin elini sıktı, dişlerini hırkasına geçirdi. Henüz küçük bir kız olan Selcen'in bu olgun bekleyişi gözlerimizi doldurmuştu. Acısını ustaca bastıran kardeşim belli ki elinden hiç bir şey gelmeyeceği ve üstelik çok üzüleceği babamı daha fazla sıkıntıya sokmamak için bizim nazarımızda büyük olgunluk, belki de çocukvari bir kahramanlık yapmıştı.

TÜRKİYE'DEN GELEN PARA

İkinci mahkemeye az bir zaman kalmıştı. Mevcut maddi durumumuzun bozuk olması, dava için gerekli olan güçlü bir avukatı tutmamızı engelliyordu. O günlerde beklenen müjdeli haber Türkiye'den geldi: Avukat, Charles Libman olacaktı. Bunun için bir miktar ayarladıklarını da belirtiyorlardı. Memlekette kalan ve babamla diyaloglarını kesmeyen bir kaç dosttan gelen bu habere çok sevinmiştik. Çünkü seçim, sağlam bir kariyer ve saygın bir isim teşkil eden Libman'dan yana olmuştu.

Gelen haberle birlikte Omar, tercümanlık yapması için, Muhammed, annem ve ben avukatla görüşmek üzere bürosuna gittik. Büro gerçekten çok lüks ve gösterişliydi.

Beraberimizde getirdiğimiz babamın dosyasına göz ucuyla bakan Libman, davadan haberdar olduğunu söylüyordu. Bizlere, şimdiye kadar girmiş olduğu bütün davaları kazandığını ve bunun da kesinlikle lehimize sonuçlanacağını, endişe etmememiz gerektiğini belirtti. Libman'a göre babama uygulanan hukuk, yanlışlık ve haksızlık içeriyordu. Fransa'da önemli bir isim teşkil eden Libman'ın babam hakkında neredeyse bizim kadar özel ve hassas bilgilere sahip olması şaşırtıcıydı. Sanırım kendisi bizden önce Çatlı'nın tüm bağlantıları hakkında bilgi sahibi edilmişti. Bu umarım ki bizim açımızdan sorun teşkil etmeyecek aksine olumlu neticeler sağlayacaktı. Annemle bir ara göz göze geldik. İkimiz de çok sevinçliydik, ta ki dava için gereken olan ücret açıklanana dek. Libman'ın istemiş olduğu miktar gerçekten çok yüksekti: 100 bin frank!

Parayı temin etmek üzere bürodan ayrıldık. Moraller bozulmuştu. Eve geldiğimizde;

Omar ağabey: "Yenge bizim bu parayı bulmamız çok zor olacak. Şimdiye kadar zararlarından başka bir şeyleri dokunmadı ama en azından bir kereye mahsus işimize yarasınlar. Sen ne dersin bilmem ama bence Türkiye'den bu miktarı talep etmemiz en doğal hakkımız. Yaptıkları ayıbı temizleyemezler ama..."

Annem: "Bunu duymamış olayım. Abdullah'ın prensibine aykırı düşecektir. Omar konu kapanmıştır. Başka çözümler bulamayacak kadar da düşmedik." diyordu.

Annem kızgın görünüyordu. Ona göre, ihanet yüzünden kopmuş olan bağları tekrar pekiştirmek bize yakışmadı. Omar hiçbir yorum yapmadan evden çıkmıştı. Tekrar geldiğinde annemle yalnız konuşmak istediğini söyleyerek diğerlerinden izin istedi. Hepimiz odadan çıkmıştık. Aralarında uzun bir konuşma geçmişti. Annem arada bir sesini yükseltiyor, Omar'a üstüne düşmeyen vazifeler aldığı için uyarıda bulunuyordu. Odadan önce Omar çıktı. Diğer ağabeylerime seslenerek; "Hiç birinize danışmadan malum yere telefon açtım ve durumu izah ettim. Reis'e karşı işlenen kabahati telafi etmek istiyorlardı. Avukat için gerekli olan ne varsa karşılayacağız dediler."

Kasım Koçak: "Gardaş, Reis bu duruma sıcak bakmayacak, biliyorsun. Keşke aramasaydın. Yengenin dediği gibi, onlarla bir bağımız kalmadı. Yanlış yaptın!"

Omar: "Reis mutlaka bana karşı tavır alacaktır ama başka seçenek mi var gardaş? Herşeyi göze aldım. Parayı almama müsaade edin."

Annem: "Hayır! Daha ölmedik. Evvelallah buna da bir çare bulacağız. Elde avuçta ne varsa önce bir gözden geçirelim."

Omar: "Yenge hesaplamadığımı mı sanıyorsun? Satsak bile 80 bin frank eksik kalıyor. Gelin vazgeçin bu inattan. Haber bekliyorlar, söyleyeyim göndersinler."

Kasım Koçak: "Muhammed, Mehmet'in arabasını al ve en geç yarına kadar müşteri bul. Ben de bu arada diğer çocuklara haber salayım. Bakarsınız bir şeyler ayarlayabilirler."

Muhammed: "Araba yeterli olmaz. Elde avuçta ne varsa satalım, gitsin."

Annem, bunun üzerine kendi ailesine telefon açıp düğününde takılan altınları ve dedemden kalan değerli halıları satmaları ve acil olarak Paris'e göndermelerini söyledi.

Evdeki atmosfer gergin görünüyordu. Bu sıkıcı hal günlerce devam etti. Annem, Türkiye'den istenen paraya bozulmuştu. Çünkü onlar bizi en zor durumlarda yalnız bırakmış, şimdi ise tekrar birlikte olmak için fırsat kollar olmuşlardı. Oysa babam bunlardan er ya da geç hesap sormak için cezaevinden çıkacağı günü sabırsızlıkla bekliyordu.

Araba eski olduğundan umduğumuzdan daha ucuza satılmıştı. Annemin istediği takılar ve halının paraları da yeni havale edilmişti. Kasım ağabeyin aradığı başka bir grupta bir miktar ayarlamıştı. Muhammed bu kişilerden de paraya alıp, toplanan 60 bin frangı avukata vermek için ofisine gidecekti. Kalan para da bir yolu bulunup tamamlanacaktı. Muhammed evden çıkmadan evvel, Selcen'le ben biriktirdiğimiz bozuk paraları yol masrafı için ona verdik. Bu davranışımızı Muhammed hariç herkes şirin buldu. Muhammed'in bu tedirgin davranışlarının sebebini daha sonra anlayacaktık. Kendisi akşam geleceğini söyleyerek evden ayrıldı. Bu gidişi onu son görüşümüz oldu! Teşkilat içindeki güven ve dayanışmadan ötürü başına bir şey gelmiştir diye endişelenirken, onun korkudan dolayı Fransa'dan çıkış yaptığı ve dolayısıyla parayı beraberinde götürdüğünü öğrenmiştik. Hırsız Muhammed'in bize verdiği zarar had safhadaydı. İzini bulmak için bir çok yere haber salmış fakat bulduramamıştık. Taa ki sene 1994'e kadar. Babam onu buldurmuştu. Hatta benim Muhammed'e olan gıcıklığımı bilen babam, eğer istiyorsam onunla yüzyüze görüştürebileceğini de söylemişti. Bunlar gibi yaşanmış olaylardan biliyorum ki, hayatta işlenmiş hiçbir haksızlık karşılıksız kalmaz!

Muhammed'in bu davranışı, ağabeylerimin şüphelerine göre Türkiye'den yönlendirilmiş olabilirdi. Onlarla aramızdaki sıcak diyalogların tekrar sağlanması için bu olası birşeydi. Büyüklerim bu son yaşananları bir müddet için babama söylememe kararı almışlardı. Omar'ın ısrarları ve başka seçenek olmadığından Türkiye ile temasa geçildi. Omar telefon etmek üzere evden çıkmış, döndüğünde Türkiye'den 75 bin frankta pazarlık yapmamız istenmişti.

Annem: "Zaten bunlardan daha parlak bir fikir beklenemezdi. Omar, burası Türkiye değil. Ne avukatla ne de başkalarıyla pazarlık yapılmazmış, adetlerine aykırıymış demedin mi?"

Omar: "Yenge benim için de kabul edilemeyen bir şey orasıyla temasa geçmek. Bu yüzden lafı uzatmadım. İlla ki kalan miktarda bulunacak."

Olaylı günlerden sonra nihayet para ayarlanmıştı. Ancak annem Türkiye'den gelen parayı borç niyetiyle kabul etmişti. Babama ise daha önceden sözleşildiği üzere, şimdilik bundan bahsedilmeyecekti.

Ünlü Avukat Charles Libman:
"ÇATLI BÜTÜN İDDİALARI REDDETTİ"
10 Şubat 1986 Paris Adliye Sarayı 11. İstinaf Ceza Mahkemesi

Abdullah Çatlı tutuklanışından onaltı ay sonra, sıkı güvenlik altında Adliye binasına tekrar getirilmişti. Medyanın ilgisi yoğundu ve davaya ünlü savcılar bakıyordu.

Savcı (Nijeryalı Muhammed'e seslenerek): "455 gramlık eroin senin mi?"

Muhammed: "Hayır Sayın Savcı eroin Hasan Kurtoğlu, yani sonradan Abdullah Çatlı olduğunu itiraf eden şahsın ve Müfit Sement'in."

Savcı: "Ama ilk ifadende böyle dememişsin. Sana ait olduğunu, Çatlı ile Sement'i tanımadığını ifade etmişin."

Muhammed: "Korkmuştum. Baskı altındaydım."

Savcı hafifçe gülümseyerek: "Yani üzerinizdeki baskı şimdi kalktı mı?"

Muhammed: "Hayır! Ama..."

Savcı Muhammed'in sözlerine devam etmesini beklerken Libman, bayan savcıdan söz istedi.

"Sayın savcım, müvekkilim Çatlı'nın iddiaları farklı yönde. Kendisi birçok gizli servisin onları kullanmak istediklerini söylüyor ve bu doğrultuda karşı tarafın bütün iddialarını reddediyor. Sizden bunun için müsaade istiyorum."

Babam dört polisin eşliğinde kürsüye çıktığında, gözüm Nijeryalı Muhammed'e kaymıştı. Koyu teninden lapa lapa ter dökülüyor, dizleri titriyordu. Korkusu ne babamdan ne de adaletten kaynaklanıyordu. Çünkü ona gereken kolaylık haftalarca ziyaretine gelenler tarafından sağlanmıştı.

Savcı: "Bakın Çatlı, ortada tutarsız ifadeler var. Hepinizin verdiği ifade bir öncekiyle uyuşmuyor. Avukatınız daha farklı mevzulara işaret etti."

Çatlı: "Sayın savcı, birinci mahkemede verdiğim ifadede soyadım benim için tehlike unsuru taşıdığından bazı olayları anlatmaktan vazgeçirdi. Benim Türkiye'den tutuklamam var. Henüz mahkemesi görülmedi ama asılmam söz konusu. Yurtdışına sahte pasaportla çıkışım bu nedenleydi."

Savcı: "Evet anlıyorum. Avukatınız gizli servislerin sizi kullanmak istediğini söylüyor."

Çatlı: "Beni suçlayan şahıs ilk ifadesinde herşeyi kabulleniyor, malın kendisine ait olduğunu ve bizi tanımadığını ifade ediyor. İfadesini değiştirmesi için baskı yapıldı. Bunu biliyorum çünkü bana da aynısı yapıldı. Baskılara dayanamadı ve ifade değiştirdi. Ancak ben doğruları söylemekten kaçınmadım. Evet bir çok gizli servis bizi kullanmak istedi, baskı da uyguladılar. Ancak ben, Roma mahkemesinde de belirttiğim üzere bunların ipini tuttuğu kukla olmadım. Bu da hoşlarına gitmedi. Dikkatinizi şuraya çekmek istiyorum. O gün ben o eve yeni pasaportumu almaya gittiğimde, orada uyuşturucu alışverişi yapılacak diye biri polise ihbarda bulunmuş. Sayın savcı bu ihbar son derece önemli. Benim yakalanmam önceden planlanmıştı."

Bayan savcı babamın söylediklerinden her ne kadar etkilenmişe benzese de babama 15 yıl, Müfit Sement'e 15 yıl, Nijeryalı Muhammed'e ise sadece 4 yıl verdi! Daha sonra dava temyiz edilecek, ceza 7 yıla düşecekti. Aslında bu ceza üzerinden babamın 3,5 yıl yatması gerekiyordu ama O'nu daha fazla yatıracaklardı.

Karar açıklandığında babamın tepkisi bayan savcıyı bir hayli şaşırtmıştı.

"Benim yaşamam eğer mucizeyse bilin ki bunun bir sebebi var!"

Öyle ya da böyle bu mahkemede hüsrana uğramıştık. Davayı kesin olarak kazanacağımızı söyleyen Charles Libman bize hiçbir şey demeden kaşla göz arası Adliye binasından çıkmıştı.

Mahkeme salonundan çıkarken, gazeteci görünümlü bir bey annemin yanına gelip:

"Meral hanım ben dost çevreden gelen biriyim. Abdullah bey için mahkemelerden medet ummayın. Umarım herkesin bir fiyatı olduğunu size hatırlatmamı tuhaf karşılamazsınız." diyordu.

Abdullah Çatlı'nın La Santé'de hükümlüyken bir arkadaşına yazdığı mektubun bir bölümü:

Burada geçen haftaya kadar, bana gelen mektupları çok geciktirmeli olarak veriyorlardı. Şimdi normal süresinde alıyorum artık. İnşallah, bundan sonra kazasız belasız mektuplaşırız.

İşte benim durumum; (bütün bu anlatacaklarım, bütün gazetelerde yazıldı tabii ki.)

24 Eylül 1984'te bir arkadaşın isteği üzerine, tercüman olarak pasaport temini için bir zencinin evine gittiğimizde orada bekleyen polisler tarafından zencinin evine sokulduk. Arama neticesinde oğlanın şifreli çantasında üçyüz küsur gram uyuşturucu bulundu. Daha sonra, çeşitli dalaverelerden mütevellit, bu zenci bulunan uyuşturucunun benim arkadaşım tarafından kendisine emaneten bırakıldığını söyledi. Tabii bu iddiasına pek inanan olmadı.

Bu zencinin iddiasını sorgu hakimi hiç inandırıcı bulmadığından ve bizim isteğimiz üzerine "Eğer, oluşturduğum ve birkaç aydır göreve gönderdiğim Uluslararası Araştırma Komisyonu bir aya kadar raporunu göndermezse ikinizi de geçici olarak tahliye edeceğim" dedi. Bunun üzerine bu geçmek bilmeyen ayı beklemeye başladık. Her taraftan arama-soruşturma telgrafları gelmeye başladı. 1982'de Zürih'de yakalandığımda parmak izimi almışlardı. Oradan gerçek kimliğimi buldular. Neticede bizim ümit suya düştü. Ben yine de kendi kimliğimi kabul etmedim. Ta ki Papa işi bizim üstümüze itilmeye başlayana kadar. Oradaki iş daha önemli olduğundan, bizim üzerimize oynanan oyunu da bertaraf edebilmek için kimliğimi kabul edip Roma'ya şahitlik yapmak üzere gittim. Ve netice çok iyi oldu.

Paris'teki mahkemede, sadece benim geçmişimden uyuşturucu suçundan yedi yıla mahkum ettiler. İtiraz ettim ve beş yıla indi. Temyiz ettim, reddedildi. Hüküm giymemin diğer bir önemli sebebi de İsviçre'nin benim başka bir uyuşturucu suçundan iademi istemesi idi: "Eğer İsviçre'de seni bu işten arıyorsa, buradaki işten suçsuz bile olsan bu senin bu işlerle uğraştığını gösterir" düşüncesiyle bastılar cezayı. Ayrıca Papa işinden aranan bir arkadaşı (Oral Çelik'i kast ediyor) vermem için çok baskı-tehdit oldu. İsteklerine erişemeyince açıkçası benimle uğraştılar. Zaten normal olarak beş yıl alan üç seneden biraz fazla yatar. Ama beni dört seneden biraz fazla yatıracaklar.

Selcen bilmiyor ama Gökçen çok iyi hatırlıyor. Görmelisin ne kadar büyüdüler. Maşallah okulda da çok başarılılar. Şimdi okulları tatildeymiş onbeş günlüğüne. Ara karnesi almışlar. Gökçen sınıfın üçüncüsüymüş. Selcen de not ortalaması olarak yüz üzerinden 94 tutturmuş. Tabii ne de olsa kimin kızları değil mi!

ORAL ÇELİK YAKALANDI

1986 yılında Çelik, Bedri Ateş kimliği ile Fransa-Belçika sınır kontrol kapısında bir ihbar üzerine yakalanmıştı. Yakalandıktan sonra da uzun bir müddet görüş hakkı verilmedi. Ama duyduğumuza göre kendisi baskı altındaydı. Çelik'i sorgulayanlar, gerçek kimliğini kabul etmesi için her türlü yola başvurmuşlardı. Hatta yıllar sonra Oral Çelik'ten öğrendiğim üzere, kendisine binlerce kez gerçek soyadını bayılana dek söyletmişlerdi. Hemde her gün, aylar boyunca. Başka bir cepheden ise, ünlü savcı Antonio Marini, onun Bedri Ateş olmadığını (gerçek Bedri Ateş o dönemlerde Türkiye'de hapiste yatan bir Malatyalıydı) Oral Çelik olduğunu üstüne basa basa söylüyordu ama Fransız hukuku bu seçimi eğer sebebi geçerliyse mahkuma bırakıyordu. Çünkü Fransız hükümetine göre Ateş siyasi bir kaçaktı. Çelik, Ateş kimliğini 1983 yılında Poitiers'den almıştı. Hatta bunu bir Fransız komiserin elinden, eğer yanılmıyorsam Philippe Laval'dan almıştı. Kimlik siyasi mülteci bir PKK'lıya aitti. Bu nedenle, Fransız yasaları gerçek kimliğinden şüphe ettikleri Çelik'i ne Türkiye'ye ne de İtalya'ya vermeye sıcak bakıyordu. Çelik, uzun yıllar boyunca gerçek kimliğini reddettiği için mahkemeye çıkarılmadı. Sene 1989'da mahkemeye çıkarıldığında 8 yıla mahkum oldu. Ama daha fazla yattı. Aslında bu hukuka aykırı bir cezaydı. Zaten suçu için istenen yıl, son zamanlarda verilen en büyük cezaydı.

DÖRT SENE SONRA BABAMA DOKUNDUM

Babama göre savcı O'nu kasıtlı olarak bırakmıyordu. 7 yıl verilen mahkemeden sonra 12.10.1987 tarihinde kendisi "kesin hükümlü" oldu. Yasalar uyarınca kesin hükümlülerin, yani mahkumiyeti sabitleşenlerin elinden bir takım haklar alınıyordu. Bunlardan bazıları haftada üç güne yayılan görüşlerin bir güne indirilmesi, mahkumların hücre değişikliğine tabi tutulması ve mektuplara haftada bir adet olarak sınırlama getirilmesi vardı. Belli devreler içinde babamın çamaşırlarını yıkamamıza da izin veriliyordu. Özel bir durum söz konusu olmadığı müddetçe kendisine yeni giysiler göndermemize imkan tanınmıyordu. Cezaevinde yattığı müddet boyunca da müdüriyetin verdiği bez ayakkabı dışında normalini giymesi kurallara aykırıydı. Zaten yasalara göre herşey sakıncalıydı. Hatta özel bir rahatsızlığının bulunduğu ve ameliyatın şart olduğu durumda bile kendisi yıllarca bu rahatsızlığı çekmek zorunda kalmıştı.

La Santé'deki her mahkumun belli bir katkısı olmalıydı. Yani her mahkum cezaevi atölyelerinin birinde çalışmak zorundaydı. Bence bu prosedür mahkumların zamanını daha dolu geçiren olumlu bir zorunluluktu. Babam atölyeye geçmiş maden işleri bölümünde çalışmaya başlamıştı. Bu da DPS'li olan babamın kalabalık içine gireceği için sevindirici bir aşamaydı. Diğer sevindirici taraf ise açık görüşlerdi. La Santé iki ayda bir 45 dakika boyunca açık görüş olanağı veriyordu. Babam bunun için müdüriyete başvuruda bulunmuş cevap olumlu karşılanmıştı.

Görüş günü, evdeki telaş görülmeye değerdi. Benim için en büyük mutluluk, O'na daha küçük bir kız iken sarılmak olacaktı. Dört yıldır gördüğümüz ziyaretçilerin yerini bu kez kesin hükümlülerin yakınları almıştı. Herkes bayram havasına bürünmüş, en güzel kıyafetlerini giyinmişti. Selcen'le benim dışımda hiç çocuk yoktu. Gelenler ise genelde bayandı. Bu kez fazla bekletilmeden fakat daha itinali bir şekilde kontrolden geçiriliyorduk. Bir bayanın eşine vermeyi düşündüğü çakı dışında kimse kurallara karşı gelmiyordu. Hepimiz sessiz ve uyumluyduk. Çevremde olup bitenleri incelerken gözlerim annemin ayakkabılarına takıldı. Annemin kıyafeti gayet hoştu ama görüntü ayaklara gelince bozuluyordu.

"Anne, başka ayakkabı bulamadın mı! Bu erkek ayakkabısı!" dedim.

Annem neredeyse gülecekti ama etraftaki gardiyanları görünce hemen toparlandı.

"Babana ayakkabı götürüyorum. Diğerleri çok eskimişde."

Annem haklıydı, çünkü babam yıllardır aynı ayakkabıyla idare etmek zorunda kalmıştı. Tehlikeli bir oyun oynadığımız kesindi. Şayet gardiyanlardan biri bunu görecek olursa, elimizden bütün haklarımız alınırdı.

Annemin, ayaklarını saklamak isteği her halinden belliydi. Selcen'i önüne almış beni de bir o yana, bir bu yana çekiştiriyordu. Başgardiyan babamın biraz gecikeceğini söylerken gözlerini annemin ayakkabılarına dikmişti. Korku dolu gözlerle gardiyanı ve annemi izliyordum.

Başgardiyan Selcen'in başını okşayıp, gülümser bir ifadeyle:

"Bunu söylemem size anlamsız gelse de eşinize yıllardır bir çok ziyaretçi geliyor. Hepsi de mevki olarak sağlam yerdeler. Bayan Çatlı eşiniz güçlü biri. Duyduğum kadarıyla hepsine karşı direnmekten vazgeçmiyor. Ne tuhaftır ki bize karşı tehditkar bir davranışı olmasına rağmen biz gardiyanlar ona saygı duyar ve çekiniriz. Benden duymuş olmayın ama kasdettiğim ziyaretçiler artık gelmeyecekmiş. Güvenilir bir dost söyledi. Peki bayan Çatlı buyurun geçin. Ben birşey görmedim." diyordu.

Annem hiç yorum yapmadı. Sadece dinledi ve olgunluğu için teşekkür etti.

Başgardiyanın da eşlik etmesiyle görüş odasına geçip bize ayrılan masaya oturduk. Kocaman bir oda ve içinde bir sürü masa ile sandalye vardı. Her masa başında en az iki gardiyan gözcülük yapıyordu. Bu şartlar altında annemin babama ayakkabıları vermesi mümkün gibi görünmüyordu. Bazı mahkumlar odaya getirilmişti. Duygu yüklü manzaralar vardı burada. Kimisi eşine, kimisi oğluna, kimisi de bizim gibi babalarına sarılıyordu. Ama onlar bizden yaşça büyük kişilerdi. Özlem, her ülkede aynı acıyı yaşatıyordu. Bunları görünce kardeşimle ben ağlamaya başladık. Çocuktuk ama bu süreci babasız geçiriyor, O'nu ancak kısıtlı mekanlarda görebiliyorduk. Özellikle de kardeşimin babamla ilgili hatırlayabildiği bebekliğine ait ne bir hatıra ne de bir resmi vardı. Tabiî bizim kara kalemle çizdiklerimizin dışında!

Görüş odasına bakan demir kapı ikinci kez açılmıştı. Ortada babam ve etrafında O'ndan daha kısa olan gardiyanlar vardı. Babamın gözlerinin içi gülüyordu. Beyaz bir gömlek ve siyaha çalan koyu gri bir kumaş pantalon giymişti. Sakal traşını olmuş, saçlarını özenle taramış... Öyle yakışıklı görünüyordu ki bir ara herkes O'na dikkatlice bakmaya başladı. Gardiyanlar, ellerindeki kelepçeleri çıkarır çıkarmaz annemle kardeşim O'na sarıldılar. Ben henüz yerimden dahi kalkamamıştım. Dizlerim titriyordu. Başım dönüyordu. Gözlerim dolmuştu. Ağzım kurumuştu. Boğazım düğümlenmişti. Yıllar sonra babama tekrar dokunabilme düşüncesi tüylerimi heyecandan dolayı diken diken etmişti. İçimi gerçekten de anlamsız bir korku sarmıştı. Babam gözlerini kapatmış, kardeşimin minik ellerini öpüyordu. Sonra bana kollarını açtı. Alelacele bir iki adım attım. Gözlerimi olabildiğince sıkı yumup babamla kucaklaştık. Artık sadece dizlerim değil tüm vücudum titriyordu. Babamın ten kokusu yıllar önceki gibiydi. Beni kucaklayan kişi benim babamdı, benim! Uzun bir müddet babamın kollarında, O'na böylesine delice sarılarak kaldım. Sonra babam beni kucağından indirmeden yerine oturdu. Diğer dizine de kardeşimi almıştı. Annem O'nun karşısındaydı. Dördümüz bir aradaydık. Tıpkı bir rüya gibi. Tıpkı yıllardır her gece dualarımda istediğim gibi.

O gün aramızda fazla sohbet etmemize fırsat yoktu. Açık görüş izni kısıtlı olduğundan daha çok özlem gidermeye çalışıyorduk. Annemin yıllar önce dediği gibi, babamın bu ülkede bize ihtiyacı vardı. Bu O'nun her halinden belliydi. Eğer biz olmasaydık, sanırım O da olamazdı.

Babam kardeşimle beni incelemeye almıştı. Dediğine göre kocaman kızlar olmuştuk. Anneme, bizi hanımefendi gibi yetiştirdiği için teşekkür ediyordu. Anladığım kadarıyla babamın içini en çok rahatlatan da buydu; kardeşimle ben aile terbiyesi almış iki Türk kızıydık.

Açık görüş vakti çabuk geçmişti. Artık bundan sonra her iki ayda bir, O'nu görmeye gelecektik. Bu düşünce içimi ferahlatıyordu. Babamla vedalaşırken aklıma babamıza gizlice vereceğimiz ayakkabılar geldi. Telaşlanmıştım. Ceketini çekiştirerek; "Anne, ayakkabılar!" dedim.

Babam beni son kez kucağına alıp; "Onları çoktan giyindim." dediğinde yüzündeki ifade her bayram bende oluşan çocuksu bir sevinci andırıyordu. Babamı böyle görmek güzeldi. Hem de çok güzel. Artık her açık görüşe bir şeyler getirmeliydik. Çünkü annemin ayaklarında ki bu eski ve yırtılmış bez ayakkabılar cezaevinin tüm çirkinliğini almıştı.

Abdullah Çatlı'nın Fransa'daki cezasının bitmesine az bir müddet kalmasına rağmen, serbest bırakılması hakkında hiç bir işlem başlatılmamıştı. Kendisi, hatırlayacağınız üzere 1984 yılında uyuşturucu madde ile yakalanan Nevzat Bilecan adlı bir Türk'ün attığı bir iftira sonucu bu kez de İsviçre tarafından yargılanmak isteniliyordu. Aslında Çatlı'yı bu konuda suçlayan başka hiç kimse yoktu. Ne de en ufak bir delil. Ancak Paris'teki tutukluluk sebebi uyuşturudan kaynaklandığı için İsviçre'nin kararı kati idi: Çatlı Fransa'dan direkt olarak, İsviçre'ye iade edilecekti. İşin ilginç tarafına bakacak olursak: Fransa'daki cezası İsviçre'deki Bilecan olayı sebebiyle verilmişti. Fransız savcılarına göre Bilecan ile uyuşturucu olayına karıştığı iddia edilen Çatlı Nijeryalı olayında suçsuz dahi olsa hüküm giymeliydi. Aynı mantık İsviçre için de geçerliydi: Bilecan davasında Çatlı suçsuz dahi olsa Fransa'daki suçlaması buradaki için bir delildi. Halbuki her iki tarafın savunduğu mantık aslında birbirini kendiliğinden çürütüyordu.

Abdullah Çatlı, hiç bir delil olmaksızın suçlanıyordu. İçimiz bu açıdan rahattı. Çünkü ortada Çatlı'yı suçlayacak, mahkum edecek hiç bir kanıt ya da ajan olan Bilecan dışında şahit yoktu. Biz babamızın İsviçre'den en geç iki ay içerisinde çıkacağını sanıyorken meğerse haberimiz olmadan yıllardır neler dönmüş, neler planlanmış ve Çatlı'ya nasıl bir oyun oynanmış göreceksek.

Kısacası babam İsviçre'ye suçsuz olduğu için beraat etmeye değil suçsuz olduğu için mahkum olmaya gidecekmiş!

BÖLÜM 5

KASIM KOÇAK'IN HATIRASINA

"Acı çekmek ölmekten daha çok cesaret ister."   Napoléon

Titiz görüntüsüyle, ciddi duruşuyla, özenle kesilmiş simsiyah kalın bıyıkları ve tabiî ki çok severek taktığı, hatta benim bile garipsediğim boynundaki fularıyla, henüz yedi yaşımdayken tanımıştım Kasım Koçak'ı. Babamla gerek kader, gerekse dava dostluğu etmiş olması sebebiyle, kitabımda onun hikayesini senaryolaştırarak anmayı uygun gördüm:

"Ben Kasım Koçak. Yaşımı söylemekten pek hoşlanmam ama sene 1977'de yirminin üstündeydim. Dönemin getirdiği şartlara göre, kendini sağ-sol tartışmalarının ortasında bulan nice gençlerden biriydim ben de. Ne deli dolu geçmişti o meşhur yıllar. Kendime bile yakıştıramadığım yersiz

Kasım Koçak'la birlikte. Yaşasaydılar...

bir tartışma sonrası, yanıma gelen kişiler Başkanın beni yanına çağırdığını söylediler. Bizim dönemimizde, Ülkü Ocakları adına görev verenler, kutsal bir emanete sahip çıkıp, liderliği sürdürdükleri için son derece saygın bir makama erişmiş olurlardı. Hatta içlerinden bazılarını efsaneleştirir, mücadelemizin kurtarıcısı olarak benimserdik. İşte bu konuma sahip olan, ülkücülerin sempatisini ve güvenini kazanan en çok konuşulan lider Başkan Çatlı idi. Yurdun dört bir köşesinden ziyaretçi akınına uğrayan Başkanı, yani hareketimiz içinde "efsaneleşen adamı" yakından görme ve tanımama başımdan geçen tartışma imkan yaratmıştı. Tedirgin bir sevinç içerisindeydim. Çünkü Başkan Çatlı'nın, izlediği siyaset biçimi, önce fikir tartışmasını ardından da eğer gerekiyorsa eylem üzerineydi ve benim son olayım Başkana ters düşüyordu. Gittiğim yerde, herkes Başkanın toplantıdan çıkmasını bekliyordu. Başkana başarılarından dolayı tebriklerini, sorunlarını ya da eksiklikleri iletmeye gelen bu kişilerin anlattıklarına kulak kabartmaya başladım. Hareketimiz adına gözünü budaktan esirgemeyen, her yönüyle mevkiinin hakkını fazlasıyla veren, sözünün eri olan bu liderin farkı, Merkez Yönetiminin kararlarına direnmesinden kaynaklanmaktaymış. Bunu daha evvelden de duymuştum ancak, eğrisiyle doğrusuyla kararlara itaat ettiğimiz hatta bundan başka bir yol düşünemediğimiz Merkez Yönetimdeki bazı kişileri karşısına alan Çatlı'nın hayatını ele alırken, bir unsurun da itinayla analiz edilmesi gerekir: Abdullah Çatlı'nın mücadeleleri belli bir tek kitleye olmamıştır. Çünkü bazen en yakınınız size fikirleriyle en uzak olan kişidir. (Derinlemesine inceleme şart)

Çok geçmeden Başkan göründü. Onu ilk defa bu kadar yakından görüyordum. Uzun boylu, görkemli, karizmatik... Hakkımda edindiği bilgilere dayanarak, kendisi beni hemen tanımıştı. Koskoca Başkan beni yanına çağırtıyor, tanıyor ve ilgileniyordu. Onu dikkatle dinledim:

"Kanımca, ideolojimize yakışmayan tespitlerde bulundun! Bir müddet benim kadromun çalışma sistemine dikkat et. Oldu mu gardaş." diyordu.

Başlangıçta çekindiğim bu insanla zamanla samimi olduk. Abartıya kaçan saygı merasimlerinden adeta rahatsız olan, haksızlığa tahammül edemeyen, alçak gönüllü, sözüne özüne sadık, art niyetten arınmış ve tertemiz bir karaktere sahip olan Başkanımızın, dönemdeki dayanışma ve beraberinde getirdiği ölçülü samimiyet sayesinde etrafında hızla çoğalan fertlerin gözünde Çatlı bir ekol yaratmıştı. Ancak Çatlı ekolünün akılcı ve ileriye dönük projelerini hazmedemeyen, risk almaktan korkan, kendilerini alışılagelmiş tabulara endeksleyen kişiler için de Başkanımız bir tehdit unsuru ve önlerine bir engel olarak çıkıyordu. Bu nedenle Çatlı Başkanın vezir olduğunu da gördüm, ihanete uğradığını da.

Ben Kasım Koçak. Yaşımı söylemekten pek hoşlanmam ama sene 1989'da otuzun üstündeydim. Kutsal bir mücadele olarak başlayan davamızın çıkmazı, hepimizi bir yerlere savurmuştu. Kimimiz ya çetin geçen hayatta ya da adaletin karşısında idama mahkum olmuştuk. Kimimiz isnat edilen suçlamalar karşısında kah masumiyetimiz kah suçlu oluşumuz nedeniyle yurtdışına kaçmayı başarmış fakat burada düzen ve huzurumuzu sağlayamamıştık. Kimimiz ise davanın prensleri olarak rahata kavuşmuştuk. Ben yurtdışına çıkan grubun içerisindeydim. Başkan ise cezaevinde.

Hollanda'nın ünlü bir kahvehanesindeyken, tanımadığım bir kaç sert mizaçlı kişi oturdu masama. Benimle konuşmak istiyorlardı, dışarıya çıkıp arabalarına bindik. Yol boyunca silahlardan söz ettiler. Sonra şoför bana dönerek:

"Silahın var mı?" dedi.

"Yok" demekle yetindim. Benimle önemli bir mevzu üzerine görüşmek isteyen yetkili kişi, dağ evinde diyerek ormanlığa girdik. Arabadan inmemi istiyorlardı. Başkanın uyarılarını aklımdan çıkaramıyordum. Bunlar gibiler, bizi özümüzden ediyordu.

"Hayırdır gardaş!" dedim. Onlar "Yürü" dediler.

Ortam gerginleşmeye başlamıştı. Belimde büyük bir sızıyla

yere düşmüştüm. Başımı kaldırdığımda namlunun soğuk ucu ensemdeydi. Hiçbir şey demedim. Suskundum. Göz ucuyla etrafa baktım. Yalnızdım. Yanımda duran kişiyle birkaç saniye için göz göze geldik. Kulaklarımda büyük bir ses yankılandı. Yanımdakinin yüzüne kan sıçradığında, gözlerim kararmaya başlamıştı. Ben ise kelime-i şehadeti çoktan getirmiştim.

Ben Kasım Koçak. Yaşımı söylemekten pek hoşlanmam ama sene 1999'da kırk altı yaşında olacaktım."

Ruhun şad, mekanın cennet olsun.

YENİ ADRES LONOF POLİS CEZAEVİ
"En büyük mutluluk yenilmemektir."

Çatlı'nın Fransa'daki cezası bitmesine rağmen ne serbest bırakılıyor, ne de herhangi bir atılımda bulunulmasına müsaade ediliyordu. Öyle ki 4 Eylül 1988'de Fransa'daki cezası tamamlanmış fakat kendisi fazladan yatırılıyordu. Çatlı'ya göre bu, O'na karşı alınan tavrın göstergesiydi.

Nevzat Bilecan 1984 yılında, İsviçre'de uyuşturucu ticareti dolayısıyla yakalandığında kendisiyle birlikte bu işte birkaç kişi daha bulunuyordu. Yurtdışındaki Türkler'e karşı katı bir tavır alan yabancı polis için, Bilecan'ın sorgusu esnasında vereceği her isim kâr sayılıyordu. Hatırlanacağı üzere Bilecan'ın olaylı ve alışverişi andıran sorgusu tamamlandığında, bu konuyla hiçbir bağlantısı olmayan Çatlı'nın ismi tutanaklara geçmişti. Ortada ne bir delil, ne de bu uyuşturucu ticaretine karışan diğer kişilerin verdikleri ifadelerde Çatlı'nın ismi bulunmamasına rağmen, O'nu bu davada suçlayan tek kişi Bilecan'dı. Bir başka deyişle ASALA faaliyetlerine devam eden Abdullah Çatlı, aranmaya başlanmıştı. Çatlı'ya ulaşan bilgiler ise Bilecan'ın polislerle yaptığı bu anlaşma neticesinde, kendisine bir çok inisiyatif tanındığı, oturum izni verildiği, maddi manevi rahata kavuşturulduğu yönündeydi.

Bu nedenle İsviçre, Bilecan'ın ifadelerine ve Çatlı'nın Paris'teki Nijeryalı davasından hükümlü oluşuna dayanarak O'nun buraya verilmesini istiyordu. Çünkü İsviçre'ye göre, Çatlı'nın Paris'deki uyuşturucu davasından hüküm giymiş olması, Bilecan'ın suçlayıcı ifadelerine bir zemin oluşturmuştu. Bunlara göre Çatlı suçluydu. Zaten bundan sonra da Bilecan davasıyla ilgili ilginç olaylar başladı.

Nitekim ülkelerarası diplomatik görüşmeler neticesinde, Çatlı Fransız hükümeti tarafından İsviçre'ye 25.10.1988 tarihinde, başka bir ülkeye verilmemek şartıyla iade edildi. Tutuklu kalacağı yeni yer Basel şehrindeki Lonof Polis cezaevi olacaktı. Artık kendisinin bir an evvel beraat etmesi bekleniyordu. Çünkü O'nun hüküm giymesi için ortada hiçbir delil yoktu. Ancak ileriki safhalarda da görüleceği üzere olaylar karıştırılacak ve beklentiler gerçekleştirilmeyecekti. Çünkü Çatlı'nın mahkemeye çıkacağı tarih bile, kanunen atılabilecek en geç tarihe erteleniyordu. Kısacası Çatlı'nın bütün yolları kesiliyordu. Çatlı'ya karşı uygulanan eşitsizlik sadece ve sadece isminden kaynaklanmaktaydı.

Lonof Polis cezaevinde, Çatlı ile aynı hücreyi paylaşan kişi anlatıyor:

"Gece hücrenin kapısı açıldı, gardiyan çok yorgun görünen ve yüzü sararmış olan bir mahkum getirdi. Elindeki çarşafı ve battaniyeyi bir kenara bırakıp tebessüm etmeye çalışıyordu: "Ben Abdullah. Kusuruma bakma bitkinim hemen yatacağım." dedi.

Yorgun olduğu her halinden belliydi, hemen uyudu. Kendisiyle yaklaşık yedi ay aynı hücreyi paylaştık. Susurluk olayı olduktan sonra medyadaki görüntülerden çıkardım onu. Uzun sohbetler etmemize rağmen ne kimliği, ne de geçmişi hakkında bir şey anlatmadı. Zaman içerisinde çok ısrar etmeye başladım. O da başından geçen bir iki olaya kısa cevaplar vererek geçiştirdi. Ülkü Ocakları İkinci Başkanı

İsviçre'deki cezaevinin bahçesinde

olduğu dönemlerde işlenen yedi kişinin cinayetiyle iftiraya uğradığından firar hayatının başladığını, Türkiye'den sahte pasaportla çıkış yaptıktan sonra buralara kadar geldiğini söyledi. Neden cezaevine düştüğünü defalarca sormama rağmen "yerin kulağı var" der lafı geçiştirirdi. Evli olup iki kızının da Paris'te okuduğunu, onlara da çok düşkün olduğunu biliyordum. Ağca ile hasbelkader arkadaşlıklarının olmasından dolayı bir takım sansasyonel olaylara isminin karıştırıldığını duymuştum. Ağca mevzusunu anlatmasını isteyince konuyu bir daha açtırmamak üzere kapattı.

Lonof'un şartları insanın yaşamasına müsait olmayan bir yerdi. Hücrenin duvarları hem pislik içindeydi, hem de koyu renge boyalıydı. Tavanda asılı duran lamba ise gece gündüz loş ışık yaydığından iç karartıyordu. İki yatak arasındaki 25 santimetrelik mesafe birimiz ayaktayken, diğerinin hareket etmesini imkansız kılıyordu. Duvara monte edilmiş minyatür masa ve sandalye hücrenin tek lüksüydü. Klozet kapağının bulunmadığı tuvaletler ise, bize göre Lonof'un çirkin bir yüzüydü. Birimiz doğal ihtiyacını giderirken, diğerimiz yüzü koyun yatağa yatıp başımızı yastıkla kapatıyorduk. Kendisi Lonof'un bu kısıtlı şartları altında "Eğer spor yapmaz isek burada ölür gideriz" diyerek beni de spora teşvik ediyordu." diye anlatıyor.

Abdullah Çatlı'nın Lonof cezaevinde bulunduğu koşulları yazdığı mektuplarından bir kaç alıntı:

Bir kişinin beni suçlaması üzerine (Eğer doğru ise resmi sebeb bu) İsviçre benim iademi elde etti. 25 Ekim'den beri de İsviçre'deyim. Tutukluyum. Ama en geç bir veya iki aya kadar buradaki iş neticelenir. Yani çıkmam gerekir. Eğer burada beraat edersem (ki büyük ihtimal) Fransa'ya karşı da dava açacağım. Paris'teki tutukluğum ne iyi ne de kötüydü. Ama burası polisin cezaevi olduğu için çok kelek, çok sınırlı. Günde bir saatten bir defaya mahsus havalandırma, haftada iki defa duş var. Üç kişilik bir koğuşta kalıyorum. Yemekleri iyi. Spor salonu da sanki İsviçrelilere mahsus. Hoş o da haftada bir gün, iki saatliğine. Başka hiçbir aktivite yok. Ancak mahkum olunca merkez cezaevlerine gönderiyorlar. Orası çok iyi. Paris'teyken tutukluluk statüm "tehlikeliler" kısmına girdiğinden (öyle bir statü var. 50.000 tutuklu hükümlüden 500 kişi böyle) epeyce rezillik çektirdiler. Ama çokta faydasını gördüm. Burada öyle bir durum yok. Herkes eşit.

Paris'teki cezam bittiğinde sevinemedik bile. Çünkü bu sefer de İsviçre başlıyordu. Ama inşallah buradaki dava çabucak biter. O zaman başka İsviçreler kalmıyor. Zira Fransa beni buraya verirken birkaç şart koştu. Onlardan birisi de beni başka hiçbir ülkeye vermemeleriydi. Onun için burası son durak.

Düşürüldüğüm bu durum sadece ve sadece ismime bağlı. Eğer benim adım başka olsaydı inan ki altı aydan fazla yatmazdım. Fakat bu sayede belki ömrüm boyunca kazanamayacağım tecrübeler kazandım. Onun da faydasını çok göreceğiz inşallah.

Yengen ve yeğenlerin Paris'teler. Onlar için bu durum çok zor oluyor ama canları sağolsun, arkadaşlar gerekeni yapıyorlar. Başlarından eksik olmuyor, her türlü dertleriyle ilgileniyorlar. Tabiî bu arada çokta keleklik yapanlar oldu. Leş kargaları gibi ben düşünce üşüştüler. Hele birkaçı var ki isimlerini duysan inanmazsın. Ama sen beni bilirsin şunun şurasında az kaldı.

Senin de tanıdığın iki kişi vasıtasıyla iyi kötü haberini alıyorum. Bir de malum gelişmeler oldu Ankara'dayken. (ASALA faaliyetleri sonucu Çatlı'ya görev teklifinde bulunan kurumun Türkiye'deki cezaevindekilere yönelik söz verip de yerine getirmedikleri kolaylığı kast ediyor) Hele bir defasında çok ciddi idi. İnşallah ileride bunları karşılıklı görüşürüz... Eğer hala oradaysa Mehmet G.'e selam söylersin.

Kendime iyi bakmamı istiyorsun. Merak etme irademle, moralimle, sağlığımla ve fiziğimle çelik gibiyim. Sizlerin de böyle olmanızı istiyorum. 1,5 yıldır sigarayı azalttım. Günde üç tane içiyorum. Kafa ve fizik olarak aynı beni tanıdığın gibiyim.

Bir de arayıp soran var mı diye sormuşsun. Kısacası kendi arkadaşlarımdan başka yok. Bırak ilgilenmeyi taş koymayı bıraksınlar yeter. Gerçi şu son zamanlarda benim düşüncelerimin doğruluğu *ortaya çıkınca durum değişti; ama, ben onları bir defa sildim; artık kayda geçmem."*

Çatlı'nın da mektubunda ilettiği üzere Lonof, polis cezaevi olduğundan olanakları oldukça sınırlı bir yerdi. Yerleşim bölgesinden uzak ve orman içinde bulunan bu yer, üç ayrı bloktan oluşuyordu. Mahkumların kaldığı blok, ön cepheden görünmüyordu. Buranın sakinleri tehlikeli teroristler, ünlü mafya babaları ve ağır suçlulardan ibaretti. Bir de Çatlı'dan.

Günde 23 saat koğuşta kapalı tutuluyor ve haftada iki defaya mahsus duş izni veriliyordu. Küçük bir koğuşta kalan Çatlı'nın, haftada bir kez iki saatliğine mahsus, spor izni dışında hiçbir aktivitesi yoktu.

Abdullah Çatlı, cezaevindeyken sıkı gözetim altında tutuluyordu. Bu sıkı gözetim "tehlikeliler" bölümüne alınmasına, mektuplarının sansüre uğramasına, yiyeceklerine hap katılmasına, şu veya bu görünümlü ajanlarca işkencelere maruz kalmasına ve en önemlisi mahkemelerde kendini savunacak okazyonların tanınmamasına kadar dayanıyordu.

Eğer Çatlı, bunların nazarında normal bir mahkum olsaydı, hiçbir sıkıntıyla karşılaşmaz ve davalardaki delil yetersizliğinden kısa süre içerisinde beraat ederdi. Ancak soyadı ve Avrupa için beraberinde getirdikleri O'nun alnına yapıştırılan bir etiket oluyordu. Çatlı, milliyetçi bir şahsiyetti. Bu da başkalarının işine gelmiyordu.

O'nun bu zorlu durumunda olan başka birisi daha yoktu. ASALA olaylarında Çatlı'ya belli bir dönem destek veren Oral Çelik haricinde. Hatırlanacağı üzere kendisi 1986 yılında Fransa-Belçika sınır kapısından geçerken polislerce durdurulmuş, arabası aranmış, birşey bulunamayınca da belli bir müddet polislerin gözetimi altında bekletilmiş ve bir saat sonra yine aynı sınır kapısından geçen bir başka arabada bulunan uyuşturucu madde dolayısıyla tutuklanmıştı. Çelik her ne kadar uyuşturucu madde ile yakalanan şahısları tanımadığını ve üstüne atılan suçlamayı kabul etmese de uzun yıllar boyunca Paris'te mahkum edildi. Çelik'in tutukluluk statüsü, Çatlı gibi olmasa dahi o da psikolojik baskı altındaydı. Gerçek soyadını kabul etmesi için o dönemlerdeki sahte ismiyle Bedri Ateş'e asıl ismini söyletebilmek için her türlü yola başvurulmuştu.

Tutuklu kaldığı süre boyunca Çelik'i iki kez ziyarete gitmiştik. Dediğim gibi kendisi bir hayli değişmişti. Daha doğrusu değiştirilmişti. Bütün bu entrikalar ASALA'dan kaynaklanıyordu. Avrupa bu konuya karşı hassastı. Bu yüzden ASALA'ya karşı mücadele vermek istemiş insanları avucunun içine almış günden güne daha çok eziyordu. Şayet benim bu ithamıma karşı gelinecek olunur ve inandırıcı bulunmadığı iddia edilir ise, bu konuda söyleyebileceğim şunlardan ibaret: Söz konusu şahıslar sözde (!) uyuşturucu suçuyla cezaevinde hüküm giydiler, deniliyor. Peki madem öyle, neden fazladan yatırılıyor, neden suçlandıkları konuya at gözlüğü ile yaklaşılıp derinlemesini bırakın, yüzeysel bir araştırma dahi yapılmıyor ve ceza alıyorlar, neden mahkumiyetleri boyunca kimliği belirsiz kişilerce baskı altında tutuluyorlar, neden diğer uyuşturucu hükümlüleri gibi aynı işleme tabi tutulmuyorlar... Ve neden bu kişileri ülkeler arası bir mücadeleye iten kurumlar bunlara sahip çıkmıyor. Bunların hepsi benim nazarımda soru değil, tesbittir. Dönen bu oyunlara rağmen eğer hala muallakta kalan varsa, o halde isteyen istediği şeye inansın.

ÇATLI'NIN DELİL GİBİ MEKTUBU

Çatlı'nın mahkemeden önce yazdığı mektup:

"Bu mektubu da diğer bazıları gibi başka bir şekilde gönderiyorum. Yoksa bu da sakıncalı bulunurdu. 20.04.89 tarihli mektubunu 26'sında aldım. Çabuk gelme açısından rekor. Meral'in son iki mektubunu ise onar günde ancak alabildim. Halbuki Paris'ten en geç iki günde bir gelirdi mektup. Ben bu gecikmelere de razıydım çünkü geçen hafta bir mektubum "sakıncalı" bulunarak geri geldi. Artık benimle birlikte ailemi de cezalandırma yoluna giriyorlar.

Sakıncalı bulunan kısmı sana da yazıyorum. Bu tutanaklardan biri savcıda, diğeri de konuşan kişi (Bilecan'i kast ediyor) tarafından yazılıp mahkemeye, dosyamın içine gönderilmiştir. Ve oradan da benim avukat alıp, geçen hafta beni ziyarete geldiğinde getirip okudu. Ben de bu okunanları yengene bilgi sahibi olsun, dönen oyundan haberdar edeyim düşüncesiyle yazmıştım. Fakat mektubumu göndermediler.

Bu konuyu ben, savcı, polis, mahkeme, beni suçlayan kişi ve avukatım biliyoruz. Yani işin gizliliği falan da yok. Ama yakınımın bilmesini istemiyorlar. İşte kısacası söz konusu tutanaklar;

Savcı anlatıyor: "Aralık 88'de Nevzat B. isteğim üzerine büroma geldi. Çağırma sebebim A.Ç. ile yüzleştirme yapmak içindi. Ama Nevzat'ın durumunu görünce karşılaştırma yapmaktan vazgeçtim. Zira Nevzat kriz içerisindeydi. Ve bu kriz korkudan ileri geliyordu. Kendisine A.Ç. ile yüzleştirme yapacağımı söyleyince büyük bir tepki göstererek "Ne onunla yüzleşirim ne de bir daha buraya gelirim" diyerek önceki verdiği ifadenin yalan olduğunu, A.Ç. ve diğer kişilerin suçsuz olduklarını birkaç defa tekrarladı. Halinden onun müthiş bir korku içerisinde olduğunu anladım ve hiç korkmamasını, yüzleştirme yapmayacağımı bildirdim. Yapmış olduğu bu ifade değişikliği korkudan ileri gelmektedir, dolayısıyla karşılaştırma yapılmamasını ve yapmış olduğu değişikliğin gözönüne alınmamasını..." vb.

Komiserinki ise şöyle: "N.B.'nin ifadesi bittikten sonra arabasına kadar yolcu etmek için refakat ettim. Yolda bir ara durup "Nevzat özel bir merakımı gidermek için bir sorumu cevaplandırır mısın? deyip "Önceki mi yoksa sonraki ifaden mi doğru? diye sorunca "Önceki" diye gözleri dolu dolu bir vaziyetle cevapladı..."

İşte sakıncalı bulunan şahıslar kardeşim. Sakıncalı bulunması bir yana tutanakların özelliklerini nasıl buluyorsun? Dram ve komediyi aynı anda yaşıyoruz. Ama onların bu manevralarını, bu oyunlarını onlara geri iade edeceğim inşallah. Çok iyi niyetli olduğunu ileri süren savcı "Peki bu kadar korkuyordun niçin önce suçladın?" diye soramıyor tabii. Önce korkmadıysa şimdi korkmasını gerektiren bir sebebi var mı? Veya önce mi yoksa sonra mı yalan söylüyordu? Bütün bunları sorabilmem için yüzleşmem gerekiyordu, kabul etmedim. İleride, mahkemede karşılaştırma yapılacağı da şüpheli. Şimdi artık kafamda soru işaretleri iyice çoğaldı. Kafamı çok bozuyor ve bulandırıyorlar. Bu iki yüzlü adilerle mahkeme günüm olan 19-20 Temmuz'a kadar bakalım nasıl geçineceğim. Sanki diğerlerine nazaran bu kadar gün atmaları bir taktik! Bu kadar gün atmaları kanunen en son sınır.

Beni en çok düşündüren ve endişelendiren yengen ve çocuklar oluyor bildiğin gibi. Zira kötü bir netice çıkarsa çok zor bir durum olacak onlar için. Özellikle yengen için. Bildiğin gibi değil. Tabii bana, tahmin edeceğin gibi pek birşey söylemiyorlar. Ben de mecburen inanıyorum. İnşallah iyi bir gelişme olur da durumu kurtarırız."

DELİ AJAN SUÇLADI ÇATLI SUÇLANDI

Çatlı'nın mahkemeden sonra yazdığı ilk mektup:

"...Tahmin edeceğin veya bildiğin gibi yedi yıla mahkum oldum. Mahkemeye kadar durum normaldi. Fakat ilk gün çok önemli gelişmeler oldu. Benim o ana kadar en çok zorluk çektiğim konu beni suçlayan kişinin niçin bana iftira ettiğine cevap bulamamamdı. Elbette bazı açıklamalar, yorumlar getirebiliyordum ama pek yetmiyordu.

İşte o ilk gün, onun cevabını beni suçlayan kişi verdi. Daha doğrusu 1984 yılında verdiği ifadede açıklamış ama ben bilmiyordum. Avukatımın bir sorusu üzerine meseleyi öğrendim. Meğer bu kişi o zaman "ben onların arasına onlara zarar vermek için sokulmuş bir ... ajanıyım" diye ifade vermiş. Ama mahkemede geveleyip o sözleri söylediğinde kendinde olmadığını ileri sürdü. Zaten hemen hemen hiç konuşmayıp korkuyor süsü verdi. İkinci önemli konu ise yine mahkemede ısrarla ve gayet kesin bir şekilde beni suçlayan önceki ifadesini reddedip öyle bir şeyin olmadığını beyan etti.

Buna rağmen bastılar cezayı.

Aslında eline geçeceğini bilsem ve yabancı dilin olsa buranın basınında benim hakkımda çıkan gazetedeki haberleri gönderirdim. Ve sen de oynanan oyunu daha iyi anlar, bunların kendi ağız ve kaleminden olanları öğrenirdin.

Benim mahkumiyetime Nevzat Bilecan adında birisi sebep oldu. Fransa'dan buraya da onun beni suçlaması üzerine iade edildim. Beni bu konu hakkında suçlayan ikinci bir kişi yok. Ne de zerre kadar bir delil. Mahkemede bu şahıs dinlendi. Ve ilk verdiği (polise verdiği beni suçlayan ifadesi) ifadesini değiştirip, ısrarla bu işle benim hiçbir alakamın olmadığını söyledi. İlk ifadesi poliste. Bu son ifadesi ise mahkemenin huzurunda alındı.

Bu işte altı-yedi kişi var. Diğerleri hiçbir şekilde beni sözkonusu etmedi. Bu kişinin ifadesi üzerine diğerlerinin hepsi de hüküm giydi. Yalnız Mehmet Şener önce beş yıl aldı. İtiraz etti ve dava beraatle sonuçlandı.

Mahkemede iki önemli gelişme oldu: birincisi Bilecan'ın ifade değişikliği idi. Diğeri ise 1984'te vermiş olduğu bir ifadenin açıklanması oldu. Bildiğin gibi buraya ilk geldiğimde, "beni suçlayan kişiyle yüzleşmeden önce hiçbir ifade vermeyeceğim" deyip karşılaştırma istemiştim. Ne onlar yüzleştirme yaptılar ne de ben ifade verdim. Neticede savcı Bilecan için "Yüzleştirmeyi neden bizzat istemediğini mahkemede öğreniriz" deyip işi mahkemeye bırakmıştı. Tabii bu konuda eve ve sana açıklayıcı mektup yazmıştım ama geri döndürmüşlerdi. Güya Bilecan "kesinlikle yüzleşmek istemiyorum" demiş savcıya. Buna sebep ise korkmasıymış. Halbuki beni ilk suçladığında serbestdim. İfadesini geri alıp, suçlamadığında ise hapiste. Çok manidar bir korku. Tabii savcı işi elinden kaçıracağını anlayınca (Çünkü bu adam buranın en önemli savcısı ve de bu davayı kazanmak mecburiyetinde hissediyor kendini. Zira bu savcı davada başarılı olursa Bern'e önemli bir göreve gelecek) ince bir oyuna başvurup bu davanın komiserini ve tercüman kadını (ki Ermenidir) mahkemeye şahit olarak getirtti. Bunlar da Bilecan'ın çok korktuğunu ve buna bizzat şahit olduklarını v.s. anlattılar. Bu da ister istemez tesirli oldu.

Mahkemede bizim (avukat ve ben) üzerinde durduğumuz esas konu ise bu ifade değişikliği değil, Bilecan'ın 1984'te polise verdiği ifade idi: "Ben ... ajanıyım. Abdullah Çatlı ve arkadaşlarının arasına onlara zarar vermek amacıyla sokuldum" demesiydi. Mahkemede ise, 1984'te bu ifadeyi verdiği sıralarda kendisinin "deli" olduğunu söyledi. İşte bu üst mahkemedeki benim en büyük şansım bu ifadedir.

Zaten mahkumiyetim için bu suçlamanın yeterli olmadığını bildiklerinden polisten, Ermeni tercüman bayandan ve beni tanıyan bazı kişilerden faydalandılar.

Benim aleyhime, dolaylı olarak ama bilerek ve belki de kasten, ifade veren M.Y.'nin (Kendisi politikacıdır) tanıdığı Adana'lı birisi var. Kendisinin üzerine vazife olmadığı halde (bundan dolayı kasıt var diyorum) beni çete başı olarak gösterme ve isbat yoluna gidiyor. Yukarıda adı geçen kişinin önüne de Nevzat düşüyor. Ben daha Paris'teyken bunu biliyordum. İstemememe rağmen Meral senin bildiğin kişilerle (Ankara) irtibata geçip, birşeyler yapılmasını temin etmek istiyor. Ve devreye M.Y. giriyor. Ben gerekeni yaparım diyor. Ama sonradan, ortada benim istikbalim, şerefim söz konusuyken, herhangi bir ifade değişikliğinde ilgili kişinin oturma izninin tehlikeye gireceği tasasından hareketle, mesele geçiştiriliyor. Halbuki o ilgili kişinin söylediği herşeyden önce gerçeklere uymuyordu. İstediğimiz sadece gerçeğin söylenmesini temin idi. Bütün bunlara rağmen ben o kişinin ifadesini çektirtebilirdim. Ama prensiplerime ters geldiği için sineme gömdüm. Yoksa onun ne izni ne de şerefi kalırdı. Artık onun adiliğini başka türlü, yaptığı uşaklığın ceremesini de başka türlü çürüteceğim. O zaman da, inşallah, arkasında olan veya olanları tespit edeceğim. Aklıma geldikçe yerimde duramıyorum Haluk. Oturum izni nelere tercih ediliyor. Halbuki bunu söylerken hicab duyuyorum, o kişinin ev bark sahibi olmasına. O kahbeliğe bedel olan iznin alınmasına onun tuzağa düşürmek istediği kişiler vesile olmuştur. Haluk'cuğum öyle şeyler var ki bunu yazmaktan sıkılıyorum. Yoksa bunun gibi neler var neler. Avrupa'da çok kişinin bu tip yerlere düşmesine o kahpe ve satılmış zihniyetler sebep olmuştur. Dolayısıyla kapıkulu ve şamaroğlanı, teslimiyetçi olmak istemeyenler de şuurlu olarak harcanmak istenilmiştir. Ümid ederim neticeden memnundurlar. Dünün adi politikacıları ve istismarcılarının yerini yenileri almıştır. Hele bir de yeni yetmeler var ki kahırları hiç çekilmiyor. Değişen sadece isimler oldu. Bunun için sana yazdığım mektuplarda hala bildiğin kişi olarak kaldığımı belirtmiştim.

Mahkumiyetimin sebebi şunlar: Birinci sebep benim geçmişim. Savcı on dakika esas ilgili meselede, yirmi dakika ise geçmiş faaliyetlerden bahsetti. Burada çıkan ciddi! bir gazete ise benim gibilerin 1815 Osmanlı kafasına dönmek istediğimizi v.s. yazdı.

İkinci önemli sebep ise Fransa'da hüküm giymiş olmamdı. Halbuki Fransa'da beni mahkum eden üç sebepten biri, İsviçre'nin beni araması idi! Son olarak beni tanıyan kişinin lüzumsuz yere (belki de kasıtlı) beni Avrupa çapında şef gibi göstermesiydi.

Savcı onüç yıl isteyip Fransa'daki beş yılın burdan düşürülerek, sekiz yıl verilmesini talep etti. Mahkeme ise 12-5=7 yıla mahkum etti. Ve tabii hemen itiraz ettim. Mahkemem en erken üç-beş ay sonra olur. Eğer yedi yıl kesinleşirse, bunun üçte biri infaz. 56 ay yatmam gerekiyor. On ay yattım. 46 ayım kalıyor.

Engel teşkil edebilir düşüncesiyle bir sahife daha yazmıyor, en çok muhabbet beslediğim arkadaşımı Allah (c.c.)'a emanet ediyorum.

Abdullah Çatlı'nın her iki mektubunda da görüldüğü üzere, Bilecan'in birbirinden farklı iki ifadesi bulunuyordu. Birincisi 1984'te polise verdiği ifade, ikincisi de 1988'de önce savcıya ardından da hakime verdiği ifade olacaktı. Birincisinde Çatlı'yı suçluyordu. İkincisinde ise suçlamayı ısrarlı ve net bir şekilde geri alıyor, Çatlı'nın böyle bir organizasyonda bulunmadığını beyan ediyordu.

KAŞIKLA DUVAR DELMEK

"Bazı yenilgiler zaferden üstündür."
Montaigne

Nevzat Bilecan adındaki vatandaşın Çatlı'yı suçlaması üzerine 1984'te başlayan süreçle açılan davanın aleyhimize sonuçlanacağını tahmin ediyorduk. Bir üst mahkemeye itiraz etmiştik fakat bunda da beklenen beraat kararı gelmeyecekti. Babamı bu kez de yedi yıla mahkum etmişlerdi.

Ben ki yıllarca arkadaşlarımdan babamın hapiste olduğunu, tembih üzerine anlatmaktan kaçınmıştım. Ben ki bazen babamın evde olduğu için dışarıya çıkamayacağımı söyleyip, ağabeylerimden ödünç aldığım ayakkabıları kapı önüne bırakıp, uyuduğu için sessiz olmalarını söylemiştim. Artık onları hangi sebeple yedi koca yıl daha oyalayacaktım yada en mühimi babam daha ne kadar bu manevi çöküntüye dayanacaktı. Komplolarla dolu bu düzenin babam için biçtiği, dört duvar arasında geçen yıllar neyin cezasıydı?

O dönemlerdeki tek hayalim babamın elinden tutup, Paris sokaklarında yürümekti. Çok mu şey istiyordum? Tatlı günleri yaşamadan, acıyı genzimde hissediyordum. Bu gidişle hayat son bulacak diye değil, hiç başlamayacak diye korkuyordum.

Babamın 15 Mart 1989'da geçtiği yeni yer, Bostadel merkez cezaeviydi. Burası diğerlerine nazaran daha rahat bir yerdi. Bostadel'in büyük bir bahçesi, spor salonu ve televizyonu vardı. Hatta sıcak suyu, radyosu ve her hücrede yangın durumunda kullanılabilecek küçük bir pencere bile vardı. Herkes tek kalıyordu. Mahkumlara ise, ailelerine telefon etme imkanı sağlanmıştı. Burası diğerleriyle kıyaslanamayacak kadar lüks bir yerdi. Zaten bütün merkez cezaevleri böyleydi ve buraya ancak kesin hükümlüler getiriliyordu. Yani cezası sabitleşmiş olanlar. Babam ise burada yedi yıl geçirecekti. 13 yaşıma girmiştim ve O'nun cezaevi çıkışında ben, kocaman bir kız olacaktım. Bu düşünce beni deli ediyordu, deli!

Babam beni La Santé'deki görüşlerde görsel olarak biliyordu ama içimdeki beni değil. Paris'teyken, o kısıtlı görüşlerde hep kendimden, zevklerimden, arkadaşlıklarımdan, en son ne zaman kahkahayla neye güldüğümden, hangi filmde ağladığımdan, kitap okurken önce neye dikkat ettiğimden yada çocukluk kabuğundan çıkmaya başlayan Gökçen'inden bahsetmemi isterdi. Ben anlatırken babam bazen derin bir iç çeker ve biliyorum ki aklından acısıyla tatlısıyla bir babanın hisleriyle bu mecburi ayrılıkta ayrı geçen bunca zamana sitem ederdi. Babam beni çok severdi. Çok. Ben babamın yarınıydım ama O'na en çok ihtiyacım olduğu günlerde O yanımda yoktu ya, buna öyle çok içerliyorduk ki...

Samet Aslan, yani Fransızca'yı öğrenmemde katkısı bulunan ve babamın yurt dışındaki yıllarında, O cezaevine girdikten sonra dahi yanında saf alan kişi, Türkiye'ye dönerken 80 ihtilalinden bu yana arandığı için yakalanmıştı. Bu haber hepimizi derinden üzdüğünde babamın "Onu rahat bırakmayacaklar. Çocuğu sahipsiz sanmasınlar. Görüşüne gidecek, maddi manevi destek olacak birilerini ayarlayalım" demesinin önemini şimdi daha iyi anlıyorum. Çünkü Samet Aslan kısa bir süre sonra ölmüştü. Gazetelere yansıyan haberlerde Samet Aslan'ın, tutuklu kaldığı Ağrı Cezaevi'nin hücresinde, sabaha karşı kendini astığı yazıyordu. Ancak babamın tanıdığı inanç ve kişilik sahibi Samet Aslan bunu kendine yapacak yapıya sahip değildi. Babamın aklına başka düşünceler geliyordu. Hepimiz çok üzgündük.

Babamın tutukluluk döneminin diğer mahkumlardan daha zor geçmesine rağmen, O hiçbir zaman ümitsizliğe kapılmamıştı. Yasal yollardan gidilecek olunursa babam, özgürlüğüne kolay kolay kavuşamayacaktı. Bu nedenle, 16 Nisan 1989'da ikinci kez kaçma teşebbüsünde bulundu. Bildiğim kadarıyla tam iki ay boyunca, babam hücresinin duvarını metal kaşıkla delmeye çalıştı. Amacı havalandırma sahasına bakan cepheye ulaşıp, duvarı birbirine doladığı çarşaf yardımıyla aşmaktı. Babam duvarı delebilmişti ama çarşafı duvarın öbür tarafına her attığında gizli teller onu delik deşik etmişti. Yılmaksızın sabaha kadar bununla uğraşmış fakat başaramamıştı. Kaçamayacağını anlayınca, yemekhanenin kapısının önüne oturup sigarasını yakmış, kaçtığını sanan gardiyanlar alarmı çaldığında ise gidip kendisi teslim olmuştu. Yapılan mahkeme neticesinde cezaevine zarar verdiği için 590 İsviçre Frang'ıyla cezalandırıldı.

BAŞKONSOLOS AMCA BANA KİMLİK VER!

Ben küçük bir Türk vatandaşıydım ve küstürüldüğüm memleketimin özlemindeydim.

Annemin girişimleri sayesinde Fransız Devleti, bize her üç ayda bir Nanterre'den müracaat etmemiz şartıyla geçici vize sağlıyordu ancak bunun uzun vadeli bir garantisi yoktu. Devletin, Fransa'da kalmamıza müsaade etmesinin sebepleri, Türkiye'den siyasi sorunlarla çıkışımız ve babamın Paris'teki cezaevinde hükümlü oluşundan kaynaklanıyordu. Babamın İsviçre'ye iadesinden sonra her ne kadar sorun çıkaracağını düşünsek de, Nanterre bize vize vermeye devam etti. Bu durum bizler için hem olumlu, hem de sevindirici bir gelişmeydi.

1987'den bu yana, annem Paris Türk Konsolosluğu'na kimlik müracaatında bulunmuş ancak çeşitli sebeplerden ötürü olumlu netice alamamıştı. Bir başka deyişle, 1979'dan beri bizim kendi soyadımıza düzenlenmiş kimliğimiz yoktu. Bu durumun rahatsız edici bir hal alması, gerek duyulduğu taktirde esas hüviyetimizi ispatlayacak bir belgemizin olmayışındandı. Biz kimdik? Kah Saral, kah Gürel, kah hatırımda bile kalamayacak bir hızda değiştirmek zorunda olduğumuz diğer kimlikler... ama Çatlı değil! Bu gibi sebeplerden ötürü Konsolosluğun yolunu defalarca aşındırmıştık. Her gidişimizde umutla talepte bulunur fakat hüsrana uğrardık. Çünkü Türkiye'deki yetkililer bize kimlik vermekte sakınca görüyorlardı! Peki bir dönemler elimize geçen pasaportların, kimliklerin, vizelerin ne gibi sakıncası yoktu da şimdi "kritik durumdakileri" oynuyorduk!

Annemle ağabeylerimin yeniden konsolosluğa gideceklerini duyunca, beni de götürmeleri için huysuzluk yapıyordum. Çünkü son gidişimizde umduğumuz cevabı alamadığımızdan konsolosluk binasında yaygarayı koparmıştım. İsyan etmekte haklı olmamın ince noktaları, derinlemesine bir araştırma gerektirmez! Ölümcül hastalığa kapılmış olan nasıl sağlık dileniyorsa, bende kimliksiz olarak soyadıma kavuşmayı bekliyordum. Bu bende adeta bir saplantı haline dönmüştü. Hayal kırıklığına uğramak tüylerimi diken diken ediyordu. Hüsranlardan öyle bıkmıştım ki, hüznün sarhoşluğuna kapılmam kaçınılmazdı. Hesap sorarken inciniyordum. Ben küçük bir Türk vatandaşıydım ve küstürüldüğüm memleketimin özlemindeydim. Buram buram Türkiye, buram buram hasret kokuyordum.

Artık konsolosluk binasına girmiş ve zaman kaybetmemek için elini tuttuğum ağabeylerimden birini yarı koşturur adımlarla, Türkiye'den gelen neticeleri almak için yetkili kişinin odasının bulunduğu kata çıkarmıştım. Annemlere dahi fırsat tanımadan kapıya hafifçe vurup, içeriye girdim ve soluk soluğa kalmış bir sesle;

"Başkonsolos amca bana kimlik ver artık!" dedim.

Karşımdaki kişi önce biraz şaşırmış fakat beni tanıyınca ufak bir tebbessümle;

"Yine mi sen geldin hanım kızım. Biraz bekle, neticeyi öğrenip sana haber veririm." dedi.

Bu fevri davranışımla galiba annemi utandırmıştım.

Bir müddet bekledikten sonra dayanamadım ve odaya tekrar girdim. Meraklı ancak suskundum. Başkonsolos amca "gözünüz aydın" dedikten sonra gözlerim doldu. Müjdeli haber nihayet gelmişti. Dokuz yıl ardından sonra tekrar Çatlı olmuştuk. O anki duygularım öyle karmaşıktı ki adeta başımı döndürüyordu. Memleketimizin ulvi gayeleri için mücadele vermiş olan babamın hizmetinin karşılığını, sistem bu şekilde mi ödemeliydi!

Bu doğru değildi. Yaşadığımız o yılların esas tanığı aslında ne belgeler, ne de şahıslardır. Esas tanık belgeden daha anlamlı bir değer teşkil eden hislerimizdir. Çünkü hislerde yalan, art niyet değil gerçekler barınır. Hisler babamın karşısına getirilen yalancı şahitler adamlar gibi satın alınamaz, yaşanır.

Akşama doğru konsolosluk binasından çıkmıştık. Sanki çalacaklarmış gibi elimde sıkıca tuttuğum evrak ise Türkiye Cumhuriyeti Nüfus Cüzdanı'ydı. Defalarca okuduğum ve kah gözyaşlarımla donattığım, kah sinirden titrettiğim belgenin üstünde ise Gökçen Çatlı yazıyordu. Göze tatlı fakat biraz acı; kulağa hoş ama çok yabancı geliyordu... Yani gerçek soyadım.

ABDULLAH ÇATLI MEKTUBUNDA ANLATIYOR:
"BATI MEDENİYETİNİN LAZIMLIKLARI VE HUMANİSTLİĞİ"

"15 Mart'tan beri yeni bir cezaevinde bulunuyorum. Burası önceki yere nazaran çok iyi! Herkes tek kalıyor. Kapılar sabah yediden akşam altıya kadar açık. Yemek büyük bir salonda yeniliyor. Aynı salon oturmaya da yarıyor. Günde bir saat havalandırma var. Burada radyo, tv vs imkanı da mevcut. Yalnız burayı yaparlarken koğuşlara wc ve lavabo (akan su) koymayı unutmuşlar (!) Tabii, koğuşlarda bunlar olmayınca hücre kapısını açık bırakıyorlar. Batı medeniyetinin zirvesinde bizler sabahları elimizde lazımlıklarla çıkıyoruz. Nisan şakası değil bu bir hakikat. Burada tanıdığım birinin savcıya söylediğini de yazmadan edemiyorum: Bu tuvaletsiz cezaevine gönderileceğini duyunca "Ben hayvan mıyım da beni öyle bir yere gönderiyorsunuz" deyince savcı niye öyle söylediğini soruyor, o da "Çünkü bizim memlekette ahırlarda tuvalet olmaz, oraya hayvanlar girer" diyor. Benim çok hoşuma gitti (!!!)

Benim bulunduğum (önceki) cezaevine her 1-2 ayda adalet bakanlığından bir teftiş heyeti gelir, tutuklularla görüşüp bir problemleri olup olmadığını sorar, not ederlerdi. Eğer hüküm giymiş birisi bulunduğu konumundan memnun değilse, en geç iki gün içerisinde başka yerlere gönderilirdi. Tercümanlığını yaptığım hükümlü Türk arkadaşların, bu cezaeviyle ilgili sorunları olduğu halde birisi üç haftadır, diğeri ise sekiz aydır oradaydı. Bu hiç görülmeyen bir durumdu. Ben de bu durumu teftiş heyetindeki bayan müfettişe, "burada ırkçılık yapıldığı için bu arkadaşlar hala buradalar ve sizin durumları bilmeniz hiçbirşeyi değiştirmiyor, bu sebeple kendi bir kaç problemimi size söylemiyorum" deyince "burada ırkçılık yok" derken yüzüme bile bakamıyor ve hemen geri dönüp gidiyordu. Mektubunda insan haklarını ve yabancıların hümanistliğini yazmışsın. Ama ben İsviçre'li değilim ki, onlardan faydalanayım. İsviçre'li (öz İsviçre'li) ya da başka Avrupa ülkelerinde "öz" olman gerekir ki hakların olsun. Yoksa kafan karayken İsviçre vatandaşı olsan da değişen pek birşey yok.

    Mesela bugün birşeye daha şahit oldum. Buraya ayda veya onbeş günde bir normal vatandaşlar gelir ve tutuklu hükümlülerle salonda çaylı kahveli sohbet edip, anlamaya, yardımcı olmaya çalışırlarmış! Ben hiç gitmediğim için bilmiyorum tabii. Bu sohbetlere daha önceden katılan bir arkadaş bunların esas maksatlarını anlayınca (ki gelenlerden biri itiraf etmiş) katılmayı bırakmış. Meğerse bu kişiler problem sahibi, eski eroinmanlarmış. Bunlara "işte gidin buraları görün, halinize şükredin" deniliyor. Çünkü bunlar mutluluğu burada arayan zavallı, buhranlara düşmüş kişiler. Yoksa sebep bizlere yardımcı olmak değil. Belki de o anlayışta olan vardır ama kimbilir kaç tane? Ama eğer yetkilileri dinlersek tek sebep bizlere yardımcı olmak. Meseleyi değiştirip hep yaptıkları gibi dünyanın gözünü boyuyorlar. Eğer sanıldığı gibi bunlar bu kadar insalcıllarsa şu vereceğim meseleye çözüm bulmaları gerekir. Benimle çalışan ve on aydır burada bulunan Türk bir arkadaş var. Ayağından sakat. Doktorlar "ameliyat olması lazım" diyorlar. Halbuki sigortalı ve aylardır acı çekmesine rağmen ameliyat etmiyorlar. Bu durumun sebepleri arkadaşın müslüman olması ve ameliyat için yeterli parasının olmaması. Ancak "mahkemeye gidince hem heyete hem de gazetecilere söyleyeceğim" diye tehditkar bir tavırdan sonra sadece özel bir ayakkabı yaptırdılar. Ama bu ayakkabı bile acısı dindirmeyecek ve hastalığına çözüm olmayacak. Ameliyat etmesi gereken doktor ise "Eğer bir hata edersem, biz (İsviçre) sorumlu oluruz" diyerek olası bir aksilikte sigortalı oluşundan dolayı vermeleri gereken paranın hesabını yapıyorlar. Halbuki arkadaşın acısına sebep olan rahatsızlığı basit bir ameliyatla giderilebilir bir durumda.

    Bir sahife daha yazmaktan vazgeçip inşallah başka bir sefere diyorum."

ANNEM AYŞE OLUNCA

Öğrenmenin üç kaynağı;
çok görmek, çok acı çekmek, çok çalışmaktır.

Meral Çatlı Anlatıyor;

"Eşimin cezaevine girdiği gün anladım ki onu bir daha görmek çok zor olacaktı. Bir yanda kanunu anlatıp, kanunsuzlukla yargılayanlar, diğer yanda bazı devletlerin Abdullah'ın özgürlüğü için bize göre kabul edilmesi mümkün olmayan anlaşma teklifleri vardı. Onu bekleyen sonun, şüpheli bir ölüm olmasından tedirgin oluyordum. Bu nedenle kocamı bir an evvel çıkarmalıydık. Fakat ne La Santé, ne de Lonof bunun için uygun değildi. Bostadel'e verilişi bizler için çok mühimdi. Bu durum onun çıkmasını nihayet sağlayacaktı. Benim yapabileceğim kocamı ziyarete gidip, alınan kaçış kararını ona temiz elden iletmek olacaktı.

İsviçre, Bostadel cezaevi açık görüş
Firar planları içinde...

Fransız hükümeti diğer ülkelere girişimi yasakladığından yolum en başından kesilmişti. Bende Ayşe isminde bir bayanın pasaportunu temin edip, kendimi az da olsa ona benzetmeye çalıştım. Fakat Ayşe hanımla aramda en ufak bir benzerlik dahi olmadığından işim güç olacaktı.

Yolculuğu Renault marka bir arabayla yapacaktık. Bu yolculukta bana eşlik etmesi ve destek olması için yanıma bir bey verilmişti. Çocuklarımla helalleşip yola koyulduk. Çünkü herhangi bir aksilik neticesinde bana ait olmayan bir pasaportla yakalanmam, sınırdışı edilmeme sebep olacaktı. Bu durumda çocuklarıma neler olabileceğini, yada Avrupa'ya girişimi tekrar nasıl sağlayacağımı bilmiyordum. Ben, hayatım boyunca eşimin masumluğuna inanmış ve hakettiği özgürlük uğruna bütün riskleri göz önüne almıştım. Bu nedenle detayların ehemmiyetine fazla inmedim. Kontrol kapılarında hiç sorun çıkmadı değil. Şüphelenip çeviren de oldu, mühür basmak istemeyen de ama ne yapıp edip İsviçre'ye girdik. Tarih 26 Ocak 1989'du. İsviçre'de bulunduğumuz süre içerisinde bir Türk ailenin yanında kaldık. İkinci gün Bostadel'e hareket ettik. Yol oldukça dik ve dardı. Yerleşim alanının uzağında, dağların arasında Bostadel Cezaevi inşa edilmişti. Sıkı kontrolden geçtikten sonra cezaevinin birinci bölümüne ulaştık. Müdüriyet ve Bostadel İdari binasından oluşan bu bölümde, yöneticilerle görüşme talebinde bulundum. Önce her ne kadar bunu reddetseler de, daha evvelden misafir olarak kabul edilme belgemi hazırladığımdan Abdullah'la görüşmeme izin verildi. Polis aracılığıyla bekleme odasına, oradan da açık görüşün yapılacağı yere alındım. Abdullah, onca imkansızlığa rağmen benim kendisine ulaşmama fazlasıyla mutlu olmuştu. Batıda devlet vatandaşa inanır. Vatandaşın beyanı esastır. Kontrol kapılarında Ayşe kimliği ile, cezaevine ise kendi soyadımla giriş yapmıştım. İzlenmediğim yada ihbar edilmediğim sürece, sorun çıkmayacaktı karşıma.

"Abdullah kaçma vaktin geldi. Dışarıdan destek sağlanacak."

"Ben içerideki hazırlığımı tamamladım. Merak etme, dünyada kaçılamayacak cezaevi yoktur!" diyordu.

DÜNYADA KAÇILAMAYACAK CEZAEVİ YOKTUR

"Düşündüğünüz, inandığınız ve güvenle beklediğiniz her şey mutlaka gerçekleşir."

Annemin, risk teşkil eden İsviçre dönüşünden yaklaşık üç ay geçmişti. Babamın kaçışı için gerekli olan hazırlıklar tamamlanmış, beklenen gün 21 Mart 1990'a gelinmişti. Annem heyecanla telefonun başında haber bekliyordu. Saat 20:00'da nihayet telefon çaldı:

"Kaçtılar mı?" dedi annem, babama dışarıdan destek sağlayacak olan kişiye titrek bir sesle.

"Bilmiyorum. Onları göremiyorum."

"Eyvah! Durma bir daha tur at. Onları görene kadar tur at."

Annemi hiç bu kadar sabırsız ve korku içerisinde görmemiştim.

Bir saat sonra...

Hayallerim, benden ister istemez uzaklaşmaya başlamıştı. Bugünümüzü sağlayanlara derin şükranlar, yıllarımızı çalanlara ise... Derken telefon tekrar çaldı

"Her yere baktım yenge hanım yoklar!"

"Sakın oradan ayrılma sakın. Gerekirse sabaha kadar bekle. Peki köye inip baktın mı?"

"Şu an köydeyim. Buradan da haber yok. Ama kaçtıklarından eminim. Yol kenarında kırık ağaç parçaları var. Yalnız yenge hanım seni tedirgin etmek istemem ama etrafında kan da var."

Vurulmuş muydu? Ölmüş olabilir miydi? Sabır, sükunet ver Allah'ım.

Gece yarısına kadar haber bekledik. Bize ulaşanlar annemi çıldırtıyordu. Annemin konuşması gereken şahıslar olduğundan, tedbiri göz önünde bulundurarak, tıpkı bundan yedi yıl önce yaptığımız gibi evimizin önündeki telefon kulübesine indik. Çok korkuyorduk. Tekrar ve tekrar ölüp dirilmekten, ümit olmadan hayata devam etmekten. Hayat, iki bölümden oluşuyordu: Geçmiş bir rüya ve gelecek bir kabus.

Hava yağmurluydu ve biz süratle telefon kulübesine doğru koşuyorduk.

"Anne bacaklarım titriyor. Çok endişeliyim. Daha fazla koşamayacağım."

"Az kaldı. Bak telefon kulübesinin ışığı görünüyor."

"Babam kesin başarmıştır değil mi anne? Hele bir gelsin..."

"Sus bakayım, nefesini konuşmaya harcama! Hem sonuç her ne olursa olsun metanetli kalmak şart."

Bir ilkbahar gecesiydi. Bundan yıllar önce, yeni bir şans için. Belki, belki kimbilir?

Telefon kulübesine bir iki metre kala yere düştüm. Annem, beni kaldırmadan numarayı çevirdi. Ben ise gecenin karanlığında, etrafımızda sinsi sinsi dolaşan köpekleri izliyordum. Titremekten elimdeki kanı temizleyemiyor, damağıma yapışan dilimi yerinden oynatamıyordum. Vücudum kaskatı kesilmişti.

Annemin konuşma şeklinden anladığım kadarıyla müjdeli haberi alamamıştık. Uzun saçlarını avuçlayıp, yere çömeldi:

"Neden Allah'ım neden?" diye haykırıyordu.

Canımızı acıtacak kadar birbirimize sıkıca sarılmış, ağlıyorduk. Köşe başındaki sokak ayyaşları ise ateş yakmış, sanki hepsi bu gecenin şerefine kadeh tokuşturuyorlardı. Tatlı bir gülümsemeyle başlayan bir umuttu babamın kaçış düşüncesi. Şimdi ise yüzümde eskimiş bir ifade, ekşimtrak bir bakış vardı. Umutlardan inşa ettiğim mutluluk, kendini kasırgaya kaptırmış bana uzun bir elveda diyordu.

Eve geldiğimizde kardeşim kapıda bizi bekliyordu. İsmini vermeyen bir amcanın çok bitkin ve soluk soluğa kalmış bir sesle, annemize iyi olduğunu bildirmesini istediğini söyledi. O an, annemin yüzünde şimdiye dek hiç görmediğim bir mutluluk ifadesi oluşuverdi.

Bir ilkbahar gecesiydi. Belki... Belki bir şans, yeni bir hayat için. Kimbilir belki. Babam artık kaçmıştı!

Babamdan birkaç kez dinlemeye nasip olan kaçış öyküsünü elimden geldiği kadar O'nun sözleriyle aktarmaya çalıştım:

"Bostadel'in şartlarına göre her mahkuma dört ayrı iş seçimi sunuluyordu. Bunların birinde çalışmak zorunluydu. Bende cezaevinin metal bölümünde aylığı 1000 frank karşılığı çalışıyordum. Benimle birlikte çalışan Yugoslav biri vardı: Josip Fetzer. (İsimdeki telaffuz doğru fakat harflerde bir yanlışlık yapmış olabilirim.) Josip, bundan evvel bir kaç kez cezaevinden başarılı bir planla kaçmıştı. Her hücrede yangın durumunda kullanmamız için bir pencere vardı. Josip, metal bölümünde çalışırken bu pencereyi açacak, ortası delikli ilginç bir anahtar yapmıştı. Hücredeki pencere havalandırma bahçesine bakıyordu. Kaçış kolay olacak gibi gözüküyordu. Zaten merkez cezaevlerinde firar istatistikleri yüksekti. Meral kaçışıma dışardan da destek sağlanacağını söylediğinde, bu benim için sürpriz olmamıştı. Kaçılmayacak cezaevi olmamasına rağmen bunda geç bile kalınmıştı. Biz cezaevi içerisinden çıkışımızı sağlayacak, dışarıda ise hepimizi bir araba bekleyecekti. Sene 1984'de girdiğim bu yerden umarım bu yıl çıkacaktım. Sene 1990 olmuştu. İçeriden bir Türk Ahmet Tanrıkulu, iki İtalyan ve iki Yugoslav mahkumlarla kaçış gününü belirledik. Bu belirleme günlerce aramızda tartışıldı. Tatil günü olmamalıydı. Akşam saatleri en uygun zaman olabilirdi. Konuyu genelde bahçede spor yaparken ele alırdık. Hiçbir bilgi veya alınan kararı kağıda dökmedik, kimseye bundan bahsetmedik. Bütün eşya ve yiyeceklerimi diğer arkadaşlara dağıttım. Bu eşya dağıtımının şüphe uyandır-

ması olanaksızdı çünkü ben bunu daha önceden defalarca yapmıştım. Ökkeş isimli muhabbet kuşumu da cezaevinin emektarına, birkaç gün onda kalabileceğini söyleyerek verdim. Bu emektar mahkum ağzını dikip, sigara içebilecek kadar aralık bırakmasıyla ünlüydü. Maksadı cezaevini protesto etmekmiş.

Kaçış günü nihayet gelmişti. Bu günü beklemek hepimiz için, her açıdan zor olmuştu. Cezaevindeki grubumuzun içerisine aldığımız Murat isimli genç çocuğu, oğlum gibi benimsemiştim. Buradan ayrılmadan evvel sadece ona veda ettim. Sağlam çocuktu, ona güvenim tamdı. Bizimle gelmek için çok direndi ama cezasının bitmesine az bir zaman kalmıştı. Müsaade etmedim.

O gün, akşam yemeğini hafif yedik. Yemekhaneden hücrelerimize çıkarken son kez saatlerimizi kontrol ettik. Hücre kapısı kapanır kapanmaz diğer hazırlıklarımı tekrar gözden geçirdim. 20 dakikam kalmıştı. Yani neredeyse gardiyanların üçte birinin yemekhanede olacakları zaman, saat 19:30'da hücremden çıkacaktım. Bahçede birkaç gardiyan ve köpekler kalacaktı. Son dakikalarımı geçiriyordum. Bir sigara yaktım, suyumu içtim, yedi Ayet-el Kürsü okudum. Önceden temin edilen kalın ve yırtılmaz eldivenlerimi taktım. Vakit tamamdı. Son kez hücreme dönüp baktım. Koca yedi yılımı buralarda tüketmiştim.

Ortası delikli anahtarla pencereyi açtım ve bahçeye atladım. Hepimiz toplandıktan sonra yine aynı bahçeye bakan cezaevinin idari bölümüne geçtik. Çünkü cezaevinin bütün çevresi, idari bölümünkü hariç, dikenli tellerle çevriliydi. Önce Ahmet'le, İtalyanı gönderdim. Ardından da hepimiz. Ama programa göre geride kalınmıştı. Cezaevinin dışına çıkmak için önümüzde aşmamız gereken bir engel kalmıştı. Ağaçların üstünden aşağı atlayacaktık. Yükseklik epey vardı. Hepimiz aynı noktadan atladık. Ben atlarken dengemi kaybettim. Ağaç dallarına bacakaram takılmıştı. Bütün ağırlığımı vermeme rağmen ne ağacın dalı kırılıyor, ne de ben yere düşebiliyordum. Ağaçta resmen asılı kalmıştım. Fazlasıyla zaman kaybettirmiştim. Diğerlerine gitmelerini söyledim. En sonunda dalı kırdım ve kendimi yere atarak yuvarlandım. Bacağıma saplanan dalı da çektikten sonra koşmaya başladım. Ahmet beni beklemişti. O da kolunun kırıldığını söylüyordu. Çok kan kaybediyordum ve kendimde değildim. Köşe başında bizi alması gereken araba yerinde yoktu. Eğer programda aksama olmasaydı hepimiz dışarıdan gelen bu destekle cezaevi çevresinden kolaylıkla uzaklaşabilecektik. Çünkü Bostadel, şehir dışındaydı ve merkeze ulaşmak isterken yakalanmamız yüksek ihtimaldi.

Biraz bekledikten sonra Meral'in de önceden tarif ettiği üzere, gelen arabaya bindim. Çok sinirlenmiştim, gereğinden fazla bekletmişti.

Türkçe konuşarak "Nerede kaldın yahu!" dedim ve başımı şoföre doğru çevirdim.

Tesadüf bu ya, şoför koltuğunda bizim cezaevinin müdürü oturuyordu. Adam da şaşırmıştı. Çok korkmuştu. Ben onu, o da beni iyi tanıyordu. Kırık ağaç parçalarından bir tanesini yürüyebilmek için yanıma almıştım. Müdüre vurmazsam biz bu dağları aşmadan yakalanırdık. Ani bir refleksle elimi kaldırdım. Ağaç parçasını müdürün boynuna dayamıştım. Müdüre vurmam kaçınılmazdı. Ancak hürriyetim dahi söz konusuyken fevri bir davranışta bulunmadım. Sadece gülümsedim, arabadan indim ve Ahmet'le ormanın içine daldık.

Her ne kadar tedbirimi alsam da kan kaybı beni kasabaya kadar ulaştırmayabilirdi. Saatlerce dağ tırmandık, patika yollardan yuvarlanarak indik, kanalizasyon kanallarından geçtik, çamura saplandık.

Ancak gece yarısı kasabaya ulaşabilmiştik. Olası bir aksilikte belirlenen ikinci noktada bizi alması gereken arabayı beklemeye koyulduk. Araba burada yoktu. Paris'teki evi aradım. Küçük kızım heyecanlanmasın diye onunla bir yabancı gibi konuştum. Eve ikinci telefon açışımda Meral'e yaralı olduğumuzu ve çabuk olmalarını iletmesini söyledim. Planlandığı gibi olmasa da beklediğimiz araba nihayet köşe başına gelmişti. Arkamıza bakmadan koştuk. Yıllar sonra özgürlüğüme kavuşmuştum. Allah'a şükür ettim. Ardımızdan ne alarm çalındı, ne de köpek salındı. Gazetelerde ise "altı kişinin kusursuz firarı" diye küçük bir haber geçti. Müdüre zarar vermeyişim, kaçışımızdan daha çok konuşuldu."

TÜRKİYE'DEKİ KULİS

Her aptal onu beğenen başka bir aptal bulur. Çünkü kargalar sürüler halinde, kartallar ise yalnız ve yüksekten uçarlar.

Abdullah Çatlı'nın cezaevi firarından henüz birkaç saat geçmişti ki, Türkiye'deki eski ahbapları telefonlarına sarıldılar. Cumhurbaşkanımız, Merhum Turgut Özal idi ve hükümet ANAP kadrosundan ibaretti

"Gecenin bu saatinde neyin haberini vereceksin? Mühim demişsin."

Telaşa kapılan eski ahbapları ise...

"Kaçmış yahu. Kaçmış! Reis tabii."

"Yok canım yanlışın var. Daha neler."

"Az evvel uçurdular haberini ağabey. Halen İsviçre'deymiş ama yerini bilen yok. Olay bittikten sonra bana söylendi."

"Yavaş ol kardeşim. Tane tane anlat şunu. Nasıl olmuş? Kim sağlamış? Hepsini öğren. Ne bileyim, bir şeyler yapalım. Aranacak kim varsa..."

"Ağabey kimse birşey bilmiyor. E tabi onca yıldan sonra bizlerden kimseye güvenemedi."

"Hele dur bakalım telaşa kapılma. Geçen ay bizim Kara ile haber yollatmıştı. Yakında görüşürüz falan diye. Ciddiye almadım tabi. Böyle olacağını tahmin edememiştim ki kardeşim!"

"Vallahi ağabey zaten bir çok şeyi tahmin etmeden gelişti herşey. Baksana yıllar çabuk geçti. Ailesini de ne aradık ne sorduk. Çok zulüm yapılmış diye duymuştum."

"Kendine gel. Şimdiden su koymaya başladın. Biz de az sıkıntı yaşamadık! Şu an mevki sahibiysek bedelini ağır ödedik. O bizim kadar şanslı olamadı sadece."

"Altına araba çeksek, iş ortamı kursak..."

"Reisi tanımıyormuş gibi konuşma. Özellikle de bu saatten sonra, üstelik bizden bunları kabul edeceğine ihtimal dahi vermiyorum."

"Kim ağabey, kim kaçmasını temin etmiş olabilir?" diyenler vardı.

Babamın firarı için her kim veya kimlerin manevi desteği dokunduysa (daha evvelden de söylediğim gibi cezaevi içerisinden ziyade cezaevi çevresinde bekleyen arabanın organizasyonu dışarıdan ayarlanmıştı) şu anki diyaloglarımız her ne düzeyde olursa olsun, kendilerine eğer hayattalarsa sonsuz minnetlerimi, eğer değillerse dualarımı ömrümün sonuna kadar bir borç bilirim. Alınan karar, sorumluluk hatta belki de risk gerçekten de takdire değerdi. Çünkü bu saygın beylerin tersine benim nazarımda hiçbir şekilde saygın olmayan kişilerde vardı. Bunlar babamın cezaevleri yıllarında, bırakın bir selam göndermeyi adımıza adeta para dilenmişlerdi. Şimdi bu dilencilerin bir bölümü yukarıdaki karşılıklı diyalogda senaryolaştırdığım gibi kıyak takımlı oldular, "Vatan Millet Sakarya" misali kürsülerde palavra sıkıp "adam" oldular. Sadakamız olsun.

Bu sadaka meselesini, babamın cezaevinden bir arkadaşına yazdığı konuyla ilgili mektubunu tekrarlamakta fayda görüyorum:

"Bir de bana para yardımı (!) yapıldığını öğrenmişsin. İyi seninle birlikte ben de, haberim olmadan, bana yardım yapıldığını öğrenmiş oldum. Şimdiye kadar o dediğin kişilerden Allah'a şükür bir kuruş yardım gelmedi. Bir de ablana (Meral Çatlı) sor o hiç yardım görmüş mü? Bildiğim kadarıyla ablan onlardan yardım değil, dedikodu yapılmamasını, köstek olunmamasını ve ismimin istismar edilmemesini istiyor..."

"Hepsi benim adıma bazen de çocuklarım adına yardım dilendiler. Eğer para almışlarsa bir kuruşu ne benim ne de

ablanların boğazından geçmedi. Hele .... 'le ilgili olanı yeni duydum. Bu tip haberlere (!) bana sormadan tükürebilirsin. Bu işleri ayarlamanın tek yolu dışarı çıkmak. Sonrası kolay."

Babamın eskiden beri dediği gibi "sabırlı olmak haklı oluşunun bir göstergesiydi." Babam yıllarca beklemişti. Şimdi ise özgürdü ve cezaevi yıllarının başlangıcında verdiği söz gibi artık zafer çok yakında bize dönecekti. Çünkü sabır büyük bir erdemdi.

GEÇMİŞLE YÜZLEŞMENİN CILIZ ÇIĞLIKLARI

"Bana bir mutluluk söyleyin ki, acı karşılığında elde edilmiş olmasın."
Margaret Oliphant

Genç kız olmaya adım attığım ilk dönemlerdi. Yaklaşık bir yıldır okul başkanlığı yapıyordum ve Türk olduğum için öğretmenince horlanan, yardım kuruluşlarına mecbur kalan o koca, o ızdıraplı yıllar artık geride kalmıştı. Yurtdışında başlayan maddi yokluk ve manevi yalnızlığı atlatmıştık. Oturmakta olduğumuz semtte değer yargıları ve mütevazi sakin yaşam koşullarıyla seçkin bir yer edinmiş, saygı duyulan aileler arasında yerimizi almıştık. Bunların hepsi annem sayesinde olmuştu. Benin annem dev yürekli bir kadındı. Babama göre ise on erkeğin yüreği vardı onda. Hatta babam bazen anneme "keşke senin kadar yürekli bir arkadaşım olsaydı" derdi. Yavaş geçen kötü anılarımız zihnime fena işlemişti fakat gelişimimde yönlü ve olgun bir kişiliğimin olmasına sebep olmuştu. Yeni bir kimlik kazanmıştım: olduğun gibi görün, göründüğün gibi ol, asla kibirli olma.

Okuldan yeni çıkmış, kız arkadaşım Angélique'le her gün uğradığımız kafeteryaya gidiyorduk. Artık ne arkadaş sorunumuz, ne karanlık dünyaların gölgeleri, ne de ırkçı akımların baskısı vardı. Düşündüğüm tek şey iki hafta evvel cezaevinden çıkan babama kavuşacağım andı. Yakın bir zamanda O'nun evimize gelecek olması keyif verici bir düşünceydi. Babam için evimizin girişinde terliğini, banyoda diş fırçasını hatta benim beğenerek bitirdiğim bir Fransız klasiği olan Zola'nın romanını sıkıldığı an okuması için büfeye bırakmıştım. Tam iki haftadır evin her köşesinde babam için birşeyler ayırmıştık. Bu yüzden bunları defalarca aklımdan geçiriyordum. Biraz şaşkın, biraz dalmıştım. Karşıdan karşıya geçecektik ki bir şey içimi dürttü. Başımı kaldırdım. Trafiğin ortasındaki bir araba gözüme çarpmıştı. Güneşin zayıf ışınları camına yansıdığından içindekileri seçemiyordum. Vazgeçtim. Altıncı hissim ilk kez yanıldı diye içimden geçirdim. Ama ellerim terlemeye, kalp atışlarım hızlanmaya başlamıştı. Belki diyerek tekrar arabaya baktım. Babamla göz göze geldik. Bana gülümsüyordu. Hayal değildi. O anı dün gibi hatırlıyorum. Heyecandan bir an vücudum kilitlendi ve yürüyemedim. Gözlerim dolmuş, her an pes etmeye müsaitti. Babamın yanında duran ve arabayı kullanan kişi de çok duygulanmışa benziyordu. Koşmayı deneyecektim. Olmadı. Kendimi zorlayıp, sanki yürümeyi yeni öğrenen çocuklar gibi yalpalayarak adımlarımı attım. O'na öyle bir sarılacak, öyle bir ağlayacaktım ki. Babama, güneşin tepede olduğunu bilerek ve görerek; babama, asık suratlı gardiyanların eline taktığı kelepçeler olmadan ölesiye sarılacaktım. Arkadaşım beni dürttüğünde gerçeğimle yüz yüze geldim. En son yaşanan daima en zorudur misali o güne kadar yaşadığım en zor gün gibi geldi. Ben ne koştum, ne de O'na sarıldım. Babam, hayal misali gözümün önünden gelip geçmişti. Arkama dönüp baktığımda babamlar az ilerde arabadan inmiş, bana bakıyorlardı. Yoluma devam etmemi istiyordu muhtemelen. Ben de öyle yapacaktım. Arkadaşıma hiçbir şey belli etmeden, kafeteryaya uğrayıp her günkü dönüş saatimde eve gitmek üzere kalktım. Çok zordu. Hem de çok zor. Sitemize doğru yürürken yedi yıl öncesine döndüm. Gözlerim dolmuştu. Ama uzun zaman önce bir daha ağlamamaya yemin etmiştim. Yüzümde ise bundan böyle ihmal etmeyi düşünmediğim bir tebessüm vardı ama, geçmişin izleri yürümekte olduğum yollara öyle derin işlenmişti ki kendimi mazide buldum: Apartmanımızın girişinde ellerine kelepçe, ayaklarına da zincir vurulmuş, aldatılmış öfkeli bir adam; Yanında ise aldatanlar rolünde ufak bir payı üstlenen bir kaç kişiyi gördüm. Başımı kaldırıp yedinci kattaki balkona baktığımda, saçları iki kısa örgüyle bağlanmış ağlayan küçük bir kız, yanında ise boyu aşağıda ki zincirlenmiş adamı görmeye yeterli olmayan bir bebek ve yüzü kanla bezenmiş henüz 27 yaşındaki genç bir kadın, genç bir anneyi gördüm. İçim burkuldu, bize acıdım. Ne yapmıştık bundan sonra diye düşünürken aklıma yalnızlıklarla baş başa bırakılan yıllar geldi. Ne yapıp edip diz üstünde yaşamamış, ayakta kalmayı başarmıştık.

Asansöre bindim ve kendimi uzun uzun aynada seyrettim. Eskiden hayallerle vaktimi geçiriyordum. Şimdi ondan nefret ediyordum. Eskiden kırmızı topumu ipin ucuna bağlar, köpeğim diye sokaklarda gezdirirdim. Şimdi geçmişimizi uzun bir ipin ucunda sallandırıyordum. Eskiden babamın yüzündeki kırışıklıklar açığa çıkınca O'nu göreceğimi zanneder, kaderci olmanın en iyi çözüm olacağını bilirdim. Şimdi hayata ben yön verecektim. Asansör, yedinci katta durduğunda küçük bir kız çıktı karşıma. Asansördeki zincirlenmiş adama gitmemesi için yalvarıyordu. Tüylerim ürperdi. Asansörden çıkıp küçük kıza sarılmayı, sadece 2555 gün sonra babasını göreceğini söylemek istedim ama küçük kızla babası göz göze geldi. Reislerin reisi ağlıyordu, küçük kız ağlıyordu, ben de ağladım. Yanaklarıma diken gibi gömülen göz yaşları, acımın sessiz sözleriydi. Ağla küçük kız, ağla. Ben yaşatılmak zorunda bırakıldığım sırlarımla yada büyüklerimin sırlarıyla her gece dua niyetine yemin ettim: Kendime ninni yerine gerçek hayatı mırıldanırken, yaşananları bir daha anmamak üzere hepsini seninle birlikte maziye gömdüm. Yeminimi bozdum ve hıçkıra hıçkıra ağladım.

Dairemize, yani 252 numaralı kapıya birkaç adım attım. Asansörün önünde ağlayan küçük kız, koşmamı babama sarılmamı, bu harika fırsatlar dünyasında herşeyi unutup 13 yaşımın verebileceği şımarık tutumla pembe tokalı şirin bir kız olmamı istiyordu. Ben ki henüz imza dahi atmayı bilmezken devlet dairelerinde, zor durumda olan ailelere dağıtılan kırmızı fileli yiyecekleri evimize taşımıştım, ben ki kardeşime şeker çikolata alabilmek için sucu, çiçekçi, baloncu olmuştum arada bir, ben ki ve sırlarım... O küçük kız ne diyordu öyle? Çocukluk mantığın uykusu olduğuna göre, sen bebeklerinle oynaya dur küçük kız, ben dertlerimi ezerek büyüdüm.

Artık zile basmanın vakti gelmişti. Hayallerimdeki gibi gülmüyordum. Bu yüzden hayata ne teşekkür etmek, ne de bu günü bana lütfettiği için içimden sevinmek geliyordu. Gözyaşlarımı fevri bir hareketle sildim. Yüzüm asılmıştı. İçim yıllar öncesinden buruktu. Onca yıldır geçirdiklerimiz üstümde koca bir gölge oluşturmuştu. İçimi ise tuhaf bir duygu bürümüştü. Kin doluydum.

Sanki çocuksu duygulardan arınmış biri gibi zile bastım. Ellerim titremiyordu. Göz yaşlarım akmıyordu. Kalbim yerinden çıkacak gibi atmıyordu. Ama içim yanıyordu. Kardeşim kapıyı açtığında, mazinin çığlıklarıyla karşılaştım. Kitabıma konu etmeyi bırakın, kendimden dahi sakındığım neler yaşamış, nelere katlanmıştık ki... Nelere!

Oturma odasına geçtim. Sitemize girdiğimden beri anılarımın en temiz kahramanı, zincirlerini koparmış, O'nun için ayırdığım koltukta oturuyordu. Yüzünde ki yılların yorgunluk izlerinin altında benimkine benzer bir kin vardı. Kollarını açtı. Ben çoktan koşmaya başlamıştım.

"Babam... Benim babam..."

Bitmeyen öykü: AYAKSIZ LEYLEK

İyi niyetli ve art niyetli avcıların birbirileriyle savaştığı yıllara ait bitmeyen bir efsane var: Art niyetli ve doğanın dengesini bozan avcılar, iyi niyetli avcılarla birlikte kendilerine karşı çetin bir mücadele veren görkemli bir leyleği düşman olarak görüyorlarmış. Leylek öyle mücadeleci, öyle güçlüymüş ki menfaat avcıları onu tuzağa düşürmek için planlar üretmelerine rağmen, bundan adeta çekinir ve uygulamaya geçirmek için cesaret dahi edemezlermiş. Bazıları da arkasından dedikodusunu yapar, onu kıskanırlarmış. Leylek, gerek art niyetli gerekse sözde dostları tarafından artık tehdit unsuru olarak görülmeye başlanmış.

Bir gün leylek art niyetli avcılar tarafından tuzağa düşürülüp, ayakları kesilmiş. Dost avcılar, hem art niyetli olanların bu gaddarlığından korkup hem de kıskandıkları leyleğin can çekişmesine rağmen onun kıvranışlarını izler olmuşlar ve yardım etmek için kıllarını dahi kıpırdatmamışlar. Yarı baygın vaziyette olan Leylek, tüm gücünü toplayıp dev kanatlarını açıp uçuvermiş. Art niyetli avcılar, ona alaylı bir şekilde bakıp; "Konduğun vakit anlarsın" demişler. Leylek öfkelenmiş. Haklı oluşunun ispatı ise sabrıymış.

Dostlarının bu davranışını etrafa yaymadan sır gibi benimseyerek, engin semalarda tek başına yaşamaya başlamış. O ayaklarından ziyade aslında yaralı gönlüne dertliymiş.

Yaptıklarından gizliden gizliye rahatsız olan dostları, bir daha leyleği görmeye yüzleri tutmayacağından hakkında asılsız iftiralar atmaya başlamışlar: Leylek doğanın kanununu tehdit etmekteymiş ve kurallara aykırı ne varsa yapmaktaymış!

Görkemli ve mücadeleci olduğu kadar zeki ve gururlu olan leylek yıllarca hiçbir yere konmadan, kimseden medet ummadan derdine çare bulmaya çabalamış. Uçmaktan adeta aşınan kanatlarını bir gün çırpamaz olmuş. Leylek bu bitkin haliyle bile yüksek bir tepeye konmuş: "Siz de benim kadar yükseğe çıkamazsınız" demiş kötü avcılara ithafen. Hem ayaklarından olan, hem uçmaktan mahrum edilen, hem de sırtından vurulan leyleğin bu feryadı, doğanın diğer sakinleri tarafından alkış toplayınca sözde iyi niyetli dost avcılar, onun yanında saf almak istemişler. Leylek bu sefer onları gagasıyla itip: "Siz benim kadar ne cesur ne de dost olursunuz" demiş. Doğanın sakinleri bu kez bunları yuhalamaya başlamışlar.

Sabır ve sukunetle hem düşmanlarına hem de ne yazık ki dostlarına karşı ayakta kalmayı başaran ayaksız Leylek bunca kargaşa üzerine en sonunda ağır hastalanmış. Bilinçsiz halde yatan leyleğin ziyaretine bir gün yabancılar gelmiş. Ziyaret sonunda leylek son nefesini vermiş! Yabancı ziyaretçiler odadan ağlayarak çıkarken doğanın sakinlerine "biz onu tanımayız, kazara geçiyorduk uğradık" demişler. Herkes susmuş. Sonra yabancı ziyaretçiler kulak kulağa verip "kazara kazaya herkes kaza der" demişler. Onun bu hazin sonuna içerleyen ve düzeni suçlayanlar çoğalmaktaymış. Bu yüzden Bay Doğa'nın Kanunu onu efsaneye layık görmüş. Buna rağmen bazıları onu doğanın düşmanı, bazıları dostu, bazıları da efsaneyi anlayamadıklarından "Ne var bunda" demişler. Bay Doğanın Kanunu, kanunlar gereğince susmuş. Kalabalığın içinden cılız bir ses ise "bir daha oku bu efsane bitmez" demiş. Şimdi bu efsane kulaktan kulağa kah iyi kah kötü yayılmakta. Çünkü doğanın gereği, ne iyiler ne de kötüler tükenir...

BABAM YÜRÜMEYİ UNUTMUŞ

Hani herşey güzel olacaktı!

O yıllardan en çok aklımda yer edenler arasında, babamın cezaevi çıkışından sonra farklı bir mücadelesinin başlamış olmasıydı. Hayatı boyunca mücadele verip, vatanı için hizmetini esirgemeyen, ardından kurulan komplolardan eninde sonunda sıyrılan bu insan artık kendisine karşı mücadele vermek zorundaydı. Bunu anlamam uzun sürmeyecekti zaten.

Babamla görüşmemizin ertesi günü, büyük mağazaların bulunduğu lüks semtlere gittik. Hiç konuşmayan, sürekli dalan, sanki görüntü icabı yanımızda bulunan, kalabalığın içinde boğulan babamdan yıllar çok şey götürmüşe benziyordu. Bazen yüzünde beliren belli belirsiz tebessümün yerini, sert bakışlar alıyordu. Denemeye cesaret edememiştim ama elinden tutsam, boynuna sarılsam bana kızar mıydı? Herşey güzel olacak desem doğru olur muydu? Ağlamak istiyordum. Hani herşey güzel olacaktı!

Sorularımıza karşın verdiği kısa cevaplar haricinde bir tanesi beni sinir etmişti. Dediğine göre ne yürümek istiyor, ne de oturmayı seviyordu. O'nu birşeyler boğuyor, bir şeyler arada bir bu mekandan alıp başka yerlere sürüklüyordu. Bazen bacaklarına giren kramplardan yüzünü ekşitiyor, yıllardır giyemediği köseli ayakkabılarını cezaevinin bez ayakkabıları sanıp yerde sürterek yürümeye gayret ediyordu. Canı yandığı her halinden belliydi. Gizliden gizliye O'nu izlediğimi gören babam, hepsinin kısa zaman içinde biteceğini, her mahkumun bu durumlardan geçtiğini söylüyordu ama sert bir tonlamayla! Babam haklıydı ama bende haklıydım. Beklediğimiz günler gelmişti gelmesine ama hikayenin baş aktörü değişmişti. Çok öfkeliydim. Bu gidişle geçen acı yıllara darıldığım gibi O'na da darılacaktım. Annemle, kardeşim benim aksime babama karşı sakin ve anlayışlıydılar. Bu ortam beni gitgide boğuyordu. En sonunda babamdan olabildiğince uzaklaşıp, hiç konuşmamaya hatta göz göze bile gelmemeye itina gösterecektim. Aklıma sıkça takılan bir sorudan ise utanıyordum: Babam mükemmel değildi. Beni kandırmıştı.

Annemin kulağına başının döndüğünü, yürümeyi unuttuğunu fısıldadığını duymuştum. İnanılır gibi değildi. Cezaevinde fazla hareket olanağı tanınmamıştı ama... Sanırım bu O'nun için, herşeye sil baştan anlamına geliyordu. Aldığımız o güzel takım ve ayakkabılar O'nu ne derece mutlu etti bilmiyorum ama bu hali beni endişelendirmeye başlamıştı.

Ondan sonraki günlerde babamızı bizim eve yaklaşık yarım saat uzaklıkta olan Paris'te kiraladığımız iki odalı, döşenmiş bir evde ziyaret etmeye başlamıştık. Annem bazen bizi de götürüyordu. Ne yazık ki yıllardır yanımda olması için yılmadan beklediğim babama isteyerek gidemiyordum. Bizi sürekli azarlaması, en ufak bir yanlışta kaşlarını çatıp uzun bir müddet öfkeli gözlerini hatalı olandan ayırmaması, kalabalıktan ziyade bizden bile rahatsız olması bana en az eskiden anlatılan güzel günlerin vaatleri gibi yabancı geliyordu. Boğazımda isyan çığlıkları birikmişti. Ben bu babayı değil, benim babamı beklemiştim!

DÜĞÜMLENEN ÜLKE TÜRKİYE

Hiçbir veda ebedi değildir...

Mart ayının sonuna kadar babam o evde kaldı. Ardından Paris dışında dubleks bir eve yani anneme İsviçre'ye gidebilmesi için pasaportunu temin edenlerin evine gitti. Hafta sonları biz de oraya gidiyor fakat ben babamla ne konuşuyor ne de yanda duruyordum. Bir kaç kez beni kucağına alıp yanaklarımı dakikalar boyunca öpmüş, beni çok özlediğini söylemişti ama bende bir tutukluluk başlamıştı. Babamı yabancı gibi görüyordum.

Babam burada birkaç kişi ile kah telefonda, kah yüz yüze görüşüp, Nisan ayı başında Türkiye'ye geleceği haberini vermişti. Konuşulanlara göre bir zamanlar harcamaya çalıştıkları Abdullah Çatlı'nın Türkiye'ye dönüşü, çok yankı toplayacaktı.

Büyük acıların temelini attığımız Türkiye'ye... İhanete uğrayıp terk etmek zorunda kaldığımız Türkiye'ye... Şahsi menfaatlerin uğruna, dostu satanların ülkesine... Ama ne olursa olsun, hasretine kapıldığımız memleketimize döneceltik. İlk ihanet, ilk gözyaşı, ilk firar, ilk hasret, ilk acı.

Nitekim, babam planladığı gibi Nisan ayı başlarında temin edilen yeni bir pasaportla Paris Orléans Havaalanı'ndan, İstanbul Havaalanı'na iniş yaptı. Türkiye'ye giriş nasıl oldu, kimlerle görüşüldü ben buna vakıf olmadım. Ama illa ki belli bir dayanağı vardı. Aksi taktirde geri dönmezdi. Babamın neden Türkiye'ye dönme kararını aldığını anlamış değildim. Hala 7 TİP'li davasından aranmakta olduğu yere geri dönmek mantık teşkil etmiyordu. Yurtdışında kendimize yeni bir hayat kurabilir, tatil maksatlı memlekete uğrayabilirdik. Nitekim babam cezaevindeyken böyle düşünüyordu. Fikirlerindeki değişiklik, ben hariç herkesi memnun etmişti. Neler olmuştu da hiç hesapta olmayan Türkiye'ye kesin dönüşümüz karara bağlanmıştı? Cumhurbaşkanımız Turgut Özal'ın, eski dönemlerdeki diğer yöneticilerin hatalarını telafi edercesine, bir dönemler ülkeye bir çok kez hizmet verenleri tekrar hayata döndürme projeleri bana olası bir ihtimal geliyordu. Babamı iyi tanıdığım için bilirim ki, güvenmediği kişi ve kurumlardan kendini sakınırdı.

Kötü anılarına alışık olduğum bu ev, Paris, okulum, arkadaşlarım, yani benimle bütünleşmiş olan ne varsa bir çırpıda silip atmak bende tuhaf bir his yaratmıştı. Yaşananlar hoş olmasa dahi, hayat alışkanlıklardan ibaretti. Ben de buralara ne yazık ki kaçınılmaz olarak alışmıştım. Küçükken sürekli mekan değiştirmemiz, bende bir fobi oluşturmuştu: yeni kimliklerle, yeni bir ülkede, yeni bir hayat kurma fobisi. Değişiklerden adeta korkuyordum. Bizim gibi hayat sürmüş aileler varsa şayet, onlar bilirler ki ebedi düzen olanaksızdır. Duygular ikinci planda, tedbir ise baş tacı edilir. Fedakarlık daima hüküm sürer. Sadakat ise en mühimidir. Hoşuma gitsin ya da gitmesin, Kurtoğlu kimliği ile Paris'te kurduğumuz hayat burada bitmişti. Yaşanan yılları göz açıp kaparcasına gömüyorduk. Şimdilik soyadımı bilmiyordum. Bunlar acı şeylerdi.

Nitekim 6 Mayıs 1990 da başka bir semte taşındığımızı eşe dosta duyurup annem, kardeşim ve bir beyle yola çıktık. Her şey hızla gelişiyordu. 9 Mayıs da Türkiye sınırları içerisine girdik. Sınır kapılarında sorun yaşamadan Kapıkule'nin önüne geldik. Arabamızı kullanan kişi, birkaç kişi ile görüştükten sonra yurda ayak bastık. Hava sıcaktı. Yollar çok kalabalık olduğundan, ancak bir kaç saat sonra 4'ncü Levent'e girebilmiştik. Artık burada oturacak, burada yeni bir hayat başlatacaktık! Dışarıda fazla oyalanmadan birinci kattaki daireye çıktık. Babam, bizi görünce gözlerinin içi gülmeye başladı. İçimden O'na deliler gibi sarılmak geçmişti fakat yüzündeki ciddi ifade beni hemen caydırmıştı. Tarifini yapamayacağım bir yabancılık hissediyordum. İçim sızlıyordu.

Babam ve tanımadığım arkadaşları salonda oturuyorlardı. Bazıları, yıllar öncesinden selamı esirger olmuş sarı çizmeli Mehmet ağalar özür dilercesine, kürsüden yükselen dostane selamlarını; bazıları, 80 olaylarından sonra maddi manevi ün yapmışların, fabrika kurmuşların her türlü desteğe hazır olduklarını vurgulayan bitirim selamını; bazıları, bir bölümünün ne özür ne de bahane yaratacak selamlarının olmadığı için suskun suçluluklarını; bazıları, her türlü çile çekmişlerin gönülden gelen maneviyatlarını; bazıları, dört duvar arasında yenilgiye uğrayıp terk edilmişlerin sefil selamını; bazıları ise, mezar taşlarından başsağlığı haberlerini iletiyordu. Kimileri politikacı, kimileri bitirim baba, kimileri fabrikatör, kimileri mazide yaşarken günümüzde yok olmaya yüz tutmuştu. Babamı dikkatle inceledim. Anlatılanları sükunetle dinliyordu ama kaşlarını çatmıştı. Belli ki bir kısmı için öfkelenmiş, bir kısmı için üzülmüştü. Tesbihini ise kimseye belli etmeden çeviriyordu.

Şimdilik babama karşı sevgimi belli edemesem de O'na olan hayranlığım had safhadaydı. Dağ gibi sağlam bir adamdı. O'nun yanındayken kendim emin ellerde hissetmemek imkansızdı. İnsana güven veriyordu. Ciddi bir mizacı vardı fakat dikkatle incelendiğinde bu ifadenin altında hafif ve hoş tebessümü, insana huzur veriyordu. Yakışıklı ve dinçti.

Bana ayrılan yatağın üzerinde bulduğum oyuncak bebek, bana öyle yabancı geliyordu ki, bu sanki birkaç yıl gecikmeli gelen bir hediyeydi. O akşam ilk kez ailece yemeğe oturduğumuzda aklıma annemin, babam cezaevindeyken geçimimizi sağlamak için ücret karşılığı eve dikiş aldığı, düğme diktiği günler gelmişti. Ya da iş alamadığı günlerdeki çaresizlik. Kendi kendime bu deneyimler olmadan bu günün kıymetini belki de bilemeyeceğimi düşündüm. Babam bana gülümseyerek "Artık Yanındayım, kötü günler bitti" diyordu. Resmen içimi okumuştu. Acaba O'ndan uzaklaştığımı da anlamış mıydı? Babam yanımızda olmasına yanımızdaydı ama ya yılların O'ndan alıp götürdükleri ne vakit sahibine dönecekti? Yada bana haber vermeden içimden kopup giden baba düşkünlüğünü ne vakit tekrar iliklerimde hissedeceğim. Annemin dediğine göre babamın başından geçenler kolay değildi. Sinirli görünmesi bize karşı değil, cezaevinde yaşananların kalıntısıydı. Sabırlı ve sevecen yaklaşmalıymışız. O'na yanaşmayı istiyor fakat cesaret edemiyordum. Duygularım alabora olmuştu.

Yıllar önce, babam henüz genç bir Başkan iken bırakıp gittiği düzen kabuk değiştirmişti. Bir dönemler vatan için inanılan ideoloji, uğruna şehit verilen ideoloji iki kelimeyi yan yana getiremeyenler tarafından mafya devrimini başlatmıştı. Babamın deyimiyle beline silahını takıp, bir grup kuran daha dünün çocukları bugün ahkam keser olmuştu. Şahsi menfaatlerin kol gezdiği bu düzen, yurt dışından görüldüğünden daha içler acısıydı. Gönlü zenginlerin yerini, doları havada uçuran kişiler satın almıştı.

21 Mayıs 1990'da, Levent'ten İstanbul Bahçelievler semtinin 27 numaralı Koza Evleri'nin dokuzuncu katına geçtik. Evin kirası ve taksitle alınan mobilyalar babama yakın olan dostları tarafından karşılanıyordu. Görkemli Reis'in şimdilik parası yoktu. Gerçek liderlerin hayatları dışarıdan görüldüğü gibi renkli değildir. İyi bir lider şahsi menfaatine çalışıp, köşeye para atmaz, kısa yoldan saadete kavuşmaz. Söz konusu şahıs Abdullah Çatlı olunca bunu lütfen aklınızdan çıkarmayın.

Taşınmamızın ertesi günü İkbal ablayla eşini, yani bundan altı yıl sonra babamın ölüm haberini getirecek olanları doğum günüm için davet ettik.

Omar'ın oğluyla

Ondan sonraki her akşam birileri ziyaretimize geldi. Hepsi babamın dönüşünden bazılarının rahatsız olduğunu söylüyordu. Ülkeye resmen düğüm atılmıştı.

OYUN BOZANIN ADI: VEFA!

Yer: Ankara Merkez Kapalı Cezaevi 1990 (1)

"Haluk Ağabey. Kalk! Uyan! Gözümüz aydın Reis ceza evinden kaçmış!"

Yataktan fırladım, arkadaşın getirdiği gazeteyi elinden çektim. Haberi veren yüksek tirajlı bir gazeteydi. Hemen giyindim ve odadan dışarı fırladım. Arkadaşların hepsine müjdeyi duyurdum. Bu olay herkesi çok sevindirmişti. Cezaevinde o günün konusu başkanın firarıydı. Arkadaşlarla bu konuyu konuşuyor ve yorumlar yapıyorduk.

"İnşallah yakalanmaz"

"Benim bildiğim Çatlı artık kolay kolay yaş tahtaya basmaz."

"Bence Türkiye'ye dönse çok daha iyi olur. Bakarsınız bizim içinde bir şeyler yapar."

"Yahu sen bizi bırak, keşke gelse de şu hareketi toparlasa. Baksana dışarıda herkes ayrı bir telden çalıyor."

Başkan firar etmesine etmişti de tiryakisi olduğum ve dört gözle beklediğim mektupları kesilmişti. Haberini alabileceğim bir yer olmadığından merak içinde kalmıştım. Neredeydi, ne yapıyordu, rahat mıydı... Bilmiyordum. Bir ara ailesine mektup yazmayı düşündüm fakat takip altında olabilecekleri aklıma gelince vazgeçtim. O günlerde başkasına yazdırdığı şifreli mektubunu aldım. Türkiye'ye geldiğini ve çok istemesine rağmen haber göndermek için imkan bulamadığını yazıyordu. İçinde inşallah yakında görüşeceğiz şeklinde bir ifade vardı. Bizi ziyarete gelmesi de çok tehlikeli olurdu. Çünkü Türkiye'de halen aranıyordu. Kesinlikle gelmemesi için kimle haber gönde-

---

1 Haluk Kırcı'nın Zamanı Süzerken adlı kitabından alıntı (Burak Yayınevi)

rebileceğimi araştırmaya başladım. O haftaki görüş gününde benimle görüşmek için gelen biri olduğu söylendi. Görüşüme gelen başkan değildi. Yıllardır görmediğim ve ikimizin ortak arkadaşı olan eski bir dosttu.

"Haluk kusura bakma! Yıllardır arayamadım. Sonra da biraz ihmal, biraz meşguliyet derken arayamadım. Biliyorsun Reis döndü. Ziyaretine gittim. Beni buraya o gönderdi. Hepinize çok selamı var, durumu gayet iyi. Ailesini de yanına aldırdı. Bir ihtiyacınız olup olmadığını sormamı istedi..."

Başkanın o arkadaşı göndermesine çok memnun olmuştum. Vefalı dost kırk türlü sıkıntısına rağmen bizi unutmamış hatırımızı soruyordu. Başkanın bu hassasiyeti yıllardır vefasızlığın her türlüsüne muhatap kalan beni ve arkadaşlarımı çok duygulandırmıştı.

"Çok sevindim Allah razı olsun. Çok selamlarımızı söyle. Hiçbir ihtiyacımız yok ve gayet iyiyiz. Bir de söyle sakın ziyaretimize gelmesin. Çok tehlikeli olabilir."

"Müsterih olun gelmeyecek. İlk başta niyetlendi ama sonra vazgeçti. Şu sıra uçma (firar) olayını soruyor."

Başkan cezaevinden kaçmadan önce tünel kazmaya başlamıştık. Bir mektubunda fırsat bulursak kaçacağımızı şifreli olarak yazmıştım. Fakat o çabamızda da ihanete uğramıştık İçeriden "tünel var" ihbarı yapılmıştı. Başkanın Türkiye'ye dönmesiyle haberleşmeye yeniden başlamıştık. Bu benim için büyük bir moral olmuştu. İnsanın dostlarının olması, onlar tarafından aranıp sorulması ne kadar güzeldi...

Acımasız yıllar geçirmiş, zalimliklere uğramış çok şey yaşamış ve görmüştük. Dost bildiklerimiz bırakın bize selam vermeyi, ailelerimize bir geçmiş olsun demeyi çok görmüşlerdi. Hatta ailemizden birini gördüklerinde yollarını değiştirir olmuşlardı. Korkmayan çekinmeyen hesap yapmayan dostlardan selam almayı iyice özlediğimiz o günlerimizde Çatlı'nın dostça selam göndermesi yeni bir güç kaynağı olmuştu."

CUMHURBAŞKANI - LİDER - MİLLETVEKİLİ

Hayattayken yaptıklarınız sonsuzlukta yankılanır.

Açıkca söylemek gerekirse, ben bu kitabı yazmaya başladığım 1996 yılının sonunda, acımın verdiği sersemlik ve ortalığın benim nazarımda kıyameti andırması üzerine, yazacaklarımın tamamiyle şeffaf olmasına karar vermiştim. Çünkü Abdullah Çatlı, aslı olmayan ucuz ve asla tenezzül dahi etmeyeceği olaylarda sansasyonel isim olarak ortaya atılıyordu. Bu hırstan dolayı, herşeyin anlatılmasını istiyor, adeta bu düşüncenin bende bir saplantı oluşturmasına göz yumuyordum. Ancak kısa bir zaman içinde ufkum genişledi. Dünyada babamın durumuna yakın, örnekler mevcuttu. Yani illegal gibi görünen, resmi insanların (Devlet bünyesi altındaki Çatlı'nın esas liderliği bu kitapta ele almadığım 90'lı yıllardan sonra başlamıştır) vefatı üzerine çeşitli birimler ve Devlet kuruluşları suskunluğa gömülüyordu. Eğer yapılacak birşey yoksa sabır ve sükunetle yerinde beklemek doğruluğunun ıspatı olacak, seni zafere götürecektir derdi babam. Ben, bu düşünce sistemini benimsemiş ve kurallar gereği yarı şeffaf bir politikayla babamı anlatmanın tespitine varmıştım. Bunun faydasına inanmakla manevi rahatlık içerisindeyim şimdi.

Derin dünyalarda bir kural vardır; kişilerin hizmetlerinden tekrar yararlanılır düşüncesiyle, asla deşifre edilmezler. Ben bu kitapta duygularımın esiri olmadan mantığımla hareket ettim ve kimseyi töhmet altına sokmadım. Ben bu kitapla eğer babamın aldığı uzun parkurlu yolun sadece bir adımını aktarabildiysem şayet, ne mutlu bana. Bu nedenle yazdıklarımla gerçeğe yakın bir Çatlı imajı canlandırmaya çaba verdim. Aşağıda ele alacağım konuyu uzun ve derin düşünceler neticesinde yazmaya karar verdim.

Merhum Cumhurbaşkanımız Turgut Özal mekanınız cennet olsun.

Merhum ANAP Milletvekili ve Adalet Komisyonu Başkanımız Alpaslan Pehlivanlı mekanınız cennet olsun.

Sizlerin aziz hatırasına...

Alpaslan Pehlivanlı, Abdullah Çatlı'nın eski dostlarındandı. Her ikisinin de birbirlerine karşı derin hürmetleri vardı. Çatlı'nın Türkiye'ye dönüşü akabinde eski dostlar görüşmeye karar verdi. Zaten Çatlı'nın cezaevi yıllarında, dostlukları pekişmişti. Çünkü Pehlivanlı, Çatlı'yı arayıp soran ender dostlardan biriydi. Pehlivanlı, Çatlı'yı Türkiye Büyük Millet Meclisi'ne davet etti. Çatlı'yı görkemli bir şekilde karşılayan kalabalık grup O'nun dönüşüne dostça sevinenlerdendi. Buluşma son derece içten ve duygusal olmuştu. Özellikle de Çatlı-Pehlivanlı buluşması. Pehlivanlı, Çatlı'yı odasında ayakta karşılamış, ceketinin önünü düğmelemiş, "Hoşgeldin Başkanım" diyerek O'na sarılmıştı. Çatlı'da kendisinden yaşça büyük olan Alpaslan Pehlivanlı'ya "Sağol Başkanım" diyerek karşılık vermişti. Çatlı da tıpkı onun gibi kendisine saygı duyuyordu. Her iki dostun gözleri buğulanmıştı. Aralarında özel bir konuşma geçti; Abdullah Çatlı'nın seffaflaşması için, bundan uzun yıllar önce konu edilen 7 TİP'liden temize çıkması gerekiyordu. Ancak bu konuda yapılacak yapılacaklar sınırlıydı. İki eski dost derin mevzuulara dalmış ve bir çıkış yolu belirlemişlerdi; Alpaslan Pehlivanlı konuyu Turgut Özal'a danışmayı önerdi.

Turgut Özal'ın, Pehlivanlı'ya karşı ayrı bir sempatisi vardı. Pehlivanlı ona "Genel Başkanım" der, Özal'da ona "kara oğlan" diye hitap ederdi.

Adalet Bakanı Alpaslan Pehlivanlı: "Genel Başkanım, onun bu durumunu düzeltecek birşeyler yapmak artık şart. Bu davaya bakacak bir savcı atansa işler yoluna girer."

Cumhurbaşkanı Turgut Özal: "Savcı da atanır, konu derinlere de götürülür, açıkcası ne gerekiyorsa yapılır ancak bu olayın yaratacağı yankıyı hiç düşündün mü kara oğlan?"

Pehlivanlı: "Hangi açıdan abi tam anlayamadım?"

Özal: "Basın kara oğlan, basın!"

Pehlivanlı: "Doğru ya... Bunu hiç düşünmemiştim!"

Bu olayı duyan Meclis mensupları aralarında fısıldaşmaya başlamışlardı: "Helal olsun" diyenler de vardı "Vallahi ben ne birşey duydum ne de gördüm." diyenler de, veya "Bu zirve ben politikacı olduğum halde bana bile tanınmadı! Çatlı'dan korkulur," diyenler de.

Görüşmeden üç yıl sonra...

Eski Cumhurbaşkanımız vefat edeli kısa bir zaman geçmişti. Babam beni okula bırakırken merhum Turgut Özal hakkında konuşmaya başladık;

"Vefat etmesine gerçekten çok üzüldüm. Eğer senin orada bulunmanda bir sakınca olmazsa kabrine götürür müsün beni babacığım?"

Babam: "Ortalık sakinleşsin, ailece gideceğiz zaten."

"Baba o iyi bir insandı değil mi? Diğerlerine nazaran güler yüzlü ve ataktı bence."

Söylediklerim O'nu derinlere daldırmışa benziyordu.

Babam: "Beni severdi. Davam ve mücadelem için destek veren biriydi."

"Bunları duydukça daha çok üzülüyorum. Mekanı cennet olsun."

Eski Cumhurbaşkanımız Turgut Özal'ın vefatı ardından ortalık büsbütün karışmıştı. Özellikle de siyasi hayat...

Babamla aramızdaki bu duygusal konuşma üzerinden çok geçmemişti ki yakın dostlarından biri öldürüldü. Bu sefer kayıp büyüktü. Babamın acısı derindi. O, mert bir dostunu kaybetmişti. ANAP kurucularından olan ve mertliğiyle tanınan Alpaslan Pehlivanlı, yada bir başka değişle Turgut Özal'ın kara oğlanı, babamın da mert dostu öldürülmüştü.

Özel bir davetten çıkan Pehlivanlı'ya pusu kuranlar onu çapraz ateşe alıp, bu mert insana birbiri ardına kurşunlar boşaltmıştı. Merhum, gözleri açık vefat etmişti.

Çatlı'nın bu acı gününde "intikamı çetin olacak" diyen de vardı, demekten çekinen de. Merhumun kimler tarafından öldürülebileceği kör bir düğüm değildi. Adres belliydi: siyasi bir hesaplaşma. Kırıkkale Keskin'li olan Pehlivanlı'nın hem kan davalıları, hem de Çatlı gibi siyasi hayatta çekemeyenleri mevcuttu. Benim bildiğim kadarıyla Alpaslan Pehlivanlı, memleketinin Belediye başkanının yeni seçimlere katılmasına sıcak bakmıyor, yeni isimlere fırsat tanınmasını uygun görüyordu. Belediye başkanı ile arasında sert bir konuşma geçmişti. Belediye başkanı, Pehlivanlı'ya saygısızlık ediyordu. Tartışma Pehlivanlı'nın tokat vurmasıyla sonuçlanmıştı. Kalabalık bir nüfusa sahip olan Belediye başkanı, bunu kendine yedirememiş olacak ki ona pusu kurdurmuştu.

Olaydan belli bir zaman sonra, kulaktan kulağa "Mert adamın gözü arkada kalmadı" diye dedikodular dolaşmaya başladı. Alpaslan Pehlivanlı'nın katiline dair söylenmiş bir sözdü bu.

BABA BİZİM ADIMIZ NE?

"Kuvvetli insan, kendi kendini yenen insandır."
Hz. Muhammed (SAV)

Aile bütçesinde, okul masrafları için ayırabildiğimiz miktar, kardeşimle benim özel okulda okumamıza olanak vermiyordu. Babamın seçimine göre, özel okula gidecek olan ben olmalıydım. Selcen'den büyük olduğumdan ortaokul ve lise diplomamı daha erken alacak ve Fransızcamı kısa sürede bir üst safhaya getirebilecektim. Babam, kardeşimin de gelecek sene ortaokulu özel okuyabileceğini defalarca söylese de içinin burkulduğunun farkındaydım.

O'nu bu kadar iyi tanımama rağmen, cezaevinden çıkalı altı ay geçmiş fakat istediğim ölçülerde yakınlaşamamıştık. Birbirimizden çekinen, neredeyse resmi konuşan, kucaklaşmaya cesaret edemeyen garip bir hal almıştık. Aslında babam bana bir çok kez yakınlaşmaya çalışmıştı fakat ayrı geçen yıllar bizden sıyrılırken bana kötü bir alışkanlık kazandırmıştı; soğuk duran kişiliğimin altında sıcacık duygular beslesem dahi bunu açığa çıkarmak bana her nedense

"Baba benim adım Gökçen Çatlı..."

yapmacık geliyordu. Bu belki de yurtdışında yaşarken edindiğim bir savunma refleksiydi. Benim bu soğuk mizacım babamın cesaretini kırıyor, beni de daha çok kabuğuma çekiyordu. Oysa ki O'na kaç kez sarılmak istemiş ve bu halimden kurtarması için adeta yalvarmak istemiştim. "Hayatta iki çeşit trajedi vardır. Biri, istediğini elde etmek, diğeri de elde edememekti" diyordu. Yıllardır hayalini kurduğum her şey neredeyse gerçekleşmişti fakat ben yine de mutsuz bir çocuktum. Bu nedenle yıllardır bizi ayakta tutan hayalleri, yanıltıcı inançlardan sayıyordum.

Okulun ilk günü babamla beraber yola çıktık. Yedi yıl aradan sonra bu ilk baş başa kaldığımız andı. İkimiz de suskunduk hatta bu suskunluktan rahatsız olmuş bir halimiz vardı. Bu sessizliği bozan babam oldu. Hafta sonu için beni İstanbul turuna çıkarmak istediğini söylüyordu. İçimden binlerce kez "evet babacığım" dememe rağmen ağzımı bıçak açmıyordu. Babam konuşmasına ara vermeden, bugün okul çıkışı beni almaya geleceğini ve Boğaz'da yemeğe gitmemizin O'nu mutlu edeceğini ekledi. Yine cevap veremedim. Bana kızmasını beklerken:

"Canın sıkılıyor biliyorum. Bak ne diyeceğim seninle tanışmak için can atan arkadaşlarımın çocukları var. İstersen akşama onları ziyarete gideriz." dedi.

Babam gülümsüyor, saçlarımı şefkatle okşuyordu. Tıpkı eskiden olduğu gibi. Gözlerim dolmuştu. Babam benim için belli ki bir çok plan yapmış, kabuğuna çekilmiş halime üzülmüş, önlem için harekete geçmeye karar vermişti.

Okula yaklaşmıştık. Babam:

"Zilin çalmasına daha çok var. Baba kız sıcak bir şeyler içmeye ne dersin. Hem seninle konuşmamız gerekenler konular var." diyordu.

Elbette ki bu sıcak teklife sevinmiştim. Konuşacakları hususunda ise tedirgin olmuştum. Okulun karşısındaki kafeteryaya geçerken babam sanki elimi kaçırmak istediğimi anlamış, bu yüzden de sıkıca tutmaya başlamıştı. Elleri hiç değişmemişti.

Yürüyüşü düzelmişti. Tavrı ise donmuş olan içimi ısıtıyordu. Babamın, aramızdaki soğukluğu konuşmak istediğini anlamakta gecikmedim.

"Benden çekiniyorsun" diye girmişti konuya. Ne desem doğru olmayacaktı. Hiçbir anlam teşkil etmeyecek biçimde başımı salladım.

"Her şeyin farkındayım. Senden uzaklaştığıma bu nedenlede eskisi gibi bağlı olmadığıma kendini inandırmışsın. İkilem içerisindesin. Kandırıldığını bile düşünüyorsun. Haklı olan sensin çünkü gerekli itinayı gösteremeyen aslında bendim. Kendini suçlayacak bir kabahatin yok. Beni sevmeye, yakınlaşmaya korkma kızım. "

Babam çok sakin konuşuyordu. Arada bir yanağımı okşayıp, aklımdan geçenleri okuduğunu ekliyordu.

"Yeni çıktığım dönemlerde sorunlarımız büyüktü. Size iyi bir gelecek hazırlamak için yoğunlaşırken kendi kabuğuna çekildin. Bir dönem kendi haline bırakmanın doğru olacağını düşündüm. Şimdi o vakit bitmeli. Hepimiz acılar geçirdik. Artık herşey düzelmeli. Çünkü ben sizinle hayatı yaşanabilir kıldım kızım."

Babama bakamıyordum ama sözleri çocuk ruhumu okşuyordu. Bana düşünmem için vakit vereceğini söyledikten sonra okul için kalktık. Babam bir müddet benimle okulun bahçesinde durdu, İstiklal Marşı okunmaya yakın beni sıkıca öptü ve çantama harçlığımı koydu. Babamdan para almak mı? Bu her ikimizi de yabancı bir şeydi. Bıraktığı harçlıkla beraber boğazımda bir düğüm oldu. Doğduğumdan beri ilk kez babamdan harçlık alıyordum. Sonra ihtiyacımın olabileceğini söyleyerek O'na ulaşabileceğim bir numara yazdı. Marş için sıraya geçmiş fakat göz ucuyla babama bakıyordum. Babam onca sıkıntıya rağmen yaşından genç duruyordu. Gerçekten çok yakışıklıydı. Sağlam bir kaya gibi duruyordu. Paris'deki okul popülaritemle alakası olmayan bu okuldaki durumum bana hiç de eğlenceli gelmiyordu. Tedirgindim. Fakat babama bakınca O'ndan güç alıyor, bu ufacık sorunu düşünmeyi dahi saçma buluyordum. Bu kez babamdan gözlerimi kaçırmadan O'na sıcacık bakmaya başladım. Altı aydır içimde koca bir buzdağı beslemiştim. Adımlarım yavaş yavaş O'na doğru gidiyordu. Babamı altı ay aradan sonra tekrar özlemiş, acilen sarılmak istiyordum. Yanına sokulmaya çalıştığımı fark eden babam bana sıcacık bakıyordu. Babam gibi bakıyordu. Adımlarımı hızlandırdım ve tozlanmış özlemimin üstünü üfleyip, kollarının arasında kayboldum. Babama kızı gibi sarıldım. Babamdan kızı gibi özür diledim. Babama küçük kızı gibi "seni çok seviyorum" dedim. Babam bana o günden sonra muhtemelen inatçı keçi diyecekti. Çünkü inadımı kırıp O'nun tekrar eski Gökçen'i olmam bizden epey zaman çalmıştı. Bulutların üstündeydim.

Sonra okulun bahçesine tekrar indim. O sıralarda babam okuldan ayrılmıştı. Sınıflarına ayrılan öğrenciler dışında bahçede yalnız ben kalmıştım. Derken bir hoca:

"Senin ne işin var burada. Derhal sınıfına git." dedi.

"Okula yeni yazıldım. Sınıf numaramı henüz vermediler hocam."

"O halde çabuk ismini söyle kayıtlara bakalım."

Ne demem gerektiğini bilmiyordum. Dağaslan mı, Saral mı, Gürel mi, Çahcı mı, Çahcıoğlu mu, Kurtoğlu mu, Ekli mi...? Susuyordum.

"Çocuğum ismini söylesene!"

"Şey... Ailem boşandığı için ağabeyimin beni hangi isimle okula kaydettirdiğini bilmiyorum. Daha doğrusu heyecandan dolayı sormayı unuttum hocam. Ben gidip telefon açsam iyi olacak," derken kendisi arkamdan;

"Seninle işimiz var desene." diyordu.

Bir müddet oyalandıktan sonra babamın bana verdiği numarayı okul içindeki telefondan arayıp;

"Baba bizim adımız ne?"

"Nasıl?"

"Yani ben bu okulda kimim?"

"Gökçen Çatlı."

"Şaka yapma babacığım."

"Kızım ben her şeyi hallediyorum. Sen Gökçen Çatlı'sın."

Evet ben nihayet Gökçen Çatlı'ydım. Babam her şeyi ayarlıyordu. Söz verenler sözlerinde duracaklardı. Yaşayacağımız yıllar içinde bunu daha iyi anlayacaktım. Özellikle de bu kitapta değinmediğim 1990-1996 yılları içinde.

Bu süreç içerisinde, Abdullah Çatlı'nın esas liderliği başlayacak, ihanete dahi uğratılmaktan çekinilen üst düzeydeki "Devlet sırrı" olacak ve yıllardır beklediğimiz zafere ulaşacaktı.

Hayat alışkanlıklar ve tekrarlardan ibarettir. Umarım, bizlerin yaşadıkları başkalarına ders olur.

Gökçen ÇATLI

İNSANLIĞA HİTABE

Milattan Önce yazılan bu eseri, babamın özel notları arasında buldum. Umarım ki bunu her okuyan kendinden bir parça bulur. Unutmayın ki hayatta hiçbir zaman öğrencilik bitmez.

Gürültü patırtının ortasında sükunetle dolaş; Sessizliğin içinde huzur bulduğunu unutma. Başka türlü davranmak açıkça gerekmedikçe herkesle dost olmaya çalış. Sana bir kötülük yapıldığında, verebileceğin en iyi karşılık, unutmak olsun... Bağışla ve unut... Ama kimseye teslim olma...

İçten ol, telaşsız, kısa ve açık seçik konuş. Başkalarına da kulak ver. Aptal ve cahil oldukları zaman bile dinle onları; Çünkü dünyada herkesin bir öyküsü vardır.

Yalnız planlarının değil, başarılarının da tadını çıkar. Ne kadar küçük olursa olsun işinle ilgilen... Hayattaki dayanağın odur... Seveceğin bir iş seçersen yaşamında bir an bile çalışmış ve yorulmuş olamazsın. İşini öyle seveceksin ki başarıların bedenini ve yüreğini güçlendirirken verdiklerinle de yepyeni hayatlar başlatmış olacaksın.

Olduğun gibi görün... Ve göründüğün gibi ol... Sevmediğin zaman sever gibi yapma... Çevrene önerilerde bulun, ama hükmetme... İnsanları yargılarsan onları sevmeye zamanın kalmaz. Ve unutma ki insanlığın yüzyıllardır öğrendikleri kumsaldaki kum tanecikleri bile değildir.

Aşka burun kıvırma... O çöl ortasındaki yemyeşil bir bahçedir... O bahçeye layık bir bahçıvan olmak için her bitkinin sürekli bakıma ihtiyacı olduğunu unutma.

Kaybetmeyi ahlaksız kazanca tercih et... Birincisinin acısı bir an, ötekinin vicdan azabı bir ömür boyu sürer. Bazı idealler o kadar değerlidir ki o yolda mağlup olman bile zafer sayılır. Çünkü bu dünyada bırakacağın en büyük miras dürüstlüktür.

Yılların geçmesine öfkelenme. Gençliğine yakışan şeyleri gülümseyerek teslim et geçmişe. Yapamayacağın şeylerin yapabileceklerini engellemesine izin verme.

Rüzgarın yönünü değiştiremiyorsan, yelkenleri rüzgara göre ayarla... Çünkü dünya karşılaştığın fırtınalarla değil, gemiyi limana getirip getiremediğinle ilgilenir.

Ara sıra isyana yönelecek olsan da hatırla ki evreni yargılamak imkansızdır. Onun için kavgalarını sürdürürken kendi kendinle barış içinde ol.

Doğduğun zamanları hatırlar mısın... Sen ağlarken herkes sevinçle gülüyordu... Bu nedenle öyle bir ömür geçir ki, herkes ağlasın sen öldüğünde...

Sabırlı, sevecen, erdemli ol. Eninde sonunda bütün servetin sensin. Gözünle değil, kalbinle görmeye çalış ki bütün pisliği ve kalleşliğine rağmen, dünya insanoğlunun biricik güzel mekanıdır.

SONSÖZ

80'lerde patlayan memleket kavgası olaylarında, akılcı ve ılıman bir politikayla "emirde robot fikirde kulis" teziyle efsaneleşen Başkan;

Birinci adam adaylarının koltuk sevdası üzerine, memleket adına "yararlı" olan ancak "sakıncalı" yapılan, sırtından vurulan Reis;

Ülkemizin savunma reflekslerini Çatlı Teşkilatı çatısı altında sevk ve idare etmekte başarı sağlayan Lider;

Görev adamı kimliği ile yıkıcı terör örgütlerine karşılık yılmadan mücadele veren, tasarlanan operasyonları bizzat planlayan Beyin;

Kürsüden seslenmekle vatan kurtarma demagojisini işleyen kıyak takımlı, cilalı ayakkabılı menfaat avcılarının tersine "gizliden gizliye" başarıyı elde eden memleketimizin isimsiz kahramanı;

Karanlık dünyalara uçurulan bir haberle komplolara uğrayan, gizli servislerin ipini tuttuğu yalancı şahitliğe restini çeken, bu nedenle de birinci sınıf işkencelere maruz bırakılıp, deşifre edilen Abdullah Çatlı;

Bir dönemlerin "Aranmayanı" ancak vakit tamamdır diye siciline iliştirilen "unutulunca harcanır, karşı koyamayınca yola gelir?" düşüncesiyle dört duvara mahkum edilip ancak duvarları yedi yıl sonra nihayet yıkan Galip Adam;

90'larda memlekete biçilmiş sistemin çıkmazı ve uşaklarıyla hesabı olan, bunları dize getirirken hayatıyla bedel ödeyen Aydın Şahsiyet...

Bir düşünürün dediğine göre; öldükten sonra unutulmak istemiyorsanız ya okumaya değer birşeyler yazın yada yazılmaya değer şeyler yapın.

Senin okunmaya ve yazılmaya değer efsaneleşmiş hayatının eğer bu kitap bir adımıysa... Ne mutlu bana.

Sistemperverler seni alacaklı gönderdi. Ama kimse bu dünya da fani değil baba.

Vefatından iki hafta evvel özel ve derin bir sohbet esnasında dile getirdiği bir sözü:
"Avrupa'yı hoplatacak gücüm var. Kaldı ki Türkiye'yi hoplatmayayım."

Abdullah Çatlı

Uygulamaya getirdiği operasyonlara ithafen söylemiştir:
"Düşmanım inkar edenlerdir. Bu nedenle yaptıklarımın minnetini beklemiyorum ve hayati bir mesele olmadıkça açıklanmasına müsaade vermiyorum."

Milliyetçi

Gizli servislere karşı restini çektiğine dair bir düşüncesi:
"Hayatın bana öğrettiği en doğru yönüm dürüstlüğümdür. Öğretemediği ise kalleşlik."

Reis

1977-78 ÜGD Kongresinde söylenmiş bir sloganı:
"Emirde robot ama fikirde kulis."

Başkan

Hayatını ele alan bir sözü:
"Onurumla yaşadım. Eğer taviz verseydim mevkimi koruyamazdım."

Lider

3 Kasım habercisi olan son telefon konuşmamız:
"Kızım sana bırakabileceğim en büyük mirasım yaşadıklarımdır. Başını hiçbir zaman eğmeyeceksin."

Baban

ERMENİ TERÖRÜNÜN KRONOLOJİK ANALİZİ

1973-1985 Yılları Arasında

27 Ocak 1973 Amerika Birleşik Devletleri (Santa Barbara, California). 78 yaşındaki Yanıkyan (yaşlı bir Ermeni göçmen) Santa Barbara'da Bitmore Otel'de Türkiye'nin Los Angeles Başkonsolosu Mehmet Baydar ve Konsolos Bahadır Demir'i öldürmüştü. Bu suikastler Ermeni terörizminin ilk bağlantılarıydı.

4 Nisan 1973 Fransa (Paris). Biri Türk Havayolları bürosu diğeri ise Türk Büyükelçiliği büroları dışında iki bomba patlamıştı. Kimsenin yaralanmamasına karşın maddi zarar büyük olmuştu. Hiçbir grup sorumluluğu üstlenmemekle beraber, polis yetkilileri faillerin bir Ermeni grup olduğunu da işaret ettiler.

26 Ekim 1973 ABD (New York). Türk Enformasyon Bürosu, kendilerini Yanıkyan Komandoları olarak adlandıran bir grup tarafından başkonsolos adına postalanmış bir mektup ve bomba ihtiva eden paket aldı.

20 Ocak 1975 Lübnan (Beyrut). 1978 basın toplantısı esnasında Gizli Ermeni Kurtuluş Ordusu (ASALA) sözcüsü, Dünya Kiliseleri Konseyi'nin Beyrut ofisinin bombalanacağını iddia etmiştir.

7 Şubat 1975 Lübnan (Beyrut). Türkiye'nin Turizm ve Enformasyon Bürosu bombalı saldırının hedefiydi. Bombayı etkisiz hale getirmeye çalışırken Lübnanlı bir polis yaralandı. Saldırıyı ASALA'nın Geurgen Grubu üstlendi.

20 Şubat 1975 Lübnan (Beyrut) Türk Hava Yolları, Beyrut bürosunun önünde büyük bir bomba patladı. Saldırıyı ASALA'nın "Tutuklu Geurgen Yanıkyan Grubu" üstlendi.

22 Ekim 1975 Avusturya (Viyana). Üç silahlı saldırgan Viyana'daki Türk Büyükelçiliği'ni bastı ve Büyükelçi Daniş Tunagil'i öldürdü. Kaçan silahlı kişiler İsrail, İngiliz ve Macar yapısı otomatik silahlarla donanmışlardı. Operasyonun sorumluluğunu, kendilerini Ermeni Kurtuluş Ordusu olarak adlandıran bir grup üstlendi.

24 Ekim 1975 Fransa (Paris). Türkiye'nin Fransa Büyükelçisi İsmail Erez elçilik yakınında otomobilinde öldürüldü. Saldırıda aynı zamanda büyükelçinin sürücüsü Talip Yener de hayatını kaybetti. Sorumluluğu, Ermeni Soykırımı İntikamı Komandoları üstlendi. Daha sonra Ajans France Press'in Beyrut'taki bürosuna gelen bir telefonda suikastlerin "Ermenistan'ın Kurtuluşu İçin Gizli Ermeni Kurtuluş Ordusu'nun (ASALA)"'nın işi olduğu söylendi.

28 Ekim 1975 Lübnan (Beyrut). Beyrut'taki Türk Büyükelçiliği roketli saldırıya maruz kaldı. ASALA tarafından üstlenildi.

16 Şubat 1976 Lübnan (Beyrut). Beyrut'taki Türk Büyükelçiliği birinci katibi Oktar Cirit, Hamra Caddesi'ndeki bir kafede otururken bir terörist tarafından öldürüldü. Silahlı kişi yakalanamadı. Saldırının sorumluluğunu ASALA üstlendi.

17 Mayıs 1976 Federal Almanya (Frankfurt, Essen ve Cologne) Bu üç Alman şehrindeki Türk Konsoloslukları büyük hasarla sonuçlanan bombalı saldırının hedefleriydi.

28 Mayıs 1976 İsviçre (Zürih). Bombalı iki saldırı sonucu Türkiye Garanti Bankası'nın İsviçre'deki şubesi ve Türk Çalışma Ataşeliği büroları hasara uğradı. Türkiye'nin Turizm Bürosuna yerleştirilen üçüncü bomba patlamadan etkisiz hale getirildi. Sorumluluğu belirli bir grup üstlenmemekle beraber, polis yetkilileri saldırının, kendilerini "Ermeni Soykırımı Adalet Komandoları" (JCAG) olarak adlandıran bir Ermeni terör örgütü tarafından gerçekleştirildiğine inanmaktaydı.

2 Mart 1977 Lübnan (Beyrut). Tahrip gücü yüksek patlayıcı madde ile Türk Büyükelçiliği askeri ataşesi Nahit Karakay ve İdari Ataşe İlhan Özbabacan'a ait otoları kullanılamaz hale getirdi. Sorumluluğunu ASALA üstlendi.

14 Mayıs 1977 Fransa (Paris) Türkiye'nin Paris'teki Turizm Bürosu'nda bina görevlisinin yaralanmasına sebep olan bir bomba patladı. "Yeni Ermeni Direniş Grubu" ve "Gençlik Hareketi Grubu" adlı iki ayrı Ermeni grubu saldırının sorumluluğunu üstlendi.

29 Mayıs 1977 Türkiye (İstanbul) Yeşilköy Havalimanı'nda patlayan tahrip gücü yüksek bir bomba, beş kişinin ölümü ve içlerinden birinin Amerikan vatandaşı olduğu kırk iki kişinin yaralanmasına yol açan facia meydana geldi. Aynı gün İstanbul, Sirkeci tren istasyonunda bir kişinin ölümü ve on kişinin yaralanmasına neden olan benzer nitelikte bir bomba daha patladı. Terminal binası önemli ölçüde zarara uğradı. Yunanistan'ın başkenti Atina'daki ajans France Press'e telefon eden isimsiz kişiler kendilerini, "28 Mayıs Ermeni Örgütü" olarak tanıtarak saldırının sorumluluğunu üstlendiler.

6 Haziran 1977 İsviçre (Zürih) Tahrip gücü yüksek bir bomba Hüseyin Bülbül adlı Türk vatandaşına ait olan bir dükkanı kullanılamaz hale getirdi.

9 Haziran 1977 İtalya (Vatikan) Türkiye'nin Vatikan Büyükelçisi Taha Carım iki terörist tarafından evinin önünde öldürüldü. AP'nin Beyrut bürosuna gelen telefonda saldırıyı "Ermeni Soykırımı Adalet Komandoları"nın (JCAG) üstlendiği bildiriliyordu.

4 Ekim 1977 ABD (Los Angeles California) UCLA'da Türk Tarihi üzerine çalışmalar yapan Yahudi kökenli Amerikalı Profesör Stanford Shaw'ın evinin önünde bir bomba patladı. Kimsenin yaralanmamasına karşın bomba büyük hasara yol açmıştı. UPI'ye bilinmeyen kişilerce edilen telefonda bombalamanın sorumluluğunu 28'ler Ermeni Grubu üstleniyordu.

2 Ocak 1978 Belçika (Brüksel) Türk banka hizmetlerinin yürütüldüğü bir ofis binası bombalı saldırı sonucu tahrip oldu. Saldırının sorumluluğunu kendilerini "Yeni Ermeni Direnişi" olarak adlandıran Ermeni terör örgütü üstlendi.

2 Haziran 1978 İspanya (Madrit) Üç terörist Türk Büyükelçisi Zeki Kuneralp'in arabasına elçilikten ayrıldıktan bir süre sonra otomatik silahlarla saldırdı. Saldırıda büyükelçinin eşi Necla Kuneralp ve emekli Büyükelçi Beşir Balcıoğlu öldü. İspanyol şoför Antonio Torres yaralandı ve hastanede ameliyat esnasında hayatını kaybetti. 3 Haziran'da kimliği belirsiz bir kişi telefon ederek saldırıdan ASALA'nın sorumlu olduğunu iddia etti. Daha sonra JCAG da sorumluluğu üstlendi.

6 Aralık 1978 İsviçre (Cenevre) Cenevre'deki Türk Konsolosluğu önünde büyük ölçüde hasara yol açan bir bomba patladı. Sorumluluğunu "Yeni Ermeni Direniş Grubu" üstlendi.

17 Aralık 1978 İsviçre (Cenevre) Cenevre'deki Türk Hava Yolları bürosunda büyük ölçüde hasara yol açan bir bomba patladı. Saldırının sorumluluğunu ASALA üstlendi.

8 Temmuz 1979 Fransa (Paris) Fransa'nın başkentindeki çeşitli Türk bürolarına dört ayrı bombalı saldırı düzenlendi. 1) Türk Hava Yolları'na konan bomba etkisiz hale getirildi. 2) Çalışma Ataşesinin bürolarına. 3) Üçüncü Türk Turist Bürosuna. 4) Dördüncü patlayıcı da Türkiye'nin OECD Daimi Temsilciliği bürosuna yerleştirilmişti. Tüm bu bombalar patlamadan önce polis tarafından etkisiz hale getirildi. Ajans France Press'e gelen isimsiz bir telefonda saldırının JCAG terör örgütü tarafından üstlenildiği bildiriyordu.

22 Ağustos 1979 İsviçre (Cenevre) Cenevre'deki Türk Konsolosu Niyazi Adalı'nın kullandığı arabaya bomba atıldı. Kendisi yaralanmamıştı gerçi ama diğer arabalar zarar gördü ve yoldan geçen iki İsviçre'li hafif yaralandılar. Saldırının sorumluluğunu ASALA üstlendi.

27 Ağustos 1979 Federal Almanya (Frankfurt) Frankfurt'taki Türk Hava Yolları bürosu patlayan bir bomba sonucu tahrip oldu. Tramvayda seyahat etmekte olan bir yolcu yaralandı. Saldırının sorumluluğunu ASALA üstlendi.

4 Ekim 1979 Danimarka (Kopenhag) Türk Hava Yolları yanındaki bir çöp bidonuna bırakılan bombanın patlamasıyla iki Danimarkalı yaralanmış ve bomba büyük zarara yol açmıştır. Saldırıyı ASALA üstlenmiştir.

12 Ekim 1979 Hollanda (Lahey) Türk Büyükelçisi Özdemir Benler'in 27 yaşındaki oğlu Ahmet Benler, şehir merkezindeki bir kavşakta trafik lambası nedeni ile durduğunda arabasında vuruldu. Benler, Delft Teknik Üniversitesi doktora öğrencisi on kişinin gözleri önünde öldürüldü. Silahlı kişi kaçtı. Hem JCAG hem de ASALA adlı terör örgütleri saldırıyı üstlendi.

30 Ekim 1979 İtalya (Milano) Bombalı saldırı sonucu Türk Hava Yolları büroları önemli ölçüde hasara uğradı. Saldırının sorumluluğu ASALA tarafından üstlenildi.

8 Ekim 1979 İtalya (Roma) Türk Büyükelçiliği Turizm Ataşeliği büroları patlayan bir bomba neticesi ağır hasara uğradı. Saldırının sorumluluğunu ASALA üstlendi.

18 Kasım 1979 Fransa (Paris) Patlayan bombalar Paris'in merkezindeki üç havayolu bürosunda hasar yarattı. 1) Türk Hava Yolları bürosu 2) KLM Hollanda Hava Yolları 3) Lufthansa, Alman Hava Yolları bürosu. Patlamada iki Fransız polis memuru yaralandı. Her üç olayın sorumluluğunu da ASALA üstlendi.

25 Kasım 1979 İspanya (Madrit) Trans World Hava Yolları ve İngiliz Hava Yolları, Madrit bürolarının önünde bombalar patladı. Patlamaların sorumluluğunu üstlenen ASALA; Papa'yı Türkiye'ye yapmayı planladığı ziyareti iptal etmesi için uyarmayı amaçladıklarını bildirdi.

9 Aralık 1979 İtalya (Roma) Roma'da şehir merkezinde Pan Amerikan Hava Yolları, Dünya Hava Yolları (World Airways), İngiliz Hava Yolları ve Filipin Hava Yolları'nda hasara yol açan bombalar patladı. Patlamalarda 9 kişi yaralandı. Saldırıyı kendilerini "Yeni Ermeni Direniş Harekatı" olarak adlandıran bir grup üstlendi.

17 Aralık 1979 İngiltere (Londra) Türk Hava Yolları, Londra bürosu önünde patlayan bir bomba önemli ölçüde hasara neden oldu. Kendilerini "Ermenistan Kurtuluş Cephesi" olarak tanımlayan bir grup sorumluluğu üstlendi.

22 Aralık 1979 Fransa (Paris) Türk Büyükelçiliği'nde Turizm Ataşesi olarak görev yapan Yılmaz Çolpan, Şanzelize'de

(Champs Elysees) kalabalığın ortasında yürürken silahlı bir kişi tarafından vurularak öldürüldü. Suikastin sorumluluğunu ASALA, JCAG ve "Soykırıma Karşı Ermeni Militan Komandoları" adlı çeşitli örgütler üstlendiler.

22 Aralık 1979 Hollanda (Amsterdam) Türk Hava Yolları ofisi önünde patlayan bomba ağır zarara yolaçtı. Saldırının sorumluluğunu ASALA üstlendi.

23 Aralık 1979 İtalya (Roma) Roma'daki Dünya Kiliseler Konseyi Mülteci Merkezi'nin (Dina Pansiyon) önünde bir bomba patladı. Bu merkez Lübnan'da yaşayan Ermeni mültecilerin geçiş noktası olarak kullanılıyordu. ASALA saldırının sorumluluğunu üstlendi ve İtalya otoritelerini "Ermeni Diaspora"sını durdurmaları konusunda uyardı.

23 Aralık 1979 İtalya (Roma) Fransız Hava Yolları ve Trans World Hava Yolları bürolarının önünde yoldan geçmekte olan on iki kişinin yaralanmasına sebep olan bir patlama oldu. Sorumluluğu üstlenen ASALA, bombanın Fransa'daki Ermenilere karşı Fransız yetkililerinin baskıcı tutumlarına bir misilleme olarak konulduğunu belirtti.

10 Ocak 1980 İran (Tahran) Türk Hava Yolları bürosunun önünde büyük hasara yol açan bir bomba patladı. Saldırının sorumluluğunu ASALA üstlendi.

20 Ocak 1980 İspanya (Madrit) Trans World Hava Yolları, İngiliz Hava Yolları, İsviçre Hava Yolları ve Belçika Hava Yolları ofisleri önünde yaralanmalarla sonuçlanan bir dizi bombalı saldırı yapıldı. Kendilerini "Ermeni Soykırımı Adalet Komandoları" olarak adlandıran bir grup saldırıyı üstlendi.

2 Şubat 1980 Belçika (Brüksel) Brüksel'in merkezinde Türk ve Sovyet Hava Yolları bürolarının önünde beşer dakika arayla iki bomba patladı. "Yeni Ermeniler Direniş Grubu" yayınladıkları bildiride her iki saldırının da sorumluluğunu üstlendiklerini bildirdiler.

2 Şubat 1980 İsviçre (Paris) Paris'te Sovyet Büyükelçiliği Enformasyon Merkezi önünde bomba patladı. Saldırıyı "Yeni

Ermeni Direniş Grubu" üstlendi.

6 Şubat 1980 İsviçre (Bern) Türk Büyükelçisi Doğan Türkmen'e Bern'deki Türk Büyükelçiliği önünde arabasına binerken bir terörist tarafından ateş açıldı. Büyükelçi ufak tefek yaralarla saldırıdan kurtuldu. Suikasti gerçekleştirdiği düşünülen Max Klindjan sonradan Marsilya'da tutuklandı ve yargılanmak üzere İsviçre'ye gönderildi. Saldırıyı JCAG terör örgütü üstlendi.

18 Şubat 1980 İtalya (Roma) İki bombalı saldırı sonucu İsviçre, Almanya ve İsrail Hava Yolları'nın büroları zarar gördü. Saldırıyı ASALA üstlendi. AP'nin Roma'daki bürosuna gelen isimsiz telefonda aşağıdaki nedenlerle bu üç havayolunun hedef seçildiği belirtiliyordu: İsviçre Hava Yolları- Suçsuz Ermenileri hapse atmaması için bir uyarı. Alman Hava Yolları- Türk Faşizmine yardımcı olan Alman hükümetine bir ceza olarak. İsrail Hava Yolları- Siyonist tutumu nedeniyle.

10 Mart 1980 İtalya (Roma) Türk Hava Yollarının ve Turizm Bürosunun Piazza della Republica'daki ofisleri patlayan iki bombanın hedefleriydi. Patlamada iki İtalyan öldü ve on dört kişi yaralandı. Saldırıyı "Ermeni Gizli Ordusu'nun Yeni Ermeni Direnişi" adlı örgüt üstlendi.

17 Nisan 1980 İtalya (Roma) Türkiye'nin Vatikan Büyükelçisi Vecdi Türel ikametgahı önünde otomobiline binerken üç Ermeni terörist tarafından silahlı saldırıya uğramış ve ciddi bir şekilde yaralanmıştır. Suikast girişiminde koruma polisi ve şoför Tahsin Güvenç de hafif yaralanmıştır. Saldırının sorumluluğunu JCAG üstlenmiştir.

19 Mayıs 1980 Fransa (Marsilya) Marsilya'daki Türk Konsolosluğu'nu hedefleyen roket fark edilmiş ve patlamadan önce etkisiz hale getirilmiştir. ASALA ve kendilerini "Kara Nisan" olarak adlandıran bir grup saldırıyı üstlenmiştir.

31 Temmuz 1980 Yunanistan (Atina) Atina'daki Türk Büyükelçiliğinde idari Ataşe olarak görev yapan Galip Özmen ve ailesi arabalarında otururken Ermeni teröristlerin saldırısına uğradılar. Saldırıda Galip Özmen ve 14 yaşındaki kızı Neslihan hayatlarını kaybettiler. Eşi Sevil ve 16 yaşındaki oğlu Kaan yaralandılar. Her iki cinayetin de sorumluluğunu ASALA üstlendi.

5 Aralık 1980 Fransa (Lyon) Lyon'daki Türk Büyükelçiliğine saldıran iki terörist kapıdaki görevliden Konsolos'un yerini öğrenmek istemiş daha sonra ateş açarak orada bulunanlardan iki kişiyi öldürmüş, bazılarını da yaralamıştır. Saldırıyı ASALA üstlenmiştir.

11 Ağustos 1980 ABD (New York) Türkevi (Türkiye'nin Birleşmiş Milletler Delegasyonu) ve New York, Türk Konsolosluğunun bulunduğu bina önüne iki bomba atıldı. Bombaların birine iliştirilen mektupla saldırının amacının emperyalist Türk hükümetine Ermeni ulusuna karşı işlemiş oldukları suçları hatırlatmak olduğu belirtilmekteydi. İmzada "Bir Ermeni Grubu" deniliyordu.

26 Eylül 1980 Fransa (Paris) Paris'teki Türk Büyükelçiliği'nde basın danışmanı olarak görev yapan Selçuk Bakkalbaşı'na evine girerken iki kez ateş edildi. Bakkalbaşı saldırıdan kurtuldu fakat aldığı yaralar sonucu ömür boyu felçli yaşamaya mahkum oldu. ASALA ve kendilerini "Ermeni Gizli Ordusu Örgütü" olarak niteleyen bir grup saldırının sorumluluğunu üstlendi.

3 Ekim 1980 İsviçre (Cenevre) İki Ermeni terörist İsviçre'deki otel odalarında hazırlamakta oldukları bombanın patlaması sonucu yaralandılar. Canifornia Conoga Park'tan Suzy Mahseredjian ve Alexander Yenikomechian, İsviçre yetkililerince tutuklandılar. Bu tutuklanma ASALA'nın "3 Ekim Örgütü" -ki bu örgüt sonraları dünyanın her tarafındaki İsviçre hedeflerine saldırılar düzenledi- ile yakınlaşmasını sağladı.

3 Ekim 1980 İtalya (Milano) Milano'daki Türk Hava Yolları bürosunun önünde patlayan bomba sonucu iki İtalyan yaralandı. Saldırıyı ASALA üstlendi.

5 Ekim 1980 İspanya (Madrit) İtalyan Hava Yolları bürosu Alitalia 12 kişinin yaralanmasına neden olan patlamayla sarsıldı. Saldırının sorumluluğunu, "Ermeni Kurtuluş Gizli Ordusu" üstlendi.

6 Ekim 1980 ABD (Los Angeles, California) Los Angeles Başkonsolosu Kemal Arıkan'ın evi, atılan iki molotof kokteyli sonucu hasar gördü. Adını belirtmeyen telefondaki kişi, saldırının Ermeniler adına gerçekleştirildiğini belirtti.

10 Ekim 1980 Lübnan (Beyrut) Batı Beyrut'ta İsviçre bürosu yakınında iki adet bomba patladı. Birkaç gün sonra kendilerini "3 Ekim Örgütü" olarak tanıtan bir grup bu bombalama olaylarının yanısıra İngiltere'de İsviçre bürosuna girişilen saldırıyı da üstlendi.

10 Ekim 1980 Lübnan (Beyrut) Batı Beyrut'ta İsviçreli bir diplomata ait araba konan bombanın patlamasıyla kullanılamayacak duruma geldi. Saldırıyı 3 Ekim Örgütü üstlendi.

10 Ekim 1980 ABD (New York) New York City'deki Türk Evi'nin önüne park etmiş çalıntı bir arabanın altına yerleştirilmiş bomba infilak etti. Patlama sonucu dört Amerikan vatandaşı yaralandı, civardaki bürolar hasar gördü. Sorumluluğu basın yayın organlarına edilen bir telefonla JCAG üstlendi.

12 Ekim 1980 ABD (Los Angeles, California) Hollywood'da sahibi Amerikalı bir Türk olan seyahat acentesi patlayan bomba sonucu tahrip oldu. Patlamanın sorumluluğunu JCAG terör örgütü üstlendi.

12 Ekim 1980 İngiltere (Londra) Türkiye'nin Turizm ve Enformasyon Bürosu'nun Londra'daki ofisi, patlayan bir bomba sonucu hasar gördü. Saldırıyı ASALA üstlendi.

12 Ekim 1980 İngiltere (Londra) Londra'nın merkezindeki bir İsviçre alışveriş sitesi, patlayan bomba sonucu hasara uğradı. Haber ajanslarına telefon edenler, patlamanın 3 Ekim Örgütü'nün işi olduğunu belirttiler.

13 Ekim 1980 Fransa (Paris) Paris'teki İsviçre Turist Bürosu patlayan bir bomba sonucu hasar gördü. Saldırının sorumluluğunu kendilerini 3 Ekim Örgütü olarak adlandıran grup üstlendi.

21 Ekim 1980 İsviçre (Cenevre) Paris-Interlaken seferini yapmakta olan bir İsviçre treninde patlamaya hazır bir saatli bomba bulundu. Polis yetkilileri, bombanın 3 Ekim Örgütü'nce konulduğu konusunda hemfikirdiler.

4 Kasım 1980 İsviçre (Cenevre) Patlayan bir bomba sonucu Cenevre'deki İsviçre Adalet Sarayı ağır hasar gördü. İsviçre yetkilileri yaptıkları açıklamada bomba olayının 3 Ekim 1980'de tutuklanan iki ASALA diğeri terörist Suzy Mahseredjian ve Alexander Yenikomechien'in işi olduğunu belirtti.

9 Kasım 1980 Fransa (Strasburg) Strasburg'daki Türk Konsolosluğu'nda patlayan bomba sonucu ağır hasarmeydana geldi. Saldırı Türkiye Kürt İşçileri İşçi Partisi ile çalışan ASALA tarafından üstlenildi.

10 Kasım 1980 İtalya (Roma) Beş kişinin yaralandığı bombalı saldırıda hedef İsviçre Hava Yolları'nın Roma bürosu ve turist bürosu idi. Patlamaların sorumluluğunu derhal 3 Ekim Örgütü üstlendi. Daha sonra ASALA ve (Türkiye Kürtleri İşçi Partisi) sorumluluğu üstlendiler.

19 Kasım 1980 İtalya (Roma) Türk Büyükelçiliği Turizm Temsilciliği ve Türk Hava Yolları patlayan bir bomba neticesi hasar gördü. Patlamanın sorumluluğu ASALA üstlendi.

25 Kasım 1980 İsviçre (Cenevre) Cenevre'deki Union of Swiss Bank'ın büroları bir kişinin yaralandığı bombalı saldırıya uğradı. Saldırının sorumluluğunu 3 Ekim Örgütü üstlendi.

5 Aralık 1980 Fransa (Marsilya) Bomba uzmanı bir polis Marsilya'daki İsviçre Konsolosluğuna bırakılmış olan bombayı etkisiz hale getirdi. Polis bombanın 3 Ekim Örgütü'nce yerleştirildiği inancını taşıyordu.

15 Aralık 1980 İngiltere (Londra) Londra'da Fransız Turizm Bürosu'nun önüne yerleştirilmiş bomba Scotland Yard bomba ekibi tarafından etkisiz hale getirildi. 3 Ekim Örgütü bombalamanın sorumluluğunu üstlenerek bunun İsviçre makamlarının Fransızlara yapmış oldukları yardıma bir uyarı niteliği taşıdığını belirttiler.

17 Aralık 1980 Avustralya (Sidney) İki motosikletli teröristin silahlı saldırısı sonucu otomobilleriyle Konsolosluğa girmekte olan Türkiye'nin Sidney Başkonsolosu Şarık Arıyak ve koruma görevlisi Engin Sever hayatlarını kaybettiler. Suikastin sorumluluğunu JCAG üstlendi.

25 Aralık 1980 İsviçre (Zürih) Zürih Kloten Havaalanı'nda patlayan bomba bir radar monitörünü harap etti. Havaalanı ana pistine yerleştirilen ikinci patlayıcı, bomba ekibince etkisiz hale getirildi.

29 Aralık 1980 İspanya (Madrid) Bir İspanyol muhabir Madrit'teki İsviçre Hava Yolları'nda patlayan bir bombayı incelerken ciddi biçimde yaralandı. Olayı gazetesine iletmek amacı ile telefon kulübesinden gazeteyi ararken ikinci bombada patladı ve kulübe kullanılmaz hale geldi. Her iki patlamayı da "3 Ekim Örgütü" üstlendi.

30 Aralık 1980 Lübnan (Beyrut) Basına yaptığı açıklamada ASALA dünyanın her yerinde İsviçreli diplomatlara saldırı düzenleyecekleri yolunda tehditte bulundu. Bu tehdit İsviçre'de tutuklu bulunan iki Ermeni terörist Suzy ve Alexander'e yapılan kötü muameleye bir cevaptı. 4 Ocak'ta ASALA, İsviçre hedeflerine yapacakları saldırıları, 15 Ocak 1981'e kadar ertelediklerini belirten bir bildiri yayınladı.

14 Ocak 1981 Fransa (Paris) Paris'teki Türk Büyükelçiliği Mali Müşaviri Ahmet Erbeyli'nin arabasında bir bomba patladı. Erbeyli yaralanmadı ama patlama, arabasında ve civardaki binalarda hasara yol açtı. Patlamanın sorumluluğunu kendilerini ASALA'nın Alex Yenikomichian Komandoları olarak adlandıran bir grup üstlendi.

27 Ocak 1981 İtalya (Milano) Milano'daki İsviçre Turist Bürosu ve Hava Yolları patlayan bombalar sonucu hasara uğradı. Yoldan geçmekte olan iki İtalyan yaralandı. Yerel gazetelere telefon eden kimliği belirsiz kişiler bombalamanın sorumluluğunu 3 Ekim Örgütü'nün üstlendiğini bildirdi.

3 Şubat 1981 ABD (Los Angeles, California) İsviçre Konsolosluğu'nun arkasına bırakılan bombayı Los Angeles bomba imha ekipleri etkisiz hale getirdiler. Kimliği belirsiz kişiler açıkları telefonda bombanın 3 Ekim Örgütü'nün işi olduğunu ve bu tür saldırıların Suzy Mahseredjian'ın serbest bırakılmasına dek süreceğini bildirdiler.

5 Şubat 1981 Fransa (Paris) Trans World ve Fransa Hava Yolları'nın Paris bürolarına yerleştirilen bombalar patlayarak bir kişinin yaralanmasına ve büyük ölçüde de hasara yol açan olayı sorumluluğunu "3 Ekim Ermeni Milliyetçi Hareketi" adlı örgüt üstlendi.

4 Mart 1981 Fransa (Paris) Türkiye'nin Paris Çalışma Ataşesi Kemal Moralı, Elçilik Din İşleri görevlisi Tecelli Arı ve Anadolu Bankası'nın Paris Temsilcisi İlkay Karakoç'a iki terörist tarafından Moralı'nın arabasından inip kendi arabalarına binmek üzereyken ateş açıldı. İlk hedef Tecelli Arıydı. Moralı ve Karakoç olay yerinden kaçmaya çalıştılar. Karakoç kaçmayı başarırken kafeteryaya sığınmaya çalışan Moralı kafeterya sahibi tarafından dışarı atılmış ve teröristlerin kurşunlarına hedef olarak hayatını yitirmiştir. Teröristler yoldan geçmekte olan sayısız kişinin gözleri önünde kaçmayı başardılar. Saldırı başladığı sırada ağır yaralanan Tecelli Arı ertesi gün Parisian Hastahanesi'nde yaşamını yitirdi. Suikastlerin sorumluluğunu ASALA'nın "Shahan Natali Grubu" üstlendi.

12 Mart 1981 İran (Tahran) Bir grup terörist Tahran'daki Türk Büyükelçiliği'ne saldırdılar ve baskın sırasında iki koruma görevlisini öldürdüler. Suikastçilerin ikisi yerel görevlilerce yakalandı ve idam edildi. Saldırının sorumluluğunu ASALA üstlendi.

3 Nisan 1981 Danimarka (Kopenhag) Kopenhag'taki Türk Büyükelçiliği Çalışma Ataşesi Cavit Demir, akşam üzeri apartmandaki dairesine girmeye çalışırken bir Ermeni terörist tarafından vuruldu. Bir dizi operasyon sonucu ağır yaralı olan Demir sağlığına kavuştu. Hem ASALA hem de JCAG Ermeni teröristleri saldırıyı üstlendiler.

3 Haziran 1981 ABD (Los Angeles, California) Ermeni teröristler Anaheim Toplantı Merkezine bir bomba yerleştirerek Türk Halk Dansları Topluluğu'nun gösterisinin iptali konusunda baskı yaptılar. Sonraki günlerde San Fransisco'da buna benzer bombalama tehditleri grubun Güney California'daki gösterilerinin de iptal edilmesine yol açtı.

9 Haziran 1981 İsviçre (Cenevre) Cenevre'de Türk Konsolosluğu Sekreteri Mehmet Savaş Yergüz, konsolosluğu terk ettiği sırada bir terörist tarafından öldürüldü. Suikasti gerçekleştiren Mardivos Jamgotchian adlı Ermeni, yetkililerce tutuklandı. Saldırının sorumluluğunu ASALA üstlendi. Jamgotchian'ın tutuklanması ASALA'nın "9 Haziran Örgütü" -ki örgüt İsviçre ve diğer Avrupa ülkelerinde çeşitli hedeflerin bombalanmasından sorumluydu- olarak adlandırılan yeni bir şubesinin doğmasına yol açtı.

11 Haziran 1981 Fransa (Paris) Liderleri Ara Toranyan olan bir grup Ermeni terörist Türk Hava Yolları'nın Paris'teki bürosunu işgal etti. Başlangıçta Fransız yetkililerce dikkate alınmayan ASALA yanlısı teröristler Türk Büyükelçiliği'nin resmi protestoları üzerine, ikametgahlarından tahliye edildiler.

19 Haziran 1981 İran (Tahran) İsviçre Hava Yolları'nın bürosuna yerleştirilen küçük bir bombanın patlaması biraz hasara yol açtı. Saldırının sorumluluğunu ASALA'nın 9 Haziran Örgütü üstlendi.

26 Haziran 1981 ABD (Los Angeles, California) Swiss Banking Cooperation'un Los Angeles'taki bürolarının önünde küçük bir bomba patladı. Saldırı 9 Haziran Örgütü'nce üstlenildi.

19 Temmuz 1981 İsviçre (Bern) Bern'deki İsviçre Parlamento Binası'nın çöp deposunda bir bomba patladı. Kimliği belirsiz bir kişi telefon açarak eylemin 9 Haziran Örgütü'nün işi olduğunu bildirdi.

20 Temmuz 1981 İsviçre (Zurih) Zurih'in Uluslararası Havaalanında otomatik resim çekicide bir patlama oldu. Saldırı 9 Haziran Örgütü'nce üstlenildi.

21 Temmuz 1981 İsviçre (Lozan) Lozan'daki bir giyim mağazasının kadın reyonu bölümünde meydana gelen patlama alışveriş yapmakta olan yirmi bir kadın müşterinin yaralanmasına neden oldu. Saldırıyı 9 Haziran Örgütü üstlendi.

22 Temmuz 1981 İsviçre (Cenevre) Cenevre tren istasyonunda meydana gelen patlama 4 kişinin yaralanmasına sebep oldu. Polis yetkilileri saldırıyı 9 Haziran Örgütü'nün gerçekleştirdiğini belirttiler.

22 Temmuz 1981 İsviçre (Cenevre) Cenevre tren istasyonuna yerleştirilen iki bomba birer saat arayla patladı. Polis ilk patlama nedeniyle bölgeyi kordon altına aldığı için ikinci patlamadan doğacak yaralanmaları da önlemiş oldu. İsviçre yetkilileri ikinci patlamayı da 9 Haziran Örgütü'nün gerçekleştirdiğini belirttiler.

11 Ağustos 1981 Danimarka (Kopenhag) Patlayan iki bomba Kopenhag'da İsviçre Hava Yolları'nın bürolarında hasara yol açtı. Patlamada bir Amerikalı turist yaralandı. Saldırıların sorumluluğunu 9 Haziran Örgütü üstlendi.

20 Ağustos 1981 Fransa (Paris) İtalyan Hava Yolları'nın Paris bürosunda sabahın erken saatlerinde patlayan bir bomba hasara yol açtı. Kimliği belirsiz bir kişi tarafından açılan telefon konuşmasında saldırının 3 Ekim Ermeni Hareketi Örgütü'nce gerçekleştirildiği belirtiliyordu.

22 Ağustos 1981 Fransa (Paris) Olimpik Hava Yolları'nın Paris bürosunun önünde sabah saatlerinde bir patlama meydana geldi. Kimliği belirsiz bir kişi telefonda saldırının sorumluluğunu 3 Ekim Ermeni Örgütü'nün üstlendiğini bildirdi.

15 Eylül 1981 İran (Tahran) Tahran'daki İsviçre Elçilik binasında patlayan bomba zarara yol açtı. Sorumluluğu ASALA'nın 9 Haziran Örgütü üstlendi.

24 Eylül 1981 Fransa (Paris) Dört Ermeni terörist Paris'teki Türk Konsolosluğunu işgal etti. Binaya giriş sırasında Konsolos Kaya İnal ve güvenlik görevlisi Cemal Özen ciddi biçimde yaralandılar. 56 kişinin rehin alındığı saldırıda iki teröristte hafifçe yaralandı. Teröristler sonuçta Özen ve İnal'ın hastaneye gitmesine izin verdiler. Fakat Özen hastanede yaşamını kaybetti. Teröristlerin Türkiye'deki Ermeni siyasi tutukluların bırakılması talepleri kabul edilmeyince siyasi tutuklu statüsü tanınması istemiyle Fransız otoritelerine teslim oldular. Hepsi de Ermeni olan Lübnanlı 4 terörist ASALA üyesiydiler.

3 Ekim 1981 İsviçre (Cenevre) Merkez Posta Ofisi ve Cenevre Adliye Sarayı bombalı saldırıya uğradı. Adalet Sarayı ASALA üyesinin cinayet suçundan yargılanmak üzere gönderildiği yerdi. Bir kişinin hafifçe yaralandığı saldırının sorumluluğunu ASALA "9 Haziran Örgütü" üstlendi.

25 Ekim 1981 İtalya (Roma) Roma'daki Türk Büyükelçiliği, ikinci sekreteri Gökberk Ergenekon'a bir terörist tarafından suikast girişiminde bulunuldu. Yaralanan Ergenekon otomobilinden çıkarak teröristin açtığı Ataşe karşılık verdi. Ergenekon'un açtığı ateş sonucu yaralanan terörist olay yerinden kaçmayı başardı. Suikastleri 24 Eylül İntihar Komandoları (ASALA adına hareket eden teröristler Türkiye'nin Paris Başkonsolosluğu'nu işgal etmişlerdi) adına ASALA üstlendi.

25 Ekim 1981 Fransa (Paris) Üç kişinin yaralandığı Champ-Elyees'deki Fransız restoranı bomba saldırının hedefiydi. Kendilerini "Eylül-Fransa" olarak adlandıran bir grup saldırının sorumluluğunu üstlendi.

26 Ekim 1981 Fransa (Paris) Champ-Elyees'de ünlü "Le drugstore" adlı mağazanın önünde bubi tuzağı olan bir otomobil infilak etti. Saldırının sorumluluğunu "Eylül-Fransa" grubu üstlendi.

27 Ekim 1981 Fransa (Paris) Paris'in Rossy Havalimanı parkında infilak eden bir bomba orada park etmiş bulunan bir arabanın parçalamasına neden oldu. Sorumluluğu "Eylül-Fransa" grubu üstlendi.

27 Ekim 1981 Fransa (Paris) Aynı gün ikinci bomba, Rossy Havalimanının yakınındaki çöp bidonunda patladı. Patlamada yaralanan olmadı. Sorumluluğu "Eylül-Fransa" grubu üstlendi.

28 Ekim 1981 Fransa (Paris) Kalabalığın yoğun olduğu Paris sineması üç kişinin yaralanmasına neden olan patlamanın gerçekleştiği mahaldi. Sorumluluğu "Eylül-Fransa" grubu üstlendi.

8 Kasım 1981 İspanya (Madrit) Madrid'deki İsviçre Hava Yolları'nın bürosu önünde patlayan bomba 3 kişinin yaralanmasına yolaçtı. Civardaki binalarda büyük ölçüde hasara yol açan patlamanın sorumluluğunu ASALA üstlendi.

5 Kasım 1981 Fransa (Paris) Parisian Gare de Lyon tren istasyonunda patlayan bomba bir kişinin yaralanmasına ve bagajda önemli ölçüde hasara yol açtı. Daha sonra saldırı kendilerini "Orly Örgütü" olarak adlandırılan Ermeni terör örgütünce üstlenildi.

12 Kasım 1981 Lübnan (Beyrut) Beyrut'ta Fransızlara ait üç binada aynı anda patlamalar meydana geldi. Fransız Kültür Merkezi. Fransız Hava Yolları Büroları. Fransız Konsolosu'nun evi. Büyük ölçüde maddi zarara yol açan patlamada yaralanan olmadı. Orly örgütü (adını sahte belge kullanmak suçundan Fransız Havalimanında tutuklanan Ermeni'den almışlardı) saldırıyı üstlendi ve Fransa'da Monte Melkonian derhal serbest bırakılmasını talep etti.

14 Kasım 1981 Fransa (Paris) Paris Eyfel Kulesi yakınlarında park etmiş bir otomobilde patlayan bomba zarara yol açtı. Orly Örgütünce saldırının gerçekleştiğini bildiren telefondaki ses bunun ilk uyarı olduğunu belirtti.

14 Kasım 1981 Fransa (Paris) Sen nehri üzerindeki gezintiden dönmekte olan turist grubu karaya çıkmak üzereyken el bombalarının kullanıldığı saldırıya maruz kaldılar. Yaralanan olmadı. Orly Örgütü saldırıyı üstlendi.

15 Kasım 1981 Lübnan (Beyrut) Beyrut'taki üç Fransız hedefine aynı anda bombalı saldırılar düzenlendi. A) The union des Assurance. B) Fransız Hava Yolları Bürosu. C) Banque Libano-Francaise. Kimsenin yaralanmadığı saldırıda büyük ölçüde maddi hasar meydana geldi. Saldırının sorumluluğunu "Orly Örgütü" üstlendi.

15 Kasım 1981 Fransa (Paris) Orly Örgütü, Fransız Hava Yollarına ait bir uçağı havadayken infilak ettirme tehdidinde bulundu.

16 Kasım 1981 Fransa (Paris) Paris Gare de l'Est garında bagajların bulunduğu bölümde bir patlama iki kişinin yaralanmasına ve maddi hasara neden oldu. Saldırının sorumluluğunu "Orly Örgütü" üstlendi.

18 Kasım 1981 Fransa (Paris) Orly Örgütü, Paris Gare de du Nord'a bomba yerleştirmiş olduğunu açıkladı. Hiçbir patlayıcı madde bulunamadı.

20 Kasım 1981 ABD (Los Angeles, California) Beverley Hills'deki Türk Konsolosluğu büyük ölçüde maddi hasara yol açan bombalı saldırıya uğradı. Ermeni terörist örgütü JCAG saldırının sorumluluğunu üstlendi.

13 Ocak 1982 Kanada (Toronto) Toronto'daki Türk Konsolosluğu'nda büyük ölçüde maddi hasara yol açan bir patlama oldu. Saldırıyı ASALA teröristleri üstlendi.

17 Ocak 1982 İsviçre (Cenevre) Cenevre'de park etmiş olan otomobillerin bulunduğu bölgenin yakınlarında iki bomba patladı. ASALA'nın 9 Haziran Örgütü saldırının sorumluluğunu üstlendi.

17 Ocak 1982 Fransa (Paris) Union of Banks of Paris'in bir şubesinde bir patlama oldu. Credit Lyonnaise'e konulan diğer patlayıcı madde de etkisiz hale getirildi. Her iki olayı da "Orly Örgütü" üstlendi.

19 Ocak 1982 Fransa (Paris) Paris'teki Palais de Congress'de bulunan Fransız Hava Yolları bürosunda bir bomba patladı. Saldırıyı Orly Örgütü üstlendi.

28 Ocak 1982 ABD (Los Angeles, California) Türkiye'nin Başkonsolosu Kemal Arıkan arabasıyla işine giderken iki teröristin silahlı saldırısı sonucu hayatını kaybetti. Hampig Sassounian (19 yaşında Lübnan göçmeni) tutuklanıp, yargılanarak cezaya çarptırıldı. California San Quentin hapishanesinde cezasını çekiyor. Halen suç ortağının Lübnan'a kaçmış olan Krikor Saliba olduğu sanılıyor. Suikasti JCAG Ermeni teröristler üstlendiler.

22 Mart 1982 ABD (Cambridge, Massachusetts) Boston'daki fahri Türk Konsolosu Orhan Gündüz'e ait hediyelik ve ithal malı eşya satan dükkana atılan bomba büyük ölçüde hasara yol açtı. Saldırının sorumluluğunu JCAG Ermeni teröristleri üstlendiler.

26 Mart 1982 Lübnan (Beyrut) Beyrut'un Ermeni kesimindeki bir sinema (ki genellikle Türk filmleri gösterilirdi) iki kişinin ölümü ve on altıdan fazla kişinin yaralanmasıyla sonuçlanan çok güçlü bir patlamayla yerle bir oldu. Saldırıyı ASALA üstlendi.

8 Nisan 1982 Kanada (Ottawa) Türk Büyükelçiliği'nin Ottawa Ticari Ataşesi Kani Güngör apartmanın garajına Ermeni teröristlerce girişilen saldırı sonucu ağır bir biçimde yaralandı. Saldırının sorumluluğunu ASALA üstlendi.

24 Nisan 1982 Federal Almanya (Dortmund) Türklere ait çeşitli iş yerlerine yapılan bombalı saldırılarda büyük hasar meydana geldi. Bombalamaların sorumluluğunu "Yeni Ermeni Direniş Örgütü" üstlendi.

4 Mayıs 1982 ABD (Cambridge, Massachuseets) Türkiye'nin Boston Fahri Konsolosu Orhan Gündüz arabasıyla giderken bir Ermeni teröristin silahlı saldırısı sonucu hayatını kaybetti. Saldırının sorumluluğunu JCAG grubu üstlendi. Başkan Ronald Reagan'ın suikastçinin yakalanması konusunda verdiği emre karşın hiç kimse tutuklanamadı.

10 Mayıs 1982 İsviçre (Cenevre) İki Cenevre bankasında bombalar patladı. Büyük ölçüde maddi hasara yol açan saldırıyı kendilerini "Dünya Ceza Örgütü" olarak adlandıran Ermeni grup üstlendi.

18 Mayıs 1982 Kanada (Toronto) Dört Ermeni "Ermeni Davası" için Ermeni işadamlarından zorla para toplamaya teşebbüs suçundan tutuklandılar. Teröristlere para vermeyi reddeden kurbanlardan birinin evine ateş açıldı.

18 Mayıs 1982 ABD (Tampa, Florida) Tampa Türk Fahri Konsolosu Nasuh Karahan, Konsolosluğa girmeye çalışan iki Ermeni teröriste silah kullanmak suretiyle engel oldu.

26 Mayıs 1982 ABD (Los Angeles, California) Swiss Banking Cooperation'nın Los Angeles'taki bürosu patlayan bir bomba sonucu hasara uğradı. ASALA ile ilgili olmakla suçlanan dört güney California'lı Ermeni, Vickan Tcharkutian, Hratch Kozibioukian, Stranouche Karibioutian ve Vrant Chirinian'ın saldırının hazırlayıcıları oldukları konusunda yoğun şüpheler vardı.

30 Mayıs 1982 ABD (Los Angeles, California) ASALA üyesi üç Amerikalı Ermeni, Los Angeles, Uluslararası Havalimanında Kanada Hava Yolları kargo binasının önüne yerleştirdikleri patlayıcı madde nedeniyle tutuklanıp yargılandılar. Bomba Los Angeles polisi bomba uzmanlarınca etkisiz hale getirildi.

7 Haziran 1982 Portekiz (Lizbon) Lizbon'daki Türk Büyükelçiliği İdari Ataşesi Erkut Akbay ve eşi Nadide Akbay evlerinin önünde bir Ermeni terörist tarafından açılan ateş sonucu hayatlarını kaybettiler. Saldırının sorumluluğunu JCAG üstlendi.

28 Şubat 1983 Fransa (Paris) Paris'te bir Türk'e ait olan Marmara Seyahat Acentesi'nde patlama oldu. Fransız Sekreter Renee Morin patlamada hayatını kaybetti. Diğer dört Fransız da yaralandı. Bomba binada ağır hasara yol açtı. Saldırıdan birkaç dakika sonra ASALA sorumluluğu üstlendi.

9 Mart 1983 Yugoslavya (Belgrad) Yugoslavya'daki Türk Büyükelçisi Galip Balkar, Belgrad'ın ortasında (merkezinde) iki Ermeni terörist tarafından pusuya düşürülerek öldürüldü. Şoförü Necati Kaya da midesinden bir yara aldı. Suikastçiler olay yerinden uzaklaşırken Yugoslav vatandaşlar tarafından takip edildiler. Teröristlerden biri bir Yugoslav albaya ateş ederek yaraladı ve akabinde bir sivil polis tarafından vurularak tutuklandı. Kendisini takip eden sivillere ateş açan ikinci terörist gene bir öğrenciyi öldürüp, bir genç kızı da yaraladı. Saldırının sorumluluğunu JCAG üstlendi. İki terörist Kirkor Levonian ve Raffi Erbekyan tutuklandılar ve Yugoslav yetkililerince mahkum edildiler.

31 Mart 1983 Federal Almanya (Frankfurt) Frankfurt'taki Tercüman Gazetesi'nin Almanya bürosuna kendisinin ASALA temsilcisi olduğunu iddia eden kimliği belirsiz bir kişi telefonda tehditte bulundu. Telefondaki ses gazetenin Ermeni Davasına karşıt yazılarını sürdürdüğü takdirde bürolarını bombalayıp, çalışanları da öldüreceği tehdidini savurdu.

24 Mayıs 1983 Belçika (Brüksel) Brüksel'de şehir merkezinde bir Türk'e ait olan Marmara Seyahat Acentesi ve Türk Büyükelçiliği Kültür ve Enformasyon bürosunun önünde patlamalar oldu. Patlamada seyahat acentesinin İtalyan yöneticisi yaralandı. Saldırının sorumluluğunu ASALA üstlendi.

16 Haziran 1983 Türkiye (İstanbul) İstanbul'un dünyaca ünlü alışveriş merkezi olan Kapalı Çarşısına Ermeni teröristlerce otomatik silahlar ve el bombalarıyla bir saldırı düzenlendi. Saldırıda Ermeni teröristle birlikte iki Türk hayatını kaybetti. 21 Türk de yaralandı. Saldırının sorumluluğunu ASALA üstlendi.

8 Temmuz 1983 Fransa (Paris) Ermeni teröristler, Londra'da sürmekte olan davayı protesto etmek amacıyla "British Council" (İngiliz Hükümeti Kültür Örgütü)'nün bürolarına saldırıda bulundu.

14 Temmuz 1983 Belçika (Brüksel) Brüksel'deki Türk Büyükelçiliği İdari Ataşesi Dursun Atasoy, otomobiliyle evine giderken Ermeni teröristlerce açılan ateş sonucu vurularak öldürüldü. Suikastin sorumluluğunu ASALA, JCAG ve adı daha önce bilinmeyen "Ermeni Devrimci Ordusu" adlı bir örgüt üstlendi.

15 Temmuz 1983 Fransa (Paris) Paris'in Orly Havaalanında Türk Hava Yolları bürosunun önünde bir patlama oldu. Patlama sonucu dört Fransız iki Türk, bir Amerikalı ve bir İsveçli hayatını kaybetti. Buna ek olarak içlerinde 28 Türk'ün bulunduğu 60 kişi patlamada yaralandı. Fransa'da ASALA'nın başı olduğu iddia edilen 29 yaşındaki Suriyeli Ermeni Varadjan Garbidjan bombayı yerleştirdiğini itiraf ederek amaçlarının uçak havada iken bombayı patlatmak olduğunu kabul etti.

15 Temmuz 1983 İngiltere (Londra) Aynı gün Orly Havaalanında patlayan bombaya benzer yapıdaki bir başka bomba bulundu ve patlamadan önce etkisiz hale getirildi. Saldırının sorumluluğunu ASALA üstlendi.

18 Temmuz 1983 Fransa (Lyon) ASALA tarafından Lyon Perrache demiryolu istasyonunu havaya uçurma tehditleri sonucu binalar tahliye edildi. Saldırının sorumluluğunu ASALA üstlendi.

22 Temmuz 1983 İran (Tahran) Tahran'daki Fransız Büyükelçiliği binası ve Fransız Hava Yolları binası bombalandı. Saldırıyı Orly Örgütü adına ASALA üstlendi.

27 Temmuz 1983 Portekiz (Lizbon) 5 kişilik Ermeni terörist grubu Lizbon'daki Türk Büyükelçiliği binasına saldırıda bulunmaya teşebbüs ettiler. Arşiv bölümüne ulaşmayı başaramayan teröristler ikametgahı işgal ederek misyon başkan yardımcısı, eşi ve çocuklarını rehin aldılar. Teröristlerce yerleştirilen infilak eden patlayıcı madde, başkan yardımcısının karısı Cahide Mıhcıoğlu ve 4 teröristin ölümüne neden oldu. Başkan yardımcısı Yurtsev Mıhcıoğlu ve oğlu Atasoy yaralandılar. Beşinci terörist daha önceki hücum sırasında Türk güvenlik kuvvetleri tarafından öldürülmüştü. Portekizli bir polis memuru öldü diğeri de yaralandı. Sorumluluğunu ARA üstlendi.

28 Temmuz 1983 Fransa (Lyon) Lyon'un Perrache demiryolu istasyonunda bomba yerleştirildiği tehdidi bir kez daha binanın boşaltılmasına yol açtı. Telefondaki kişi bombanın ASALA tarafından yerleştirildiğini iddia etti. Binada yapılan arama sonucunda hiçbir patlayıcı maddeye rastlanmadı.

29 Temmuz 1983 İran (Tahran) Tahran'daki Fransız Büyükelçiliğini roket saldırısıyla havaya uçurma tehdidi sonucu İran'lı yetkililer binadaki güvenliği arttırdılar. Tehdit, Fransa'da tutuklu 21 Ermeni'nin salıverilmesini talep eden Orly Örgütü'nce yapılmıştı.

31 Temmuz 1983 Fransa (Lyon, Rennes) Ermeni teröristlerce yapılan bomba tehdidi, Fransız yetkililerin 424 yolcu taşıyan ve iç hat seferini yapmakta olan iki uçağı mecburi inişe zorlamalarına sebep oldu. Uçaklar Lyon ve Rennes'e' indiler. Uçaklarda yapılan aramalarda hiçbir patlayıcı maddeye rastlanmadı.

10 Ağustos 1983 İran (Tahran) Tahran'daki Fransız Büyükelçiliğinde bir otomobilin içinde patlama oldu. Saldırının sorumluluğunu ASALA üstlendi.

17 Ağustos 1983 İran (Tahran) Tahran'da Fransız Hava Yolları yerel temsilcisi tarafından kullanılmakta olan arabaya otomatik silahlarla ateş açıldı. Saldırının sorumluluğunu ASALA üstlendi.

25 Ağustos 1983 (Federal Almanya) Fransa konsolosluk büroları iki kişinin öldüğü 23 kişinin yaralandığı bombalı saldırıda yerle bir oldu. Saldırının sorumluluğunu ASALA üstlendi.

1 Ekim 1983 Fransa (Marsilya) Marsilya'da Uluslararası Ticaret Fuarı'nda patlayan bir bombayla Sovyetler Birliği, Amerika ve Cezayir'e ait pavyonlar yerle bir oldu. Patlamada bir kişi öldü, 26 kişi yaralandı. Saldırının sorumluluğunu ASALA'nın Orly Örgütü üstlendi.

6 Ekim 1983 İran (Tahran) Tahran'da Fransız Büyükelçiliğine ait bir araç bombalandı. Patlamada iki yolcu yaralandı. Saldırının sorumluluğunu Orly Örgütü üstlendi.

29 Ekim 1983 Lübnan (Beyrut) Beyrut'taki Fransız Büyükelçiliği önüne hızla bir otomobil yaklaştı. Arabadan inen bir kişi taşıdığı el bombasını binaya çıkan merdivenlere fırlattı. Saldırgan koruma görevlilerince yakalanmasına karşın suç ortağı kaçmayı başardı. Saldırının sorumluluğunu ASALA üstlendi.

29 Ekim 1983 Lübnan (Beyrut) Türk Büyükelçiliği 3 Ermeni teröristin saldırısına uğradı. Sarkis Danielian adlı 19 yaşındaki Lübnan'lı Ermeni saldırgan koruma görevlilerince tutuklandı. Saldırının sorumluluğunu ASALA üstlendi.

8 Şubat 1984 Fransa (Paris) Bir teröristin New York seferini yapan ve saat 10.00'da kalkması gereken Fransa Hava Yollarına ait bir uçağa bomba yerleştirildiği iddiası uçağın 1,5 saat geç kaldırılmasına yol açtı. Aramada hiçbir patlayıcı maddeye rastlanmadı.

28 Mart 1984 İran (Tahran) İran'ın başşehri Tahran'da Türk diplomatik hedeflerine karşı Ermeni teröristlerce bir dizi saldırı gerçekleştirildi. Aşağıdaki olaylar meydana geldi:

a) Tahran'da Türk Askeri Ataşeliği'nde görev yapmakta olan (Master Savgeant) İsmail Pamukçu, iki Ermeni terörist tarafından vurularak yaralandı. Saldırının sorumluluğunu ASALA üstlendi.

b) Türk Büyükelçiliği Birinci Sekreteri Hasan Servet Öktem evini terkettiği sırada girişilen suikast teşebbüsü sonucu hafifçe yaralandı.

c) Türk Büyükelçiliği İdari Ataşesi İbrahim Özdemir şüpheli görülen iki şahsın evinin önünde beklediği bildirerek İran polisini uyanık olmaya çağırdı. Daha sonralar Ermeni törerist oldukları anlaşılan iki kişi İran yetkililerince tutuklandılar.

d) Öğleden sonra saat 14.00'de İran polisi Türk Büyükelçiliği arşiv binası dışında başıboş dolaşmakta olan iki Ermeni'yi tutukladı.

e) Türk Büyükelçiliği Ticaret Müşavir Yardımcısı'nın arabasına yerleştirilmek üzere yapılan bombanın vaktinden önce patlaması sonucu iki Ermeni terörist öldü. Müşavir Işıl Ünel yara almadan kurtuldu. Daha sonra ölen teröristin Sultan Gregorian Semaperdan adlı bir Ermeni olduğu saptandı.

29 Mart 1984 ABD (Los Angeles, California) Los Angeles'taki Türk Konsolosluğu bir Türk atletin yaklaşmakta olan Los Angeles Olimpiyatlarına katılması durumunda öldürüleceği yazılı bir tehdit mektubu aldı. Tehdit ASALA'nın imzasını taşımaktaydı.

8 Mart 1984 Lübnan (Beyrut) ASALA tarafından Beyrut'ta yayınlanan bir bildiride Türkiye'ye sefer yapan bütün uluslararası Hava Yolları'nın askeri hedef olarak kabul edileceğini bildiriyordu.

26 Nisan 1984 Türkiye (Ankara) Türkiye Başbakanı Turgut Özal'ın planlanmış olan İran gezisine çıkarsa ASALA'nın Türkiye'ye karşı geniş çaplı bir terörist operasyonu uygulamaya koymakla tehdit edildiği açıklandı.

28 Nisan 1984 İran (Tahran) Motosikletli iki Ermeni terörist tarafından Türk Büyükelçiliğinde sekreter olarak görev yapan eşi Şadiye Yönder'i arabası ile işine götürmekte olan Işık Yönder öldü. Suikast ASALA tarafından üstlenildi.

20 Haziran 1984 Avusturya (Viyana) Viyana'daki Türk Büyükelçiliği Çalışma ve Sosyal İşler Müsteşar Yardımcısı Erdoğan Özer'e ait olan arabada patlama oldu. Patlamada Özer hayatını kaybederken, iki Avusturyalı polisin de içlerinde bulunduğu 5 kişi ciddi şekilde yaralandı. Saldırının sorumluluğunu ARA teröristleri üstlendi.

25 Haziran 1984 (ABD) Paris'teki bir haber ajansına, Fransa'ya ASALA tarafından gönderilen mektupta Los Angeles Olimpiyatlarına katılan Türk takımına herhangi bir biçimde yardımcı olan tüm hükümet, örgüt ve şirketlere saldırılar düzenleneceği tehdidinin yazılı olduğu haberi ulaşıyordu.

14 Temmuz 1984 Belçika (Brüksel) Brüksel'deki Türk Büyükelçiliği İdari Ataşesi Dursun Aksoy, Ermeni teröristlerce öldürüldü. Saldırının sorumluluğunu ARA üstlendi.

13 Ağustos 1984 Fransa (Lyon) Lyon demiryolu istasyonunda az miktarda zarara yol açan bir patlama oldu. Saldırıyı ASALA üstlendi.

Eylül 1984 İran (Tahran) Tahran'da Türklere ait birçok işyeri hedef tespit edildiklerini bildiren uyarı mektuplarını müteakip, Ermeni teröristlerin saldırısına uğradılar. İlk saldırı bir Türk inşaat firması olan Sezai Türkeş-Fevzi Akkaya'ya patlayıcı madde atılmasıyla gerçekleştirildi. Patlamanın yol açtığı yangını söndürmeye çalışan bir Türk işçisi yaralandı.

1 Eylül 1984 İran (Tahran) İran yetkilileri Tahran'daki Türk Büyükelçisi İsmet Birsel'in Ermeni teröristlerce öldürüleceğine dair gizli bir planı ortaya çıkardıklarını açıkladılar.

3 Eylül 1984 Türkiye (İstanbul) İstanbul'da Topkapı Sarayı'nın yanına parketmiş bir otomobildeki patlama iki Lübnanlı Ermeni'nin ölümüne sebep oldu. Yetkililer bombanın teröristlerce yerleştirilirken vaktinden önce patlaması sonucu ölümlerin meydana geldiğinin sanıldığını belirttiler. Patlamanın sorumluluğunu ARA teröristleri üstlendiler.

19 Kasım 1984 Avusturya (Viyana) Birleşmiş Milletler'in Viyana'da "Sosyal Gelişme ve İnsani İlişkiler Merkezinde" görevli Enver Argun adlı bir Türk otomobiliyle kırmızı ışıkta beklerken öldürüldü. Kaçan suikastçiler geride, üzerinde ARA armasının bulunduğu bir bez parçası bıraktılar.

Aralık 1984 Belçika (Brüksel) Belçika polis yetkilileri, Brüksel Türk Büyükelçiliği'nde görevli Selçuk İncesu'nun ikametgahında bomba arama işlemlerini sürdürmekteler. Aramalar sonucu polis apartmanın girişine yerleştirilmiş patlayıcı maddeyi buldu. Saldırıyı üstlenen olmadı.

29 Aralık 1984 Fransa (Paris) Polis ASALA'nın Fransız Hava Yolları'na ait bir uçağı uçuş sırasında havaya uçuracağı tehdidinin alınmasından sonra Paris, Charles de Gaulle Havaalanında güvenlik önlemlerini artırdı.

3 Ocak 1985 Lübnan (Beyrut) Batı Beyrut'ta Ramlet al-Baida bölgesinde "Fransız-Lübnan" bankasının girişine yerleştirilmiş olan 6 poundluk bir bomba askeri bomba uzmanlarınca etkisiz hale getirildi. Sorumluluğu ASALA üstlendi.

3 Ocak 1985 Lübnan (Beyrut) Ajans France Press'in Batı Beyrut'taki bürosu patlayan bir bomba sonucu büyük hasar gördü. Saldırının sorumluluğunu ASALA üstlendi.

3 Mart 1985 Fransa (Paris) ASALA temsilcisi olduğunu iddia eden kimliği belirsiz kişi, telefonda dünyanın her yerinde Fransızlara ait merkezlere saldırı tehdidinde bulundu. Ajans France Press'i arayan telefondaki kişi, Fransız yetkililerin Orly katliamına katılan Ermeni teröristlere verilen ceza nedeni ile tehdit ettiler.

12 Mart 1985 Kanada (Ottawa) Ağır silahlarla donanmış üç Ermeni terörist Ottawa'daki Türk Büyükelçiliği'ne giriştikleri baskında bir Kanadalı güvenlik görevlisini öldürdüler. Silahlı kişi dış kapıyı patlayıcı ile havaya uçurduktan sonra binaya girdi. Büyükelçi Coşkun Kırca ikinci kat penceresinden atlayarak kaçmayı başardı. Atlama sırasında ciddi olarak yaralandı ve 4 saat boyunca yerde kımıldamadan yattı. Sonunda içlerinde büyükelçinin eşi ve kızının da bulunduğu rehineler serbest bırakıldı, teröristler teslim oldular. Saldırının sorumluluğunu ARA üstlendi. 3 tutuklu terörist Kanada'da yargılama sonucu cezalandırılacaklar.

26 Mart 1985 Kanada (Toronto) Ermeni terörist örgütünce Toronto'nun transit sistemi havaya uçurma tehdidi şehirde yoğun güvenlik önlemlerinin uygulanması sonucunu doğurdu. Trafiğin yoğun olduğu saatlerde polisin metroda patlayıcı araması araç yığılmalarına sebep oldu. Tehdidin sorumluluğunu "Anavatanın Kurtuluşu İçin Ermeni Gizli Ordusu" üstlendi.

Kasım 1985 Belçika (Brüksel) Belçika polisinin özel olarak eğitilmiş anti terör güvenlik ekibi Türkiye'nin Brüksel'deki NATO görevlisi Büyükelçi Osman Olcay'ın ikametgahının önünde dolaşmakta olan Portekiz pasaportlu iki şüpheli Ermeni teröristi tutukladı. Soruşturma sürüyor.

28 Kasım 1985 Fransa (Paris) Fransız polisi "Ermenistan'ın Kurtuluşu İçin Ermeni Gizli Ordusu-Devrimci Hareket" (ASALA-RM) olarak bilinen terörist örgütün lideri Amerikalı Ermeni Monte Melkonian'ı tutukladı. California'nın Fresno bölgesinde olan Melkonian ASALA'nın kurucusu olan ve Orly Havalanınına yapılan saldırıdan sonra ASALA'dan ayrılarak kendi terörist örgütünü (ASALA-RM) kuran Agop Agopian'ın birinci derecedeki vekili idi. Polis Melkonian'ın apartmanındaki silahlara, patlayıcı maddelere ve Türk gemilerinin Fransa'ya geliş gidişlerinin yazılı olduğu listeye el koydu. Buna ek olarak ASALA-RM tarafından gerçekleştirilecek bir saldırının hedefi olacağı varsayımını güçlendiren Türkiye'nin Fransa Büyükelçisi Adnan Bulak'ın da resmi bulundu.

12 Aralık 1985 Fransa (Paris) Paris'te önde gelen giyim mağazalarından ikisinde (Gallerie Lafayette ve Printemps) aşağı yukarı aynı saatlerde meydana gelen iki patlama alışveriş yapmakta olan 41 kişinin yaralanmasına yol açtı. Polis, çıkan panikte yeni yıl için alışveriş yapmakta olan 10.000 kişinin caddeye doğru kaçtığını tahmin ediyor. Yaralılardan 12'sinin durumu ciddi idi. Amerikalı Ermenilerin New York'ta çıkarmış oldukları haftalık "The Armenian Raporter" dergisinin 12 Aralık 1985 sayısında yer alan bir yazıda, Fransız polis yetkililerinin araştırmalarını bombaların sorumlusu olarak gördükleri ASALA'nın üzerinde yoğunlaştırdıkları belirtiliyordu. İki bombalama olayının sorumluluğunu da ASALA üstlendi.